U0959878

权威·前沿·原创

皮书系列为

“十二五”“十三五”国家重点图书出版规划项目

BLUE BOOK

智库成果出版与传播平台

文化贸易蓝皮书

BLUE BOOK OF
CULTURAL TRADE

中国国际文化贸易发展报告（2020）

REPORT ON THE DEVELOPMENT OF CHINA'S
INTERNATIONAL CULTURAL TRADE (2020)

主　编／李嘉珊

社会科学文献出版社
SOCIAL SCIENCES ACADEMIC PRESS (CHINA)

图书在版编目（CIP）数据

中国国际文化贸易发展报告．2020／李嘉珊主编．--北京：社会科学文献出版社，2020.10
（文化贸易蓝皮书）
ISBN 978-7-5201-7231-8

Ⅰ．①中… Ⅱ．①李… Ⅲ．①文化产业-国际贸易-研究报告-中国-2020 Ⅳ．①G124

中国版本图书馆 CIP 数据核字（2020）第 170617 号

文化贸易蓝皮书
中国国际文化贸易发展报告（2020）

主　　编／李嘉珊

出 版 人／谢寿光
责任编辑／丁阿丽
文稿编辑／李惠惠　仇婧涵　韩欣楠

出　　版／社会科学文献出版社（010）59367092
地址：北京市北三环中路甲 29 号院华龙大厦　邮编：100029
网址：www.ssap.com.cn
发　　行／市场营销中心（010）59367081　59367083
印　　装／天津千鹤文化传播有限公司

规　　格／开 本：787mm×1092mm　1/16
印 张：25　字 数：377 千字
版　　次／2020 年 10 月第 1 版　2020 年 10 月第 1 次印刷
书　　号／ISBN 978-7-5201-7231-8
定　　价／128.00 元

本书如有印装质量问题，请与读者服务中心（010-59367028）联系

《中国国际文化贸易发展报告（2020）》
编　委　会

王慢慢	田　嵩	吕俊松	朱桐雨	朱晓云
刘　霞	孙　静	孙俊新	李小牧	李继东
李嘉珊	汪　浩	宋晋冀	张　伟	张　迪
张韶洁	张筱聆	林建勇	罗立彬	周志勇
郑　红	高梦彤	程春丽	程相宾	廖麟玉

穆罕默德·萨奇夫　安娜·赛诺娃

主编简介

李嘉珊　教授，北京第二外国语学院国家文化发展国际战略研究院常务副院长，中国服务贸易研究院常务副院长，首都国际交往中心研究院执行院长，交叉学科国际文化贸易学科负责人，首都对外文化贸易研究基地首席专家，国家文化贸易学术研究平台专家兼秘书长，京剧传承与发展（国际）研究中心主任，首都对外文化贸易与文化交流协同创新中心秘书长。兼任中国国际贸易学会常务理事，中国国际贸易学会服务贸易专业委员会秘书长，中国－中东欧国家智库交流与合作网络理事，英国纽卡斯尔大学、伦敦大学金史密斯学院客座研究员等。作为负责人主持并完成国家级、省部级和专项委托项目30余项，多项研究成果被采纳。出版学术专著多部，其中《国际文化贸易论》获商务部"商务发展研究成果奖（2017）"论著类二等奖。作为总主编策划、组织、编撰"'一带一路'沿线主要国家文化市场研究系列丛书"，发表学术论文《"一带一路"倡议背景下中国对外文化投资的机遇与挑战》等30余篇。

摘　要

在国内外风险挑战明显上升的复杂局面下，中国对外文化贸易增长态势持续平稳，文化贸易结构逐步优化，文化服务质量和国际竞争力不断提升。2019 年中国对外文化贸易总额为 1114.5 亿美元，同比增长为 8.9%。其中，文化贸易出口总额为 998.9 亿美元，同比增长 7.9%；进口总额为 115.7 亿美元，同比增长 17.4%。

《中国国际文化贸易发展报告（2020）》在对 2019 年中国对外文化贸易的研究中，既着眼整体研究，又从演艺、广播影视、电影、图书版权、动漫、游戏、文化旅游、艺术品、创意设计等 9 个重点行业领域进行深入分析，同时通过专题篇、比较与借鉴篇、实践创新篇进行专题研讨。本书综合运用定性与定量相结合、个体论与整体论相结合、实证性与评价性相结合的研究方法，对中国对外文化贸易存在的文化贸易进出口结构不均衡、对象国与区域发展不均衡、新技术融合创新不足、风险应对能力不足、复合型人才储备不足等问题进行了探讨。

本书集专家学者之智，取产业实践之长，通过总结经验、分析问题、比较借鉴，在中国深入参与经济全球化和持续推进贸易自由化背景下，为对外文化贸易挖掘新动能、拓展新空间、实现新布局等提出对策建议。

关键词： 国际文化贸易　国际服务贸易　数字文化贸易

序　言

2019 年我国国民经济运行总体平稳，对外贸易逆势增长，较好地实现发展的主要预期目标。我国经济正处在转变发展方式、优化经济结构、转换增长动能的关键时期，要实现经济由高速增长转变为高质量发展，就要积极适应国内外发展环境的变化，深入贯彻新发展理念，积极破解发展困局，推动对外贸易多元化发展，尤其要重视文化贸易的高质量发展，不断研究新问题、制定新方案，在挑战中寻找机遇和突破。

根据商务部的统计数据，2019 年中国对外文化贸易总额为 1114.5 亿美元，同比增长 8.9%。其中，文化贸易出口总额为 998.9 亿美元，同比增长 7.9%；进口总额为 115.7 亿美元，同比增长 17.4%。与 2018 年相比，2019 年对外文化贸易的进口额增长幅度较大，进口额增长率远高于出口额。在“四个中心”功能建设的大背景下，2019 年北京文化贸易进出口总额为 34.6 亿美元，同比增长 52.7%。其中，出口额为 9.1 亿美元，同比增长 121.1%；进口额为 25.5 亿美元，同比增长 37.6%。文化贸易蓝皮书系列的《中国国际文化贸易发展报告（2020）》和《首都文化贸易发展报告（2020）》从中国、北京两个层面对 2019 年文化贸易的发展与探索进行了研究分析，呈现了发展特点与态势，通过宏观分析、微观切入进一步明晰目前尚存在的问题与挑战，为提出有针对性的对策建议奠定了基础。这是文化贸易蓝皮书系列的贡献之处，也是北京第二外国语学院服务贸易与文化贸易团队多年持续研究的可贵之处。

2019 年，中国国际贸易学会服务贸易专业委员会落户北京第二外国语学院，中国国际贸易学会与北京第二外国语学院签署协议共建中国服务贸易研究院。此次中国国际贸易学会服务贸易专业委员会落户北京第二外国语学院，是基于北京第二外国语学院在服务贸易和文化贸易理论研究与实践探索方面的长期积累。自 2003 年起，北京第二外国语学院确立了以国际服务贸易和文化贸易为特色的国际贸易学科建设方向，开启了对服务贸易与文化贸易的理论和实践研究，为实施国家文化发展的国际战略始终坚守与执着努力。18 年来，北京第二外国语学院研究团队在服务贸易和文化贸易学术研究与人才培养、政府政策咨政服务、企业走出去咨询服务等方面展开工作，被誉为具有“工匠精神”的学术机构。这为推进我国服务贸易及文化贸易的理论和实践研究向深度发展提供了良好的契机。

2020 年伊始，新冠肺炎疫情席卷全球，对国际贸易造成了直接而广泛的冲击，也给经济发展带来了极大的挑战和不确定性。在此背景下，北京第二外国语学院团队理性思考、积极作为，在全国与北京两个层面，通过线上访谈与问卷调查就“新冠肺炎对北京市文化贸易企业跨国经营的影响及应对”“疫情防控常态化背景下文化贸易企业复工复产综合情况”，为政府部门扶持政策的出台提供了宝贵的第一手资料，也给文化企业共克时艰、转型发展提供了对策建议。在世界百年未有之大变局的时代，在国际国内形势瞬息万变的当下，这支团队不忘初心、牢记使命，扎扎实实遵循学术研究“从实践中来、到实践中去”的理念，是十分难得的。我衷心期待这支团队不断前行，反映真实的情况，剖析真实的问题，提炼真实的观点，给出可行的对策建议，持续产出优质的成果！

金旭

中国国际贸易学会会长

2020 年 8 月 17 日

目　录

Ⅰ　总报告

Ⅱ　行业篇

Ⅲ　专题篇

总报告

General Report

B.1 中国对外文化贸易发展报告（2020）

李嘉珊　刘霞*

摘　要： 2019年中国对外文化贸易增长态势平稳，文化贸易商品结构逐步优化，文化服务质量和国际竞争力不断提升，为未来中国文化更好地“走出去”和对外文化贸易持续发展提供了重要基础。同时，中国对外文化贸易仍存在进出口结构、区域和国别等方面发展不均衡，与数字技术融合深度不够及风险应对能力不足等方面的问题。为此，本文从贸易结构优化、数字贸易发展、风险应对能力提升、市场活力增强等方面为中国对外文化贸易高质量发展提出相应的

* 李嘉珊，北京第二外国语学院教授，中国服务贸易研究院常务副院长，国家文化发展国际战略研究院常务副院长，首都国际交往中心研究院执行院长，首都对外文化贸易研究基地首席专家，国家文化贸易学术研究平台专家兼秘书长，主要研究方向为国际文化贸易等；刘霞，经济学博士，北京第二外国语学院首都对外文化贸易研究基地研究员、经济学院讲师，主要研究方向为国际文化贸易、世界经济等。

对策建议。

关键词： 文化商品　文化服务　对外文化贸易

2019 年世界经济整体上呈现缓慢增长的发展态势，中国对外贸易发展所面临的国际环境发生了深刻变化。在中国特色社会主义进入新时代及“百年未有之大变局”的战略机遇期，面对国际经济新形势，在习近平新时代中国特色社会主义思想指引下，中国营商环境日益改善，法制体系日益健全，中国对外文化贸易仍然保持平稳快速的发展趋势。同时，在互联网、大数据、人工智能等先进数字技术迅速发展的背景下，中国传统文化产业和新兴文化产业深度融合，不仅大大促进了外向型文化企业的对外投资活动，而且增强了中国文化商品和服务出口贸易的国际竞争力，中国对外文化贸易在对外贸易总额中的占比大幅提高。

一　2019年中国对外文化贸易发展概况

（一）对外文化贸易总体规模增长态势平稳

在中国深度参与经济全球化和持续推进贸易自由化的背景下，2019 年中国对外文化贸易总体上呈现稳定的增长趋势。根据商务部服务贸易和商贸服务业司（以下简称“商务部服贸司”）统计数据，2019 年中国文化贸易进出口总额为 1114.5 亿美元，同比增长 8.9%。其中，出口额为 998.9 亿美元，同比增长 7.9%；进口额为 115.7 亿美元，[①] 同比增长 17.4%。[②] 与

① 由于四舍五入的原因，2019 年文化贸易进口额和出口额合计值与对外贸易总额小数点的数值有一定的误差，特此说明。

② 数据来源于商务部。

2018 年相比，2019 年对外文化贸易的进口规模增长幅度较大，进口增长率远高于出口。这样的增长趋势与近年来国家对文化商品和服务进口贸易的支持和鼓励有关。但是从整体上看，中国对外文化贸易仍以顺差为主，且顺差呈现持续扩大的变化趋势，2019 年贸易顺差约为 883.2 亿美元。

在日益复杂严峻的国际贸易环境下，中国对外文化贸易仍保持稳定的增长趋势，与中国政府长期以来对文化贸易的高度重视和大力支持密不可分。特别是在 2014 年国务院印发《关于加快发展对外文化贸易的意见》之后，北京、上海等城市陆续发布推动对外文化贸易快速发展的相关政策，分别从工作重点、财税支持、金融服务、服务保障等方面制定了详细的政策措施。政府各部门及相关政策措施的鼓励和支持，不仅降低了国际市场供给需求波动性风险给中国文化贸易发展带来的影响，使得 2019 年中国对外文化贸易仍保持着平稳的增长趋势，而且为中国未来对外文化贸易持续高质量发展提供了重要的支撑和保障。

（二）对外文化贸易商品结构呈现差异化发展趋势

在中国对外文化贸易总体持续稳定增长的背景下，2019 年中国文化贸易进出口的商品结构与 2018 年相比呈现差异化发展趋势（见图 1）。对于出口贸易而言，2019 年出版物、工艺美术品及收藏品、文化用品、文化专用设备这四大类文化商品的出口额分别为 37.2 亿美元、317.3 亿美元、523.0 亿美元和 121.4 亿美元，同比增长率分别为 4.8%、5.6%、11.7% 和 0.2%。可见，在四大类文化商品出口额持续增长的情况下，出口占比较高的文化商品主要为工艺美术品及收藏品和文化用品这两类，且出口增长率也较高，文化出口的商品结构呈现一定的不均衡性。结合中国文化资源禀赋及中国文化产业比较优势特征，出版物文化商品主要集中在图书、报纸、期刊及其他出版物，音像制品及电子出版物的出口占比相对较低。工艺美术品及收藏品的出口主要集中在工艺美术品，2019 年出口额达 316.0 亿美元，为中国最重要的文化出口商品。同时，在中国文化优势产业的影响下，玩具、游艺器材及娱乐用品类商品为中国文化用品中主要的出口商品，这与中国特色手工业国际竞争力的提升密切相关。随着中国科技水平和文化创新能力的不断提高，中国玩具、游艺器材及娱乐用品类商品的技术含量也随之提高，在国际市场多样化文化需求的影响之下，这几类产品的出口额持续增长。2019 年文化专用设备的出口额与 2018 年基本持平，同比增长 0.2%，且主要集中在广播电视电影专用设备的出口上，印刷专用设备的出口量相对较小。

对于中国对外文化贸易进口而言，2019 年出版物、工艺美术品及收藏品、文化用品、文化专用设备这四大类文化商品的进口额分别为 16.5 亿美元、36.8 亿美元、23.9 亿美元和 38.4 亿美元，同比增长率分别为 13.1%、100.3%、23.5% 和 -16.8%。与文化贸易出口相比，2019 年文化贸易进口商品结构的不均衡性相对较弱，各类商品的进口额均较低，但是各类文化商品进口增长率大幅提升，在增长率层面体现出较强的不均衡性。具体来看，商务部服贸司统计数据显示，中国文化贸易进口主要集中在工艺美术品及收藏品、文化专用设备这两类。工艺美术品及收藏品维持较高的增长幅度，2019 年进口增长率约为 100.3%，文化专用设备相比 2018 年则呈现明显的下降趋势，减少了 7.7 亿美元，这与中国文化市场消费者的需求偏好及各类文化商品市场活跃度有关。近年来，在经济全球化不断加深的背景下，国外很多独树一帜的工艺美术品及收藏品深受中国文化消费者的喜爱，特别是各种收藏品，其进口增长率达 284.0%，进口量的大幅增加，极大地丰富和满足了中国消费者在文化精神层面的需求。文化专用设备进口虽然呈现一定的下降趋势，但是进口占比仍然较高。在中国现代传播技术不断发展更新的过程中，中国对国外广播电视电影专用设备的需求大大减少。对于出版物和文化用品的进口仍然维持稳定的增长趋势，图书、报纸、期刊、音像制品等各类出版物的进口量分布相对比较均衡，对各类文化用品进口则呈现一定的差异性，其中对国外游艺器材及娱乐用品类文化用品的需求较大。

此外，2019 年中国各类文化商品对外贸易仍然保持不断增长的贸易顺差，但各类商品顺差和占比体现出一定的差异性。出版物、工艺美术品及收

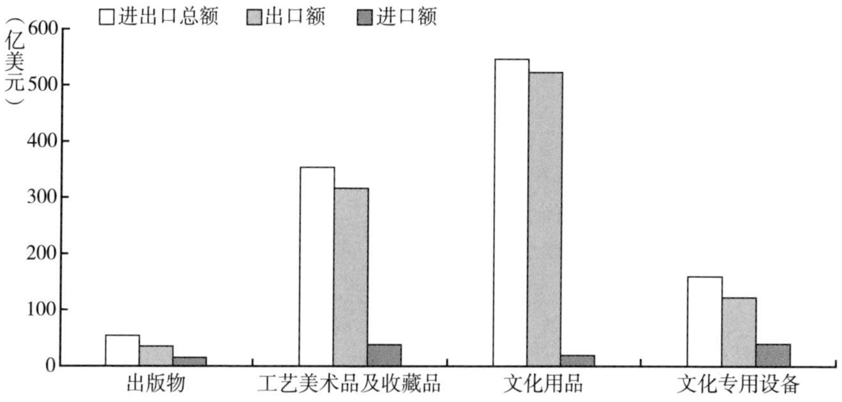

图 1　2019 年中国文化贸易进出口商品结构

资料来源：商务部服贸司。

藏品、文化用品、文化专用设备这四大类文化商品的贸易顺差分别为 20.7 亿美元、280.5 亿美元、499.1 亿美元和 83.0 亿美元。在中国文化持续“走出去”的推动下，中国对外文化贸易一直保持着逐年增长的贸易顺差，各类文化商品贸易顺差结构与出口结构发展趋势相似。出版物中，除了音像制品及电子出版物体现出小额的贸易逆差之外，图书、报纸、期刊及其他出版物均为贸易顺差。工艺美术品及收藏品中，在近几年收藏品进口额逐年大幅增加的影响下，收藏品对外贸易为贸易逆差，工艺美术品仍然为贸易顺差。对于文具、乐器、玩具等文化用品及印刷专用设备等文化专用设备均以贸易顺差为主，且在这几类商品对外出口不断增加的趋势下，贸易顺差也随之逐年增加。

（三）对外文化贸易方式以一般贸易为主，加工贸易额呈下降趋势

尽管 2019 年中国文化对外贸易总体仍维持稳定的增长趋势，但各类贸易方式下对外文化贸易进出口额体现出各不相同的发展态势。统计数据显示，2019 年以一般贸易为主的中国对外文化贸易进出口额均增长较快，而加工贸易方式下的文化贸易进出口额出现了大幅下降趋势（见图 2）。

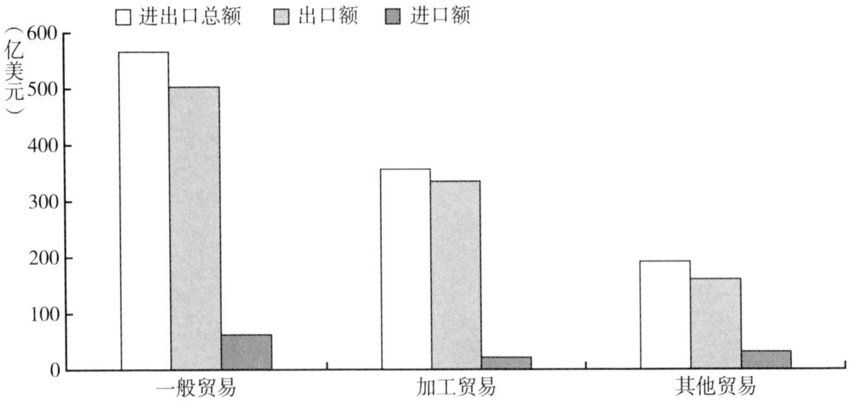

图 2　2019 年中国对外文化贸易不同方式进出口情况

资料来源：商务部服贸司。

具体的，2019 年以一般贸易方式进行的文化贸易进出口总额为 566.0 亿美元，其中出口额为 503.3 亿美元，进口额为 62.8 亿美元。[①] 与 2018 年相比，2019 年一般贸易方式下出口额增长率大幅提升，从 2018 年的 4.8% 迅速增长到 2019 年的 20.9%，而一般贸易方式下的进口额增长幅度相对较小，从 2018 年 23.8% 下降到 2019 年的 9.5%。可见，随着中国文化国际影响力的不断提升，同时在技术进步和自主创新带动下，中国对外文化出口贸易迅速发展。对加工贸易而言，2019 年进出口贸易额均出现了一定幅度的下降。其中出口贸易额从 2018 年的 376.2 亿美元下降到 2019 年的 335.0 亿美元，进口贸易额则从 2018 年的 28.7 亿美元下降到 2019 年的 21.6 亿美元。中国文化产业竞争实力和创新能力的不断提升以及中国文化产业链和全球价值链地位的不断攀升大大促进了中国文化对外贸易结构的优化升级，从以加工贸易为主的对外贸易方式逐步发展成为以一般贸易为主的贸易格局。同时，随着经济全球化的不断发展，国际文化市场活力与日俱增，以其他贸易方式为主的对外文化贸易均呈现快速增长的趋势。2019 年其他贸易方式

① 由于四舍五入的原因，2019 年以一般贸易方式进行的文化贸易进口额和出口额合计值与文化进出口贸易总额小数点的数值有一点点误差，特此说明。

下的文化出口贸易额为160.5亿美元，出口增长率为20.8%，进口额为31.3亿美元，与2018年相比增加了18.8亿美元，进口增长率达150.4%。

（四）集体、私营及其他企业逐渐成为对外文化贸易出口主体

按照企业所有制性质划分，国有企业、外资企业和集体、私营及其他企业对2019年中国对外文化贸易的贡献与2018相比，呈现不同的变化趋势（见图3）。其中，集体、私营及其他企业对文化贸易进出口总额的贡献最大，贸易总额为674.3亿美元，比2018年增加了128.9亿美元，且主要体现在不断增加的出口贸易上。2019年集体、私营及其他企业对外文化出口贸易额为640.3亿美元，出口增长率为22.4%。尽管集体、私营及其他企业文化进口贸易总量较少，但是在对外文化进口总额中的占比大幅提升，进口增长率也迅速增加，2019年该类企业的文化进口额为34.0亿美元，进口增长率为52.1%。

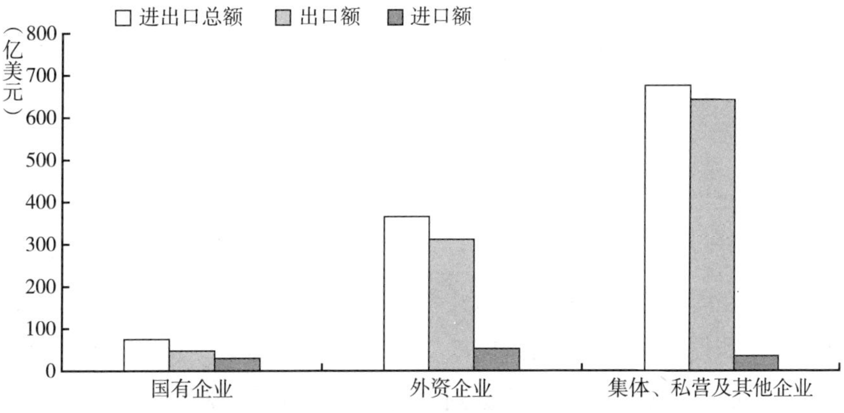

图3　2019年不同所有制企业对外文化贸易情况

资料来源：商务部服贸司。

对于国有企业和外资企业，对外文化贸易的份额相对较小，由于国有企业改革成效的日益凸显及国家政策的大力支持，国有企业对外文化贸易呈现不断增长的发展态势。2019年国有企业的文化贸易进出口额分别为29.3亿美元和46.7亿美元，进出口增长率分别为23.0%和35.8%。然而受到国际

经济新形势影响，2019 年外资企业对外文化贸易在进口和出口方面均体现了一定的下降趋势。文化贸易出口额从 2018 年的 364.3 亿美元下降到 311.9 亿美元，出口增长率为 -14.4%，而进口额从 2018 年的 54.6 亿美元下降到 2019 年的 52.4 亿美元，进口增长率为 -4.1%，可见外资企业对外文化贸易在中国文化贸易总量中的占比和地位出现了小幅的下降。

（五）对外文化贸易主要集中在发达国家和地区

2019 年中国对外文化贸易①对象国和地区仍然以发达国家和地区为主，其中对东盟、欧盟的出口增长较快，分别增长 47.4% 和 18.9%。排名前十位的主要出口国家和地区分别为美国、中国香港、英国、荷兰、日本、德国、加拿大、印度、新加坡和澳大利亚。这些国家和地区占中国对外文化贸易出口总额的 66.22%，美国为中国最主要的文化贸易出口对象国（见图 4）。同时，排名前十位的主要进口对象国和地区分别为德国、日本、越南、美国、意大利、法国、瑞士、新加坡、中国台湾和英国，中国从这些国家和地区进口的文化商品占中国文化商品进口总额的比重为 61.77%，其中德国是中国对外文化贸易进口的主要对象国（见图 5）。

由此可见，中国对外文化贸易对象国和地区主要集中在发达国家和地区。对于文化出口贸易，随着中国文化“走出去”步伐的日益加快及中国文化产业国际竞争力的大幅提升，中国文化商品的国际影响力也不断增强，发达国家和地区的消费者对中国文化的认同度也不断提高，大大促进了中国对这些国家和地区文化贸易的出口。2019 年中国对美国、中国香港、英国、荷兰、日本的文化贸易出口占比分别为 26.52%、14.41%、4.95%、4.66% 和 3.84%，总占比超过了中国对外文化贸易出口总量的 50%。在出口贸易快速发展的同时，中国消费者对国外文化产品的需求也逐年增长，基于不同国家和地区文化产品所体现的文化特色及国家间文化、制度等方面的相似程

① 此处所说的“中国对外文化贸易”，特指中国大陆（内地）与其他国家和地区间的文化贸易进出口。

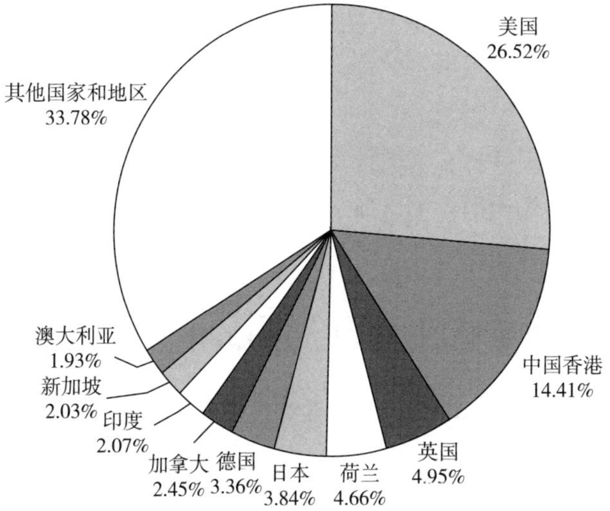

图 4　2019 年中国对外文化出口贸易国家和地区占比

资料来源：商务部服贸司。

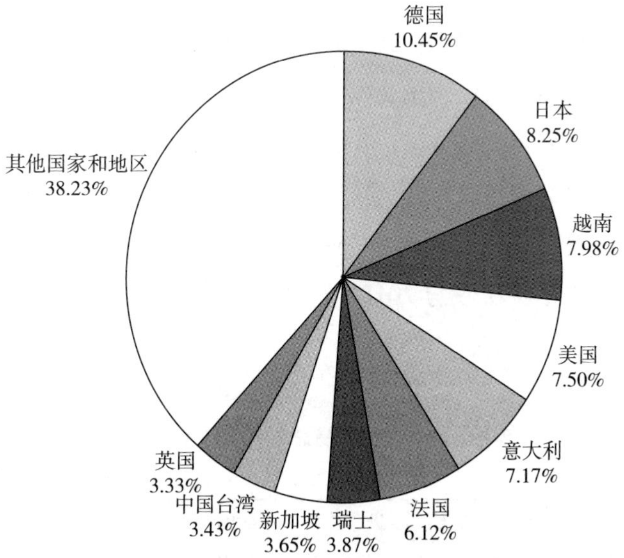

图 5　2019 年中国对外文化进口贸易国家和地区

资料来源：商务部服贸司。

度，中国对亚洲国家的文化贸易进口额逐年增长，特别是日本和越南。2019年中国对日本和越南文化贸易进口额占比分别为8.25%和7.98%，日本和越南分别为中国第二和第三大文化贸易进口伙伴国。德国仍然是中国重要的文化贸易进口伙伴国，2019年中国对德国文化贸易进口额为12.10亿美元，相比2018年增加了1.85亿美元，占中国对外文化贸易进口总额的10.45%。

（六）东部沿海地区对外文化贸易额占比较高

从国内区域划分的角度看，中国文化对外贸易主要集中在东部沿海地区，这与东部沿海地区文化产业发展力量不断壮大有关。根据商务部统计数据，从整体上看，除了中西部个别省份和地区出现一定幅度下降之外，中国各地域对外文化贸易规模仍然呈现逐年扩大的趋势。具体的，广东为中国对外文化贸易规模最大的地区，2019年广东对外文化贸易总额为587.69亿美元，占中国对外文化贸易总额的52.73%，同比增长10.83%，进出口总额分别为20.86亿美元和566.83亿美元。对于文化产业发展较快的北京而言，2019年文化贸易进出口总额达26.49亿美元，占中国对外文化贸易总额的2.38%，同比增长69.46%（见表1）。相对而言，中国中西部地区文化贸易进出口规模较小，发展较缓慢。如2019年甘肃和青海对外文化贸易规模分别为103.86万美元和480.58万美元，其中甘肃对外文化贸易额与2018年相比出现了大幅度下降，同比增长率为-70.20%。

表1　2019年中国对外文化贸易总额排名前15位的省（区、市）

单位：万美元，%

省(区、市)	进出口总额	出口总额	进口总额	进出口贸易差额	进出口贸易同比增长率
广东	5876878.35	5668292.20	208586.15	5459706.05	10.83
深圳	2501293.02	2433836.97	67456.04	2366380.93	33.45
浙江	1478474.73	1436748.63	41726.10	1395022.52	6.28
江苏	868693.42	758397.61	110295.81	648101.80	-8.86

续表

省(区、市)	进出口总额	出口总额	进口总额	进出口贸易差额	进出口贸易同比增长率
上海	675511.04	237055.93	438455.11	-201399.17	21.93
山东	575299.79	554010.08	21289.71	532720.37	-16.83
福建	374508.17	351934.85	22573.32	329361.53	16.80
北京	264918.23	76659.36	188258.87	-111599.51	69.46
湖南	230733.23	217949.34	12783.88	205165.46	29.54
宁波	161548.32	153288.25	8260.08	145028.17	-0.79
广西	126174.27	119027.97	7146.30	111881.67	20.01
新疆	99233.56	98802.09	431.48	98370.61	28.87
安徽	97441.85	91616.93	5824.93	85792.00	14.57
江西	78622.81	75912.41	2710.40	73202.01	3.33
天津	75607.64	59332.19	16275.45	43056.74	3.89

资料来源：商务部服贸司。

2019年中国对外文化贸易总额排名前15位的省（区、市）中，只有北京和上海出现贸易逆差，文化贸易进口总额超过了出口总额，贸易逆差分别为11.16亿美元和20.14亿美元。其他13个省（区、市）均表现为明显的贸易顺差，以文化贸易出口为主。因此，对于北京和上海等文化市场活跃、文化产业竞争力较强的地区，消费者对国外文化商品的需求较大，呈现显著的贸易逆差。在全国范围内，除了北京、上海之外，2019年对外文化贸易呈现贸易逆差的省（区、市）还有西藏、吉林和海南，贸易逆差分别为0.86万美元、4198.14万美元和15933.22万美元。其他各省（区、市）均为贸易顺差，文化贸易出口强度大于进口。

（七）与共建“一带一路”国家和地区对外文化贸易规模逐年扩大

根据商务部的统计数据，2010年以来中国与共建“一带一路”国家和地区对外文化贸易整体呈增长趋势。进出口贸易总额从2010年的71.2亿美元增至2019年的229.3亿美元，2015年和2016年出现小幅下降。2015年，尽管中国货物贸易进出口额稳居世界第一，但是在全球贸易额大幅下降的影响下，中国进出口贸易总体上出现了一定幅度的震荡下滑。因此，中国对共建“一带一路”国家和地区文化贸易规模和进出口贸易增长率也出现了一定程度的下降，其中2016年中国对共建“一带一路”国家和地区文化贸易进出口总额为148.7亿美元，进口增长率和出口增长率分别为-34.4%和-5.7%（见图6）。

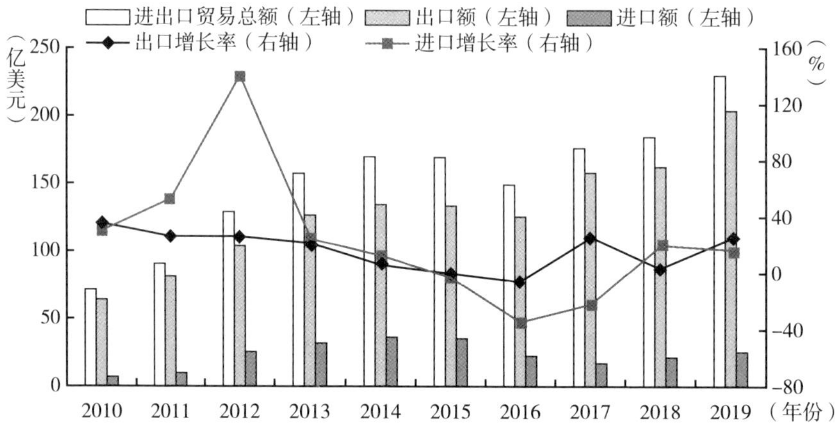

图6　2010~2019年中国与共建“一带一路”国家和地区文化贸易发展趋势

资料来源：商务部服贸司。

“一带一路”在推动中国对外贸易快速发展的同时，对文化商品和服务贸易也起到了较大的带动作用，特别是与共建“一带一路”国家的经贸往来。尽管2015~2016年受到国际形势和环境中一些不确定性因素的影响，但是“一带一路”倡议的稳步推进大大减少了中国对外文化贸易所面临的障碍和风险，为中国文化更好地“走出去”提供了良好的平台和渠道。2016年之后，随着国际经济和贸易态势的缓和，中国与共建“一带一路”国家和地区对外文化贸易也稳步增长，文化贸易总额从2016年的148.7亿美元增至2019年的229.3亿美元，其中进出口贸易额分别为25.9亿美元和203.4亿美元，且2019年对共建“一带一路”国家和地区文化贸易进出口额同比增长率分别达到17.9%和24.9%。

（八）对外文化服务贸易结构持续优化，文化服务质量不断提升

近年来，中国服务贸易在对外贸易中所占比重持续提高，中国对外文化服务贸易也取得了良好成绩。2019 年中国服务贸易总额达到 35720.8 亿元人民币，同比增长 3%。具体细分行业中，新闻信息服务、文化投资运营、创意设计服务分别增长 23.0%、13.8% 和 11.3%，增速均超过 10%。文化投资运营和文化娱乐休闲服务增速由负转正，其中，文化投资运营由上年下降 0.2% 转为增长 13.8%；文化娱乐休闲服务由上年下降 1.9% 转为增长 6.5%。① 面对国际经济新形势，中国对外文化服务贸易快速发展。以版权贸易、影视产品贸易等为主要内容的“无形”文化服务贸易相对文化商品而言，更接近文化产业的核心层，具有更高的附加值，其文化传播影响力和对软实力塑造的能力更强。② 2019 年中国对外文化服务贸易总量仍保持快速增长的发展趋势，贸易结构持续优化，对外文化服务质量不断提高。商务部统计数据显示，2019 年中国个人文化娱乐服务进出口总额为 52.8 亿美元，同比增长 14.5%。其中，出口额为 12.0 亿美元，下降 1.3%；进口额为 40.8 亿美元，增长 20.2%。③

在中国对外服务贸易快速发展及服务贸易发展环境持续改善的大背景下，中国服务出口增速进一步提升，服务贸易逆差逐渐减小，特别是信息传输、软件和信息技术服务业，租赁和商务服务业及文化和娱乐服务业等领域服务质量也不断提升，在国际市场的竞争力与日俱增。此外，对外文化服务贸易结构持续优化，受到大数据、工业互联网及人工智能等先进技术的影

① 《2019 年规模以上文化及相关产业企业营业收入平稳增长结构持续优化》，国家统计局网站，http：//snzd. stats. gov. cn/index. aspx？ menuid = 11&type = articleinfo&lanmuid = 25&infoid = 3468&language = cn，最后访问日期：2020 年 5 月 1 日。

② 《文化服务贸易期待强劲增长》，中国服务贸易指南网，http：//tradeinservices. mofcom. gov. cn/article/news/gnxw/201705/7772. html，最后访问日期：2020 年 5 月 1 日。

③ 《商务部服贸司负责人谈 2019 年我国文化贸易情况》，中国服务贸易指南网，http：//tradeinservices. mofcom. gov. cn/article/news/gnxw/201705/7772. html，最后访问日期：2020 年 5 月 1 日。

响，中国知识密集型服务贸易表现突出，大大带动了数字文化服务贸易方式和内容的创新与发展。商务部统计数据显示，2019 年 1 ~8 月，中国知识密集型服务出口额为 6387 亿元，同比增长 13.5%，知识密集型服务进口额为 5754.7 亿元，同比增长 7.6%。从具体领域看，个人文化娱乐服务、电信计算机和信息服务、金融服务等增长较快，进出口增速分别达到 23%、19.7% 和 15.2%。①

（九）对外文化投资呈波动式下降趋势

“一带一路”倡议不仅为世界各国特别是共建“一带一路”国家和地区对外投资提供了广阔的平台和良好的环境，也为中国对外投资提供了更多机会和选择，使中国对外投资成为全球对外直接投资持续增长的重要引擎。在此背景下，中国对外文化投资迅速发展，从 2013 年的 3.1 亿美元迅速增至 2016 年的 38.7 亿美元，增长了约 11 倍。但是 2017 年受到全球对外投资低迷的影响，对外文化投资出现一定幅度的下降。

近年来，随着中国京津冀、长三角、珠三角及粤港澳大湾区等区域经济一体化的快速发展，以及中国营商环境的持续改善，文化投融资市场日益活跃，文化创新空间更加广阔，再加上中国文化投融资政策的推动，为中国对外文化投资进一步发展提供了机会和动力。从 2017 开始，中国文化、体育和娱乐业对外投资实现了大幅增长，从 2017 年的 2.6 亿美元迅速增加到 2018 年的 11.7 亿美元，占中国对外直接投资总额的 0.8%。2019 年，中国对外投资所面临的经济形势不确定性因素进一步增多，对中国文化对外投资产生了较大的影响。因此，2019 年中国文化、体育和娱乐业对外投资额下降到 5.4 亿美元，占中国对外直接投资总额的 0.5%，整体上呈现波动下降的变化趋势（见图 7）。

---

① 《商务部服贸司负责人谈 2019 年我国文化贸易情况》，中国服务贸易指南网，http://tradeinservices.mofcom.gov.cn/article/news/gnxw/201705/7772.html，最后访问日期：2020 年 5 月 1 日。

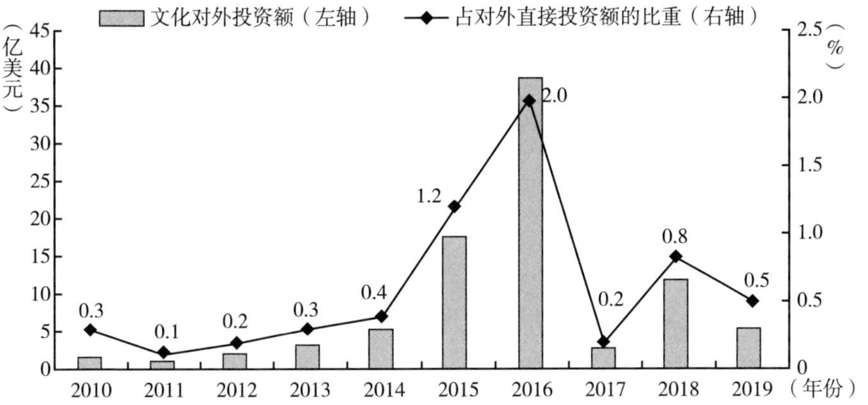

图7　2010～2019年中国文化、体育和娱乐业对外投资趋势

资料来源：商务部服贸司。

二　中国对外文化贸易发展所面临的主要问题

在经济全球化和贸易自由化日益加深的背景下，中国对外文化贸易总体规模平稳增长，也面临一系列问题与挑战。

（一）对外文化贸易发展在结构、区域和国别等方面存在一定的不均衡性

尽管近年来中国对外文化贸易规模不断扩大，在国际文化贸易和世界经济发展中的作用也越来越重要，但是在结构、区域和国别等方面仍存在一定的不均衡性。首先，在结构方面，中国对外文化贸易以出口贸易为主，贸易顺差逐年增加，截止到2019年，中国文化商品贸易顺差已经增至883.2亿美元。同时，对外出口的文化商品主要集中在工艺美术品及收藏品和文化用品这两大类上，商品附加值相对较低，仍处在全球文化价值链的低端，且与组装加工的贸易方式密切相关；进口主要集中在工艺美术品及收藏品和文化专用设备上，出版物和文化用品类商品进口占比相对较低，在进出口商品结构上体现出了一定的不均衡性。其次，中国文化对外贸易的主要区域集中在东部沿海城市，如广东、深圳、浙江及江苏等地区，中

西部地区如山西、内蒙古、西藏、青海和甘肃等省区文化产业发展较缓慢，对外文化商品贸易占比也较低，在区域结构上体现出了一定的不均衡性。最后，中国对外文化贸易以发达国家和地区为主，与发展中国家整体的进出口文化贸易规模相对较小。2019 年，中国文化贸易出口主要集中在美国、中国香港、英国、荷兰、日本、德国等国家和地区，而进口贸易主要集中在德国、日本、越南、美国、意大利、法国等国家和地区。因此，在保持与发达国家进行文化经贸往来的同时，要不断加大对共建“一带一路”国家和地区的文化贸易力度，优化文化资源海外布局，逐步改善中国对外文化贸易发展的不均衡性。

（二）对外文化贸易与数字技术的深度融合有待进一步加强

对外文化贸易的高质量发展离不开科技与创新，加强文化商品和服务与数字技术的高度融合对文化贸易快速发展有重要的作用。中国目前对外文化商品贸易与数字技术的深度融合力度不够，一方面体现在出口产品上，出口的文化商品主要集中在工艺美术品及收藏品和文化专用设备两大类上，具体以收藏品和玩具等商品的出口为主。尽管在这两大类对外出口文化商品中所包含的中国特色文化内涵具有较高的文化价值，但是其所包含的先进技术信息和数字化信息较少，在国际市场中的竞争力和影响力有待进一步增强。另一方面，中国文化商品出口渠道和平台与先进数字技术的结合有待进一步加强，线上和线下相融合的对外文化贸易平台和中国文化推广渠道均亟须进一步拓展。只有将文化商品、文化服务与教育、科技、互联网等多元化要素高度融合，才能良性地推动中国文化“走出去”，提高中国文化国际影响力，促进文化商品和服务贸易高质量、多元化快速发展。

（三）复杂严峻的国际环境给对外文化贸易发展带来新挑战

在经济全球化不断推进的过程中，世界经济正处于逐步复苏的重要阶段，与此同时，当今世界正面临“百年未有之大变局”。2019 年及今后一段时期，国际环境将更趋复杂多变，国际关系中的不确定性与不稳定性因素明显增多。[①] 对中国而言，除了面临复杂多变的国际环境和国际经济新形势之外，中美贸易摩擦愈演愈烈，国际贸易中各种非关税壁垒层出不穷，给中国对外贸易整体发展带来了新压力和新挑战的同时，也影响了中国文化对外贸易的高质量发展。首先，世界经济下行风险不断增大，主要经济体自身发展形势严峻，给中国文化商品和服务走出去增添了很大的不确定性和障碍，也影响了国际文化投融资市场。其次，大国战略竞争不断加强以及全球治理供求失衡等问题也给中国对外文化贸易发展带来了新的挑战，具体包括宗教、文化及社会制度等方面的差异和矛盾所导致的传统性安全问题以及气候、环境、难民等因素所导致的非传统性安全问题等。

三　中国对外文化贸易发展的对策建议

面对中国特色社会主义新时代发展需求及“百年未有之大变局”的战略机遇，中国对外文化贸易高质量发展需要新动能、新空间和新布局。

（一）持续优化对外文化贸易结构

中国对外文化商品贸易在结构、区域及国别等方面存在一定的不均衡性，为了进一步促进中国对外文化贸易快速发展，持续优化贸易结构至关重要。一方面，不断推动文化新型业态的发展，充分发挥其对中国对外文化贸易的带动作用。广播电视集成播控，互联网搜索服务，互联网其他信息服务，数字出版，其他文化艺术业，动漫、游戏数字内容服务等 16 个行业小类呈现较强的新业态发展势头。国家统计局数据显示，2019 年文化新业态特征较为明显的 16 个行业小类实现营业收入 19868 亿元，同比增长约 21.2%，占比为 22.9%，比上年提高 2.1 个百分点。其中，互联网其他信

① 《2019 年国际形势展望》，半月谈网，http：//www. banyuetan. org/ssjt/detail/20190123/1000200033135841548229881907258887_ 1. html，最后访问日期：2020 年 5 月 2 日。

息服务、可穿戴智能文化设备制造的营业收入增速超过30%。[①] 同时，提高新业态文化服务对外贸易比重，促进中国先进文化服务“走出去”，特别是提升艺术品行业和动漫、游戏数字内容服务行业的发展和国际竞争力，对优化文化贸易产业整体结构有非常重要的意义。另一方面，加强不同区域对外文化贸易协同发展，优化区域贸易结构，不断发掘和利用中西部各地区的优势文化资源，结合当地民族文化特色，发展具有比较优势的文化产业并推动融入国际文化产业链、价值链，加快文化“走出去”步伐。目前中西部文化产业正在逐步发展，中西部地区规模以上文化及相关产业企业营业收入分别增长8.4%和11.8%，分别比东部地区高2.3个和5.7个百分点；占全国的比重分别为15.7%和9.7%，分别比上年提高2.3个和1.2个百分点，[②] 为进一步优化对外文化贸易结构提供了重要基础。

（二）大力推动数字文化贸易发展

加强文化与数字科技的深度融合，推动文化商品和服务中文化价值创造性转化与创新性传承，是中国文化贸易实现高水平开放和高质量发展的重要举措。目前中国传统文化商品如期刊、图书等在国际市场中受到越来越多的不确定性因素和事件的影响和冲击，与此同时，数字文化产业的发展越来越快，对外文化贸易的数字化趋势也越来越明显。近年来，“人工智能+文化”“互联网+文化”等新兴文化领域因为科技含量高、创意多、附加值高，在国内外各市场和平台已经取得了很大成就，行业收入年均增速在40%以上。[③] 因此，在加大文化创意投入力度的同时，要不断推进文化产业与工业互联网、大数据、人工智能等先进数字技术的深度融合，加强数字技

---

① 《2019年规模以上文化及相关产业企业营业收入平稳增长结构持续优化》，国家统计局网站，http://www.stats.gov.cn/tjsj/sjjd/202002/t20200214_1726366.html，最后访问日期：2020年5月2日。

② 《2019年规模以上文化及相关产业企业营业收入平稳增长结构持续优化》，国家统计局网站，http://www.stats.gov.cn/tjsj/sjjd/202002/t20200214_1726366.html，最后访问日期：2020年5月2日。

③ 俞金碧：《我国文化贸易出口现状、问题及对策分析》，《农村经济与科技》2019年第8期。

术与重点传统文化产业，如动漫、影视、游戏等领域的融合和创新，提高文化企业自主创新能力，增强数字文化产业的国际竞争力，促进中国数字文化贸易的快速发展。

（三）不断提高文化服务贸易国际竞争力

尽管中国对外文化服务贸易量较少，在对外文化贸易中的占比较低，与文化商品贸易相比有一定差距，但是近年来文化服务业迅速发展，对外文化服务贸易高速增长。根据国家统计局数据，2019 年中国文化服务业营业收入增速为 12.4%，分别比文化制造业、文化批发和零售业高 9.2 个和 8.0 个百分点，占比为 40.6%，同比增加 2.0 个百分点。在文化服务业快速发展的同时，面对日益复杂严峻的国际环境、不断加剧的国际文化市场竞争及大数据、互联网等先进数字技术在国际文化市场的广泛应用，中国文化服务的国际竞争力仍需要进一步提升，因此，要扩大文化服务的规模，提高文化服务对外贸易的质量，提升文化服务在全球文化产业链和价值链中的地位。此外，逐步形成和塑造有中国特色的文化服务品牌，打造如美国好莱坞、日本动漫和韩国电视剧等具有国际优势和国际影响力的知名项目，不断提高文化服务中所包含的附加值，满足国际文化市场多样化文化服务需求，加快对中国文化的海外传播，提高中国文化软实力，进一步促进中国对外文化商品和文化服务贸易多元化发展。

（四）提高对外文化贸易风险应对能力

复杂多变的国际经济形势及全球新冠肺炎疫情的发生，给中国对外贸易整体发展带来了前所未有的压力和挑战。面对如此形势，提高对外文化贸易风险应对能力非常重要。首先，完善和加强中国文化产业链，优化文化产业结构，缓解和应对各种风险及突发事件对文化产业链的冲击和影响。其次，重点发挥国家文化出口基地的导向作用，在加强文化出口基地建设过程中，不断创新和完善对外文化贸易发展的体制机制及政策措施，增强国家文化出口基地在国际文化贸易中的集聚、引领和辐射作用，总结适应文化贸易创新发展的模式和经验，培育一批更具国际竞争力的文化企业，形成更多具有更强联动性的国际文化交易平台,[①] 为中国对外文化贸易发展提供机遇的同时，增强中国文化产业抵抗和应对各种风险的能力。最后，提高文化产业国际竞争力，增强文化领域的数字技术创新能力，不断加强数字技术与传统文化商品和服务的深度融合。2020 年上半年，很多线下演出已经开始尝试与先进数字虚拟技术如 VR、AR 等结合，实现了线下和线上的有效配合，“云音乐节”“云演唱会”“云剧场”等创新表演形式应运而生，形成了新的演出模式。[②] 数字虚拟技术的发展，打破了传统文化艺术形式的限制和束缚，大大推动了文化产业的创新发展。

（五）增强文化出口企业市场活力

国家统计局数据显示，2019 年我国文化产业快速平稳发展，全国规模以上文化及相关产业企业营业收入约 86624 亿元，同比增长 7.0%，文化产业整体结构不断优化，文化企业市场活跃程度不断提高。同时，随着中国文化商品和服务对外贸易的迅速发展，国际市场文化偏好和需求的多样性也不断增加。在“一带一路”倡议的推动下，中国在拓展海外市场、加快海外文化市场布局的过程中，与共建“一带一路”国家和地区的文化贸易日益活跃，并不断向东南亚、中东、南美、非洲等地区发展和延伸。在此背景下，不断激发和增强文化出口企业特别是民营企业在文化市场中的活力和创造力，对中国对外文化贸易可持续发展有重要意义。一方面，中国文化企业要时刻关注市场动向，在不断变化的国际市场中寻找适合自身产品的市场；另一方面，加强各企业间的相互联系和资源共享机制，促进企业的交流合作，建立中介

① 《我国对外文化贸易发展形势持续向好》，中国社会科学网，http：//ex. cssn. cn/zx/bwyc/201905/t20190531_ 4910772. shtml？ COLLCC = 1668856092&COLLCC = 1921212124，最后访问日期：2020 年 5 月 2 日。

② 《2019 年演出票房迈入 200 亿大关　票房增速赶超电影市场》，央视网，http：//news. cctv. com/2020/03/30/ARTIFjiCF5RSjJEfUIwHM6IH200330. shtml，最后访问日期：2020 年 5 月 2 日。

平台进行信息共享与交流，有利于对外商贸活动的开展以及行业市场资源的优化和整合。① 因此，充分利用市场资源和中国特色社会主义市场经济的优势，不断激发文化出口企业的市场活力，提高文化企业的出口竞争力，是推动中国对外文化贸易发展的重要途径。

① 苏晨晨：《中国文化服务贸易现状及影响因素分析》，《对外经贸》2020 年第 3 期。

行　业　篇

Industry Reports

B.2
中国演艺对外贸易发展报告（2020）

张　伟*

摘　要： 本报告总结了2019年演艺市场繁荣下的发展特征，集中梳理了演艺产业新的发展趋势，基于国内演艺市场的特征从贸易标的、行业边界、产业链完整性、演艺贸易平台的价值等不同维度剖析了中国演艺对外贸易的特点，并尝试从政策、模式、渠道等角度寻找优化演艺对外贸易的良策。

关键词： 演艺市场　对外文化贸易　演艺行业

2019年是新中国成立70周年。新中国成立伊始，演艺行业作为文化交

* 张伟，启示（北京）文化艺术产业有限公司运营部总监，中国服务贸易研究院专家，主要研究方向为演艺对外贸易、艺术品交易等。

流的主力便是中国最早与世界发生密切往来的文化领域之一，是中国文化之声在国际范围传播的重要渠道。70 年来中国始终坚定文化自信，把文艺交流作为“讲好中国故事”的重要途径，发挥艺术作为世界语言的独特优势，努力推动更多优秀文艺院团和舞台艺术作品“走出去”，传播中国精神、展现中国风貌。戏曲、杂技、民乐等传统艺术品种作为中华优秀传统文化的重要符号，在走向世界的过程中展现中华美学、中华文化；芭蕾舞、交响乐、歌剧等引进艺术品种在中外交流中不断发展壮大，拓展“讲好中国故事”的手段载体。越来越多体现中华文化精髓、展示当代中国发展进步和当代中国人精彩生活的精品佳作走出国门，进入主流市场、影响主流人群。

随着国内文化产业发展向支柱产业的定位目标不断发力，演艺行业也经历着从曾经的文化交流主导到交流与贸易并举的发展转变。国际优质剧目引进成为常态，国内市场对来自世界各地的音乐剧、舞蹈、戏剧等多样的演出形式的理解能力不断提高，偏好程度不断加深；国际艺术节上越来越多地出现中国院团、剧目的身影，出口到海外的商演类型不断多元化，本土演艺尤其是传统演艺的保护、延续、创新卓有成效，也在不断探索海外市场……进入 2019 年，中国演艺产业跨国合作不断，演艺对外贸易市场供需、贸易规模与模式、企业实务都有了更鲜明的行业特征和值得深究的规律，对演艺贸易进行跨年度的持续追踪和连续分析显得格外重要和珍贵。

全球暴发的新冠肺炎疫情，对整个演艺行业造成了巨大冲击，众多演艺企业、院团面临生死存亡的挑战。本文希望通过梳理 2019 年中国演艺市场的发展情况和特点，提出促进演艺对外贸易发展的建议，能够为中国演艺从业者更快地走出疫情阴影提供参考。

一　2019年中国演艺市场发展概况

（一）2019 年演艺市场热度不减

2019 年演艺产业依然是中国文化产业主要市场之一，2019 年中国演出票房为200.41亿元，同比增长7.29%，票房增速赶超电影市场。剧场、演唱会、旅游演出齐头并进，形成三足鼎立态势，其中剧场演出票房以84.03亿元保持第一位，而旅游演出增速最猛，同比增长9.58%，票房为73.79亿元，演唱会票房为42.59亿元，同比增长6.88%。中国旅游研究院、上海创图公共文化和休闲联合实验室调查显示，演艺消费成为中国2019年最主要的文化消费领域，占比超过40%。演艺市场消费结构"年轻化"趋势明显，呈现"低频次、高单价、稳输出"的特征，"95后"购票能力持续看涨，成为电影演出消费主力，跨城观演成为常态。剧场演出具体呈现以下特点。

1. 儿童剧热度持续

根据中国演出行业协会的数据，2019年儿童剧演出近2万场，总票房超过10亿元，依然是受市场追捧的演艺门类。同时受引进儿童剧的拉升作用影响，儿童剧票价有所上涨。国产自制儿童剧的平均价格在100元之内，但原版引进剧目定价则在380元、480元、580元，甚至更高。此外一些海外知名IP，制造成本本身非常高，但因为IP热度同样高，所以又非常受市场欢迎。

2. 音乐剧市场扩大

2019年，音乐剧形式被更多观众认可，原来属于小众、局限于大城市的音乐剧，终于"出圈"走向大众市场。综艺节目持续助力音乐剧造星，也吸引了观众走进剧场观看音乐剧现场演出。例如，主题曲曾出现在《声入人心》节目中的音乐剧《我，堂吉诃德》最后一轮演出票房十分亮眼，甚至临时加开池座，创下了该剧在国内巡回7年以来最好的成绩。

长期以来，从美国纽约百老汇和英国伦敦西区引进的原版音乐剧一直是中国音乐剧市场的主力。2019年《猫》《芝加哥》《吉屋出租》《贝隆夫人》等多部知名剧目在国内市场进行巡演，其中《猫》和《芝加哥》等剧进一步进入二、三线城市市场，并获得良好的市场反响。与此同时2019年国产原创音乐剧逐步崛起，根据黄舒骏、李宗盛等歌手经典名曲创作的音乐剧《马不停蹄的忧伤》《当爱已成往事》，因为有较好的音乐受众基础，成为市场热门；上海文化广场推出"2019华语原创音乐剧孵化计划"，以不足200万元的投资

“孵化”了77个剧本和3部新剧，推动原创力量的崛起和华语音乐剧的发展。

3. 舞蹈门类呈多元化发展态势

相比话剧、音乐剧等艺术门类而言，舞蹈艺术的欣赏门槛更高，在演出市场的份额一直较小，但在2019年有多部舞剧走红，一批优秀青年演员获得大众关注，舞蹈艺术演出迸发出更多可能性。舞剧《永不消逝的电波》自上演来一票难求，让主旋律题材成为“爆款”，舞剧诞生不到一年便已在全国巡演100场，2020～2021年的演出档期也几乎被订满；以岭南传统文化为创作根基的舞剧《醒·狮》甫一问世就受到年轻观众的热烈追捧，甚至“未演先热”，首次公演时门票迅速被抢购一空；舞剧《孔子》已在世界各地演出400余场；《一把酸枣》已演出超过1000场。再以舞蹈市场的主力——芭蕾舞为例，2019年舞蹈类演出场次中35%以上为芭蕾演出，并继续保持增长。市场热度一方面来自国际名团陆续来华带来高品质演出，经典作品吸引了众多芭蕾爱好者的关注；另一方面来自国内芭蕾舞专业院团在不断推出经典芭蕾舞作品演出的同时，注重芭蕾艺术教育普及，培养了越来越多的年轻观众走进剧场。

4. 政府继续支持传统戏剧发展

2019年第一至第三季度戏曲类演出场次达1.22万场，票房收入达6.82亿元。2019年戏曲内容创作和演出形式不断创新，不仅有跨界的合作也有高科技的融合。现代昆曲《我，哈姆雷特》、3D京剧电影《曹操与杨修》等创新剧目给观众带来了别具一格的戏曲体验，在传承与创新中寻找平衡。面对受众少、舞台小、演员队伍断档等问题，各个小剧种都在想方设法谋求突围，在保留住小剧种精髓的同时，积极创新，探索适合地方剧种的生存发展之路。2019年全国各地也都针对相关戏曲剧种给予了不同程度的政府补贴，支持各类型戏曲团体发展。中央财政更是投入3.89亿元为12984个贫困地区乡镇共配送约8万场以地方戏曲为主的演出，为基层民众送上文化大餐。

（二）演艺经营模式多元

随着金融资本涌入演艺产业，以及演艺企业日渐成熟壮大，中国演艺市场的运营模式亦不断创新，股权融资、并购重组、品牌连锁经营等都成为演艺企业拓展市场的有力工具。2019 年上半年，中国新三板上市的演艺及相关企业共有 28 家，1 ~6 月营业收入合计约 9. 1 亿元（见表 1）。此前已有宋城演艺这样的行业巨头跻身国内一线文化产业上市企业之列——2019 年宋城演艺全年营业总收入为 26. 15 亿元，净利润高达 13. 42 亿元。宋城演艺经营模式为“主题公园 + 文化演艺”，依托“千古情”和“宋城”两大品牌，为游客提供主题公园游玩体验和以“千古情”为核心的演出观赏服务，并通过收取门票的方式实现业务收入，实景演艺是公司的核心业务和主要收益来源。

表 1　2019 年上半年在中国新三板上市的 28 家演艺及相关企业营业收入情况

序号	公司名称	行业分类	主要产品及服务	营业收入（万元）
1	北京灿亮柒号文化传媒股份有限公司	文化娱乐经纪人	艺人经纪相关和影视剧投资、制作的文化娱乐业务，致力于向年轻观众提供创新、优质的影视娱乐内容产品	4141. 42
2	北京创动空间文化传媒股份有限公司	其他娱乐业	演出服务、演出营销、偶像明星商业活动、娱乐活动管理和娱乐产品营销、艺人培养、影视制作、娱乐内容开发以及数据管理和应用平台	493. 02
3	南京米乐星文化发展股份有限公司	歌舞厅娱乐活动	基于拥有的卡拉 OK 影音设备与视唱空间，同时公司提供餐点和零食酒水等商品的选购，满足消费者多样化需求	10839. 63
4	云南杨丽萍文化传播股份有限公司	文艺创作与表演	创作的演出剧目有大型原生态歌舞剧《云南映象》、大型衍生态打击乐舞《云南的响声》、大型舞剧《孔雀》、舞蹈剧场《十面埋伏》、大型舞剧《孔雀之冬》、多媒体情景剧《黄山映象》6 部剧目	3547. 61
5	杭州新青年歌舞团股份有限公司	文艺创作与表演	歌舞表演、文化创意策划、演出经纪与演出服装、舞美设计	1313. 54
6	山东世博演艺股份有限公司	文艺创作与表演	剧目制作与出品、艺人培训、演出经纪、影视网络综艺栏目、票务代理	62. 25
7	百禾传媒股份有限公司	文艺创作与表演	百禾童话、百禾经典、百禾秀	1940. 99

续表

序号	公司名称	行业分类	主要产品及服务	营业收入（万元）
8	北京丑小鸭剧团股份有限公司	文艺创作与表演	儿童剧的创作、编排与表演，剧目的衍生品销售	1010.37
9	上海锦辉艺术传播股份有限公司	文艺创作与表演	舞台剧、影视剧的投资制作和演出执行	850.82
10	吉林市歌舞团文化传媒股份有限公司	文艺创作与表演	歌舞类作品及相关综艺作品的创作与表演	506.15
11	合肥演艺股份有限公司	文艺创作与表演	承办各类大型晚会、演唱会、团拜会、专场演出、巡演活动，从事歌舞、曲艺、戏曲等表演活动	199.9
12	印象大红袍股份有限公司	文艺创作与表演	文化旅游项目、山水实景演出	3764.81
13	北京理想传媒股份有限公司	文艺创作与表演	演出活动的策划与执行及演艺经纪业务	214.65
14	西安金翅鸟文化发展股份有限公司	文艺创作与表演	歌舞类作品及相关综艺作品的创作、制作及演出	1142.81
15	北京触动时代国际文化传播股份有限公司	其他文化艺术业	艺术教育培训及辅导服务、专业艺术教育机构运营、大型活动组织策划、教育及艺术咨询、艺术表演场馆管理、舞台表演艺术指导、舞台设备安装、文艺创作、组织文化艺术交流活动（演出除外）	294.77
16	上海张江超艺多媒体系统股份有限公司	其他文化艺术业	数字文化景观、文创艺术灯光、数字媒体展厅、商业活动，为政府、企业及城市新文化建设提供创意策划、落地建设实施、运营系统解决方案的“一站式服务”	2781.36
17	华侨城天视文化集团股份有限公司	其他文化艺术业	演出经纪与演出服务、活动策划与品牌推广及相关的广告代理业务	4326.04
18	深圳数虎图像股份有限公司	其他文化艺术业	数字化展厅、多媒体演艺、影视动漫儿童剧产品开发及运营	4696.38
19	上海浩林文化传播股份有限公司	其他文化艺术业	著作权、知识产权综合开发、运营，广播影视节目制作和发行，主办文学创作大赛，影视作品剧本研发创作等	175.77

续表

序号	公司名称	行业分类	主要产品及服务	营业收入（万元）
20	北京春秋永乐文化传播股份有限公司	其他文化艺术业	票务代理、项目投资、发行服务以及系统研发和销售	22559.16
21	江苏锐丰智能科技股份有限公司	其他文化艺术业	专业灯光音响舞台机械方案策划、工程施工、系统集成，灯光音响器材、软件租赁及销售，文化创意活动整体解决方案	1524.38
22	上海韵创文化发展股份有限公司	其他文化艺术业	为客户提供主题互动娱乐体验服务，主要包括主题巡回巡展、舞台美术制作、亲子主题体验服务以及主题娱乐策划咨询服务	1492.57
23	浙江天瀚文化发展股份有限公司	其他文化艺术业	文化艺术交流活动策划，制作、复制、发行作品如专题、专栏、综艺、动画片、广播剧、电视剧，演出经纪、舞美、灯光、音响的技术开发、技术咨询、技术服务、成果转让、舞美设计，承接灯光工程、音响工程，成年人的非证书劳动职业技能培训（涉及前置审批的项目除外），批发、零售舞台专业设备（依法经批准的项目，经相关部门批准后方可开展经营活动）	894.25
24	北京策联传媒股份有限公司	其他文化艺术业	艺人经纪业务、品牌营销经纪业务以及影视综艺节目的宣传、商务开发、投资策划	1169.57
25	北京环宇兄弟国际文化传媒股份有限公司	其他文化艺术业	演出经纪与演出服务，儿童剧的创作、编排、演出	2669.55
26	北京希肯琵雅国际文化发展股份有限公司	其他文化艺术业	演出经纪业务	1032.99
27	自贡海天文化股份有限公司	文物及非物质文化遗产保护	节庆及主题灯会、灯光节的创意策划，传统及现代艺术灯品灯光作品的设计、定制、租赁与销售，商业美陈租赁与销售等文化创意类产品的设计、制作、销售及展出服务	15233.64
28	北京秀域科技文化股份有限公司	艺术表演场馆	文化创意技术设备系统集成、创意设计、咨询服务、维保服务	2374

资料来源：《这里有份 28 家新三板挂牌演艺相关公司简报，请查收!》，“道略演艺”微信号，2020 年 2 月 5 日，https：//mp. weixin. qq. com/s/YGovyZ4_ U - pu94sD63LyiQ。

（三）产业业态多元化发展趋势明显

演艺与商业配套发展一直是演艺行业可持续的基本商业逻辑，也是演艺产业规模化发展必经的阶段，以演艺为商业吸引人流，用商业反哺演艺运营。成规模的商业配套最早产生于主题公园的驻场演出，现在新设的独立演艺项目也常常与商业配套绑定在一起运营。文化新业态发展势头强劲，尤其是文旅小镇、主题公园积极拥抱新技术、新理念、新内容，统一布局差异化且互补的业态、统一调度资源的运营管理模式，给演艺产业带来了很多启发。

在演艺产业业态多元化发展趋势下，各部分不再是演艺内容与配套商业的主次关系，而是你中有我、我中有你的共生关系。上海更是创新性地提出了“演艺新空间”的概念。“演艺新空间”是指在大中型专业剧场之外，零散地分布于中心城区，适合举行特色演艺活动的公共演艺空间。这些公共演艺空间既可以是博物馆、艺术中心，也可以是实体书店、文创园区，甚至是商场、办公楼、酒店、餐厅、茶馆等。这些演区在公共空间一隅，座位不低于 80 座，演出可以灵活地按照时节、环境、氛围调整，真正实现了将演艺融入城市生活。围绕上海核心演艺地标“上海大世界”辐射开来的各家“演艺新空间”都以打造演艺专卖店、形成独家特色为目标——新天安堂独特的建筑成为全息投影表演的绝佳场地；虹桥康得思酒店的典雅演艺空间、思南公馆 288 的音乐空间则适合环境戏剧的打造；读者书店与如宇文化艺术工作室签约了 50 场新颖的好书导赏演出；大隐精舍则把民间活跃的相声团体田耘社的表演纳入日常节目单，作为吸引读者的内容引擎；上海当代艺术博物馆在 4000 平方米的展览空间里设置 2100 个座位，化身演区；3600 平方米的拉法耶艺术中心则具备最多 1000 余个座位的演出承载能力；和平饭店将爵士乐演出、民乐演奏音乐会、戏剧演出纳入酒店运营日常；香港名都、凯德晶萃广场、益丰 · 外滩源、世茂广场、阿拉城等商业综合体都拿出 100 平方米至 300 平方米的核心位置，进行举办演出活动的尝试；文创园区更是将场地出租的模式转变为合作联营、票房分成；创邑 SPACE 老码头、BFC 文创里、101 演艺新空间等将引入一批独具特色的演艺活动。从 2018 年上半年到2019年上半年，上海演艺大世界核心区域所在商圈内的娱乐类消费占比从6.11%增加到了9.70%，消费额总体增速达到10.11%，明显高于全市商圈增速1.2%的平均水平，演艺产业复合业态带来的效益可见一斑。

（四）科技与演艺融合应用更加广泛

1. 前沿新技术的使用

自诞生之日起，演艺就在不断拥抱新技术——从机械设备在16世纪意大利舞台场景布置中的使用，到电力、灯光的引进，再到计算机化智能控制的灯光、声效、场景转换……技术的发展为演艺带来了令人惊艳的观演体验。时至2019年，5G通信技术启用，VR、AR、MR技术的日常应用逐渐铺开……科技更迅猛的升级换代也带来了演艺产业与科学技术应用的更多交集，科技正在改变演艺的表达方式。如光影类的技术装置利用声、光、电的艺术创作，在强度、颜色、氛围三个方面呈现与传统演艺不同的观演效果和艺术特性。互联网也倒逼演艺与观众发生更多的互动和直接接触。2019年，以实验戏剧著称的孟京辉导演的《成都偷心》，便尝试了新技术在剧场中的实际应用，团队将8600平方米的场馆切分成168个演艺空间，融合了演艺、摄影艺术、多媒体影像、视觉艺术等多种形式的艺术内容；多媒体音乐剧《镜·界》结合弦乐、舞蹈和影像，舞者与四个虚拟“分身”同台共舞；钢琴家郎朗和虚拟偶像洛天依完成一台万人级的演唱会，宋思衡则与机器人共奏《蓝色多瑙河》……人工智能、增强现实、虚拟现实、影像技术、交互技术等前沿科技的应用，革新人们的观演体验。

2. 科技演艺融合逐步规范化

科技为演艺的未来打开了无限可能，但这并不意味着科技对演艺的替代作用。即使是人工智能，能够为演艺带来的也只是数据和算法的加持，只是对演艺内容进行风格化和技术化处理，可以提升演艺的表现力，并不能替代演艺本身的情感、想象力，更不具备艺术象征性和批判性等重要的社会文化功能，因此演艺与科技的融合发展永远是建立在科技强大的技术基础之上的，并不会也不能由科技决定演艺产业发展的方向。科技可以为演艺的创作提供丰富的灵感，虽然当下科技的现实应用还在走向成熟化的道路上，但正是这样技术未定型的阶段给了演艺更多自由主导发展的空间。

演艺产业技术应用也越发规范化、系统化，2020 年 1 月上海中演舞台科技研究院成立，成为全国首家文化领域从事舞台科技研究的社会服务性非营利机构，将为科技与演艺产业的融合提供更多理论与技术支持。

（五）文化产业立法为演艺业发展提供法律保障

1. 文化产业政策法治化

2019 年 12 月，文化和旅游部起草的《文化产业促进法（草案送审稿）》面向社会公开征求意见，意见稿围绕“促进什么”“怎么促进”两个核心问题，把行之有效的文化经济政策法定化。将近 20 年来国家促进文化产业发展的基本经验和有效模式上升为法律，用法律的形式予以确定，标志着文化产业政策法治化，凸显了国家对文化产业的重视程度，说明了文化产业价值对于中国经济发展的重要贡献，意味着中国文化产业发展战略进入了新的阶段。《文化产业促进法（草案送审稿）》虽然没有针对演艺行业的专项条文，但其确定了从创作生产、文化企业、文化市场等 3 个关键环节支持文化产业发展，并在人才、科技、金融财税等方面对文化产业予以扶持保障，而且《文化产业促进法（草案送审稿）》中还专门提到，国家实施文化精品战略，举办文化精品展演活动，创作精品佳作；同时鼓励和支持科技在演艺娱乐等传统文化产业中的应用，促进传统文化产业转型升级。这些立法支持都将有效覆盖到演艺行业，推动演艺市场的法治化建设。

2. 政府主导下社会与经济效益并重的产业治理结构

在促进文化产业发展的思路选择上，国际上主要有两种典型模式：一种是以美国为典型的“无为”模式，政府不介入文化产业发展的具体事务，民间主导产业发展方向；另一种是以法、日、韩为代表的政府主导的“有为”模式，但在具体的文化产业政策类型上又有不同。法国文化产业政策强调社会效益，偏向于“文化”；韩国文化产业政策强调经济效益，偏向于“产业”；日本的文化产业政策则介于法、韩之间，但更偏向于经济效益。

中国促进文化产业发展的基本经验是政府主导，在文化产业政策类型上是政府主导的“二元偏向型”结构，坚持文化的社会效益与经济效益并举，同时更偏重文化政策。“二元偏向型”的文化产业政策结构，集中反映在草案关于文化产业发展方向的规定，以及坚持社会效益优先、社会效益与经济效益相统一的相关制度设计与制度安排上。

二　2019年中国演艺业对外贸易发展特点

（一）演艺贸易标的不断多元化

随着演出形式、场所、媒介的不断创新，演艺贸易标的的变化也越来越走出传统的舞台形制的框架，演出的环境甚至观众都成为演出内容的一部分，开放式的演出走向和交互性的观演体验催生了“沉浸式演出”，在中国市场激起了巨大的消费需求，也吸引国际知名的沉浸式演出剧目引入中国演艺市场，演艺贸易的标的不再仅仅是内容本身，而是囊括了场景、动线甚至建筑，具备更强的定制化属性，目的在于将打动人心的体验带给国内观众。

仅2018年，全球沉浸式娱乐产业规模已有45亿美元，在过去的5年中，全球沉浸体验设计供应商数量以20%的速度迅速增长。[①] 中国沉浸式娱乐产业自2016年开始增热，据36氪统计，国内沉浸式娱乐相关IP的70%在近两年诞生，从事沉浸式娱乐产业的企业数量也由2016年的20家增长到2018年的220家，其中属于演艺行业的企业数量占比达20%。[②] 2019年全年“沉浸式体验”3800%的搜索增长量侧面反映了中国市场对沉浸式体验的关注度与消费需求。

沉浸式演出进口贸易中，不论从品牌影响力、内容品质还是市场反响度

---

① 《全球沉浸式设计产业年度报告2019（2019 Immersive Design Industry Annua Report）》，https：//immersivedesignsummit. com/2019industryreport. pdf。

② 上海文广演艺（集团）有限公司、上海交大－南加州大学文化创意产业学院：《中国沉浸式产业发展研究报告暨〈不眠之夜〉上海版3周年总结报告》，ARinChina网，2019年12月13日，http：//www. arinchina. com/article－10849－1. html。

上，最成功的当数欧美当代经典演出《不眠之夜》。上海文广演艺集团和英国 Punchdrunk 团队联手打造的中国版《不眠之夜》，场景由 20 世纪 30 年代麦金侬酒店 6 层楼 6000 多平方米的 90 多个房间改造而来，整个演出过程不设置座位，完全颠覆了传统镜框式的观演体验，把自主探索的权利交给观众，观众在移动过程中实现场景、情节的转换，更能参与到演员的表演之中，无数个隐秘精致的细节隐藏在标本室、药铺、墓地、竹林、精神病院等众多场景之中，需要观众自己去寻找，演出在一个完整的建筑空间中为观众搭建起一个超越真实的梦境。《不眠之夜》长期保持提前 3 个月售罄的纪录，自 2016 年首演至 2019 年底，连续演出总计 917 场，平均上座率高达 95%，累计观众超过 30.3 万人次，累计票房 1.98 亿元。在平均 710 元的高票价情况下，《不眠之夜》的复购率依然达 30%，在国内演艺市场所有类型的演出中，单个剧目能够产生这样的需求规模和消费忠诚度都是惊人的。此外《不眠之夜》扎根上海这一国际都市，消费客群已经覆盖全国乃至海外：在全部观演客群中，仅有 52.8% 是来自上海本地，而来自国内其他城市（不含港澳台）的观众占比达到 41.7%，其中长三角地区的观众达到 11.8%；港澳台地区观众占比为 1.5%，海外观众占比为 4%。

作为一个建筑一体化的演艺剧目，《不眠之夜》很好地开发了演艺相关的衍生收入模式，同时上海文广演艺集团积极整合酒店、快消、生活方式、电影等各种关联行业的品牌进行跨界合作以充分发掘演艺内容的市场效益，以《不眠之夜》为核心实行“1 + N”运营模式，吸引更多新观众的同时提高消费黏性。除了 1.98 亿元的票房直接收入，演出还带动了 1500 万元的酒吧及衍生品收入、3650 万元的自营业态及租金收入、2000 万元的品牌赞助收入，总计约 2.7 亿元收入中有近 27% 来自票房以外的衍生收入。

与此同时，基于《不眠之夜》的强大 IP 和成熟的创作、运营经验，上海文广演艺集团也尝试进行本土沉浸式演出的创新，如 2017 年上市的万圣节浸入式主题派对 Coven、2018 年“802 客房”对拓展演出时长的尝试、2019 年主打社交的浸入式派对“仲夏夜：梦”等都是演艺进口所带来的演艺创作端的良性发展。

（二）演艺贸易的行业边界日趋模糊

1. 演艺概念越发难以界定

越来越多的演出难以用传统的“演艺”概念来界定，例如不需要演员参与、仅凭投影设备即可实现的光影秀，又如可以随观众的舞动呈现不同视觉效果的沉浸式展览，以及利用全息投影技术完成的虚拟艺人的表演。

2. 演艺创作门槛降低

互联网的介入将很大程度上改变演艺产品创作、生产、营销的方式，也让每一个人都有机会成为内容创作者、传播者（抖音）。在网络内容付费的大趋势下，人们也会愿意购买互联网平台上个人制作的创意、新奇的表演内容，而这样的内容可能来自世界任何一个角落。观众不仅表现出更强烈的演艺消费偏好，而且更多地影响演艺内容的创作甚至自身成为演艺内容的生产者。

3. 演艺跨界融合发展愈发明显

其他文化行业也越来越多地融入演艺的内容或形式，其中与演艺产业融合最紧密的要数旅游业。中国有众多的旅游城市和旅游胜地，游客基数庞大，对文化旅游中的演出市场需求巨大，旅游演艺凭借其在演出市场的快速增产增量成为促进文旅融合发展的重要增长点。2019 年 4 月，文化和旅游部印发了《关于促进旅游演艺发展的指导意见》，以完善旅游演艺产业链、综合带动相关产业行业为主要目标，鼓励发展中小型、主题性、特色类、定制类旅游演艺项目，形成多层次、多元化供给体系；深化跨国跨境合作，推动与周边国家和地区率先开展旅游演艺交流合作，组织开展跨境节庆共办、品牌共建、文化援助等活动，优先推动国家边境旅游试验区和边境全域旅游示范区创建单位打造跨境旅游演艺节目；为旅游演艺经营主体在境外开展合作、建设国际营销网络提供便利，加强与共建“一带一路”国家的交流与合作，允许依法引进境外资本投资国内旅游演艺市场。三亚、北京等城市都已规划建设面向国际的演艺小镇，打造以演艺为核心的大型文旅项目。

（三）演艺对外贸易平台发挥更大作用

1. 中国演出交易会

中国演出交易会是由中国演出行业协会主办的一年一度的行业盛会，是展示演艺成果、启迪文化创意、拓宽市场渠道、增进沟通交流的重要平台，下设演出项目交易会、演出项目推介会、项目推介 SHOWCASE、中国文化产品国际营销年会、全国剧场大会、演艺投资对接交流会等板块以及交易会专刊。经过十余年的发展，中国演出交易会在业内得到了广泛认同，获得了良好口碑，并形成了一定品牌影响力，正在力争成为国内市场和国际市场双向流动的重要渠道。

2. 区域演艺资源交易平台

演艺市场发达的地区，也在摸索建立国际化的演出交易与服务平台。2019 年中国上海国际艺术节期间启动的大世界演艺资源交易平台，是立足“演艺大世界——人民广场剧场群”的资源优势，打造的演艺资源产品展示中心、推广中心、孵化中心和交易中心，已成为面向全球演艺文化内容和演艺产业模式的生产者、输出者和运营者，目前是上海众多商会组织、企业指定的商业演出服务平台。

大世界演艺资源交易平台下设演艺项目、商务演艺、演艺节目、演艺空间四大板块，平台整合了约 700 个演艺节目、项目，100 多家专业演出团体，以及 30 家演出场地。另外还有近 200 家舞美设备、活动策划等演艺服务机构也入驻交易平台。更多的演艺艺人、演艺经纪人、演艺制作人、演艺装备等板块也在开发当中。大世界演艺资源交易平台同时注重智能化、数字化平台的建设，不仅热门剧目、资源的排行搜索可查，演艺交易的意向订单、实际订单数据也得到实时追踪，更可以通过手机一键下单确认采购意向。大世界演艺资源交易平台还将逐步建立会员服务体系，并以上海大世界为中央资源库，在全国乃至全球城市设立资源分中心的扁平式资源汇聚管理平台。2019 年底大世界演艺资源交易平台发起的“2020 年各地在沪企业（商会）年会及商务演艺资源采购大会”吸引到国内与国际近 1000 家演艺企业参与，所促成的演艺内容采购额有近600万元。

3. 演艺/剧场/剧院联盟

区域性的演艺/剧场/剧院联盟有利于联盟内部资源统一配置，有效避免市场信息不对称，降低演艺的营销成本，提升演出方跟剧场、剧院间的演艺资源利用率，同时联盟作为规模更大的平台，在市场中拥有更大的话语权，能够在一定程度上缓解成员在国际市场运作中单打独斗的低效、抗风险能力低等情况，提高联盟成员的整体利益。据道略演艺统计，自2018年底至2019年底，中国共有陕西演艺联盟、西安旅游演艺联盟、山西演艺剧场联盟、江西省演出剧场联盟、广东省公益剧院联盟、上海演艺大世界联盟、南京小剧场戏剧联盟、中国西部演艺联盟、长三角小剧场联盟、大运河剧院联盟等10家省、市、区域演艺联盟成立，旨在打造资源统筹、信息共享的平台，以规范化、规模化运作推动行业规模化发展。

（四）演艺对外贸易产业链进一步整合

在演艺产业向规模化、产业闭环式缓慢发展的过程中，出现了多种产业链整合的方式，其中既有以IP为核心的跨影视、游戏、演艺等多行业的产业联动，也有从演艺经纪或票务端向产业上游创作端的整合，更有从互联网媒介端向演艺内容端的整合。但无论何种形式的产业链整合趋势，基本是由非演艺行业核心的企业发起的，这也与中国演艺市场演艺主体的小规模、轻资产、低市场占有率有关。

1. 跨行业产业联动

近年来演艺成为热门流行文化IP进一步开拓受众、重复开发IP商业价值的重要形式。从小说、电影到游戏，演艺都成为版权方深挖观众忠诚度、保持IP的热度与生命力的有力手段。游戏IP极高的升级迭代速度，是一把双刃剑，在迅速创造市场价值的同时面临高频的淘汰风险。而游戏向演艺的跨越不仅提升了IP的故事性、艺术内涵，也相应地提高了游戏IP本身的文化附加价值，热门演出能够回拢用户，提高用户黏性、用户活跃度，好的演出更可以有效转化部分观众成为新的游戏用户，以至带动周边衍生品的销售。

网易游戏旗下热门游戏 IP《阴阳师》便是 IP 多产业联动的典型。《阴阳师》是由网易游戏自主研发的 3D 日式和风回合制 RPG（角色扮演游戏），游戏以《源氏物语》中的日本平安时代为背景设计，讲述了日本民间的传奇人物阴阳师晴明在阴阳两界中，探寻自身记忆的故事。《阴阳师》唯美的画风与精致的游戏原声，给玩家以穿梭于平安古都的游戏体验，一直为玩家所称道，曾创造过超千万用户活跃量的峰值，是一款现象级的手机游戏。《阴阳师》在 2017 年问世之后的两年同样面临用户量下滑的困境。面对现实情况，网易果断采取了从互联网游戏动漫“二次元”形象向线下“三次元”演出的迈进。2018 年网易与日本金牌音乐剧制作公司奈尔可集团联合制作，委托中国具有丰富的舞台剧运作经验的璞润国际团队负责全程运营，全部采用日本专业的舞台剧演员担纲演出，完成了《阴阳师》音乐剧的落地。音乐剧版在游戏内容的基础上进行了二次创作，在高度还原游戏中人物场景的同时拥有独立的原创故事，避免了对原作游戏的单调复制。

2019 年，《阴阳师》音乐剧第二季“大江山之章”在北京、上海、成都、重庆、天津、武汉、长沙、西安、郑州等 9 个城市连演 40 场，受到观众的热烈追捧，巡演票房超过 2500 万元，上座率亦是高达 90%，观众二次观演比例超过 50%，更有部分观众连续多次“刷剧”。市场对音乐剧的认可也再次带热了游戏版的《阴阳师》——巡演期间《阴阳师》日均在线率同步增长了 15%，衍生品销售额也高达 4000 万元，整个 2019 年下半年《阴阳师》实现了 27 亿元的游戏产业收入。将 IP 从单一行业中释放出来，让演艺与其他产业发挥互补优势，实现了市场的良性循环。

2. 产业后端向前端的整合

2019 年中国演艺产业链整合发展的趋势凸显。演艺企业通过同时掌握创作端、演艺场馆、演艺经纪、票务营销，无论面向演艺院团、演出剧院还是消费者，都有比竞争者更强的议价能力。同时产业链的整合能够有效地将外部成本转化为更低的内部成本；产业链的纵向打通更是给予了演艺企业更快地完成产品升级换代乃至产业迭代的机会。

聚橙网于 2007 年在深圳成立，最早是以面向终端消费者组织线下活动为目的的线上社交平台。2008 年公司转型开展演艺票务业务，成为整合社交功能的票务营销平台，借助各大剧院演出票券分销权迅速崛起，建立覆盖国内主要城市的互联网售票体系，抓住市场红利实现迅速变现。2009 年起着眼于演艺经纪业务，以连锁零售思维凭借多场次、低成本、低票价的优势和出色的宣发能力迅速拓展市场，实现在全国多个城市布局。2013 年聚橙进一步沿着演艺产业链向上迈进，高度整合行业资源，大力拓展了剧院管理业务，在产业链中游拥有了更多话语权，不论在国内市场还是国际市场进行演出采购都有很强的议价能力。2015 年聚橙进一步整合产业上游，紧抓国内音乐剧市场渐热的趋势，放眼海外音乐剧发扬地——百老汇，开始投资海外音乐剧项目，选取最具市场潜力的原创音乐剧在创作初期参与投资制作；聚橙投资的 28 部音乐剧荣获了包括“最佳音乐剧”奖在内的 20 项托尼奖和 62 项提名。海外音乐剧一旦在市场中发展成熟，便成了聚橙主控的音乐剧品牌，使其在国内演艺市场有了竞争者无法抢占的核心演艺内容资源。2019 年聚橙从演出经纪向艺人经纪扩展，签约艺人为原创演艺内容提供更多支撑和保障，同时聚橙拥有的庞大的国际与国内演艺平台也是其艺人经纪业务未来发展壮大的信心所在。至今聚橙共有 16 家子公司，2017 年公司总收入已超 8 亿元，利润超 8500 万元，年均增速 10%，已发展成为中国最大、行业领先的民营演出机构，在全国范围内近 90 个城市具备演出主办能力，旗下聚橙剧院院线运营、联合运营剧院已达 109 家，是国内运营剧院数量最多的院线。聚橙在中国市场的影响力巨大，仅以音乐剧为例，2017 ~ 2019 年聚橙音乐剧在全国 18 个城市上演总计 1123 场，观众累计超过 100 万人次，其中 2019 年聚橙网运作的音乐剧就有 458 场。

聚橙原创“金融（Finance）+内容（Content）+渠道（Channel）+终端客户（Customer）”的“F-3C”模式，旗下形成票务销售、剧院管理、亲子文化娱乐、独立音乐厂牌、演唱会品牌、国际音乐剧、互联网戏剧平台、旅游演艺、演出周边衍生品、文创基金十大子品牌，并且已在儿童剧、音乐剧、流行音乐等多个细分演艺领域位居前列，扎根演出产业链各个关键环节，坐实全产业链布局，逐渐完成了自己的闭环体系。凭借完善的演艺产业链布局，聚橙进一步缩短了原创演艺 IP 的孵化周期，使得 IP 产生到商业化的2~3 年周期缩短到 1 年成为可能。

3. 互联网媒介向演艺内容端的整合

互联网平台凭借强大的线上用户流量和平台作用，也向演艺产业内容端接轨。酷狗音乐作为中国数字音乐领头企业之一，于 2019 年尝试了线下剧院的运营——开启“酷狗酷艺术·优秀剧目展演”项目，负责广州天河区文化艺术中心大剧院运营工作，结合自身的资源和经验，以 93 场类型各异的演出和活动，积极融入“文化惠民”的建设，丰富了当地三万名观众的文化生活，促进当地文艺市场的培育与激活。同时，这是广州首次联合互联网公司参与剧院运营。对于诸如酷狗等互联网企业而言，演艺剧场作为线下载体不仅可以充分发挥已有的演艺资源优势、文化内容整合能力和运作经验，还能够推动“互联网 +”技术的应用，让剧院具备更广阔的想象空间和创新可能。

（五）国家艺术基金持续发力支持演艺项目“走出去”

1. 传播交流推广资助项目规模稳定

国家艺术基金延续了往年对于演艺行业的支持，2019 年度拟资助立项的 1100 个项目中，有 629 个项目来自演艺行业，占比达到 57%，不仅专门设有针对演艺的小型舞台剧（节）目和作品、大型舞台剧和作品类别，在青年艺术创作人才资助、艺术人才培养资助、传播交流推广资助项目中也有相当一部分的演艺类项目获得立项，其中传播交流推广资助项目在所有演艺项目中占比达到 10%（见图 1），略低于 2018 年。小型舞台剧（节）目和作品以及青年艺术创作人才资助的演艺项目数量明显增加，分别比 2018 年拟资助的同类项目增长了 27% 和 65%，体现了国家对于广大的小型演艺剧目和青年演艺人才的发展扶持。

自 2019 年度起，经文化和旅游部、财政部批准，国家艺术基金还在年度“一般项目”中增设年度“一般（地区）项目”，专门针对列入国家西部大开发战略和农村扶贫开发纲要的省份、地区的项目给予适度扶持，用以平衡东西部之间演艺市场发展的差距，促进区域演艺产业协调发展。

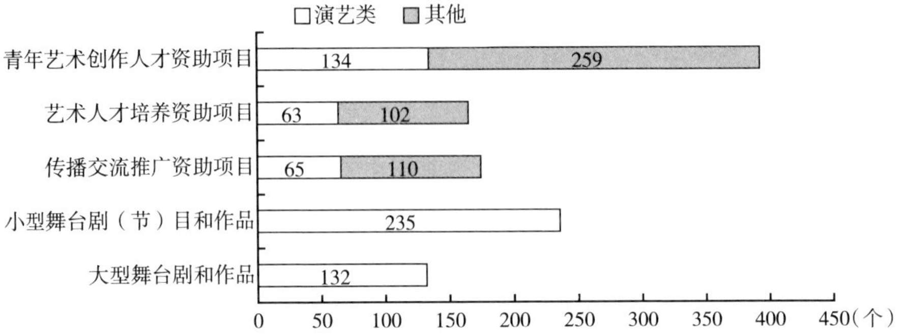

图 1　2019 年度国家艺术基金拟资助立项项目中演艺及相关项目分布

资料来源：《国家艺术基金 2019 年度资助项目立项名单》，国家艺术基金网站，2018 年 12 月 29 日，http：//www.cnaf.cn/gjysjjw/tztg/201812/dfd8da0bc045463db09a30c2905f62e7.shtml。

2. 部分已立项项目存在时效性、规范性问题

2018 年已立项资助的演艺项目，经过国家艺术基金一年的支持，已经取得了阶段性成果。国家艺术基金 2018 年度实际立项资助了 155 项大型舞台剧和作品资助项目，资助金额达 3.7614 亿元，覆盖了 12 个演艺门类 156 个剧目，演出共计 3462 场，观众总人数约 276.96 万人次；181 项小型舞台剧（节）目和作品资助项目，资助金额有 0.2805 亿元，覆盖 7 个演艺门类的 181 个剧目，通过演出、出版、播映，不断增强小型舞台剧（节）目和作品的艺术表现力、传播力和影响力，带来了新的生机；132 项艺术人才培养资助项目，资助金额有 0.841 亿元，其中培养舞台艺术专业学员 1442 名，艺术经营管理及理论评论学员 369 名；290 项青年艺术创作人才资助项目，资助金额有 0.428 亿元，其中 25 人创作完成了 25 部音乐作品，35 人创作完成了 35 部戏剧剧本，21 人创作完成了 21 部舞蹈、舞剧作品；180 项传播交流推广资助项目，资助金额达 2.021 亿元，其中已启动实施的舞台艺术演出类项目 56 项，覆盖国（境）内演出 1278 场，观众人数约 79.7 万人次，国（境）外已开展的 8 项演艺项目，覆盖演出 50 场，观众人数约 4.9 万人次。

与此同时，国家艺术基金在监督与验收的过程中也发现了部分项目存在时效性、规范性问题。一是项目延期情况较为突出，或是由于项目主体在实

施过程中偏离了预期目标，或是部分项目主体还承担重要文化交流活动、重大艺术节庆的演出任务，导致出现部分项目不能如期完成的情况。二是高校类项目主体存在重立项、轻实施的情况，怠于履行主体责任的情况较为突出，缺乏必要的统一管理和配套支持，严重影响了项目实施质量。三是缺乏规划、经费使用经验而导致财务开支不规范、预算执行进度缓慢的情况较为突出。

三　2019年中国演艺业对外贸易发展亟待破解的问题

（一）演艺贸易结构相对单一

受新冠肺炎疫情冲击，全球剧院悉数关停，中国剧院关闭更是持续数月，无论演艺剧目制作方、出品方还是剧院场地方的营收几乎归零。演艺市场传统惯例是，整个产业链上演出、场地、经纪、票务各个环节都由不同的公司参与其中，业务单一、互不干涉，极少有演艺企业具备能够打通多个产业环节的实力。即使是保利演出这样的老牌演艺企业目前也只涉足演出制作、院线运营、演艺经纪三大业务，被阿里收购后的大麦则站稳票务领域向线下演出内容深耕，像聚橙网这样布局演艺全产业发展的企业更是极少数。演艺企业业务板块的单一，反映在演艺贸易上就导致了对外贸易结构的单一，大多演艺企业以直接的剧目引进与出口为主，缺少多元的营收模式。演艺产业的协同效益多是体现在演艺企业自身的演出剧目带动了周边商业的盈利或者关联企业的创收，而演艺企业本身并没有直接受益，对剧目IP的开发力度不够，在国际市场中抗风险能力较弱。

（二）缺少务实的对外贸易实操指南

演艺政策每年都在更新，但种类繁多的政策总是没能很好地聚焦到演艺企业的应用之上，企业对政策不了解、不会用的现象比较普遍，对演艺政策缺少系统的汇编、归类，实操性强的演艺产业与对外贸易发展指南一直缺失。以金融方面的支持政策为例，本身文化产业就因为轻资产的特点存在无实物抵押或抵押资产难以评估的问题，演艺又是文化产业中最为典型的“轻资产”行业，存在孵化周期长、前期投入大、盈利周期长的特点，大部分演艺企业对金融工具又相当陌生，对其进行金融支持需要系统的操作指导和切实的风险监控措施。以演艺产品版权质押为例，这是一款银行直接设立演艺版权质押的贷款产品，但具体是由政府基金担保、银行向演艺企业提供贷款，还是由第三方担保公司担保、银行向演艺企业提供贷款，抑或是财政补贴、银行、保险共同参与其中，需要权威的文件予以解答。

（三）对演艺支持政策的评估、监督体系尚不完善

演艺政策的多样性、丰富性一方面体现了国家与地方各级对演艺产业与对外贸易发展的重视，另一方面也存在对政策有效性的评估问题。政策是否真正支持到了应当支持的演艺企业、机构，旧的演艺政策是否还适应不断变化的市场环境和企业现实需求，不适应的哪些要废止、哪些要更新，都需要对政策时效性、实用性进行及时追踪与评估，且只有量化的评估办法才能提高演艺政策的精细度。

（四）演艺企业国际化发展相对被动

2019 年依然是存在演艺贸易逆差的一年，具有国际竞争力的演艺剧目和演艺品牌依然是偶发个例，没有形成足够的市场规模。国际演艺品牌的树立不仅取决于演艺作品创作这一核心环节，还受管理、宣传推广、营销等诸多环节的影响，其中最重要的是对于市场定位的理解。市场定位不准确，则会难以实现优秀的演艺剧目与有观演需求的市场受众的有效对接，造成演艺供给与需求的错位。目前，中国演艺企业的国际化主要受引进的海外剧目带动，即在引进海外剧目过程中学习借鉴其成熟的运作经验，尤其是版权引进以及跨国联合制作的演艺剧目，使得中国演艺企业对国际经典剧目的创作、排演、推广营销都有了细致的认识，但是这种被动的国际化途径相较于企业主动参与国际演艺市场竞争显得有些滞后。

四 促进中国演艺业对外贸易发展的建议

结合2019年中国演艺对外贸易发展经验，综合考量新冠肺炎疫情对于演艺市场造成的持续影响，特此提出以下几个方面的建议。

（一）正确对待演艺贸易逆差

1. 以稳定的国内市场规模来支持演艺产品出口

出口的前提是国内市场的规模化、饱和化，在当前国内市场消费潜力还没有充分释放的情况下，不仅国内演艺企业主要面向国内市场创作与经营演出，海外优秀剧目也纷纷被引进中国市场的现象在较长的一段时间内会继续存在。就目前情形来看，演艺出口条件并不成熟，文化体制改革，演艺院团转为民营，尚未产生持续、大额的正向营收，贸然进入国际演艺市场成本高、风险大，而且培养海外观众对中国演出的消费需求、观演习惯还需要相当长的时间。

2. 有效利用文化交流平台带动演艺贸易发展

演艺一直是文化交流活动的主要内容，不应盲目鼓励企业参与国际文化贸易，而是文化交流与文化贸易并举，充分利用好丰富的“文化交流”政府平台，充分利用文化交流的政策便利、资金优势为企业建立信誉、试水市场，为演艺贸易的开展积极创造条件，逐步带动演艺对外贸易。党的十八大以来，围绕G20杭州峰会、金砖国家领导人厦门会晤、上海合作组织青岛峰会、“一带一路”国际合作高峰论坛等重大外事活动，文化和旅游系统组织了一系列文艺演出活动。此外响应“一带一路”倡议，丝绸之路国际艺术节、海上丝绸之路国际艺术节等活动的举办，丝绸之路国际剧院联盟、丝绸之路国际艺术节联盟的建立，“欢乐春节”、文化年（节）等品牌交流活动和海外中国文化中心的常态化，都为演艺对外贸易提供了良好的平台。

（二）重视国内消费需求的开发

国内演艺消费需求的培养和引导，不仅是演艺进口持续发展的保障，也是本土演艺企业、剧目具备国际竞争力的前提，在当前形势下，对国内演艺消费需求的刺激更是应对国际演艺市场动荡的最有效办法。疫情带来的空窗期，也给了演艺企业思考、研究、引导市场需求的时间。

文化产品或服务的消费人群往往有很强的消费偏好，演艺产业亦是如斯，儿童、年轻人群、老年人群的消费偏好差异非常明显，而且在各自喜好的演艺类型中又往往有较强的消费黏性，很少做消费偏好的改变。如何维持已经建立好消费习惯的人群的观演需求，以及如何激发低频观演人群的消费需求，需要对演艺细分市场进行深耕细作。从消费结构来看，中国观演人群呈现“低频次、高单价、稳输出”的消费特征。各个年轻群体、不同圈层观众的观演取向正逐渐清晰。“90 后”至“00 前”已成为演出消费的主力军，2019 年占观演用户群体的比例超 55%。其中，“95 后”购买力持续增长，2018 年、2019 年占比分别为 22% 和 31%。相较于剧场，“90 后”群体用户更加偏爱演唱会，在演唱会用户群体分布中，“90 后”人群占比为 72%，而他们在剧场用户中的占比为 50%。在演出花费方面，演唱会的人均投入最高，平均为 1525 元，其次则是音乐剧，人均支出 1280 元。在演出细分市场，“80 后”至“85 前”的人均消费金额最高，“90 后”新晋父母则更愿意为孩子花钱，他们对儿童剧的人均消费金额最高。①

例如当下最火的儿童剧，背后也隐藏剧目供给侧升级的压力。因为儿童剧观演都是以家庭为单位，剧目选择权往往在家长手中，新晋家长的受教育水平、文化素养正在不断提高，不会轻易盲从，反过来对于儿童剧的内容品质提出了更高的要求，搞噱头式的儿童剧、缺少文化内涵或教育意义的儿童剧就会慢慢被淘汰。然而更高的标准也往往伴随更强的黏性，优质演出内容有更强的消费惯性。借鉴引进儿童剧的经验，一方面对年龄段的划分更

---

① 资料来源于中国演出行业协会。

细致，让剧目能够吸引更适龄的儿童；另一方面对于演出的创新，如能在娱乐性的基础上，结合传统文化、地域特色，增加更多具有启蒙意义、提高亲子参与度的内容，那么不仅将点燃儿童的想象力，也能激活家长未泯的童心。

以白领为主要观演群体的都市题材剧目，在愈演愈烈的竞争压力中也应该采取类似的措施。另外随着中国老龄人口逐步增加，老年人将成为重要的演艺消费人群，而针对老年人创作的演艺剧目往往仅限于传统的戏曲演出。在现代剧目中抓住老年人群关注的话题、能引发共鸣的记忆点将是开辟新市场的优势所在。

年轻人一直是演艺消费的主力，而新生代的年轻消费群体的消费习惯也在不断更新。伴随互联网成长起来的当下年轻人，形成的是在社交媒体、短视频平台影响下注重个性表达的文化消费偏好。能让所有年轻人推崇备至的“现象级”演艺产品时代已经过去，演艺企业要学会深耕年轻人的细分市场，在体验场景设计、主题内容选择、空间氛围营造等方面更加贴近他们的需求，同时更多关注年轻群体的亚文化圈的流行趋势，关注年轻群体的社群特征。

（三）针对演艺政策应用加强引导

1. 系统梳理演艺产业发展及对外贸易支持政策

以企业实践为导向，按扶持条件、适用对象进行分门别类的整理，调研企业实际诉求，联合相关的研究机构、第三方服务企业为演艺企业提供更具实操性的指导手册。即使演艺产业与对外贸易的指导政策难以在短时间内形成体系，同样可以将典型演艺企业甚至文化产业内其他行业的文化企业借助政策成功完成跨国合作的案例作为范例，为演艺企业提供参考。

2. 重视对海外市场需求的介绍

利用海外使领馆、文化中心、文旅办等驻外机构，充分调研各国当地演艺需求与消费偏好、习惯，让国际市场需求决定演艺对外贸易地理方向，而不是由演艺政策决定演艺企业国际经营方向，避免政策红利高于市场利润导致企业过度依赖政策扶持而被政策牵着走的“倒挂”现象。演艺企业在当地一方面要借助华人客群打开市场，另一方面要整合了解市场规则、了解政策规定、了解程序的当地合作伙伴，实现从演艺产品到交易、宣传、营销的本土化，克服文化差异，高效地融入当地市场。

3. 智库发挥政策评估、监测功能

充分发挥文化产业领域研究智库的作用，建立客观的政策评估、监测体系，加强政策应用的“事后监管”力度，避免政策使用上的“严进宽出”现象，政策使用不当甚至违规的行为要有应对处理方案，尤其在金融财政方面要严控资金在相关部门、企业、机构中的去向，保证政策透明度。

4. 赋予文化职能部门更大的话语权

演艺贸易本身就涉及文化、商务、财税，甚至海关、外汇、规划等多个主管部门，各部门之间很少有管理上的联席机制，大多是就具体项目临时发起会议，各部门参与代表变动大且对演艺事务不熟悉，文化主管部门又没有最终决策权，这一现象在地方一级更加明显，除了有更高的管理层级重视并牵头演艺贸易促进事务，各级文化旅游主管部门在文化项目的招商、管理中也应该主动争取更大的话语权，才能有效避免出台的一系列政策难以落地等情况。

5. 为演艺企业给予适当税收减免

适当拓宽对演艺行业减少或减免税收的政策，如放宽对演艺行业内各类公司获得减税或免税资格的要求，增长可减税或免税的时长，从而减少演艺企业的运营成本，增加企业现金流的弹性。

（四）创新演艺对外贸易盈利模式、渠道

1. 灵活运用新媒体平台

灵活运用新媒体平台，实现线上用户与线下观众的双向导流。其一利用互联网平台开展市场推广，抖音等社交媒体平台已经在全球布局，同时中国演出行业协会也设立了网络表演（直播）分会，并发起了“直播 + 艺术院团”的“艺播计划”，对演出的台前幕后和现场演出进行直播。演艺企业可

以通过这些社交媒体平台将演艺信息传播到世界任何一个角落，完成海外推广，以线上话题带动线下观演，极大地扩展辐射范围。其二借助云播放、4K 超清、5G、VR 等技术，将演艺内容接入互联网，打造“云音乐节”“云演唱会”“云剧场”等创新表演形式，为网络用户提供高品质的观演体验，直接带动一部分用户由线下转为线上观演，有望形成新的演出风口。目前海外成熟的演出直播模式已经进入中国，英国国家剧院的“国家剧院现场NTLive”已在全国多个城市布局，将海外优质的剧目搬到鲜有现场观演机会的中国市场放映。其三开设线上演艺专业课程、节目，以直播或专题栏目的形式分享剧目创作演出的台前幕后故事，普及艺术小知识，或推出“线上展览”，以 360 度立体呈现的方式，通过图文、模型、场景复原、音视频等展陈形式将演艺剧目、剧场呈现给广大观众。

2. 依剧目变化开展衍生品销售

文创衍生品延续了演出的美好记忆，提升了观众忠诚度，增加了复购率，更是演艺企业深挖演艺 IP 的商业模式，如北京天桥艺术中心文创销售额年增长速度高达 100%，近 4 年每年销售额都会翻番。在演艺 IP 创设的初期同步启动衍生品研发，或在剧目引进之初将衍生品经销权纳入谈判，取得合法授权，或为衍生品的设计制作预留资金与时间；在演艺衍生品销售中借鉴现代商业中流行的“快闪店”的模式，配合剧目档期，以场景化的临时展销区域集中呈现衍生品，并随演出剧目的变化动态调整衍生产品品类以及布景。

3. 深挖档期经济

春节、情人节、国庆节、“双 11”、圣诞节等时段，已经成为包括文化消费领域在内的市场旺季。档期经济的出现和现代生活节奏有关，是在特定时间段以特定的主题营造消费氛围，吸引并释放消费需求的情境消费模式，演艺企业也应当根据演艺剧目的内容类别有针对性地选取合适的“促销”档期，结合多种优惠措施举办特色营销活动，通过 Vlog、短视频、图文等形式与潜在消费者进行更多的互动。

4. 剧场多功能开发

文化场馆多功能使用是产业发展的一大趋势，如博物馆在展览之余经常会举办沙龙讲座、论坛、艺术教育活动、电影放映、夜游活动甚至音乐会。剧院同样可尝试将剧场空间开放给更多元的艺术门类：充分利用室内空间，在空档期将剧院打造成承载沙龙讲座、艺术教育、电影放映、赛事转播等活动的综合性文化场馆；同时利用周边户外空间将剧院功能进行延展，举办演艺展览、艺术节活动、灯光秀，打造开放式演艺空间。此外还应重视公共艺术服务，多举办剧院开放日，让观众更多地了解演出台前幕后的故事，拉近剧院与观众的距离，更好地发挥剧院的社区、城市功能。有能力的剧院还可以孵化原创剧目，拥有自主演艺 IP，可以很好地减轻引进剧目的成本压力与非驻场演出带来的闲置风险。通过剧场多功能的开发，让演艺空间不仅是一个“观看”的地标，更成为集聚产业发展、助力夜间经济繁荣的艺术社区。聚拢行业资源，扩大艺术影响力，让观演成为现代人文生活方式的核心之一。

参考文献

中华人民共和国文化和旅游部：《文化和旅游部关于促进旅游演艺发展的指导意见》，中国政府网，2019 年 4 月 1 日，http：//www. gov. cn/xinwen/2019 – 04/01/content _ 5378669. htm。

周小白：《灯塔研究院报告：2019 年演出票房迈入 200 亿大关　增速超电影》，TechWeb 网，2020 年 3 月 25 日，http：//www. techweb. com. cn/internet/2020 – 03 – 25/2782858. shtml。

幻境：《幻境 · 2020 中国沉浸产业发展白皮书》，幻境官网，2019 年 11 月 22 日，http：//illuthion. com/talks/ciid2020whitepaper/。

雒树刚：《新中国成立 70 年舞台艺术成就与经验》，中国社会科学网，2019 年 9 月 18 日，http：//www. cssn. cn/ysx/ysx_ ttxw/201909/t20190918_ 4973839. shtml。

《国家艺术基金 2019 年度资助项目申报情况报告》，国家艺术基金官网，2018 年 8 月 17 日，http：//www. cnaf. cn/gjysjjw/jjdtai/201808/839bf7393e6b41f2b990ea0c754dc089. shtml。

《国家艺术基金 2019 年度资助项目立项名单》，国家艺术基金官网，2018 年 12 月 29

日，http：//www. cnaf. cn/gjysjjw/tztg/201812/dfd8da0bc045463db09a30c2905f62e7. shtml。

王润：《演出“热”带“火”周边文创衍生品》，《北京晚报》2019 年 12 月 11 日。

《2019 年中国演出市场回顾——话剧篇》，中国演出行业协会官网，2019 年 12 月 30 日，http：//www. capa. com. cn/news/showDetail/168059。

《2019 年中国演出市场回顾——音乐剧篇》，中国演出行业协会官网，2019 年 12 月 31 日，http：//www. capa. com. cn/news/showDetail/168060。

《2019 年中国演出市场回顾——舞蹈篇》，中国演出行业协会官网，2020 年 1 月 6 日，http：//www. capa. com. cn/news/showDetail/168063。

《2019 年中国演出市场回顾——戏曲篇》，中国演出行业协会官网，2020 年 1 月 2 日，http：//www. capa. com. cn/news/showDetail/168062。

B.3

中国广播影视对外贸易发展报告（2020）

李继东　潘　茜*

摘　要： 2019年，面对5G网络时代的到来，我国发布了《超高清视频产业发展行动计划（2019—2022年）》的通知，提出发展超高清视频，鼓励科技与文化产业融合。除此之外，国家广播电视总局还发布了“视听中国——中国电视节目海外播映计划”，旨在以播映中国优秀电视节目为抓手，通过开展多项具有广电特色的视听活动，传播中华优秀文化。2019年我国广播影视对外贸持续发展，与国家外交相配合，科技成为重要推动力量，对外贸易机制多元化发展。未来广播影视对外贸易发展应继续借助国家外交平台，配合国家外交活动；立足科技高地，加快科技创新；打破行业壁垒，促进跨领域合作；与此同时，打造产业区，发挥集群效应，为跨行业合作、发展高新技术提供政策优惠和场地便利；最后，培养创新型国际人才，参与国际竞争。

关键词： 广播影视　对外文化贸易　超高清视频

一　2019年国家推动广播影视对外贸易发展的举措

（一）鼓励超高清视频产业国际化发展

5G超高清视频产业融合了4K/8K、3D、高帧率、高震动、高动态范围

* 李继东，中国传媒大学传播研究院副院长、博士生导师，研究方向为国际传播、传播政策与制度等；潘茜，中国传媒大学传播研究院硕士研究生。

等高新技术科学，具有新奇的影像语言和视觉体验[①]，这将带动视频采集、制作、传输、呈现、应用等产业链各环节发生深刻变革。[②]

为此，2019 年 3 月 1 日，工业和信息化部、国家广播电视总局、中央广播电视总台印发《超高清视频产业发展行动计划（2019—2022 年）》，提出“4K 先行、兼顾 8K”的总体技术路线，大力推进超高清视频产业发展和相关领域的应用，鼓励推动发展具有国际竞争力的企业。[③]

该通知指出，一方面，我国要在新的历史时期夯实超高清视频产业核心基础，丰富超高清视频内容供给，提升网络传输能力，全面促进我国超高清视频产业快速发展；另一方面坚持开放发展、合作共赢。促进国内外优势资源的整合利用，加强与海外优势地区、优势企业的业务合作，融入全球产业生态，推动超高清视频产业国际化发展。尤其是支持产业联盟等单位发布《超高清视频产业发展需求指南》，引导社会资金资源投向，支持国内外相关企业共同推动超高清视频产业发展[④]，拓展超高清视频产业国际交流合作渠道，推进国内外技术、人才、资金、市场等资源互动，实现合作共赢。

（二）国家广播电视总局发布“视听中国—中国电视节目海外播映计划”

2019 年 6 月，“视听中国—中国电视节目海外播映计划”2019 发布会在上海举办。国家广播电视总局推出“视听中国”品牌活动，发布了 2019 年系列中国电视节目海外播映计划：2019 年“视听中国”将紧密围绕国家整体对外发展战略、外交布局和“文化走出去”战略，计划在蒙古、缅甸、印度、法国、印尼以及阿拉伯、拉美、北美、非洲等国家和地区组织开展系列中国电视节目海外播映活动，包括开展电视节目展映展播，组织电视节目

---

① 《5G 高新视频来了！全国首个国家级重点实验室落户马栏山》，长沙市人民政府网站，2020 年 4 月 1 日，http：//www. changsha. gov. cn/szf/ywdt/yqdt/202004/t20200401_ 7610099. html。

② 宋昌发、程秋萍：《发展超高清视频仍要坚持“内容为王”》，《中国电信业》2019 年第 6 期。

③ 李玉薇：《全面进入 4K 时代形成良好发展格局》，《广播电视信息》2019 年第 9 期。

④ 《2019 世界超高清视频产业发展大会开幕〈产业发展需求指南〉发布》，央视网，2019 年 5 月 10 日，http：//jingji. cctv. com/2019/05/10/ARTI81ktS2G1sy5Mx1y46qtC190510. shtml。

推介会、观众见面会，举办中国电视节目进校园、进社区等活动，传播中华优秀文化，讲好中国故事，促进文明交流互鉴，夯实共建人类命运共同体的人文基础。[①] 这是推动我国广播影视产业“走出去”的重要举措。

二 2019年中国广播影视产业对外贸易发展概况

2019 年广播影视产业稳定增长，合拍片数量再创新高，现象级优质作品层出不穷。广播影视业对外贸易配合国家外交活动，国家外交活动通过签署政府间电影合拍协议推动广播影视业对外贸易发展。面对 5G 网络的发展，科技成为促进对外传播和对外贸易发展的重要力量，尤其是围绕高新视频技术，我国政府、企业开展了系列国际交流，如举办世界超高清视频产业发展大会、建立实验基地。

（一）2019年我国广播影视对外贸易持续发展

1. 合拍片数量再创新高，多高品质作品

从产品制作上来看，2019 年我国的合拍片数量再创新高。据中国电影合作制片公司统计，2019 年获准立项的合拍故事片为 94 部，创近五年合拍片立项数量的新高，另有 1 部协拍片。2019 年我国已经立项的合拍片类型多元化，其中动漫合作拍片成为新秀。合作国家广泛，中国与日本、法国、芬兰、马来西亚、加拿大、西班牙、希腊等多个国家合作拍片。而且 2019 年中国内地和香港的人员、技术、场地合作也越发紧密。在 2019 年国产影片票房排行榜前十位中，《我和我的祖国》《中国机长》《烈火英雄》《少年的你》这 4 部电影均为内地与香港合拍片。

2. 大量现象级影片、电视剧涌现

除了合拍片外，2019 年我国广播影视产业出现了更多现象级、更多

① 《总局发布“视听中国——中国电视节目海外播映计划”》，国家广播电视总局网站，2019 年 6 月 20 日，http：//www. nrta. gov. cn/art/2019/6/20/art_ 114_ 46278. html。

类型的优质作品。年初的《流浪地球》打开了我国顶级流量科幻片的大门，截至2019年7月1日，《流浪地球》全球票房为6.99亿美元，位居2019年全球电影票房第四名。暑假，《哪吒之魔童降世》成为一匹黑马，获得口碑票房双丰收，虽然在北美上映失利，但在澳大利亚从8月23日上映到9月9日，影片票房破100万澳币，卫冕近十年澳大利亚华语电影票房冠军。

除了电影外，我国一批国产剧也在海外引发热烈反响。青春励志剧《亲爱的，热爱的》在社交平台引发各国剧迷讨论，在Viki、MyDramaList等视频网站均获得了较高评分；历史剧《长安十二时辰》已授权给美国亚马逊、马来西亚Astro、新加坡StarHub等多家视频网站，并得到较高评价；《知否知否应是绿肥红瘦》《我只喜欢你》等剧在韩国“中华TV”播出，深受观众欢迎；电视剧《都挺好》被英国《经济学人》等西方主流媒体报道。[①] 我国电视剧在海外热播的同时成功传播了中国文化、传递了中国精神。

（二）以外交活动展开国际合作、交流

以国家外交活动促进广播影视产业“走出去”。2019年合拍片持续发展，主要通过外交访问，开发“一带一路”合拍区域。这与我国倡导共建“一带一路”、打造“亚洲命运共同体”的大政方针保持一致。2019年我国不断扩大与他国合拍，中国与德国、新西兰、柬埔寨、印尼、马来西亚、斯里兰卡、阿联酋等国家均展开合作。2019年我国与塔吉克斯坦首次在电影领域签署了政府间合作文件——《中华人民共和国国家电影局与塔吉克斯坦共和国国家电影制片厂关于合作摄制电影的协议》[②]，推动两国电影合拍，增进两国文化交流。至此，中国已经与韩国、印度、新加坡、比利时、法

---

① 《中国电视剧海外热播引发热烈反响》，国家广播电视总局网站，2019年7月26日，http：//www.nrta.gov.cn/art/2019/7/26/art_114_46893.html。

② 于帆：《塔吉克斯坦电影〈无影之镜〉首登中国院线》，人民网，2020年1月7日，http：//culture.people.com.cn/GB/n1/2020/0107/c1013-31537012.html。

国、西班牙、意大利、英国、荷兰、爱沙尼亚、马耳他、澳大利亚、新西兰、加拿大、丹麦、希腊、哈萨克斯坦、卢森堡、俄罗斯、巴西、日本等22个国家签署了政府间电影合拍协议。①

（三）科技成为促进对外传播和对外贸易发展的重要力量

2019年，随着5G网络正式在北京开通使用，国家对以5G为基础的下一代科技发展高度关注。2019年立足科技发展，围绕智慧广电建设的大方针，以“高清视频技术”“电视媒体与新媒体融合”等相关技术为主题，我国一方面积极建设相关实验基地，另一方面积极参与、主办国际论坛、会展，展开交流合作。

第一，开展世界超高清视频产业发展大会。2019年5月世界超高清视频（4K/8K）产业发展大会在广东召开，主旨是加强超高清视频产业领域国内外交流合作。国内外骨干企业、产业链上下游制造企业、互联网企业代表，如华为、中兴、TCL、创维、4K花园等高清视频产业链各环节的近20家单位参加了本次会议，并展示了新科技、新产品、新成果。其中，博冠光电科技公司展示了全球首款8K极高清监控摄像机。②

第二，建设高清视频实验基地，增加国际竞争力。在《超高清视频产业发展需求指南》政策的鼓励下，我国各地陆续建立5G高新视频实验园区，例如青岛在2019年8月建立了中国首个“5G高清视频实验园区”，吸引了大量的影视科技公司入驻，重点布局高清视频内容产品创新、高清视频软硬件设备生产。

第三，我国实现全球首次“5G+8K”转播。2019年8月北京市成功组织全球首次“5G+8K”转播和国内首次“5G+8K+5.1环绕声”冰上赛事

① 郑中砥：《合拍片稳中向好更趋多元》，《中国电影报》数字报，2020年1月15日，http://www.chinafilmnews.cn/Html/2020-01-15/3105.html。

② 马利亚：《2019世界超高清视频（4K/8K）产业发展大会召开》，环球网，2019年5月14日，https://tech.huanqiu.com/article/9CaKrnKktCr。

直播，为冬奥赛事8K超高清制播试播奠定坚实基础。[①] 奥运会作为政治传播中的重要事件，对其进行“信息报道”的方式无疑也是综合国力的展现，有助于我国塑造科技大国的新形象。

第四，举办高峰论坛。2019年11月，北京举办了世界5G大会“5G+超高清视频高峰论坛”，论坛从国际化、专业化视角，讨论“5G+超高清视频”与人工智能、大数据、云计算、物联网等网络信息技术融合发展，主张布局国际一流的超高清技术及应用创新中心开展务实合作。[②] 众多国际企业高层，如德勤、麦肯锡、飞利浦、高通、富士康、沃尔沃、英国沃达丰等企业的高层以及国际知名学者、国际组织代表参加了本次论坛。

第五，举办电视大会。2019年11月，第五届“世界电视日”中国电视大会在北京举行，大会以“融合·智慧——拥抱电视无限可能”为主题，坚持高标准站位，聚焦最热门话题，汇聚国内外一线专家、学者、企业代表，共同探讨新传播格局下电视媒体未来发展的方向。

（四）2019年广播影视对外贸易多元化机制

近年来，广播影视对外贸易出口国家、产品类型、传播渠道都呈现多元化发展趋势，广播影视对外贸易向文化产业对外贸易融合发展，坚持“走出去”和“引进来”相配合，增强自身主体性，主办影视节展、公益广告大会、动漫展览、国际产业合作区域等，跨产业互动频繁，为传播中国文化、传递中国精神、积极组织国际对话做贡献。

1. 积极主办影视节展，彰显时代特色

2019年，中国不仅积极参加国外大型影视节展，同时主体意识不断增强，希望通过自主承办多样的影视节展等多方努力，一方面树立起一种体现中国文化价值标准、塑造有全球影响力的电影评价体系，另一方面，通过影

① 《北京市广播电视局2019年度绩效管理工作报告》，北京市广播电视局网站，2020年1月10日，http：//gdj. beijing. gov. cn/zwxx/zdgz/202001/t20200110_ 1571035. html。

② 王郁、侯萌、刘艳：《“2019世界5G大会”将在京召开》，中国科技网，2019年10月18日，http：//www. stdaily. com/kjrb/kjrbbm/2019－10/18/content_ 802975. shtml。

视节展带动承办地区的文化事业发展，为中国文化传播事业国际化发展做贡献。2019 年是新中国成立 70 周年，在这个特殊的年份里，以“庆祝共和国成立 70 周年”为主题的活动也是 2019 年影视节展的一大特色，有利于向世界讲好中国故事，传递中国精神。

第一，中国电影积极参加国外影视展。2019 年中国电影坚持高品质的步伐“走出去”，积极参加国外电影节，打响海外知名度。在威尼斯国际电影节、柏林国际电影节、釜山国际电影节、东京国际电影节、戛纳国际电影节上均有获奖。而且 2019 年呈现出了一批高质量影片，在海外赢得口碑票房双丰收。例如，在第 32 届东京国际电影节中国电影周上，《中国机长》获“金鹤奖”最佳作品奖，《流浪地球》获“金鹤奖”最佳导演奖。①

第二，中国积极举办国际影视展。2019 年，中国举办了系列国际电影节展，甚至有跨国合作举办，国际影响力不断提升。2019 年 4 月，第九届北京国际电影节在北京举行，共有来自 90 多个国家和地区的 1200 多部影片报名参评参展。而且组委会专门设立了“新中国成立 70 周年电影主题论坛”，向世界呈现新中国的 70 年岁月流变以及新中国电影取得的非凡艺术成就。之后，2019 年 5 月，“亚洲影视周”优秀电视节目展播活动在北京举行。2019 年 6 月，2019 俄罗斯中国电影节先后在圣彼得堡和莫斯科举办，此次电影节的举办适逢中华人民共和国成立 70 周年和中俄建交 70 周年，中国外交部也将 2019 年年内中俄互办电影节项目列为双方建交 70 周年的重要人文交流项目之一。② 2019 年6 月，第 22 届上海国际电影节在上海举办，促进了世界电影艺术的交流，而且增进了各国、各地区电影界人士之间的相互了解，推动了中国影视的“走出去”。2019 年 10 月，第 6 届丝绸之路国际电影节在福州举办，收到来自共建“一带一路”国家和地区的 500 余部参赛影片。2019 年 10 月，第三届平遥国际电影展在山西平遥举

① 彭纯：《东京电影节中国电影周“金鹤奖”揭晓》，新华网，2019 年 10 月 30 日，http://www.xinhuanet.com//expo/2019-10/30/c_1210333298.htm。

② 王毓韵：《2019 俄罗斯中国电影节开幕》，国际在线，2019 年 6 月 9 日，http://news.cri.cn/20190609/8b385954-e2f2-7c6b-1894-471e740e4817.html。

行，除了华语片外，其中260部报名影片分别来自印度、美国、法国、意大利、泰国、巴西、新加坡等15个国家和地区。2019年12月，第二届海南岛国际电影节在海南省三亚市举行，加强了各国电影创作者及影视产业之间的联系。

2. 公益广告大会，促进公益共赢理念传播

公益广告的目的是向世界传播公益共赢理念，推动世界对“人类命运共同体”概念的理解。2019年11月，北京国际公益广告大会在北京举行，以“牵手公益，共筑美好家园”为大会主题[①]，主办方旨在将其打造成为首都文化活动的“新名片”和公益广告领域的“风向标”。同时集合国际公益广告人才，创建公益广告“创播”联盟，促进公益广告国际化发展。

3. 发展二次元文化，打造国际动漫电影节

近年来，广播影视产业对外贸易的范围呈现不断扩大趋势，往文化产业方向发展。随着二次元发展突飞猛进，国家广播电视总局大力推动中国动漫“走出去”，我国积极承办国际性动漫展，提高我国动漫作品的国际知名度，打开国际市场。值得注意的是，2019年国内一部重量级电影——《哪吒之魔童降世》就出自动漫领域，但辗转到国外总体票房表现一般，可见中国动漫作品要打入海外不仅需要提高作品质量，而且需要考虑文化折扣的影响。

第一，2019年4月至5月，第十五届中国国际动漫节在杭州成功举办。本次动漫节以“办好第十五届动漫节，喜迎新中国成立70周年”为主题，设立了1个主会场和12个分会场，组织实施了45项主要活动和工作，共吸引了86个国家和地区参与。[②] 在动漫节上，国家广播电视总局还主办了中国动漫“走出去”推介会，推介了10部讲述中国经典民间故事的动画作品。

第二，2019年11月，第一届南京（国际）动漫创投大会在南京成功举

① 李夏至：《北京将办首届国际公益广告大会》，中国经济网，2019年10月31日，http：//gongyi. ce. cn/news/201910/31/t20191031_ 6909061. shtml。

② 《第十五届中国国际动漫节节展效益创新高》，杭州市人民政府网站，2019年5月6日，http：//www. hangzhou. gov. cn/art/2019/5/6/art_ 812258_ 33953943. html。

办。国内外知名动漫研发机构、品牌运营及管理机构在大会上相互分享动漫产业前沿信息，旨在让创意和产业交融，促进中国动漫国际化发展，传播中华文化。

（五）打造产业基地，发挥集群效应

2019 年，国际影视产业合作进一步深入，其中包括影视译制人才培养、企业影视出口扶持、国家地区间深入合作等等。2019 年 5 月，中国（浙江）影视产业国际合作区正式启用，是重要的国家文化出口基地。为影视作品从创作到出口提供了完整平台，为影视人才培养提供了广阔平台。同时，浙江东阳横店、上海影视产业园区等老牌基地也在加速“升级”，淘汰一批老化硬件，推出优惠策略，搭建高科技的摄影棚，以提升自己在全球影视拍摄基地领域的竞争力，吸引更多的国际项目团队前来拍摄。

三　中国广播影视对外贸易发展建议

2019 年是 5G 网络商用元年，它的到来将颠覆现有传播生态，改变全球广播影视对外贸易格局。目前，我国首先把发展瞄向了 5G 高清视频产业，未来以 5G 网络为基础的高新技术将成为全球广播影视贸易竞争的高地。对此，我国必须促进科技与广播影视产业融合，以高新技术带动广播影视业优质内容产出，参与全球广播影视业竞争。“互联网 +”模式将成为影视产业链发展的必然趋势，而且近年来短视频、动漫、游戏等多样的文化产业崛起，广播影视业对外贸易升级融合为文化产业对外贸易，在这一背景下，打破传统产业壁垒、跨产业合作、合理利用互联网成为必然趋势。同时，打造高新技术等多样化的产业园区，为跨产业合作提供政策优惠和实体场地，发挥集群效应，促进广播影视产业国际化发展。最后，一切竞争的根本是人才的竞争，我国必须加强国际影视人才培养，自主培养创新型国际人才。

（一）以外交促进广播影视产业对外贸易发展

一方面，广播影视产业对外贸易发展可以积极围绕国家重大外交活动、方针政策展开，与国家的外交战略相配合，向外交国家积极传递中国文化，将广播影视产业纳入外交话语体系，发展主场外交，反之，主场外交又促进影视对外贸易发展，形成良性循环。另一方面，企业也可以借助于国家的外交平台，利用政策优惠、交流大会，宣传影视产品，发展对外贸易，例如，借助“一带一路”政策优势，与沿线国家发展贸易往来，加强文化传播。

（二）立足科技高地，加强影视科技建设

2019 年 5G 进入商用元年。未来以 5G 网络为基础的一批新兴技术，如 AR、VR、算法、人工智能、云计算等将带动传媒产业环境发生翻天覆地的变化，影视文化产业对外贸易竞争中，科技将成为制胜的关键。因此，依托 5G 技术，加强影视业与高新科技深度融合，将成为未来中国影视文化业“走出去”，参与国际市场竞争的关键。

对此，政府应该完善相关的体制机制，加强政策宣传、引导，鼓励条件成熟的影视企业申请认定高新技术企业、技术先进型服务企业，享受相关优惠政策。推动建立影视业高新技术企业培育库，帮助企业熟悉认定标准和条件，逐步将其培养成为高新技术企业；对出库企业给予财政支持，引导企业增加研发投入。企业应该合理利用政策优势，加大科研机构建设或者与之展开合作，提升自主研发能力，积极与海外企业交流，了解行业热点。就行业个人而言，应该积极把握行业最新发展动向，学习跨行业知识，提高知识储备。

（三）打破产业壁垒、实现跨产业合作

随着互联网的发展，以网络为载体，可以无限复制传播、边际成本为零的文化产品通过网络媒介被全球化传播。在这一大的趋势下，一方面，广播影视业应该坚持融入整个文化产业对外贸易发展。尤其是，近年来随着网络

短视频、动漫、游戏等多领域产业的崛起，承担中国文化“走出去”并且发展对外贸易的任务并非仅仅存在于传统的影视产业内。例如2019年赢得国内票房口碑双丰收的动漫《哪吒之魔童降世》也尝试进入海外市场。另一方面，打破传统产业格局，延长产业链，推动影视产业与互联网、金融、电子商务等产业融合发展。尤其是在互联网全球化发展的潮流下，影视产业链“互联网+”发展模式成为必然趋势，鼓励北京的影视企业与互联网企业展开合作，优势互补，依据线上平台的特点、需求来制作影视产品，促进影视业与其他产业的融合发展。

（四）深入影视产业集群化发展

随着广播影视在海外市场的竞争越发激烈，加快影视产业集群化发展，提升影视产业创新水平、科技实力，合理产业分工，减少内部恶性竞争，加大国际化人才吸引，降低影视产品生产成本，有利于提升我国广播影视业国际竞争力。目前我国影视产业园区分布广泛，在北京、河北、江苏、浙江、湖南、辽宁、安徽、宁夏、海南等众多省区市拥有影视基地，但每个区域内或者区域间的影视基地，并未合理分工配合，面对越发国际化和科技化的市场，促进影视产业集群化发展，发挥集群效应，无疑是在国际竞争中促使中国影视文化业“走出去”的最佳选择。

（五）加强国际化影视人才培养

影视产业竞争的关键是人才的竞争，在未来我国影视文化对外发展中，必须加强国际影视人才的培养。应该加强政策扶持，发放优惠性政策，吸引海外国际人才为我所用。同时改革教育体制，加强本土化人才培养，鼓励学界与业界合作，联合培养人才，为培养国际化影视人才提供温床。

结　语

未来，随着5G网络的发展，信息全球化进一步发展，面对激烈的国际竞争，应该坚持以外交促进广播影视产业对外贸易发展；同时立足科技高地，加强影视科技建设；打破产业壁垒、跨产业合作、合理利用新媒体传播广播影视作品；深入影视产业集群化发展；加强国际化影视人才培养。把中国打造成文化大国，提升中国在广播影视国际贸易中的话语权，通过产出高质量影视文化作品，推动中国文化“走出去”、传播中国精神。

B.4

中国电影对外贸易发展报告（2020）*

罗立彬　廖麟玉　宋晋冀**

摘　要： 2019年中国电影进口影片数量增加，票房额和占比下降，批片带动进口电影票房和多样性同步提高，引进版权翻拍电影取得成功，海外人员加盟国产电影的现象继续出现；多部国产电影在海外获奖，提升了中国电影的国际影响力，同时国产电影北美票房出现新高，“本地市场效应”初步显现，中国资本深度介入全球电影业。中国电影市场继续处于高质量发展阶段，国产片采用多种方式提升质量，在与进口片竞争中呈现优势，带动中国电影出口进入机遇期。

关键词： 中国电影　进口电影　电影贸易

一　政策为中国电影“走出去”提供支持

2019年是新中国成立70周年，也是深化文化发展改革的关键一年。按照《国家“十三五”时期文化发展改革规划纲要》的要求，政府出台了许

* 本文系北京市社会科学基金研究基地重点项目“‘一带一路’倡议下北京文化影响力评价研究”（项目编号：19JDYJA006）的阶段性成果。

** 罗立彬，副教授，经济学博士，北京第二外国语学院首都对外文化贸易研究基地资深研究员，北京第二外国语学院经济学院副院长，主要研究方向为影视服务贸易与文化贸易；廖麟玉，北京第二外国语学院经济学院国际商务专业硕士研究生；宋晋冀，北京第二外国语学院经济学院国际经济与贸易专业硕士研究生。

多支持我国传统文化“走出去”的措施，推动电影产业持续健康发展，主要体现在鼓励影视内容的国际交流和支持影视企业的贸易发展两方面。

首先，在我国出台的首部文化法中，明确了支持文化产品的对外交流。2019 年 6 月，文旅部颁布了《文化产业促进法（草案征求意见稿）》；12 月送审稿正式发布，将政策指引上升到法律规范，明确了目前有哪些问题及其要“怎么解决”和未来产业的总体发展方向。其中，“国家支持适合对外传播的优秀文化产品和服务的创作生产、翻译、国际合作制作，综合利用外交、旅游、商务、教育等对外交流渠道，开展优秀文化产品和服务境外推广、营销活动”，解决了海外营销渠道不畅的问题；“国家依法保障公民、法人和非法人组织从事文化对外贸易、跨境融资和投资等合理用汇需求”，解决了资金流通不畅的问题。

其次，在 2019 年 1 月 1 日正式施行的国务院办公厅印发的《进一步支持文化企业发展的规定》中，鼓励社会资本“参与国有经营性文化事业单位转企改制，允许以控股形式参与国有影视制作机构、文艺院团改制经营，在投资核准、银行贷款、土地使用、税收优惠、上市融资、发行债券、对外贸易等方面给予支持”。另外，在 2019 年 12 月 21 日中宣部和国家广播电视总局印发的《国有影视企业社会效益评价考核试行办法》中，明确了对国有影视企业社会效益实行百分制评价考核。其中，作品创作生产 20 分、受众反应和社会影响 60 分、内部制度和队伍建设 20 分；受众反应和社会影响的传播情况为年度影视作品的国内外传播情况，对积极开展国际展映、版权输出等活动的作品可酌情加分。这属于政府鼓励影视企业主动对外输出作品，借助国际节（展）平台树立中国影视整体品牌的有力举措。

二　进口电影呈现新特征

（一）数量增长，票房总额与占比下降，类型呈现多样化

根据猫眼数据，2019 年中国共进口电影 253 部，与 2018 年基本持平，

只多两部；总计票房230.71亿元，略低于2018年的230.79亿元。2019年进口电影票房占全国票房总额比重是35.9%，同比降低了1.9个百分点。

2019年共有43部进口电影票房过亿元，较去年的38部增加5部；全国票房总额前10名中进口电影只有2部，分别是第3位的《复仇者联盟4：终局之战》（42.50亿元）和第10位的《速度与激情：特别行动》（14.34亿元）。

2019年北美好莱坞电影在数量和票房两方面依然保持绝对优势，数量达到85部，总票房为192.89亿元，占进口电影总票房的83.6%。其中票房亿元以上的达到30部，总票房为186.9亿元。虽然与2018年相比，数量减少了23部，亿元以上电影数量减少了3部，但是依然在进口电影中保持绝对优势地位。进口电影票房前10名中美国电影仍占有9席，且包揽的前5位均破十亿元票房。此外，中国还从日本、法国、德国等多个国家进口电影，表1列举了2019年中国电影进口相关情况。

表1　2019年中国进口电影主要来源国及相关情况

国别	数量(部)	票房过亿电影数量(部)	总票房(亿元)	与上年相比数量变化(部)
美国	85	30	192.89	-23
日本	35	6	17.80	4
法国	32	1	5.32	8
德国	20	0	0.60	6
印度	12	2	5.84	-2
俄罗斯	11	0	1.58	3
泰国	6	0	1.58	3
西班牙	6	1	1.19	1
意大利	4	1	1.43	-3
芬兰	2	1	1.4	1

资料来源：根据猫眼电影数据整理。

（二）进口分账片票房有所下降，系列电影续作占比过半

2019年中国共进口分账片37部，总票房184.21亿元，占进口电影总

票房的79.8%，占全国票房总额的28.7%。与2018年相比，2019年进口分账片数量减少4部，分账片总票房减少15.47亿元，在进口电影总票房中占比降低6.7个百分点，在全国票房总额中占比降低4个百分点。

2019年进口的37部分账片中，共有34部电影来自美国，占92%，其余3部分别为英国的《他们已不再变老》（334.2万元）、《唐顿庄园》（2260.6万元）和芬兰的《愤怒的小鸟2》（1.40亿元）。美国电影占比较上年增加2个百分点。2018年41部进口分账片中有37部来自美国，占90%。

和2018年一致，2019年进口分账片中系列续集占比较高。包括复仇者联盟系列在内，37部分账电影中共有20部电影为系列电影续作，占了总数的54%，其中主要是迪士尼、索尼、环球等美国电影公司的系列电影续集，如《沉睡魔咒2》《玩具总动员4》《蜘蛛侠：英雄远征》《速度与激情：特别行动》等。

在进口的37部分账片中，过亿元票房电影共有27部，其中除了芬兰的《愤怒的小鸟2》（1.40亿元）以外，均为美国好莱坞大制作电影。在进口分账电影票房上，美国电影依旧贡献了绝大部分票房，占总票房的99.1%。进口分账电影票房排在前列的均为好莱坞大片，其中票房过10亿元的有5部，分别是《复仇者联盟4：终局之战》（42.50亿元）、《速度与激情：特别行动》（14.34亿元）、《蜘蛛侠：英雄远征》（14.17亿元）、《大黄蜂》（11.49亿元）和《惊奇队长》（10.35亿元）。但总的来看，2019年进口好莱坞分账片票房表现不如2018年，这可能是2019年进口分账片票房占比下降的原因之一。

（三）"批片"成绩喜人，既增加多样性，又推动市场规模扩大

"批片"是中国电影市场进口电影的重要组成部分，由于分账电影受到配额限制，批片成为增加进口电影多样性的重要途径。2019年，中国上映的批片数量达到86部，比2018年多9部，创下近几年的最高点，批片为中国电影市场带来一些好的影响。

一是电影多样性增加，种类更加丰富。2019年批片使中国观众有机会看到芬兰、荷兰、乌克兰、爱尔兰、卢森堡、墨西哥、马来西亚、越南、匈

牙利、加拿大、马其顿、罗马尼亚、黎巴嫩等制片国家出品的“小语种”电影，电影的类型包括剧情片、动画片、纪录片、悬疑片、运动片等。从国别来源看，日本批片数量从2018年的16部增加到2019年的24部，美国批片数量则从2018年的28部降为2019年的17部，日本超过美国成为批片最多的来源国家。此外，2019年欧洲国家的批片数量显著增多。这些都说明批片在显著提升中国电影市场上电影的多样性，使观众有机会在电影院里看到并了解更多国家和地区的电影作品。

二是艺术性较强，大量获奖电影满足和提升了观众的欣赏品位。批片中有不少是获得国际电影节大奖的电影，如《绿皮书》《徒手攀岩》是第91届奥斯卡金像奖获奖影片，墨西哥和美国合拍的电影《罗马》获得第91届奥斯卡金像奖最佳外语片奖、第75届威尼斯电影节金狮奖等多项大奖。这些电影对于提升国内上映电影整体质量以及提升观众鉴赏能力能够发挥积极作用。有的电影还取得了非常好的票房成绩，比如黎巴嫩电影《何以为家》获得第91届奥斯卡金像奖、第76届美国金球奖、第71届戛纳电影节金棕榈奖、第44届法国凯撒电影奖最佳外语片等世界各地多项大奖提名，它在国内票房高达3.7亿元人民币，成为批片阵容中一大黑马；《绿皮书》获得了4.7亿元人民币的票房，成为票房最高的奥斯卡获奖电影；德国电影《海蒂和爷爷》在每天排片不足3%的情况下一路逆袭，收获了2000多万元票房，奥斯卡最佳纪录片《徒手攀岩》获得了3600万元票房。这说明国内观众对于艺术性较强的获奖电影的鉴赏能力以及需求都在提高。

三是带动中国电影市场规模扩大。2019年批片中有14部影片票房过亿元，比2018年多出6部，打破了2016年12部的记录。虽然没有出现像2017年《摔跤吧爸爸》这样票房达12.96亿元的爆款，总票房43亿元也略逊色于2017年57亿元总票房的成绩，但是比2018年的30亿元票房还是多出13亿元，同比增长43.3%，增长速度远远超过2019年电影票房5.4%的整体增长速度，可以说批片对整体电影市场规模扩大发挥了重要作用。批片既带来多样性又拉动票房增长，非常显著地体现了中国电影市场进入高质量发展阶段的特征。

（四）引进版权翻拍电影出现成功案例，为华语电影带来新气象

2019 年陆续出现了几部翻拍自国外电影的华语电影作品，如《误杀》《大人物》《小小的愿望》《你是凶手》《深夜食堂》等。其中《误杀》翻拍自印度电影《误杀瞒天记》，但是将故事背景设置为泰国。这部电影取得了 8.3 亿元票房的好成绩，同时收获了影评人的称赞，被认为是一部成功的翻拍作品。除了其他现有影评人的称赞之外，《误杀》的成功之处在于，原作是印度电影中的一个非常常见的类型，但是翻拍成华语电影后却显得非常与众不同，可以说是丰富了华语电影的类型；同时制作团队在翻拍过程中成功地加入了华语电影的特色且对剧情进行了一定的二次创作。这是引进国外电影版权拍摄为华语版的重要意义所在。另外一部比较引人注意的翻拍电影是翻拍自韩国电影《老手》的《大人物》，这部电影也取得了不错的成绩。

（五）国外导演和国外演员继续参与华语电影制作

随着中国电影市场规模的扩大，越来越多的国外知名导演、演员和制作团队也开始制作华语电影来开拓中国电影市场。2019 年这方面的例子包括伊萨拉·纳迪（Issara Nadee）团队制作的《看不见的小孩》、雷尼·哈林导演的《沉默的证人》、西蒙·韦斯特导演的《天火》、杰西·约翰逊导演的《三重威胁之跨国大营救》、米拉·乔沃维奇参演的《素人特工》、希拉·梅达利亚参与导演的纪录片《上海的女儿》等。虽然这些电影的影响力和口碑目前都比较有限，但是依然说明中国电影市场已经具备相当的吸引力，可以集结全球资源拍摄华语电影。

三　中国电影出口及国际影响力提升

（一）多部电影入围或获得国际电影大奖，引发关注

在国际电影节获奖一直是中国电影引起国际关注的重要渠道之一，2019

年又有若干华语电影入围或获得国际知名电影节奖项。《地久天长》摘得第69届柏林电影节最佳男女主角两项银熊奖。《南方车站的聚会》入围第72届戛纳国际电影节主竞赛单元。《撞死了一只羊》得到第75届威尼斯电影节地平线单元最佳剧本奖和最佳影片提名，第55届台湾电影金马奖最佳导演、最佳改编剧本奖提名和第13届亚洲电影大奖最佳电影、最佳导演、最佳摄影和最佳原创音乐四项提名。《南方少女》获得2019年第72届戛纳电影节影评人周单元短片发现奖。华语电影《继园台七号》获得2019年第76届威尼斯电影节最佳剧本奖。中国女导演朱声仄的纪录片《完美现在时》获得2019年鹿特丹影展金虎奖。《热带雨》获得第44届多伦多电影节站台奖提名。《江湖儿女》获得第38届香港电影金像奖最佳两岸华语电影提名、第22届英国独立电影奖最佳国际影片提名，赵涛获第13届亚洲电影大奖最佳女主角提名，贾樟柯获得最佳编剧奖。《第一次的离别》获得第69届柏林国际电影节新生代单元国际评审团最佳影片。

（二）中国资本高度渗透全球电影业拍摄英语电影全球放映

2019年中国电影企业“走出去”拍摄英语电影的现象继续出现，很多人们印象中的好莱坞大片或者外国电影中都出现中国企业的身影，这样的电影至少有14部。比如《好莱坞往事》中的博纳影业，《终结者》中的腾讯影业，《昨日奇迹》中的完美世界影视等。表2列举了2019年中国企业参与合拍的英语电影相关情况。

表2　2019年中国公司参与合拍的英语电影情况

序号	英文名	中文名	中国公司	合拍国	全球票房	上映地区数(个)
1	*Us*	《我们》	完美世界影视	美国、日本	2.55亿美元	52
2	*Once Upon a Time... in Hollywood*	《好莱坞往事》	博纳影业	美国、英国	3.74亿美元	73
3	*Glass*	《玻璃先生》	完美世界影视	美国	2.47亿美元	54
4	*Men in Black: International*	《黑衣人：全球追缉》	腾讯影业	美国	2.54亿美元	57

续表

序号	英文名	中文名	中国公司	合拍国	全球票房	上映地区数(个)
5	*Yesterday*	《昨日奇迹》	完美世界影视	英国、俄罗斯、美国、日本	1.54 亿美元	53
6	*Terminator: Dark Fate*	《终结者:黑暗命运》	腾讯影业	西班牙、匈牙利、美国	2.61 亿美元	61
7	*A Beautiful Day in the Neighborhood*	《邻里美好的一天》	腾讯影业	美国	6776 万美元	25
8	*A Dog's Way Home*	《一条狗的回家路》	博纳影业	美国	8071 万美元	43
9	*Ad Astra*	《星际探索》	博纳影业	美国	1.33 亿美元	57
10	*A Dog's Journey*	《一条狗的使命 2》	阿里巴巴影业	印度、中国香港、美国	7560 万美元	46
11	*Abominable*	《雪人奇缘》	上海东方梦工厂文化传播公司、北京聚合影联文化传媒公司	美国、日本	1.90 亿美元	50
12	*Gemini Man*	《双子杀手》	复星影业、阿里巴巴影业	美国	1.73 亿美元	54
13	*UglyDolls*	《丑娃娃》	华夏电影发行公司、阿里巴巴影业、原力动画	加拿大、美国、泰国	3245 万美元	48
14	*Rambo: Last Blood*	《第一滴血 5:最后的血》	大地电影(香港)有限公司	美国、保加利亚、西班牙、葡萄牙、瑞典	9149 万美元	56

资料来源：根据互联网电影资料库（IMDb，http：//www.imdb.cn）数据整理。

（三）中国电影北美票房创近年新高，“本地市场效应”初步显现

2019 年，中国国产电影在北美市场的口碑和票房都创下近年来的新高，虽然这只是 2019 年当年发生的现象，但是根据我们的分析，已经足以引发关注。

作为全球竞争最为激烈的电影市场，北美电影市场一直被认为是全球电影市场的风向标，一部电影如果能够在北美市场获得好成绩，就很可能影响到全球市场。长期以来，国产影片的北美票房影响力微乎其微，到 2019 年

为止，国产片在北美票房最高的还是 2000 年李安的《卧虎藏龙》，该片收获了 1.26 亿美元，第二名是 2002 年张艺谋的《英雄》，收获了 5371 万美元。即使是第 10 名——2006 年张艺谋的《满城尽带黄金甲》取得的 656 万美元的票房成绩，也是多年无法被打破。近年来，国产电影在北美票房最高的是 2016 年周星驰执导的《美人鱼》（323 万美元）。2018 年只有两部国产电影的北美票房超过 100 万美元，分别是《唐人街探案 2》（198 万美元）和《红海行动》（154 万美元）。

然而，2019 年国产电影在北美票房突破 200 万美元的就有三部，分别是《流浪地球》（587 万美元）、《我和我的祖国》（235.6 万美元）、《哪吒之魔童降世》（369.5 万美元）。另外，《少年的你》也获得 192 万美元票房。除了票房成绩之外，2019 年国产电影在北美的口碑也表现不俗。张艺谋的《影》在烂番茄获得 94% 的新鲜度，《哪吒之魔童降世》获得 87% 的新鲜度。

值得注意的是，2019 年在北美取得不俗票房成绩的国产电影，都是在中国获得十亿元甚至数十亿元票房的现象级高口碑作品，这和 2006 年之前获得较好北美票房成绩的国产电影完全不同。无论是《卧虎藏龙》还是《英雄》，以及其他在北美取得不错成绩的电影，基本都是导演本人在北美乃至世界具备国际影响力的前提之下做到的。当时中国电影市场在全球的比重也可以忽略不计，比如 2004 年中国电影票房占全球比重只有微不足道的 0.7%，所以这些电影基本以北美市场为重要甚至主要的目标市场。但是 2019 年的《流浪地球》以及《哪吒之魔童降世》等电影，是在中国市场占全球比重已经高达 21% 的背景之下，基本以中国市场为全部目标市场的国产片，它们在北美市场取得的好成绩可以初步认为是中国市场开始对世界市场产生影响的证明，即中国产生“本地市场效应”的开始。可以预测，只要中国电影市场在未来能够继续健康发展，国产电影获得越来越高的国际影响力就只是时间问题。

（四）中国电影票房占全球比重继续提高，稳居全球第二，更多华语电影出现在全球电影票房排行榜上，华裔演员出现在国际电影中

2019 年，中国电影市场全年票房再创新高，全国总票房达到 642.66 亿

元（约 93 亿美元），同比增长 5.4%，占全球总票房（425 亿美元）的 21.88%，稳居全球第二大市场的位置。其中 2 月中国电影市场单月票房达到 111.57 亿元，同比增长 9.45%。不仅创下内地影史单月票房新高，也成为全球影史单月票房的冠军。

整体市场增长背后是更多华语电影出现在全球电影票房排行榜上。2018 年全球电影票房排行榜前 20 名中只有 2 部华语电影，而 2019 年为 4 部，其中《哪吒之魔童降世》和《流浪地球》在 2019 年全球票房排行榜中分别排第 12 位和第 13 位，《我和我的祖国》排第 17 位，《中国机长》排第 20 位。

中国电影市场占全球比重的提升也推动中国和华裔电影人出现在国际电影制作中，如章子怡主演的《哥斯拉 2》；迪士尼真人电影《花木兰》在 2019 年进行拍摄，采用全亚裔制作班底，电影中有刘亦菲、巩俐、李连杰、甄子丹等众多华人演员；漫威首部中国超级英雄电影《尚气》也将投入拍摄，华人演员梁朝伟加盟演出；漫威电影《永恒族》宣布由华人导演赵婷执导。

四　中国电影高质量发展阶段的出口潜力与培育

（一）中国电影市场继续呈现高质量发展阶段典型特征

2016 年以来，中国电影票房占全球电影票房的比重开始超过中国 GDP 占全球 GDP 的比重①，中国电影票房也结束了多年的高速增长，开始进入高质量发展阶段。2019 年，中国电影市场继续呈现高质量发展阶段的典型特

① 2015 年之前，中国电影票房占全球电影票房的比重一直低于 GDP 占全球 GDP 的比重，比如 2004 年，中国电影票房占全球电影票房的比重为 0.7%，远低于中国 GDP 占全球 GDP 4.5% 的比重；但是 2015 年中国电影票房和 GDP 占全球的比重分别达到 18.5% 和 14.9%，前者开始高于后者，这意味着中国电影票房“补偿性”的“高速增长”阶段过去，开始进入一个增速放缓的高质量发展阶段。参见罗立彬、郁佩芳《中国电影票房规模影响因素及预测——兼论新阶段中国电影产业发展战略》，《文化产业研究》2018 年第 1 期；罗立彬、王牧馨《中国电影市场高质量发展阶段：新特征与发展战略》，《经济研究参考》2019 年第 10 期。

征。首先，国产电影和进口电影之间“挤出效应”更加明显，而国产片在竞争中逐渐显示出优势。高速增长阶段可以容纳国产电影和进口电影票房同时高速增长，但是高质量发展阶段就很难做到这一点。2019 年中国电影票房的增长全部由国产电影票房贡献，进口电影票房绝对额和占比都同比下降，票房排行榜前 10 名中也仅有 2 部电影为进口电影，这些都说明国产电影在“挤出”进口电影。其次，国产电影通过多种方式提升质量，票房增速放缓之后市场竞争日益激烈，倒逼电影质量提升以登陆院线，因此翻拍国外电影（如《误杀》）、优质小说改编电影（如《流浪地球》）、国外获奖电影（如《地久天长》）、品牌 IP 电影（如《疯狂的外星人》）等各种提升质量的方式开始频频出现，这种趋势从 2017 年就已开始，在 2019 年得到延续。再次，进口电影为了更好地抢占中国这个占全球票房比重超过 21% 的大市场，也开始加入中国文化元素符号以“讨好”中国市场，这种现象在 2019 年依然存在，如《哥斯拉 2》中的女主角扮演者章子怡以及神似“中国龙”的怪兽形象，《勇敢者游戏 2：再战巅峰》中的华人演员林家珍等。

（二）高质量发展阶段推进中国电影出口

第一，国内电影市场逐渐饱和，促使制片方主动开拓国际市场。第二，国内市场竞争加剧导致制片方更加关注自身的电影质量，这有利于国产电影发挥“本地市场效应”，走向海外市场。第三，随着中国经济在全球地位不断提升，世界人民更加关注中国的文化，同时“猎奇心理”的存在也使得国产电影逐渐被国际所关注。上述几点有利条件所带来的优势已经在 2019 年有所显现，比如前文我们讨论过的 2019 年中国几部国产电影——《哪吒之魔童降世》《流浪地球》《我和我的祖国》《少年的你》——在北美票房获得近年来最好成绩就是一个例子。第四，网络与数字时代的到来为中国电影“走出去”提供了全新机遇。由于中国的经济总量在全球排名第二，且网民数量排名第一，所以中国具有很大的网络与数字化优势。根据文化产品消费理论中的“时间约束”和“收入约束”，从世界范围来看，中国网络视频以及电影总量遥遥领先，中国的市场对于以全球市场为目标的视频网站来说具有巨大的吸引力。以 Netflix 为例，Netflix 近年来开始购入中国国产剧的全球版权，并且在 2019 年购入了《流浪地球》的版权，将其翻译成 28 种不同的语言播放，这一方面说明国产影视的质量在不断提升，另一方面说明为了丰富其网站影视的多样性，Netflix 需获得更多不同种类影视的版权。第五，中国电影企业的国际资源配置能力以及国产电影国际影响力的提升有助于国产电影的国际发行。由于近年来中国电影企业收购了一些国外院线，再加上国产电影的质量有很大程度的提升，国产电影逐渐被各国人民所关注，这有利于其国际发行与放映。

（三）发挥有利条件推进中国电影出口

首先，推进春节电影档期国际化，加强春节档期电影海外同步发行。一方面，近年来随着人民生活水平不断提高，每年选择在春节期间出境游的人数不断增加，加上中国春节电影档期是中国“本土原创”的最重要的电影档期，导致国际上逐渐关注中国的“春节档期”，同时在北美这段时间又相对“冷门”，因此应该充分利用“春节出境游”的趋势，推进“春节档期国际化”和春节电影的全球同步发行。这不仅可以使出境游的中国游客在国外观看到春节档期的电影，而且可以通过满足国外华人的观影需求，吸引其他当地居民。另一方面，近年来国产电影种类日益丰富，国内票房有了巨大的飞跃，而且逐渐产生了国际影响力，这些电影与好莱坞大电影有较为明显的差异，逐渐勾起了国际上的“猎奇心理”。此外，中国资本在全球电影产业的影响力日益提升，为国产电影全球发行提供了较好的条件。

其次，加强知识产权保护，开拓国内多种市场。由于电影有明显的规模经济效应和出口的“本地市场效应”，国内电影市场收入是国产电影出口竞争力最重要的方面，需要最大限度地开发国内市场。然而，电影市场收入不只包括票房，还包括衍生品收入，如美国衍生品收入占电影总收入的 70%。这是因为电影票房受到三重约束，包括土地的空间约束、消费者的时间和收入约束。票房不可能无限增长，所以在世界各国，电影票房在经济总量中的占比很小，且相对稳定。电影产业要高质量发展，不能仅依靠票房，还需要其他收入来源，在观众观影的有限时间里开发不受时间约束的产品市场，比如电影衍生品市场。中国电影衍生品市场发展较慢，若可以被有效开发，就能吸引更大规模的投资，反过来提升电影的国际竞争力，有利于其开拓海外市场，从而形成一个良性循环，推动国产电影市场不断扩大。开发衍生品市场的必要条件是切实有效地保护电影形象授权，没有高效率的知识产权保护系统的支撑，电影衍生品市场发展必然受阻。

最后，继续渐进式地推动电影市场扩大对外开放。电影出口有两种模式：一种是继续发挥本地市场效应，使电影可以跨越文化“折扣”，“溢出”到国外市场；另一种是通过加入较多的国外文化元素，来拉近与出口目的国的文化距离。我们认为前者与国产电影出口的含义更接近，后者虽然也可以算到出口中，但是由于加入了其他的文化元素，甚至主要演员都来自国外，无法达到传播中国文化的目的。前者需继续提高电影市场的对外开放程度和优化本土电影市场的竞争环境。事实证明，由于本土电影的质量日益改善且消费者观赏能力不断提升，中国需要利用海外市场来生产具有更高国际层级的华语电影。随着中国电影市场不断扩大开放、竞争程度不断提高，未来华语电影会先在国内挤占进口电影的市场份额，后逐渐出口到其他国家。比如2019年的科幻电影《流浪地球》总票房超过40亿元人民币，而且在海外市场引起了广泛的关注，根据全球权威票房网站boxofficemojo. com的数据，影片北美票房达到587万美元，是近五年来国产电影海外票房最高的电影，导演郭帆表示：“没有考虑任何国际市场，或者国际观众……我先服务中国观众。”这说明中国电影越来越受到国外关注，不仅因为其“本地市场效应”开始发挥作用，还有竞争的作用。导演郭帆说：“好莱坞电影人都在思考如何拍摄能够受到中国观众欢迎的电影，如果中国电影人不努力，很快就不会再有人投资拍摄国产电影了，所以我们必须努力。”

B.5

中国图书版权对外贸易发展报告（2020）*

孙俊新　张韶洁**

摘　要： 本文收集2008～2018年中国图书出版物和版权的进出口数据，进行定性和定量分析，发现中国图书进出口贸易和图书版权对外贸易发展趋势良好，增量可观但增速放缓；版权引进与输出分化明显；电子出版物引进输出比率逐年下降，未来发展潜力巨大；“一带一路”建设有力地推动了图书版权对外贸易的发展；行业龙头企业成绩突出；国际展会是图书版权对外贸易的重要渠道。在发展中也存在一定的困境和挑战，包括出口图书海外市场影响力亟须提升、图书版权贸易人才缺乏、数字化和文化投资的新挑战等。建议着力推动数字化传播，构建版权对外贸易数字化平台，建立长效和综合考核机制，拓展各国出版合作的区域覆盖面。

关键词： 图书贸易　版权贸易　数字化

中国图书的对外贸易主要囊括两大类别，第一类是实体图书的进出口，属于有形产品的贸易范畴；第二类是图书版权贸易，也叫作著作权贸易，属

---

* 本文得到北京社科基金研究基地一般项目“中国主题图书开拓全球市场路径研究”（项目编号：18JDYJB018）的资助。

** 孙俊新，北京第二外国语学院经济学院文化贸易系主任、副教授，首都对外文化贸易研究基地研究员，博士，研究方向为国际贸易与投资、国际文化贸易与投资；张韶洁，北京第二外国语学院经济学院国际商务专业硕士研究生。

于无形资产的贸易范畴。图书版权贸易主要通过无形的知识产权进行贸易，通常使用版税方式支付。此次研究从这两方面入手，侧重分析图书版权对外贸易，同时兼顾实体图书的对外贸易，力求综合展现并分析中国图书的对外贸易发展概况。

本报告收集的数据主要来自2009～2019年《中国统计年鉴》和国家版权局等政府官方网站、国内外出版行业网站，并参阅了大量知网公开发表的相关论文。笔者将采集到的原始数据进行归纳、统计与整理，制作出若干柱状图、折线图、饼图以及相关表格等统计分析图表，力求能够清晰直观地展现新时期中国图书以及图书版权对外贸易的发展历程和未来发展趋势。最后对我国图书版权对外贸易发展现存的问题进行分析，同时提供了一些建议，希望能对中国图书版权产业及其对外贸易的发展起到一定促进作用。

一 中国图书对外贸易发展概况

（一）中国实体图书对外贸易发展概况

1. 中国图书出口概况

（1）出口数量

2008～2018年，中国图书出口数量在波动中增长，2008年中国图书出口数量仅为653.00万册，而2018年中国图书出口数量高达1067.17万册，比2008年增长63.40%。2012年是一个重要的年份，在这一年出口数量出现井喷式增长，比2008年增长156.81%，带动出口数量在2013年达到顶峰1737.58万册（见图1）。近年来，图书出口增长乏力，不仅曾在多个年份出现负增长，而且自2013年开始出口数量渐趋下降。①

① 本报告所有数据来源于2009～2019年《中国统计年鉴》和国家版权局等政府官方网站、国内外出版行业网站，图表均由本课题组制作。

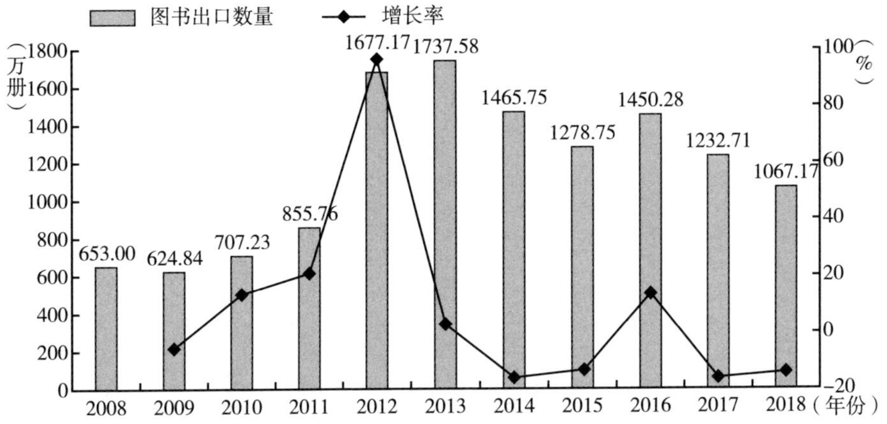

图 1　2008～2018 年中国图书出口数量及其增长率

资料来源：2009～2019 年《中国统计年鉴》。

（2）出口金额

中国图书出口金额变化趋势与出口数量趋势大致相同，同样是在 2012 年有迅猛增长，达到峰值 6582.78 万美元。不同于出口数量的变化，出口金额近年来相对稳定，规模一直保持在 5000 万美元以上（见图 2），表明中国图书出口单价在上升，图书出口质量和竞争力有所增长。

（3）出口种类

出口图书的种类分为六大类，分别为“哲学、社会科学”、“文化、教育”、“文学、艺术”、“自然、科学技术”、“少儿读物”和“综合性图书”。图 3 揭示了 2008～2018 年这六类图书出口数量的变化趋势。其中哲学、社会科学类图书出口数量变化较小，近年来有下滑趋势，2018 年仅出口 94.45 万册，在观察期内仅高于 2009 年，属于较低迷的年份；文化、教育类图书出口数量稳中有升；文学、艺术类图书出口数量在波动中上升，从 2008 年的 106 万册上升到 2018 年的 140.85 万册，增长 32.88%；自然、科学技术类图书出口疲软，除 2009 年外，历年出口数量在此六类图书中都是最少的。

值得注意的是，少儿读物这一类图书出口数量起点低，出口贸易发展

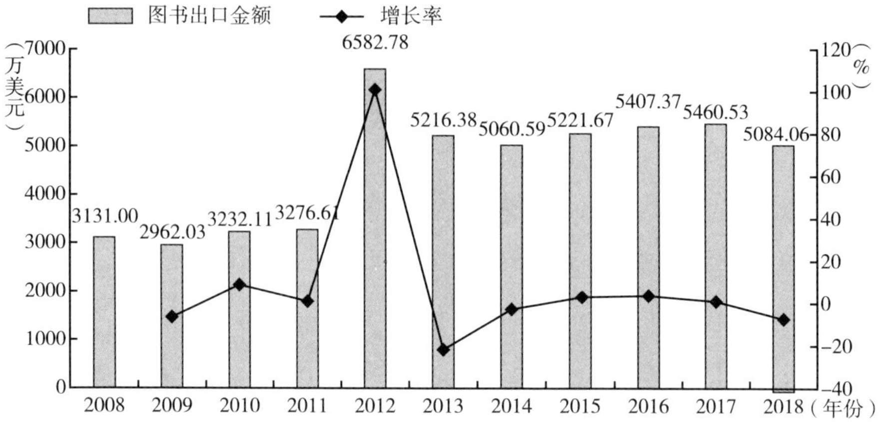

图 2　2008 ~2018 年中国图书出口金额及其增长率

资料来源：2009 ~2019 年《中国统计年鉴》。

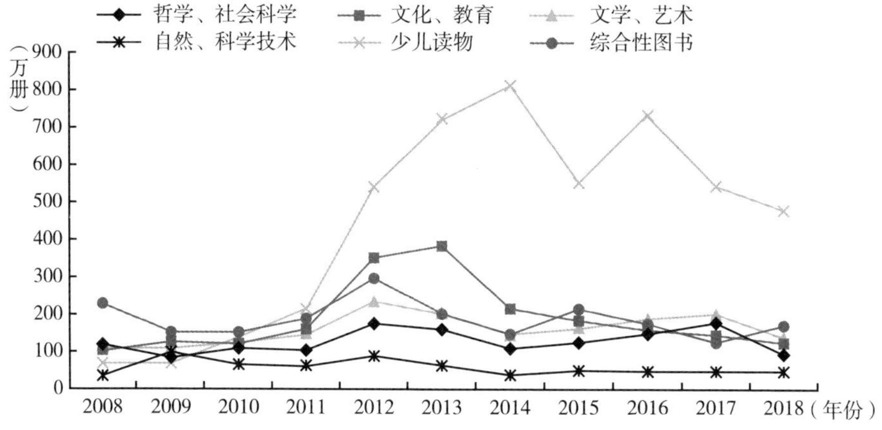

图 3　2008 ~2018 年各类图书出口数量

资料来源：2009 ~2019 年《中国统计年鉴》。

快。图 4 显示，2014 年至 2018 年的五年间，少儿读物的出口数量占图书出口总数的近一半，比例高达 48%，其次为文学、艺术类图书和综合性图书，占比均为 13%。

2008 ~2018 年，除自然、科学技术类图书出口金额持续走低，其余五类图书出口金额均有较大增长。其中，少儿读物类图书的出口金额增幅

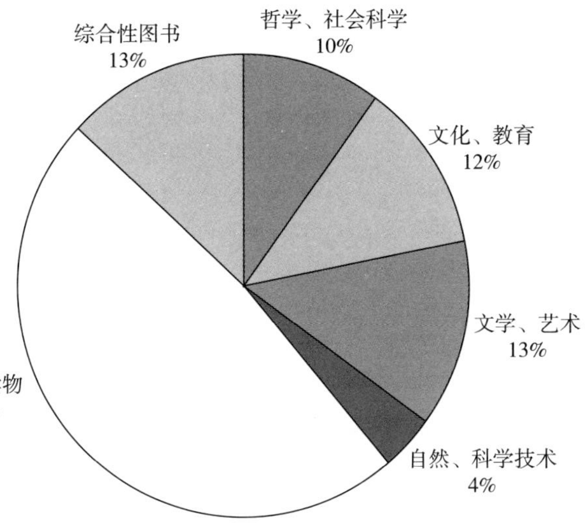

图 4　2014～2018 年各类图书出口数量占比

资料来源：2015～2019 年《中国统计年鉴》。

最为明显，2008 年，少儿读物类图书的出口金额仅为 88 万美元，到 2018 年，少儿读物类图书出口金额升至 846.47 万美元（见图 5），增长 861.90%，增势迅猛，与同期的出口数量发展趋势类似。可见少儿读物这一图书类型出口金额的增加与其出口数量的增加有密切联系。在占比方面，2014～2018 年，哲学、社会科学类图书的出口金额比重最大，平均占比 31.41%。

2. 中国图书进口概况

（1）进口数量

与复杂的出口情况不同的是，中国图书进口态势明朗，从 2008 年到 2018 年，中国图书进口在数量和金额两方面基本实现了连续稳定的“双增长”。

2008 年我国进口的图书数量仅为 438.00 万册，到 2018 年，图书进口数量为 2995.39 万册（见图 6），增长 583.88%。进口数量在 2018 年达到了十年来的峰值 2995.39 万册，并有望在扩大开放的政策推动下持续增加。

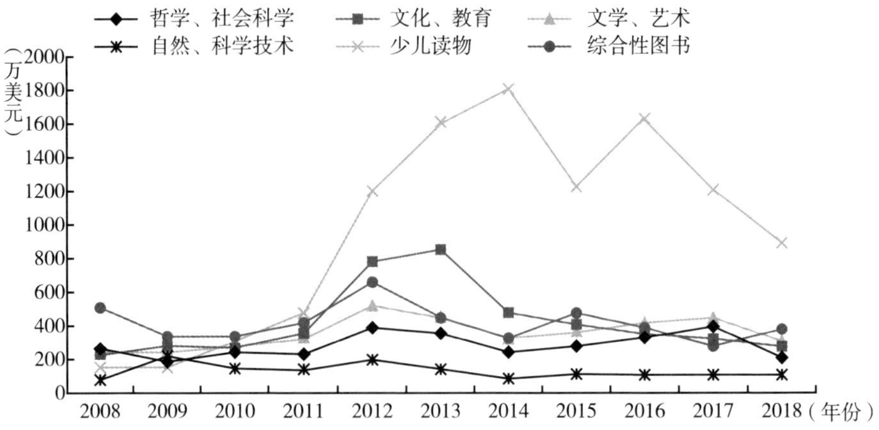

图5　2008～2018年各类图书出口金额

资料来源：2009～2019年《中国统计年鉴》。

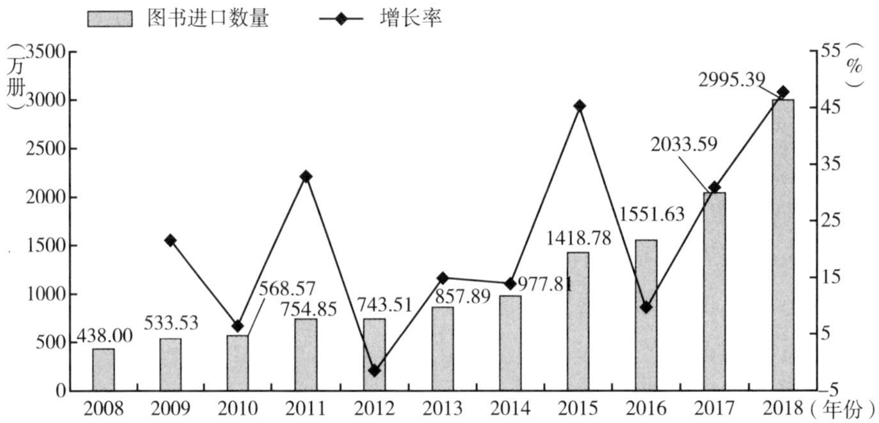

图6　2008～2018年中国图书进口数量及其增长率

资料来源：2009～2019年《中国统计年鉴》。

（2）进口金额

2008～2018年，中国图书进口金额在波动中增加，2008年中国图书进口金额仅为8155.00万美元，而2018年中国图书进口金额高达21577.06万美元（见图7），增长164.59%。除2013年、2016年外，中国图书进口金额增长率均为正数，进口金额在2012年首次达到峰值，为13707.99万美元。2018年，中国图书进口金额首次突破2亿美元。

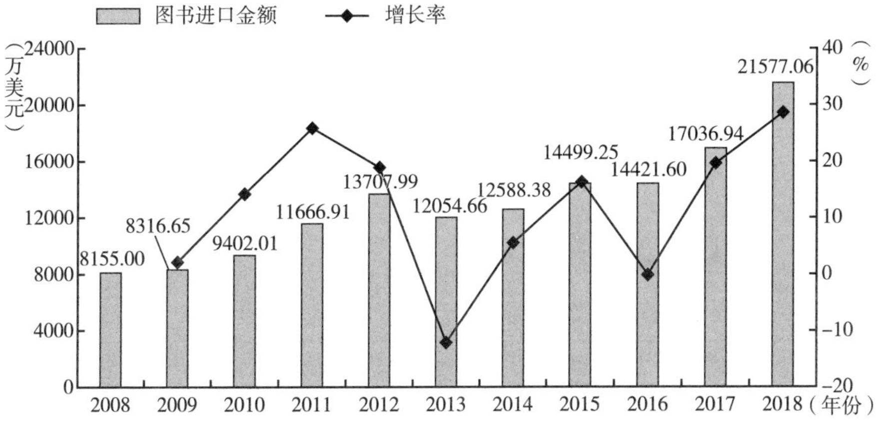

图7　2008～2018 年中国图书进口金额及其增长率

资料来源：2009～2019 年《中国统计年鉴》。

图 8 显示，以报纸为载体的文化输入数量曾在 2008 年占据明显的主导地位，但其发展日渐衰落，并在 2015 年被图书赶超。图书的进口数量呈现逐年增长的态势，并已占据主导地位，占比由 2008 年的 12.62% 逐步增加至 2018 年的 73.11%（见图 9），上升了 60 多个百分点。

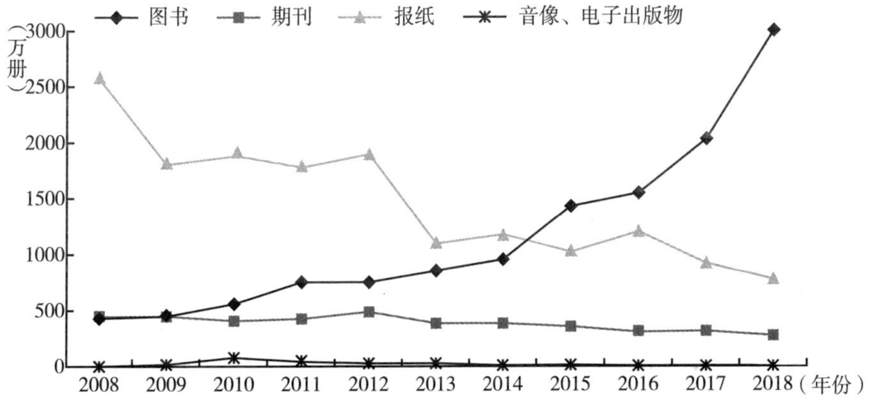

图8　2008～2018 年图书，期刊，报纸，音像、电子出版物的进口数量

资料来源：2009～2019 年《中国统计年鉴》。

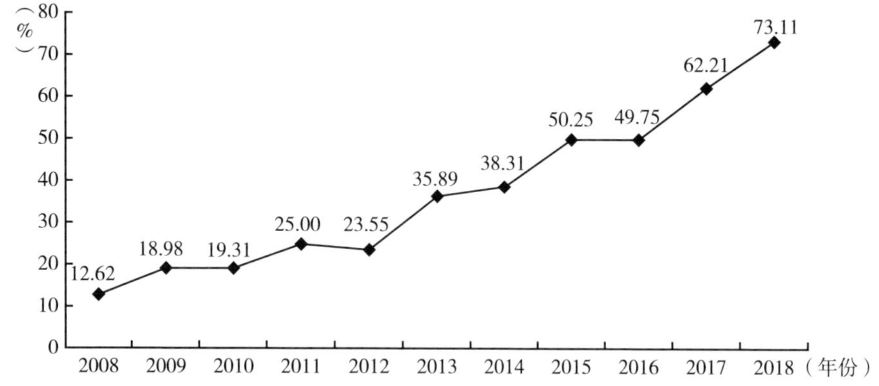

图 9　2008 ~ 2018 年中国图书的进口数量占总进口数量的百分比

资料来源：2009 ~ 2019 年《中国统计年鉴》。

图 10 显示了各类出版物的进口金额。期刊的进口金额基本维持不变，报纸随着进口数量的降低，其进口金额也稳中有降。音像、电子出版物进口金额增速迅猛，为四类出版物之最。与之类似的是中国进口的图书金额在波动中稳步提升。

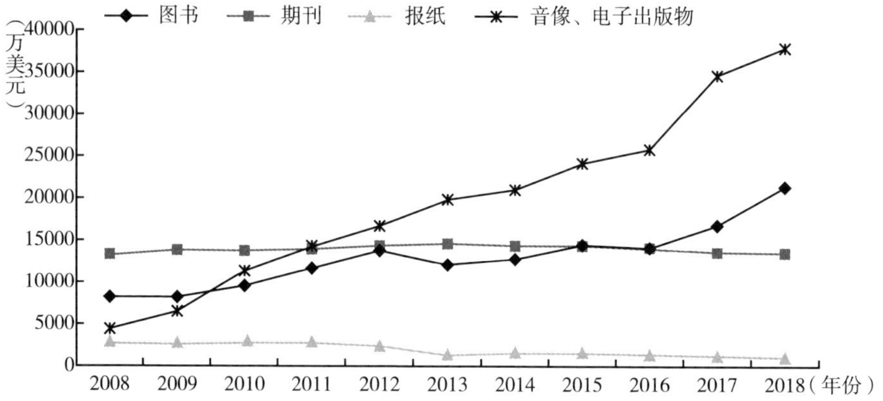

图 10　2008 ~ 2018 年图书，期刊，报纸，音像、电子出版物的进口金额

资料来源：2009 ~ 2019 年《中国统计年鉴》。

图书进口金额占进口总额的比重超过 1/4，各年占比基本保持稳定（见图 11）。同时，音像、电子出版物进口金额占比持续扩大，2017 年开始占据进口的半壁江山，抢占了期刊和报纸的占比，显示出数字经济背景下传统纸质媒体所面对的巨大挑战。

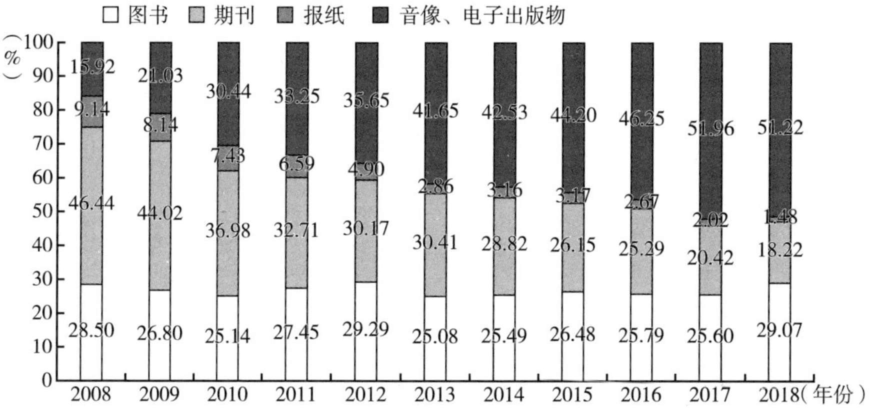

图 11　2008～2018 年图书，期刊，报纸，音像、电子出版物的进口金额所占百分比

资料来源：2009～2019 年《中国统计年鉴》。

3. 中国图书对外贸易差额

我国的图书对外贸易差额长期处于逆差状态，且逆差规模不断扩大。2008 年我国图书贸易逆差额为 5024 万美元，而到了 2018 年，我国图书对外贸易发展的不平衡性更为明显，逆差额高达 16493 万美元（见图 12）。究其原因，一是我国的传统文化与几个重要的图书贸易国家的文化背景差异较大，存在文化折扣，国外读者很难理解和认同中国图书中所蕴含的文化内容；二是在互联网的冲击下，实体纸质传媒的发展受阻，而音像、电子出版物的贸易逆差额较高（见图 13）。此外，图书的输入和输出需要多国语言的转化，且需要翻译人才具备专业功底，这也制约了我国图书贸易的发展。

图 13 揭示了逆差的来源。值得注意的是，音像、电子出版物的贸易逆差额一直在剧烈增加，由 2008 年的 4456 万美元上升到 2018 年的 37807 万美元，占当年贸易逆差额的半壁江山，增长率高达 748.45%。这表明，国内读者和观众对进口音像和电子出版物的需求迫切，尽管国内的供给不断增加，但供需之间结构性矛盾突出，同时也说明中国输出的音像和电子出版物在国际市场上的竞争力还不够强。

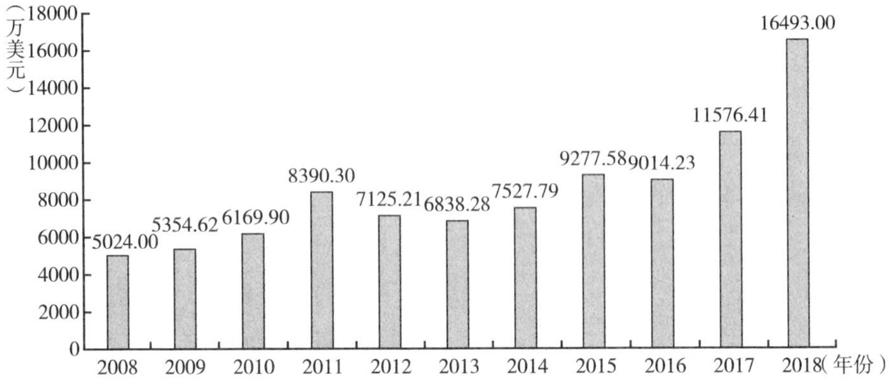

图 12　2008～2018 年中国图书贸易逆差额

资料来源：2009～2019 年《中国统计年鉴》。

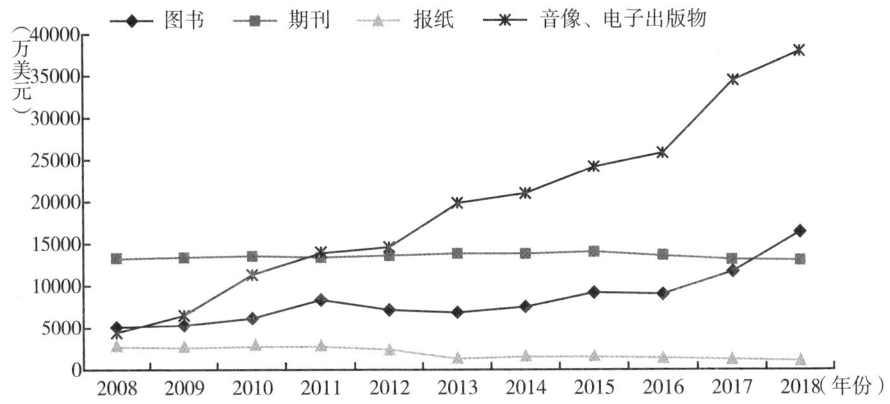

图 13　2008～2018 年图书，期刊，报纸，音像、电子出版物的贸易逆差额

资料来源：2009～2019 年《中国统计年鉴》。

（二）中国图书版权贸易发展概况

1. 中国图书版权的引进、输出概况

2008～2018 年中国图书版权输出总数在波动中增加，整体呈上升态势，由 2008 年的 2440 项增加到 2018 年的 10873 项（见图 14），增长 345.61%。

从其占比来看，2018 年中国图书版权输出总数占总输出版权数的 85% 以上，说明图书版权输出的竞争力与其他版权相比更为突出。

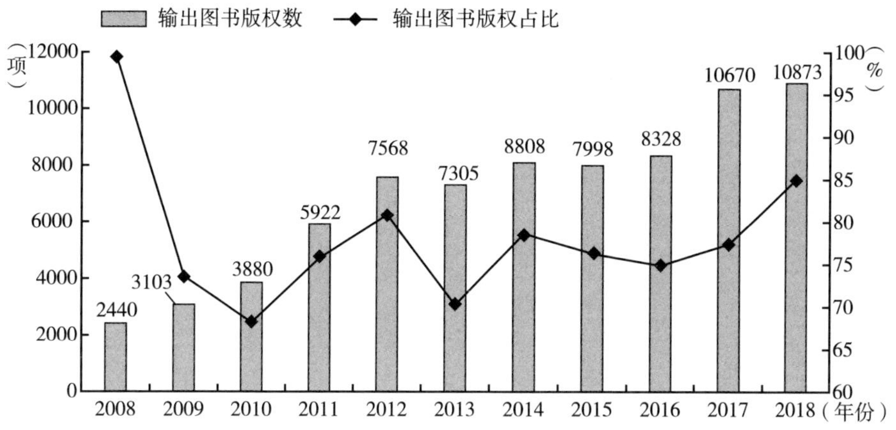

图 14　2008 ~ 2018 年中国图书版权输出总数及其占比

资料来源：2009 ~ 2019 年《中国统计年鉴》。

图书版权引进方面，中国图书的版权引进数量呈平稳波动的趋势。2008 年中国图书版权引进总数为 15776 项，而 2018 年这一数字为 16071 项，这可能是因为图书版权引进在项目考察和评估的过程中有了变化，此外还可能受到了其他形式的版权引进的市场需求挤压。从中国图书版权引进数量占全部版权引进数量的比例来看，图书版权还是占据着全部版权引进的大部分，2008 年为 92. 97% ，2018 年增长至 95. 50% （见图 15），增加了 2. 53 个百分点。

2. 中国电子出版物版权的输出与引进概况

中国新闻出版研究院的调研报告显示，2018 年中国版权产业的行业增加值为 6. 63 万亿元，中国版权产业的总体规模不断扩大。随着信息技术的不断发展，电子出版物版权的引进与输出对中国版权产业的国际影响的重要性不言而喻。

电子出版物的版权输出、引进数量和占比情况如图 16 和图 17 所示。2008 ~2018 年，中国电子出版物的版权输出从无到有，总体呈上升态

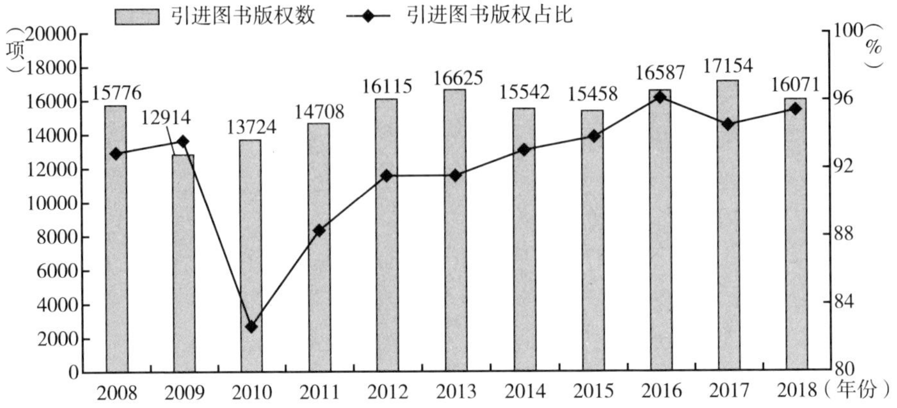

图 15　2008～2018 年中国图书版权引进总数及其占比

资料来源：2009～2019 年《中国统计年鉴》。

势。论其在全部版权输出数量中的占比，电子出版物的版权输出占比最高为 2016 年的 11.35%。鉴于电子出版物的版权输出情况的不稳定性，我国版权输出还是以图书版权输出为主力。电子出版物的版权引进项数在 2008～2018 年浮动较大，最多为 372 项，最少时仅有 49 项。就其占比

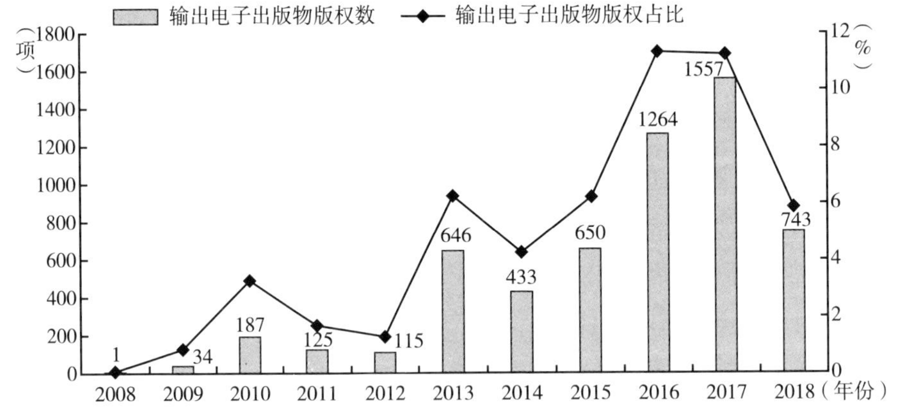

图 16　2008～2018 年电子出版物版权输出总数及其占比

资料来源：2009～2019 年《中国统计年鉴》。

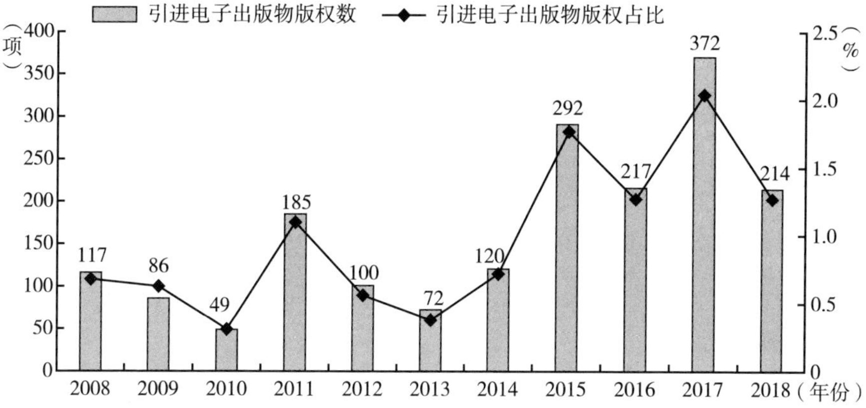

图 17　2008～2018 年电子出版物版权引进总数及其占比

资料来源：2009～2019 年《中国统计年鉴》。

而言，中国电子出版物的版权引进总数占全部版权引进项目的比重最大为 2017 年的 2.05%，最小为 2010 年的 0.30%。电子出版物的引进和输出数量及其占比发展状况并不稳定，但增长迅速，长期来看仍有很大发展潜力。

3. 中国版权贸易逆差改善

2008～2018 年中国版权贸易差额情况（见表 1）主要统计了图书版权的引进与输出和电子出版物版权的引进与输出二者的总项数以及二者合计后的引进输出比例，从而展现出中国版权贸易十一年间的总体发展态势。从中不难看出，我国版权贸易的引进输出比值虽始终大于 1，即我国版权贸易常年逆差，但逆差的幅度有逐年递减之势。我国版权引进输出比例在 2008 年为 6.51∶1，而到了 2018 年，这一比例缩小至 1.40∶1，即每输出一项图书和电子出版物版权，引进版权总项数由 6.51 项缩减至 1.40 项。结合图 14 至图 17 可以看出，我国图书版权贸易正在蓬勃发展，逆差持续收窄，其中图书版权贸易与电子出版物版权贸易相比，无论在引进还是输出方面，体量均较大，二者都呈增长态势。在信息化和电子化快速发展的时代，图书版权贸易和图书货物贸易相比可能更具发展潜力。

表 1　2008～2018 年图书与电子出版物版权贸易差额情况

年份	2008	2009	2010	2011	2012
图书版权引进(项)	15776	12914	13724	14708	16115
电子出版物版权引进(项)	117	86	49	185	100
图书版权输出(项)	2440	3103	3880	5922	7568
电子出版物版权输出(项)	1	34	187	125	115
引进输出比例	6. 51 : 1	4. 14 : 1	3. 39 : 1	2. 46 : 1	2. 11 : 1

年份	2013	2014	2015	2016	2017	2018
图书版权引进(项)	16625	15542	15458	16587	17154	16071
电子出版物版权引进(项)	72	120	292	217	372	214
图书版权输出(项)	7305	8088	7998	8328	10670	10873
电子出版物版权输出(项)	646	433	650	1264	1557	743
引进输出比例	2. 10 : 1	1. 84 : 1	1. 82 : 1	1. 75 : 1	1. 43 : 1	1. 40 : 1

资料来源：2009～2019 年《中国统计年鉴》。

（三）中国图书版权贸易对象分布

国家版权局官网将全国版权数据中的中国大陆图书版权贸易的对象，即中国大陆图书版权主要引进或输出的国家及地区分别统计为美国、加拿大、俄罗斯、英国、德国、法国、新加坡、日本、韩国、中国港澳台地区和其他地区。表 2 和表 3 分别为中国大陆 2008～2018 年向上述国家及地区输出的图书版权的具体项数和中国大陆从以上国家及地区引进的图书版权数量。

从表 2 中可以看出，中国大陆图书版权输出的主要贸易对象是其他地区、中国港澳台地区和美国。对中国港澳台地区的图书版权输出，已经从 2008 年的 947 项增加至 2018 年的 2009 项。美国是我国重要的贸易对象，中国大陆向美国输出图书版权的数量从 2008 年的 122 项增加到 2018 年的 912 项，增长 647. 54%。鉴于美国市场在全球版权市场中的地位，这种输出的增长情况意义重大。同时，周边国家和地区也是中国大陆版权输出的重要对象。值得注意的是，在国家版权局对中国大陆图书版权输出的统计中，向“其他地区”输出的图书版权量基本上位居第一，由 2008 年的 536 项飙升至 2018 年的 4988 项。这一增长或主要来自共建“一带一路”国家。如果该项统计指标能够进一步细化，必将有助于更好地分析中国大陆图书版权贸易的结构。

表 2　2008～2018 年中国大陆向不同国家及地区输出图书版权数

单位：项

输出国家及地区	2008年	2009年	2010年	2011年	2012年	2013年	2014年	2015年	2016年	2017年	2018年
美国	122	267	244	766	1021	753	734	887	932	592	912
加拿大	29	10	31	15	104	46	67	81	87	222	103
俄罗斯	115	54	11	40	104	124	177	135	356	306	452
英国	45	220	176	422	606	574	410	546	290	421	476
德国	96	173	89	127	352	328	304	380	262	421	435
法国	64	26	120	126	130	184	313	138	110	172	244
新加坡	127	60	260	131	173	171	248	262	184	254	334
日本	56	101	207	161	401	292	346	285	353	327	408
韩国	303	253	343	446	282	656	623	619	576	490	512
中国港澳台地区	947	911	1583	2029	2222	2140	2574	1985	2390	2335	2009
其他地区	536	1028	816	1659	2173	2037	2292	2680	2788	5130	4988

资料来源：国家版权局。

图 18 显示了 2008～2018 年中国大陆图书版权分国家和地区输出的绝对指标，图 19 显示了 2008～2018 年中国大陆图书版权分国家和地区输出的相对占比指标，从中我们可以看出，中国大陆对“其他地区”的图书版权输出总量和占比在七大类国家和地区中遥遥领先。2008 年，中国大陆图书版权

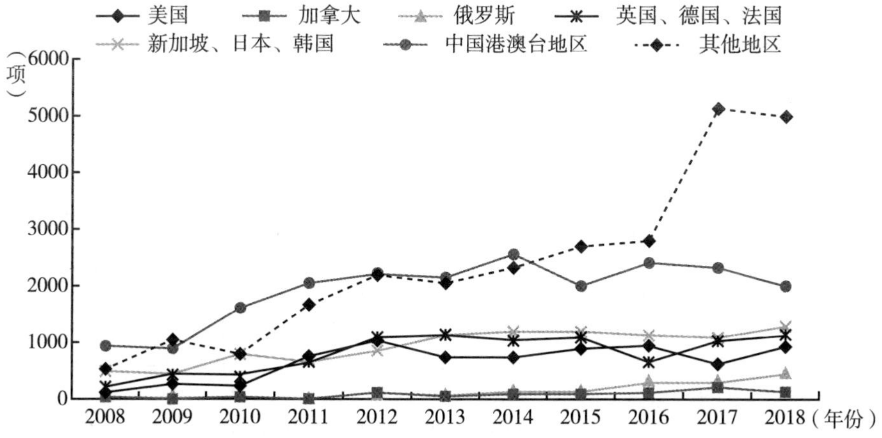

图 18　2008～2018 年中国大陆向不同国家及地区输出图书版权数量变化

资料来源：国家版权局。

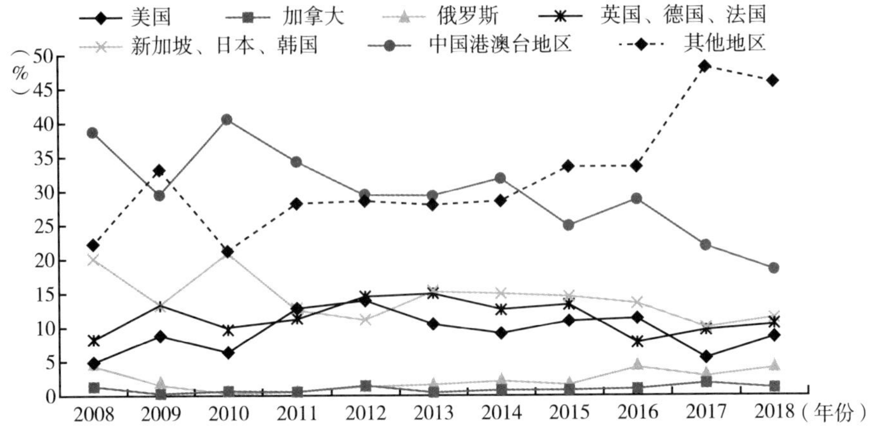

图 19　2008～2018 年中国大陆向不同国家及地区输出图书版权占比变化

资料来源：国家版权局。

向“其他地区”输出的数量占所有国家和地区的 21.97%，而到了 2018 年，这一比例高达 45.88%，上涨了近 24 个百分点。

表 3 列示了 2008～2018 年我国分别从不同国家及地区引进的图书版权的具体项数。中国大陆图书版权引进主要来自美国、英国、其他地区、日本和中国港澳台地区。

表 3　2008～2018 年中国大陆从不同国家及地区引进图书版权数

单位：项

引进国家及地区	2008年	2009年	2010年	2011年	2012年	2013年	2014年	2015年	2016年	2017年	2018年
美国	4011	4533	4549	4553	4944	5489	4840	4840	5201	6217	4833
加拿大	59	73	104	133	122	111	160	151	142	156	117
俄罗斯	49	58	57	55	48	84	97	86	101	90	78
英国	1754	1847	1770	2256	2581	2512	2655	2677	2873	2835	3317
德国	600	693	726	881	874	707	807	783	888	933	844
法国	433	414	595	706	835	772	754	959	1069	1133	970
新加坡	292	342	319	200	265	310	211	240	260	249	222
日本	1134	1261	1620	1982	2006	1852	1736	1724	1911	2101	1993
韩国	755	799	916	1047	1209	1472	1160	826	1024	168	120
中国港澳台地区	6239	1842	1884	1641	1842	1461	1360	1212	1158	1056	1035
其他地区	450	1052	1184	1254	1389	1846	1762	1960	1960	2216	2542

资料来源：国家版权局。

结合图20和图21可以看出，2008～2018年，中国大陆从中国港澳台地区引进的图书版权数量和占比发生了很大变化，引进数量由2008年的6239项缩减到2018年的1035项，占所有图书版权引进国家和地区总量的百分比也由2008年的39.55%下降至2018年的6.44%。从“其他地区”引进的图书版权占比有了可观的提升，由2008年的2.85%上升到2018年的15.82%。

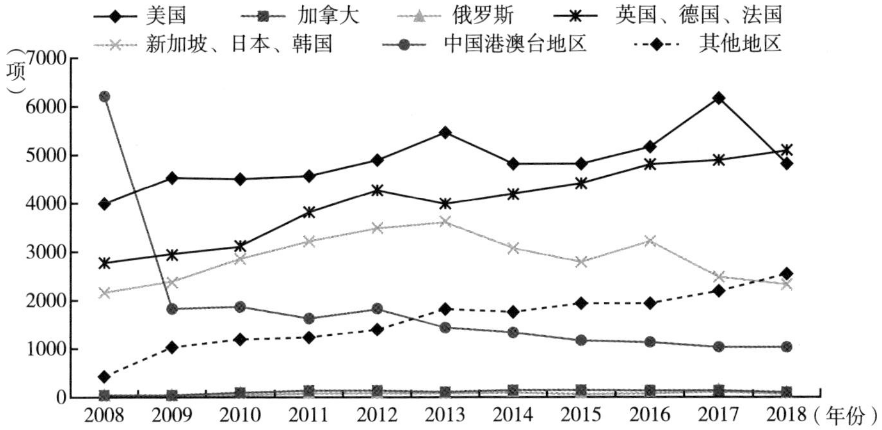

图20　2008～2018年中国大陆从不同国家及地区引进图书版权数量变化

资料来源：国家版权局。

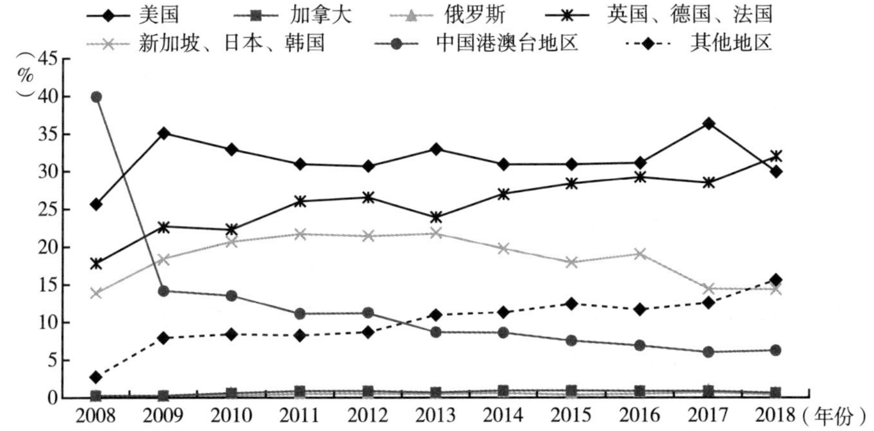

图21　2008～2018年中国大陆从不同国家及地区引进图书版权占比变化

资料来源：国家版权局。

（四）“一带一路”建设推动版权贸易发展

“一带一路”倡议实施后，我国对共建“一带一路”国家版权贸易增长显著。截至2019年底，已经有83个国家与我国开展图书、电子出版物、网络文学等方面的版权贸易，占与我国签署共建“一带一路”合作文件国家总数的近2/3，其中图书是版权贸易的核心。2016～2018年，我国与共建“一带一路”相关国家签署版权贸易协议的增幅达86.5%。[①] 目前，我国与共建“一带一路”相关国家的出版业合作广泛开展，合作国家遍及亚洲、欧洲、非洲、大洋洲、北美洲和南美洲。此外，以“一带一路”为主题的图书出版与贸易也呈不断增长态势，图书内容涵盖经济、法律、艺术、文化等多个方面，如解读“一带一路”政策的普及性读物、探讨加强共建“一带一路”国家科学研究的学术性读物等。以此为契机，中国出版机构举行了一系列“一带一路”主题图书巡回展、文化创意展等，为图书和版权贸易搭建平台。

（五）出版传媒行业龙头企业成绩突出

出版传媒集团规模不断扩大，并在中国图书版权对外贸易中扮演重要角色。以中国国际图书贸易集团公司（以下简称“国图集团公司”）为例，它是目前中国规模最大、品种最全、实力最强的出版物进出口机构之一。作为中国出版物出口行业的龙头企业，国图集团公司70年来将40多种语言的近20亿册中国出版物发行到全球180多个国家和地区，在100多个国家和地区举办、参加了上千次国际书展，连续十年举办全球百家华文书店中国图书联展，在上海、深圳、广州、西安等地设立多家分公司和子公司，每年进口图书、科技文献资料、期刊、报纸、缩微制品和数字文献出版物及其他信息资料几十万种，与数千家出版发行机构、上万家客户及数十万读者长年保持

① 《〈“一带一路”国际出版合作发展报告〉发布：我国已与83个“一带一路”相关国家开展图书等版权贸易》，中华人民共和国中央人民政府网，2019年10月27日，http：//www.gov.cn/xinwen/2019－10/27/content_5445537.htm。

业务往来。[①] 国图集团公司现已拥有国内上万家图书馆、科研院所、学术单位等团体客户，进口世界110多个国家和地区的1万多家出版机构、学术单位及社会团体的出版物。进口出版物涵盖报纸、期刊、图书、文献资料、音像制品、数据库、电子书及其他信息资料等，年经营品种近40万种，占中国出版物进口市场份额的60%以上。国图集团公司如今已经发展成为以书刊进出口为核心，业务范围遍及纸张经营、仓储物流、物业经营管理、电子商务、资本运营、文化传播、展览及版权交易等多领域的国有大型综合文化企业集团。

（六）展会经济作用明显

出版企业通过积极参与并充分利用国际书展，加强与国际出版业的合作。2009年，中国首次受邀成为法兰克福书展主宾国；2012年，伦敦国际书展邀请中国作为主宾国参展，我国版权贸易再创佳绩；2019年举办的上海国际童书展上，共达成中外版权贸易协议约1500项。如中国少年儿童新闻出版总社与西班牙、俄罗斯、日本等国家和地区的出版社达成版权输出意向96项，其中“中少阳光图书馆”系列原创图画书受到多国出版商青睐，实现多语种输出；“乐悠悠成长小绘本”以英、蒙等语种输出后，又实现马来语等语种的输出。[②]

二　发展特征

（一）图书产品贸易发展趋势良好

与期刊、报纸、音像和电子出版物等三大类出版物相比，图书的进出口

---

① 《产业布局 · 书刊贸易》，中国国际图书贸易集团公司网站，http：//www. cibtc. com. cn/index. php/front - article - node. html？ catid =7。

② 徐颖：《上海国际童书展17日落幕 达成中外版权贸易协议约1500项》，国家版权局官网，2019年11月18日，http：//www. ncac. gov. cn/chinacopyright/contents/518/407780. html。

发展趋势良好，并在2015年在进口数量方面位居第一。图书的进口数量呈现逐年增长的态势，逐步加强其在这四大类中的主导地位。图书在各类出版物中的占比也不断上升。

（二）图书版权贸易占比不断上升

2008～2018年，中国图书版权输出总数在波动中增加，整体呈上升态势，且在版权输出中的占比一直较高，说明图书版权输出的竞争力与其他版权相比更为突出。在图书版权引进方面，中国图书的版权引进数量平稳波动，但大体上呈稳步增长的趋势。从中国图书版权引进占全部版权引进的比例来看，图书版权还是占据着全部版权引进的绝大部分。

（三）电子出版物发展潜力巨大

从2008年到2018年，中国电子出版物的版权输出从无到有，总体呈上升态势，但论其在全部版权输出数量中的占比，电子出版物的版权输出占比并不高。随着电子信息技术的发展，电子出版物的输出还有释放空间。电子出版物的版权引进项数2008～2018年浮动较大。就其占比而言，中国电子出版物的版权引进总数占全部版权引进项目的比重很小。电子出版物的引进和输出数量及其占比并不稳定，但相比而言，我国电子出版物的版权输出较引进有更大的优势，长期来看仍有很大发展潜力。

同时，在我国图书贸易长年累月的逆差形势下，电子出版物的版权贸易项数表现出明显的顺差趋势，电子出版物在我国版权贸易中的地位不断提高，未来借助新技术的开发与完善，电子出版物的进出口具有极大的发展潜力。

（四）贸易对象呈现多样化发展趋势，共建“一带一路”国家表现突出

从我国图书版权引进和输出的绝对数量和相对占比方面来看，我国图书贸易在国际市场上的供给与需求表现均进步明显，从不同国家和地

区引进和输出的图书版权数量呈上升趋势。图书版权贸易地区分布广泛，不仅集中于传统的与我国保持长期重要的贸易伙伴关系的范畴，如美国、日本和韩国等，同时随着“一带一路”倡议的推动和落实，共建“一带一路”国家在图书版权贸易方面的占比也逐步提升，中国版权贸易已真正遍及全球。

（五）文化企业多渠道拓宽海外市场

各文化企业拓展了更多经营渠道，如在海外并购和设立分支机构、积极参加图书展览、开展国际合作等，大力促进了我国的图书版权输出以及对外出版合作。书展等活动对中国图书版权贸易影响非常明显，如在北京国际书展、上海版权贸易洽谈会、伦敦书展、法兰克福书展等展会上签订了90%以上的版权贸易合同。

三　困境与挑战

（一）出口图书海外市场影响力亟须提升

部分图书版权尽管实现了“走出去”，但效果并不理想，未能进入主流销售渠道，这与重视数量考核、忽视实际效果的考核方式有一定关系。同时，与亚洲国家的贸易大部分还局限于纸质图书的合作，数字形式的出版物方面的合作很少，致使合作领域不够全面，制约了图书和版权贸易的进一步发展。此外，出口图书的种类不够丰富，各类图书的进出口呈现偏斜态势，少儿读物占据了太多空间。

（二）图书版权贸易人才缺乏

想要做好图书版权输出，除了必须具备高素质的翻译人才，还必须重视培养图书版权贸易人才，并根据实际情况和需要建立预警机制，以保证前期准备工作开展的质量，避免对后期图书出口造成不利影响。

我国大部分出版社和文化企业没有设置专门的版权贸易机构，专业的版权贸易人员严重匮乏。目前，国内出版社和传媒集团对国际图书市场了解不够充分，只对翻译人才有储备和培训。但外国语言的准确翻译只是做好版权贸易的基础条件。专业的图书贸易人才不仅要熟悉我国的著作权法律、法规和政府政策，还要熟悉各贸易国的相关国际公约，同时还要了解宏观经济的基本面，能合理、准确地制订图书对外贸易合同，确保遵守本国和他国的相关法律、法规，实现共赢。

（三）数字出版是中国获取图书出版市场份额的重要突破口

从全球范围来看，纸质图书的出版基本呈下降态势，全球出版市场集中度较高，美、中、德、英、日、法为前六大图书市场。六大出版强国占据全球图书市场份额的67%，其中美国、中国、德国、英国、日本和法国出版份额分别为29%、17%、8%、5%、5%和3%。目前全球出版行业已基本进入成熟期，除中国外，其余头部出版市场增速进入相对平稳、略有波动的阶段。其中，美国是全球最大的出版市场，2018 年出版业整体销售净收入为258.2 亿美元，同比下降1.56%，已连续4 年小幅下滑。①

数字出版发展迅速，对传统图书出版市场构成新的冲击。一方面，数字化导致了图书贸易份额的下降，从2000 年的2.7%降至2016 年的0.8%。②另一方面，在数字化背景下，对知识产权、数据流和隐私的监管，以及数字基础设施的质量，可能会成为比较优势的新来源。针对版权所有者不清晰的困境，版权保护和运用可以利用区块链等新技术进行完善。

在这一变革过程中，基于良好的软硬件环境，如能抓住机遇，中国或能借助数字出版增加在出版市场的份额。近些年来，随着文化“走出去”政

① 《2018—2019 年全球及中国图书出版行业发展现状、趋势及未来展望：行业进入成熟期，中国是增长最快的头部市场》，中国产业信息网，2019 年10 月9 日，http：//www.chyxx.com/industry/201910/790813.html。

② “World Trade Report 2018：The future of world trade-How digital technologies are transforming global commerce,” World Trade Organization，https：//www.wto.org/english/res_e/reser_e/wtr_e.htm.

策的不断完善、“一带一路”倡议的落实以及网文海外翻译热潮的兴起，数字阅读的“出海”步伐不断加快。目前，网文海外翻译已覆盖 40 个共建“一带一路”国家和地区。除此之外，数字阅读“出海”还得到了国内大型国企的支持，例如：中国图书进出口总公司分别与数字阅读核心企业掌阅、阅文签订合作协议，持续推动中国文化内容“走出去”。①

（四）文化投资在困境中寻求对策

作为贸易的升级版，出版领域的海外投资也呈现良好发展态势。我国出版企业在海外设立各类分支机构 400 多家，与 70 多个国家的 500 多家出版机构建立合作伙伴关系，“走出去”海外布局初具规模。越来越多国内出版单位与海外出版机构共同策划选题、翻译出版、开发市场，立体化“走出去”模式初步形成。尽管对外文化投资意味着更有效的海外资源配置、更广阔的海外市场空间，但也面临不少风险和挑战。第一，制度的创新性和政策的针对性不足；第二，部门间协同竞合不足，服务平台建设相对薄弱；第三，投资方式不尽合理，投资后的运营面临挑战；第四，社会责任意识淡薄，行业融合仍需加强。

四　建议

（一）着力推动数字化传播

传统的图书出版大多以单一的纸质图书作为载体。但是在互联网技术的支撑下，图书出版方式开始出现向多样化转型的巨大转变，数字化传播带来新的发展机遇和挑战。数字化传播改变了读者的阅读方式，便于精准定位市场需求，推动了传统策划方式的变革。除了利用线下传播

① 国研网行业研究部：《数字阅读行业发展现状及趋势分析》，国务院发展研究中心信息网，2019 年 12 月 27 日，http：//d. drcnet. com. cn/eDRCnet. common. web/DocDetail. aspx? chnid = 6318&leafid = 25134&docid = 5712746&uid = 78040527&version = dReport。

渠道，出版机构应着力推动数字化建设，拓宽图书出版的渠道。天津大学出版社在数字化出版建设中成效显著，其策划了数字产品与数字资源平台，推动数字图书版权“走出去”，制作出版了“建筑潮流”“建筑邦”系列原创电子书60多种，并授权给当当网、亚马逊等数字阅读平台，同时启动了“中国建筑设计专业领域全媒体出版云服务平台”建设，自主研发了“中国建筑文化遗产数字资源服务平台”，极大地推动了图书出版能力的提升。各大出版社应积极布局数字化出版，在充分调研的基础上，一些大型的出版机构可研发数字资源平台供读者进行线上阅读；小型的出版机构则可选择与一些数字阅读平台合作，如借助亚马逊平台搭建“一带一路”图书出版的线上渠道。总之，在数字化传播时代，数字出版行业迎来了发展的机遇，出版机构需适应时代发展特征，推动图书出版的数字化转型，努力推进数字化出版建设，开创互联网时代背景下图书出版数字化新局面。

（二）构建版权贸易数字化平台

传统线下模式的版权贸易面临交易成本高、壁垒较高的局面，而版权贸易数字化平台具有促进交流互动、降低交易成本、提高交易效率等作用，这有助于降低版权贸易信息的不对称性，增加供求双方的信息透明度，克服各类版权贸易壁垒，同时可以让版权贸易参与方增强对彼此国家知识产权法和版权法的认识，降低合同风险。欧美地区版权贸易发达的国家拥有较为完善的版权贸易数字化平台和贸易联盟，这对其版权贸易发展发挥了重要的作用。与之相比，我国版权国际贸易仍然缺乏表现突出的数字化平台和联盟。有鉴于此，我国应积极构建版权贸易数字化平台和联盟，以“数字＋贸易”模式促进版权贸易发展，从而提高中华文化软实力。

国家版权交易中心联盟于2015年在国家版权局的倡导和支持下成立，旨在加强国际版权交易中心、国家版权贸易基地之间的交流与合作，促进版权的创造、运用、保护和管理，推动版权产业发展。该联盟由12家经国家版权局批准的国家版权交易中心的成员单位组成，分别为中国人民大学国家版权贸易基地、北京国际版权交易中心、东方雍和国际版权交易中心、华中国家版权交易中心、台儿庄国家版权贸易基地、青岛国际版权交易中心、国家海峡版权交易中心、广州市越秀区国家版权贸易基地、西部国家版权交易中心、国家版权贸易基地（上海）、成都国家版权交易中心、横琴国际版权交易中心。其中北京国际版权交易中心是定位于文化创意产业核心领域的专业版权交流和贸易平台，旨在为国内外版权机构、权利持有方和使用方提供专业化、功能化、系统化、国际化、全方位的专业服务，是版权展示、版权交易、版权投融资以及版权保护等各种版权专业活动的高端综合服务平台。

（三）建立长效和综合考核机制

2015 年 9 月中共中央办公厅、国务院办公厅印发的《关于推动国有文化企业把社会效益放在首位、实现社会效益和经济效益相统一的指导意见》强调，“文化企业必须始终坚持把社会效益放在首位，实现社会效益和经济效益相统一”。由此可以看出，社会效益问题已上升到国家战略层面。出版工作必须始终坚持把社会效益放在首位，图书出版单位于 2016 年开始成为社会效益评价考核试点。以电子工业出版社有限公司为例，其作为第一批图书出版单位社会效益评价考核试点单位，结合自身优势和特色，细化了公司各项评价考核指标，通过四年的不断探索和实践，逐步建立了企业内部的社会效益评价考核机制，为出版社今后深入推进文化体制改革、把握好出版业发展方向打下了坚实的基础。

2018 年 12 月 31 日，中共中央宣传部印发《图书出版单位社会效益评价考核试行办法》（以下简称《办法》），从国家层面建立图书出版单位社会效益评价考核指标体系，该考核指标体系具有可量化、可操作的优点，对于指导我国图书出版单位实现社会效益和经济效益的高质量发展具有重要意义。《办法》的核心要义是推动图书出版单位切实把社会效益放在首位，实现社会效益和经济效益相统一，促进出版业繁荣健康发展。《办法》从宏观上为图书出版单位指明了今后的发展路径，更从微观上提出了具体的量化指标和实施细则。由于目前对一些新兴领域（如自媒体、直播平台等）缺乏有力的监管，出版文化市场乱象丛生，有的出版社只看重经济指标，不注重社会效益。针对长期以来存在的经济效益考核硬、社会效益考核软的问题，必须加强制度建设和管理，强化管理环节。出版物的价值是通过市场实现的，但当经济效益和社会效益发生冲突时，要优先考虑社会效益。建议建立科学的、可操作的出版“走出去”考核体系，对“走出去”工程项目进行全面评估，并以此为指导“走出去”的依据，加强对出版国际合作的绩效评估。

（四）拓展各国出版合作的区域覆盖面

截至 2019 年 7 月底，我国与 136 个国家和 30 个国际组织签署了 195 份“一带一路”合作文件，与 50 多个共建“一带一路”国家合作出版的翻译图书种类和数量都呈增加态势。出版合作的形式从早期单一的图书翻译出版，发展到后来的设立海外分支机构、参加展会、学术交流、拓宽海外销售渠道等深度融合合作模式。除了在共建“一带一路”国家建立分支机构外，国内各出版机构更是发挥本公司或出版社的优势，与国外相关机构开展形式多样的合作项目，如高等教育出版社有限公司的当代科技前沿专著系列、中国教育图书进出口有限公司的中国当代优秀类型文学“走出去”基地项目、天津市出版对外贸易公司搭建的出版文化进出口平台、宁夏智慧宫文化传媒有限公司的共建“一带一路”国家阿拉伯语数据库建设项目、北方联合出版传媒（集团）股份有限公司打造的盛京满绣立体化出版工程、社会科学文献出版社的中国人文社科学术交流平台、中国国际图书贸易集团公司共建“一带一路”国家图书馆拓展项目、中国人民大学出版社与共建“一带一路”国家开展的东南亚中国主题图书翻译合作出版合作体项目，形成了出版产品和载体的多渠道、多方式的立体化合作局面。

出版机构和企业是国际合作的主体，其与共建“一带一路”国家出版合作应依据国别、国情、需求的差异而有所不同。与发达国家的出版合作应该以企业主导的商业化为主、政府服务为辅的模式进行；与发展中国家的合作宜采取政府主导、企业参与的非贸易化方式。在已经开展版权贸易的国家，应发挥国内外出版机构的不同优势，固定合作区域，规避恶性竞争，净化市场环境；在目前还没有开展出版交流合作的国家，还存在广阔的发展空间，未来大有可为。应鼓励相关出版机构加强与不同国家和地区的联系沟通，创新出版“走出去”的方式和途径，打造出版共同体，促进出版合作发展。

参考文献

白冰：《如何应对新媒体时代版权贸易的新特点》，《国际出版周报》2019 年 11 月 4 日。

陈印昌、邵培仁：《我国与“一带一路”沿线国家出版合作发展与前瞻》，《东南传播》2020 年第 2 期。

戴慧：《构建版权贸易数字化平台和联盟　促进版权贸易发展》，《发展研究》2019 年第 11 期。

董纲：《媒介融合时代下的图书出版业现状及发展策略》，《传媒论坛》2019 年第 22 期。

高天航：《如何提升中国图书版权输出数量》，《传媒论坛》2019 年第 12 期。

韩志、孟凡辉：《图书版权引进面临的问题及对策》，《传播与版权》2019 年第 2 期。

李静：《浅谈出版者的初心与使命》，《新闻研究导刊》2020 年第 11 期。

刘沁秋：《以版权贸易为核心　推动出版高质量“走出去”》，《出版参考》2019 年第 7 期。

刘杉、李军：《“一带一路”背景下我国出版业“走出去”的机遇与挑战》，《北京印刷学院学报》2019 年第 7 期。

刘涛：《中国图书版权输出数量提升策略分析》，《传媒论坛》2019 年第 19 期。

戎鸿杰：《互联网时代下图书出版的数字化发展道路》，《传媒论坛》2020 年第 15 期。

沈荣荣：《中国版权贸易的简况及发展对策》，《戏剧之家》2019 年第 34 期。

宋伟、阮雪松：《版权强国背景下版权保护对我国版权产业发展的影响研究》，《科技管理研究》2019 年第 8 期。

孙俊新：《构建均衡发展的对外文化投资格局》，《人民论坛》2019 年第 29 期。

王璐璐、赵玉山：《“一带一路”背景下中国出版业的国际合作现状与发展建议》，《出版广角》2019 年第 19 期。

王玉凝：《新时代我国图书版权贸易中存在的问题和应对策略》，《传播与版权》2019 年第 10 期。

息慧娇：《十八大以来中国出版业“走出去”概况》，《科技与出版》2019 年第 2 期。

信莉丽、庄严：《文化强国视阈下我国出版“走出去”的现状审思》，《出版科学》2018 年第 2 期。

曾妍妍：《我国图书版权贸易 40 年：回顾与分析》，《出版发行研究》2019 年第 8 期。

张明、杨辉、黄炳家、郑秋梅：《基于二维码图书版权保护的数字水印算法》，《计算机系统应用》2019 年第 9 期。

张彦艳：《图书出版版权保护的困境与出路思考》，《科技传播》2019 年第 23 期。

张逸飞、曹少中、杨彦红：《基于区块链的图书数字版权保护技术研究》，《北京印刷学院学报》2019 年第 3 期。

赵礼寿、陈佳娜：《“一带一路”视角下我国图书国际出版力提升研究》，《出版广角》2019 年第 22 期。

甄云霞、王珺：《服务“一带一路”倡议推动国际出版合作高质量发展》，《科技与出版》2020 年第 1 期。

周颖：《我国图书版权贸易存在的问题及对策探究》，《传媒论坛》2020 年第 1 期。

B.6

中国动漫产业对外贸易发展报告（2020）*

林建勇**

摘　要： 动漫产业作为提高我国国家软实力和国际文化影响力的核心产业之一，在我国对外文化贸易发展过程中发挥着重要的作用，因此得到了国家的高度关注与大力支持。当前我国动漫产业对外贸易存在产业基础不断夯实、进口规模持续扩大等特点。但与此同时，我国动漫产业对外贸易发展面临动漫产品低龄化、创作人才匮乏、盈利模式单一、产品质量有待进一步提升等问题。为促进我国动漫产业对外贸易发展，本文从市场细分、人才培养、衍生品开发、产品质量提升等角度提出了相关建议。

关键词： 动漫产业　市场细分　创作人才　衍生品开发

近年来，随着国内经济结构的转型升级，加之复杂严峻的国外发展环境，我国对外贸易增速持续放缓。培育外贸竞争新优势，已成为我国经济和外贸发展“新常态”阶段的重要任务。在此背景下，作为新兴产业的文化产业日益受到国家的重视，全力发展文化贸易成为我国对外贸易的重要发展战略。其中，动漫产业作为提高我国国家软实力和国际文化影响力的核心产

* 本文为北京第二外国语学院2020年教改项目“‘文化统计及分析’课程贯彻‘课程思政’理念的探索与实践”的部分成果。

** 林建勇，博士，北京第二外国语学院经济学院讲师、首都对外文化贸易研究基地研究员，主要研究方向为国际文化贸易、跨国公司与对外直接投资等。

业之一，在我国对外文化贸易发展过程中发挥着重要的作用，因此得到了国家的高度关注与大力支持。

一 中国动漫产业对外贸易的发展概况

（一）产业对外贸易的国内基础得到极大提升

我国动漫起源于1926年，与美国、日本、韩国等动漫强国相比，我国动漫产业起步并不晚，但由于之后受国内外诸多因素影响，我国动漫产业长期处于停滞阶段。21世纪以来，特别是近些年在市场需求、国家政策扶持等多重因素的驱动下，我国动漫行业上行趋势明显，动漫产业市场规模持续快速扩大。

从产业总产值来看（见图1），近年来我国动漫产业保持了持续增长态势。2014年我国动漫产业总产值同比增长13.4%，达到1000亿元，相比2010年的470亿元翻了一番。[①] 2014年以来，动漫产业总产值年均增长率维持在10%以上，2019年我国动漫产业总产值同比增长13.4%，达到1941亿元，与2014年相比基本上再次实现翻了一番。在产业规模扩大的同时，我国动漫企业的数量也在不断增加。根据2019年7月文化和旅游部公布的结果，2018年我国合计又有45家动漫企业通过了文化和旅游部、财政部、国家税务总局等三部委的相关认定。[②]

从动漫用户规模来看（见图2），2014年我国的泛二次元用户规模为1.5亿人，2017年在2014年的基础上实现了翻一番，达到3.1亿人。2019年我国的泛二次元用户规模预计将达到3.9亿人，同比增长11.4%。庞大

① 许晓青、吴霞：《2010年我国动漫产业总产值超470亿　广东领先》，新华网，2011年7月7日，https://finance.qq.com/a/20110707/004478.htm。

② 中华人民共和国文化和旅游部：《文化和旅游部、财政部、国家税务总局关于公布2018年通过认定动漫企业名单的通知》，http://zwgk.mct.gov.cn/auto255/201907/t20190730_845419.html?keywords=。

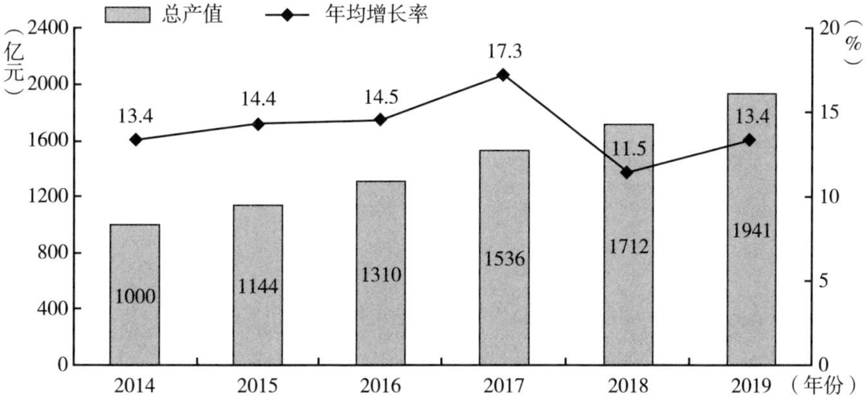

图1　2014～2019年我国动漫产业总产值与年均增长率情况

资料来源：根据公开资料整理得到。

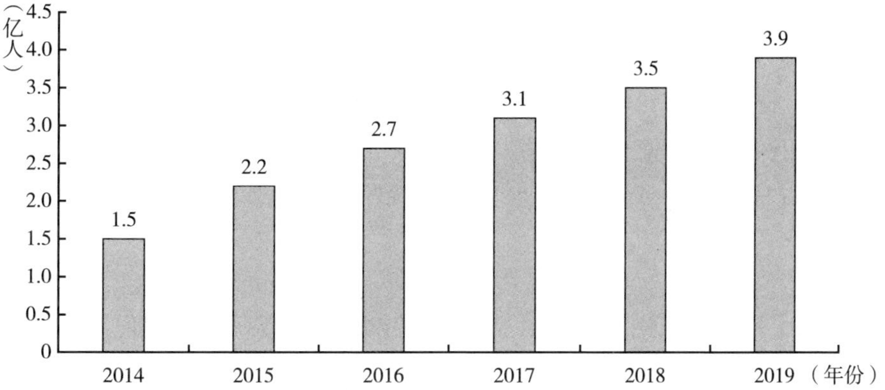

图2　2014～2019年我国泛二次元用户规模

资料来源：根据艾瑞咨询发布的《2019年中国动漫行业研究报告》整理得到。

的用户规模为中国动漫产业的发展带来巨大的需求市场。由马斯洛需求层次理论可知，对于一个人来说，其需求包括了生理需求、安全需求、社交需求、尊重需求和自我实现需求等五种需求，各需求的层次从最底层的生理需求起，逐级递增。一个人只有满足了低层次的需求之后，才会进一步追求更高层次的需求。按照马斯洛需求层次理论，动漫产品作为一种文化产品，应属于高层次的自我实现需求。在2018年中国二次元用户群体中，67.5%左右为24岁以下，即95后。① 在底层需求早已得到满足的背景下，当前95后群体对于凸显个性化的二次元文化需求日益增加。随着95后逐渐步入社会，整个95后群体可支配收入进一步上涨，市场消费潜力将进一步被释放。

在重视产业规模持续扩大的同时，在产业质量方面，近年来我国动漫产业的发展步伐明显加快，不断创作出优秀的动漫作品。以动画电影为例，2015年上映的国产动画电影《西游记之大圣归来》，凭借脍炙人口的中国故事传说和优良的3D动画技术制作，迅速获得了不少观众的喜爱，最终取得了9.56亿元的票房收入，位列2015年中国电影票房排行榜第10名。在前些年发展的基础上，2019年我国国产动画电影票房市场呈现爆发增长态势，涌现了一批评分高、票房好的国产动画电影。其中，《哪吒之魔童降世》以总票房50.70亿元，打破2016年《疯狂动物城》创下的15.3亿元中国内地电影市场动画电影票房最高纪录，不仅成为我国国产动画电影票房总冠军和在我国上映的动画电影票房总冠军，还在2019年国内电影票房排行榜中拔得头筹。除了《哪吒之魔童降世》之外，2019年我国动画电影市场还有《熊出没·原始时代》（总票房7.12亿元）、《白蛇：缘起》（总票房4.48亿元）和《罗小黑战记》（总票房3.11亿元）等三部票房过亿元的国产动画电影。

（二）进口规模进一步扩大，国产动漫竞争力有所提升

国家统计局最新统计数据显示，2018年我国电视节目进口总额和进口量分别为36.06亿元和66341小时。其中，动画电视的进口额和进口量为25.06亿元和18213小时，占我国电视节目进口总额和进口量的比重分别达到69.50%和27.45%。可见，动画电视依然为我国进口电视的主要类型。② 而从增长率来看，2018年我国电视节目和动画电视进口总额分别同比增长89.5%和205%，动画电视进口规模扩张速度明显快于我国电视节目进口规

① 艾媒网：《动漫行业数据分析：67.5%的中国二次元用户年龄为24岁以下》，https://www.iimedia.cn/c1061/67262.html。

② 国家统计局，http://data.stats.gov.cn/easyquery.htm?cn=C01&zb=A0Q0J02&sj=2018。

模扩张速度。就进口来源而言，“动漫王国”日本依然是我国进口动画电视的主要来源国，2018 年我国自日本进口动画电视 15.61 亿元，占到了我国动画电视进口额的 62.30%。

从动画电影来看，近些年来我国进口动画电影的数量也呈现明显上升态势，2019 年我国合计引进 42 部动画电影，与 2018 年相比增长了 55%，与 2016 年相比则翻了一番。伴随着数量的增加，进口动画电影的票房收入也出现了明显的上涨，2019 年进口动画电影合计取得了 44 亿元的票房收入，与 2018 年相比也翻了一番。如前分析，近些年来我国动画电影市场发展迅速，涌现出一批评分高、票房好的国产动画电影。虽然进口动画电影票房收入在过去几年取得了较大增长，但在我国国产动画电影的冲击下，进口动画电影占我国动画电影票房比重从 2016 年以来呈现明显下滑趋势。2019 年，我国动画电影票房总收入为 120 亿元左右，其中进口动画电影合计取得 44 亿元总票房，占我国动画电影票房比重为 36.67%，与 2016 年的 81.26% 相比，下降幅度较大（见图 3）。可见，随着中国动漫电影制作技术的日益成熟，加之国漫承载的中国文化内涵、独特的画风，国内观众对国产动画电影认可度有所提高。另外，受中美贸易摩擦的影响，2019 年我国引进日本的动画电影首次在数量上超过了美国，合计有 17 部动画电影引自日本，而引进的美国动画电影则为 10 部。

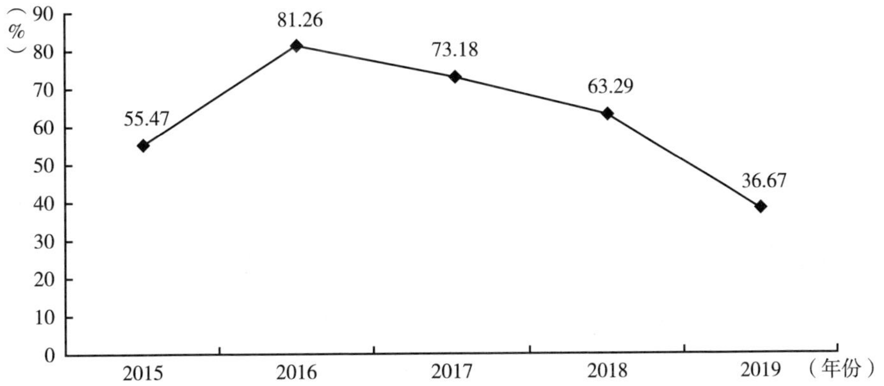

图 3　2015～2019 年进口动画电影占我国动画电影票房比重

资料来源：根据猫眼统计相关数据整理得到。

（三）产业和贸易发展政策持续加码

动漫产业作为国家软实力和国家文化影响力的核心产业之一，在我国大力推进文化强国战略的过程中，受到国家的高度重视。“十五”以来，我国自上而下各级政府相继颁布了动漫产业扶持相关政策，在播放时段和时长、税收、资金投入、产品开发、动漫企业资格认定等方面为动漫产业和贸易发展构建了有利的政策环境。[①] 在 2018～2019 年期间，我国各部委又相继出台了多项动漫产业扶持相关政策措施。2018 年，国家统计局发布的《战略性新兴产业分类（2018）》将动漫列为战略性新兴产业，并鼓励有条件的企业利用资本发展。同年财政部、国家税务总局颁布了《关于延续动漫产业增值税政策的通知》，通知对动漫企业销售其自主开发生产的动漫软件的征税、退税问题做出了明确规定。2019 年 1 月，国务院办公厅发布了《文化体制改革中经营性文化事业单位转制为企业的规定》和《进一步支持文化企业发展的规定》，规定提出鼓励有条件的文化企业充分利用资本市场发展壮大，推动企业资产证券化，充分利用金融资源。为落实国家关于动漫产业资助补贴与税收优惠政策，促进我国动漫产业发展，2008 年我国颁布了《动漫企业认定管理办法（试行）》，通过认定的企业可以获得政府相关优惠与扶持。2019 年 7 月，文化和旅游部、财政部、国家税务总局公布了 2018 年通过认定动漫企业名单，全国合计又有 45 家动漫企业通过了三部委的认定，并享受国家相关税收优惠政策。

此外，为鼓励和支持我国国产动漫走出国门，参与国际竞争，包括国家广播电视总局、文化和旅游部等多个部门相继出台了相关政策措施，如商务部等四部委于 2007 年设立了国家文化出口重点企业和重点项目，通过认定的企业将在税收、金融、技术等方面享受一定的奖励支持。2019 年 9 月，经过商务部等五部委的认定，全国合计又有 335 家企业入

---

① 李晶、刘洪：《结构性贫困中的文化———公共文化供给侧结构改革的理论基础研究》，《图书馆论坛》2016 年第 8 期。

选国家文化出口重点企业，129 个项目入选国家文化出口重点项目。其中，宁波卡酷动画制作有限公司、合肥乐堂动漫信息技术有限公司、优扬（天津）动漫文化传媒有限公司等 20 家动漫企业，《崩坏 3》原创动漫游戏、“幻彩丝路”中国动漫海外推广平台、原创动画片和漫画等 13 个动漫项目被分别认定为 2019 ~ 2020 年度国家文化出口重点企业和重点项目。[①] 随着一系列关于动漫产业和贸易发展的指导意见和相关文件的出台，我国动漫产业和贸易的宏观发展环境持续得到改善，在我国经济结构转型升级和贸易稳中提质发展的背景下，我国动漫产业和贸易迎来了快速发展的重要时期。

二　中国动漫产业对外贸易中亟须解决的问题

虽然近些年来我国动漫产业和贸易的发展势头迅猛，成为我国文化产业和文化贸易的重要组成部分，但是在发展过程中也面临一些亟须解决的问题与不足。

（一）动漫产品低龄化问题虽有所改善但依然较为严重

动画、漫画等动漫作品相比于文字更加直接、生动、形象，容易被小孩所接受。因此，在我国动漫一般被认为是教育孩子的一种方式，与成人无关。受限于这种观念，在我国动漫产业发展的早期阶段，我国的动漫作品基本上只针对年龄较小的儿童、少年这一市场，而未对受众群体进行市场细分和定位。虽然近些年来我国动漫作品不再仅以低龄儿童为目标市场，而是逐渐朝着全龄化的方向发展，让更多全龄化动漫作品走上大银幕。然而，与美国、日本、韩国等动漫强国相比，我国动漫作品在全龄化发展上还存在一定的差距。从我国动画电影市场来看，在 2015 ~ 2018 年我国动画电影票房收

---

① 商务部服务贸易和商贸服务业司：《中华人民共和国商务部、中共中央宣传部、中华人民共和国财政部、中华人民共和国文化和旅游部、国家广电总局公告》，2019 年 9 月 23 日，http：//images. mofcom. gov. cn/fms/201909/20190925160124541. pdf。

入中，全龄化动画电影的票房占比约为71%，其中进口全龄化动画电影票房在进口动画电影票房中所占比重约为89%，而国产全龄化动画电影票房在国产动画电影票房中的占比约为39%。① 另外，由表1、表2可知我国非低龄的优秀动漫作品相对较少。在目前的全球动画电影票房排行榜中，排名前十位的都为美国动画电影，这些动画电影都属于全年龄段作品，面向群众年龄较为广泛，而且上映时间分布较广，既有2010年上映的，也有2019年上映的。从我国国产动画电影票房排行榜来看，在2019年爆火的《哪吒之魔童降世》《白蛇：缘起》《罗小黑战记》的助力下，目前我国国产动画电影票房排行榜前十中有6部为全年龄段作品。而若往前推一年来看，包括中美合拍的《功夫熊猫3》在内，我国动画电影票房排行榜前十中仅有3部为全年龄段作品。可见，虽然近些年来我国国产动漫作品低龄化问题有所改善，但从整体上来看依然较为严重，这也制约了我国动漫产业的国际化发展。

表1　全球动画电影票房排行榜前十

排名	电影	上映时间	票房(亿美元)
1	《冰雪奇缘2》	2019年	14.43
2	《冰雪奇缘1》	2013年	12.765
3	《超人总动员2》	2018年	12.428
4	《小黄人大眼萌》	2015年	11.594
5	《玩具总动员4》	2019年	10.733
6	《玩具总动员3》	2010年	10.670
7	《神偷奶爸3》	2017年	10.348
8	《海底总动员2:多莉去哪儿》	2016年	10.286
9	《疯狂动物城》	2016年	10.238
10	《神偷奶爸2》	2013年	9.708

资料来源：根据猫眼统计相关数据整理得到，数据截至2020年4月。

① 根据艺恩网发布的《2017～2018年中国动画电影市场研究报告》整理得到。

表 2　国产动画电影票房排行榜前十

排名	电影	上映时间	票房（万元）
1	《哪吒之魔童降世》	2019 年	501335
2	《功夫熊猫 3》	2016 年	100200
3	《西游记之大圣归来》	2015 年	95657
4	《熊出没 · 原始时代》	2019 年	71810
5	《熊出没 · 变形记》	2018 年	60550
6	《大鱼海棠》	2016 年	56533
7	《熊出没之奇幻空间》	2017 年	52250
8	《白蛇:缘起》	2019 年	45416
9	《罗小黑战记》	2019 年	31513
10	《熊出没之雪岭熊风》	2015 年	29572

资料来源：根据猫眼统计相关数据整理得到，数据截止到 2020 年 4 月。

（二）动漫创作人才依然严重匮乏

对于文化产业而言，人才是其不断发展的源泉。在近些年我国文化产业蓬勃发展的过程中，我国文化产业人才无论是在数量方面抑或是在质量方面，都无法满足我国文化产业快速发展的需要。动漫产业作为文化产业的核心产业之一，在近些年的发展过程中也不可避免地面临人才匮乏的问题。从动漫产业链来看，动漫人才包括了前端创作人才、中端制作人才以及后端营销人才等三种类型。其中，中端制作人才偏重动漫作品制作工具的操作，门槛较低；前段创作人才则需具备较好的创作能力，而这需要一定时间的积淀，门槛相对较高。从我国动漫人才结构来看，由于当前我国动漫作品制作周期不断缩短导致的动漫创作人才自身积淀不足，加之不少动漫创作人才因为薪水问题转向人才重合度较高的游戏行业，我国动漫人才结构长期表现为高端创作人才严重匮乏。为解决我国动漫人才匮乏问题，近些年来我国相继有北京电影学院、中国传媒大学等院校开设了动漫设计、动画设计、动漫制作、影视动画等动漫相关专业，但大多数院校主要侧重于制作技术即针对工作环节的培养，而忽视了创作故事剧本、衍生品开发等其他环节的培养。由于动漫创作人才的缺失，我国动漫产业在近些年产量和市场规模迅速增长和扩大的情况下，仍缺乏具有一定国际影响力的原创动漫品牌。

（三）动漫衍生品有待进一步开发

动漫衍生品是动漫产品的重要组成部分，包括了与动漫相关的游戏、服饰、书籍、玩具、家具、主题公园、酒店、度假村等。动漫衍生品开发主要是对既有知名动漫 IP 的二次利用，开发出一系列可供售卖的动漫衍生品，从而提升动漫 IP 的价值。从日本、美国、韩国等动漫强国来看，衍生品开发是动漫企业最重要的盈利模式。以迪士尼公司为例，电影发行加上后续的电影和电视收入仅占公司总营业额的 30%，其绝大收入来源于主题公园和衍生品授权。[①] 而当前中国动漫企业的盈利模式则主要体现在动漫制作方面，能够带来长期经济效益的衍生品和周边产品的开发相对比较滞后。以动画电影《哪吒之魔童降世》为例，电影上映仅仅一周票房就已经破 10 亿元，并最终取得了 50.7 亿元总票房，成为 2019 年中国电影票房排行榜第一，影片的热映也引起了观众对其相关衍生品的关注。然而影片相关制作方由于未预测到该电影的受欢迎程度，因此未提前计划接下来的衍生品开发与生产环节，导致与电影配套的衍生品及周边产品未能及时供应市场，错过了观众购买动漫衍生品热情最高涨的时期。动漫衍生品开发不足，造成了我国动漫企业资金回笼不力，反过来又影响了我国动漫企业的前期投入。另外，我国动漫衍生品市场存在盗版侵权、动漫形象“搭便车”、恶意抢注等诸多侵权行为。侵权事件的频发损害了我国动漫企业的利益，打击了动漫产品创作者创作的积极性，最终影响到我国动漫产品国际竞争力的提升。

---

① 向勇：《美国文化产业靠啥生存?》，《人民日报》（海外版），2011 年 11 月 18 日，http：//paper. people. com. cn/rmrbhwb/html/2011 - 11/18/content_ 962348. htm? div = -1。

（四）动漫产业转型升级任重道远

自2004年国家广电总局颁布《关于发展我国影视动画产业的若干意见》以来，在一系列产业扶持政策的促进下，我国动漫产业的产量和规模实现了爆炸式的增长和扩大。2006年前我国电视动画年均产量为4000分钟左右，2006年跃升到了8万分钟。2010年我国制作完成的电视动画产量达到22.05万分钟，超过了日本、美国等动漫强国，我国成为世界第一大动画生产大国。① 2011年，我国制作完成的电视动画总时长达到了创纪录的26.12万分钟。在我国动漫产业发展的前期，在考核动漫产业发展成果时，往往倾向于“数分钟”、比集数。虽然国产动漫产量一路高歌猛进，不少动漫作品视觉效果不俗，但存在故事老旧、选题不新、人物形象单薄、精品少等诸多不足。近几年来，国家正在努力告别单纯追求动漫作品的产量，逐渐转向追求动漫作品的质量和效益。伴随着我国政策的调整，2012年以来我国制作完成的电视动画产量逐年下滑，2018年我国制作完成的电视动画总时长为86257分钟，与2011年相比下降了67%左右。与此同时，我国动漫市场上相继出现了《西游记之大圣归来》《白蛇：缘起》《哪吒之魔童降世》等口碑较好的国产动漫作品。但是与世界动漫强国相比、与我国观众的期望需求相比，我国动漫精品的数量和影响力还存在较大的进步空间。

三　促进中国动漫产业对外贸易发展的相关建议

（一）加强市场细分，关注不同消费者需求

市场细分是指企业基于自身资源条件和经营目标，按照某个或某些特征

① 《2019年中国动漫产业规模迅速扩大，国产动漫电影票房迅速崛起》，华经情报网，2020年3月17日，https://baijiahao.baidu.com/s?id=1661319712285821541&wfr=spider&for=pc。

变量，将消费群体划分为具有差异化需求的几个消费市场。针对不同的细分市场，企业进行相应的产品设计、生产以及营销，以期满足细分市场内消费者的特定需求。对于动漫企业而言，市场细分有利于企业选择目标市场、发掘市场机会。为此，日本、美国等动漫强国在进行动漫创作时就进行了明确的市场细分。如从儿童、青少年到中年，日本动漫业通过明确的市场细分，将各年龄、各阶层的受众对象都囊括进来。以动漫杂志为例，针对不同的受众类型，日本动漫杂志通常有五种：少年漫画、少女漫画、男性漫画、女性漫画以及成人漫画。[①] 另外，从题材上，日本动漫作品涵盖了侦探故事、科幻类、超能力幻想类、历史类、校园故事、情感爱情等所有可能的类型。而我国动漫产业在长期发展过程中并未对受众群体进行市场细分和定位，我国的动漫作品基本上只针对年龄较小的儿童、少年这一市场，而忽视了青年、成人市场的需求。近年来《西游记之大圣归来》《白蛇：缘起》《哪吒之魔童降世》等动漫电影之所以能取得不俗的票房，固然是题材、制作水平等多种因素并存的结果，但其中最为关键的是这些电影满足了我国成年人对于动漫的消费需求。可见，为促进我国动漫产业的进一步发展，应该努力研究消费者的心理需求，制作出符合市场需求的新产品；对动漫进行市场细分，推动我国动漫行业向全龄化方向发展。

（二）从娃娃抓起，培养动漫创作人才

我国动漫创作人才短缺问题是一个老生常谈的话题。如前分析，为解决我国动漫人才匮乏问题，已有不少专职院校、高等院校开设了动漫相关专业，但这些院校培养出的基本上是动漫制作人才。与文学创作类似，动漫创作需要一定的天赋与兴趣，而这需要通过长期的接触、创作来不断培养。日本动漫之所以能取得现在的成就，其中有个关键性的因素就是日本的“全民动漫”氛围。在小学阶段，父母就会购买漫画给孩子看；中学阶段，孩

---

① 朱步冲：《日本漫画的市场细分》，《三联生活周刊》2013 年第 40 期，http://www.lifeweek.com.cn/2013/1010/42729.shtml，2013 年 10 月 10 日。

子会用自己的零花钱购买漫画；成年之后，会继续依照个人的偏好购买相关类型漫画。国民与漫画的长期接触不仅为日本动漫市场培养了大量的读者，也在潜移默化中激发了部分国民的创作天赋。英国在电影产业发展方面也采用了类似的措施。英国会为本国儿童和少年提供欣赏、理解和亲身制作电影的机会，通过“电影教育”方式培养这些孩子的基本技能，提升其创造力，同时也为英国电影培养了大量的观众。为解决我国动漫创作人才短缺问题，除了当前院校的产学研结合培养外，我国更应注重从娃娃抓起，培养国民的动漫创作兴趣与天赋。具体的，比如调整目前的中小学教材结构，适当增加教材中配有的漫画数量；梳理并发布中小学生漫画读物；在初中、高中阶段开设漫画绘制等相关课程。

（三）“一源多用”，综合开发动漫衍生产品

在文化产业中，往往能够以一个创意题材为“源”，从而衍生出漫画、动画、游戏、电视剧、电影等其他项目，甚至扩及周边的主题乐园、美食、设计及其他产业项目。“一源多用”的发展模式能够有力地拓展和提高该产业的发展空间和经济创造能力。日本动漫产业的发展就较好地诠释了“一源多用”的发展理念。在日本，一部动画电视获得好评后，紧接着会被制成动漫电影或者动漫番剧，同时衍生出以这些人物形象为主的卡片、文具、服装、玩具、游戏等。对于日本动漫企业而言，依靠动漫作品播出获得的利润只是其利润的一小部分，企业大部分的利润是由在此基础上开发出来的衍生品贡献的，如玩具、卡通形象、主题公园等。当前中国动漫产业的发展则主要集中于动漫产品制作，能够给国家带来长期经济效益的衍生产品开发还相对不足。为此，为推动我国动漫产业和贸易的发展，我国动漫企业应以口碑较好的动画电视或动漫电影为“源”，进一步综合开发玩具、文具、家具、游戏、主题餐厅、主题乐园等衍生品。通过衍生品的开发拓展我国动漫产业的盈利渠道，同时维护与强化品牌的价值与影响力。

（四）注重传统文化挖掘与创新，提升剧本质量

如前分析，在过去十多年里，在市场需求和国家政策的双重作用下，我国动漫产业制作日趋成熟，产量和规模实现了爆炸式增长和扩大。然而，我国动漫产业的产品质量并没有得到显著提高，长期以来，市场上并没有出现我国创作的经典动漫作品。近些年来我国动漫产业发展已由之前数量至上的增长模式逐渐向追求质量的增长方式转型升级，并相继制作出了几部口碑较好的动漫作品。然而，我国动漫精品的数量和影响力与美国、日本等世界动漫发达国家相比，还存在较大的差距。究其原因，我国制作的动漫作品的讲故事能力仍有待进一步提高。近些年《西游记之大圣归来》《大鱼海棠》《哪吒之魔童降世》等国产动漫电影的成功无不说明了优质故事题材是保障其票房的核心竞争力。作为一个有着 5000 年雄厚文化底蕴的国家，我国有许多经典的文学作品、故事传说，其中不乏深入人心的故事题材和人物形象。为此，我国动漫企业应注重对这些传统文化的挖掘与创新，打造经典的动漫形象，增强我国动漫作品的原创力，创作出得到世界观众认可的作品。

B.7

中国游戏文化对外贸易发展报告（2020）

孙 静*

摘 要： 2019年，中国游戏对外贸易依然呈增长态势，产业链也日趋成熟。本报告从全球游戏产业语境出发，基于对2019年中国游戏文化国际贸易现状的深入分析，指出了当前中国游戏出口面临的主要问题，并提出其根本原因在于中国与海外市场在游戏素养方面存在的差异。最后，本报告从游戏学术研究、产品创新以及国际合作等方面提出了可行性建议。

关键词： 游戏文化 对外文化贸易 游戏产业 游戏素养

一 2019年中国游戏文化对外贸易现状

根据中国音数协游戏工委和国际数据公司联合发布的年度报告，2019年中国游戏产业实际销售收入为2308.8亿元，中国游戏用户数量达到6.4亿人，整体呈小幅增长态势，比上一年分别提升7.7%和2.5%。[①] 此外，中国游戏企业产值约占全球游戏总产值的24%，约占整个亚太地区的50%。[②]

---

* 孙静，文学博士，完美世界游戏研究中心主任，游戏学者，主要研究方向为游戏文化、新媒体与社会批判理论。

① 中国音数协游戏工委（GPC）、国际数据公司（IDC）：《2019年中国游戏产业报告（摘要版）》，中国书籍出版社，2019，第5~6页。

② *2019 Global Games Market Report*（*Free Version*），Newzoo，2019，pp. 29-31.

（一）海外游戏市场概览

根据 Newzoo 发布的《2019 年全球游戏市场报告》（*2019 Global Games Market Report*），全球主要地区的游戏用户数量依然呈增长态势，从 2018 年的约 23.5 亿人增长至 2019 年的 25.1 亿人。除北美地区有轻微下行趋势外，其他地区皆有不同程度的增长。作为全球游戏用户人数最多的区域，亚太地区涨幅最大，增加了将近 1 亿人（见图 1）。2019 年全球游戏市场总收入高达 1521 亿美元，较去年增长 9.6%。[①] 从地域上看，将近 50% 的收入份额来自亚太地区，年收入为 722 亿美元，但增速较缓。其次为北美地区和西欧地区，年收入分别为 396 亿美元和 257 亿美元，同时，它们也是全球游戏收入增速最快的地区，较去年分别增长了 11.7% 和 12.3%。就拉美地区和中东非地区而言，虽然这两个地区的市场收入所占比例都没有达到全球总量的 4%，

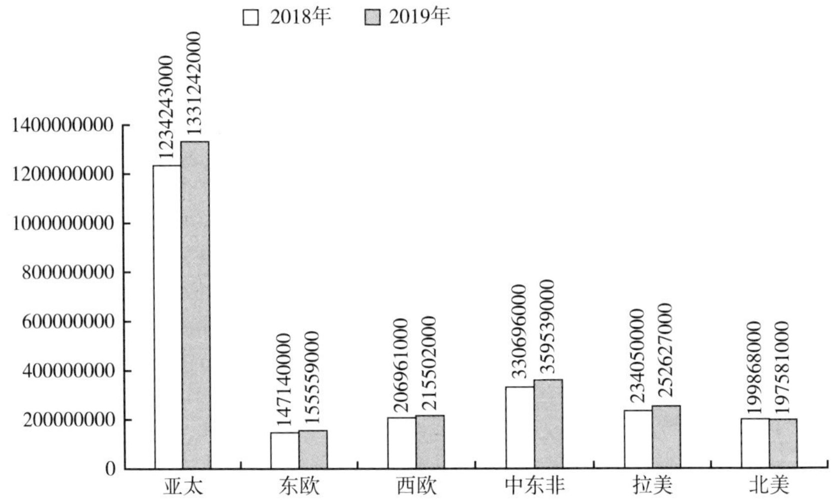

图 1　2018～2019 年全球游戏用户人数变化趋势

资料来源：*2019 Global Games Market Report*（*Free Version*），Newzoo，2019，pp. 29－31。

---

① *2019 Global Games Market Report*（*Free Version*），Newzoo，2019，p13.

却增长稳健，同比提升了11%左右。与之相比，东欧地区无论是在市场收入方面，还是在增长率方面，都相对较低（见图2、图3）。

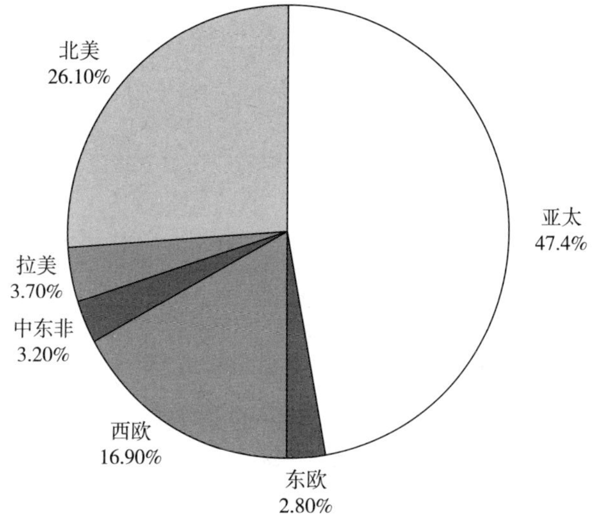

图2　2019年全球游戏市场收入地域分布概览

资料来源：*2019 Global Games Market Report*（*Free Version*），Newzoo，2019，pp. 29－31。

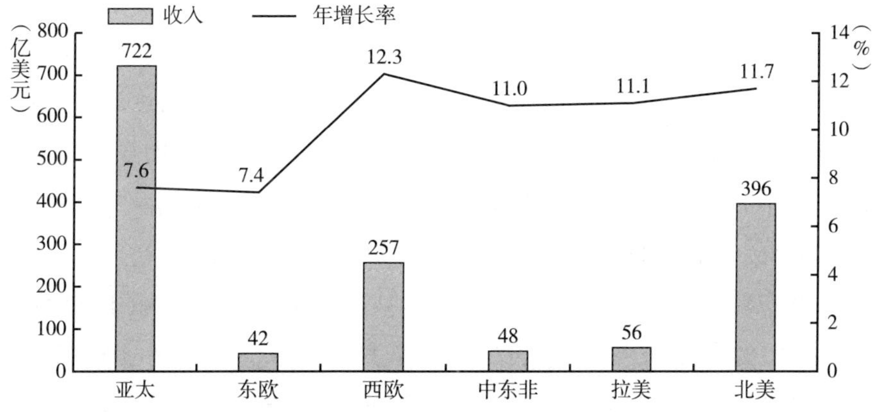

图3　2019年全球游戏市场收入概览

资料来源：*2019 Global Games Market Report*（*Free Version*），Newzoo，2019，pp. 29－31。

进一步看，中国、美国和日本依然是全球游戏生产大国，年收入皆在150亿美元以上。2019年，在全球游戏市场收入整体增长的情况下，中国游戏市场收入呈下行趋势，从2018年的393亿美元下降至365亿美元，被美国超越，以微弱差距位居全球第二名。第二梯队为韩国、德国、英国、法国，其游戏产业年收入为40亿~65亿美元（见图4）。

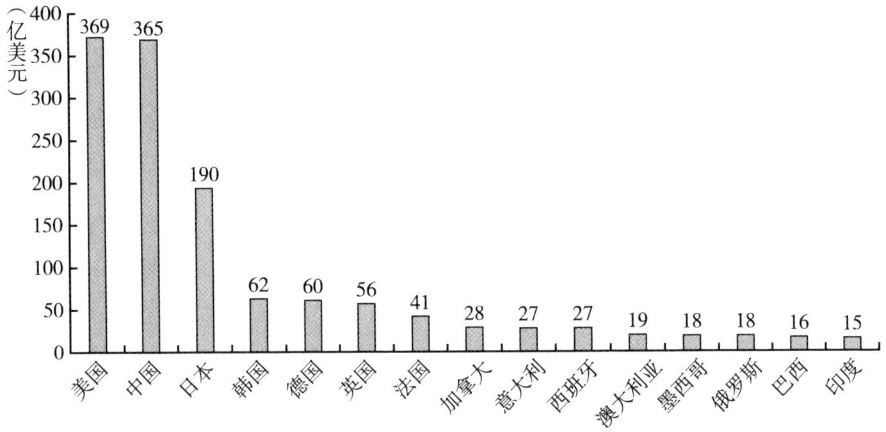

图4　2019年全球游戏市场收入概览

资料来源：*2019 Global Games Market Report*（*Free Version*），Newzoo，2019，pp. 29 -31。

在全球化时代，各个地区的游戏用户都消费着来自不同国家的游戏产品（见图5）。从移动游戏的地域分布看，在日本、韩国和美国，本土游戏产品占据当地市场的主要份额，其中，日本游戏在日本市场中占比高达78%，韩国游戏在本国市场中占比为64%，显示出两国游戏产品在本土的强劲竞争力。然而，日本的移动游戏在本土以外的国际市场较为小众，韩国游戏产品也存在类似状况。与之不同，美国游戏在本土以外的英国、德国、巴西也表现不俗，在相应地区前250名游戏中分别占比41%、28%和23%。就中国游戏产品而言，一方面我国游戏在印度尼西亚、俄罗斯、印度更受欢迎，在这些地区前250名移动游戏中分别占43%、38%和36%；另一方面，中国对外游戏贸易产品在美国、韩国、德国等欧美国家的市场竞争力欠佳，仅占日本市场的11%。

近十年来，中国自主研发的游戏对外贸易产品呈稳健增长态势。2019

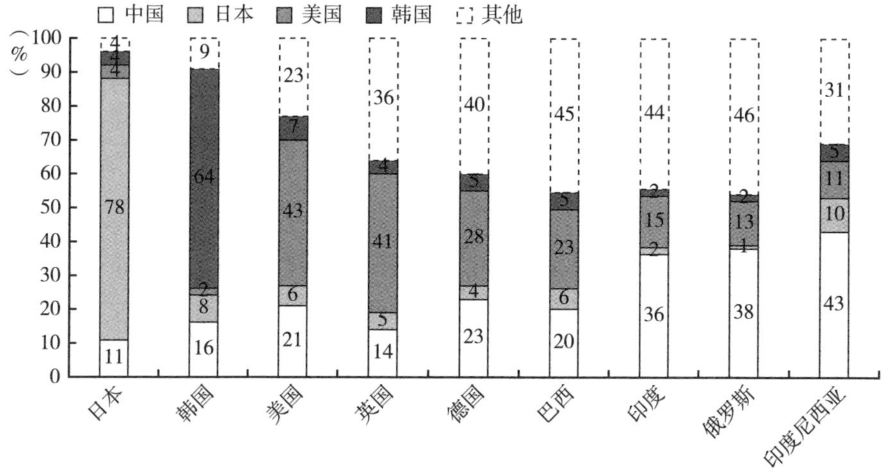

图5　2019 年上半年各市场前 250 名移动游戏的发行商所在地区分布（按用户支出）

资料来源：App Annie，Google：《2019 中国移动游戏出海深度洞察报告》，https：//s3. amazonaws. com/files. appannie. com/reports/1906_ E3 + Gaming + Report_ CN. pdf，2019，第 11 页。

年，中国自主研发游戏海外市场收入增速较大，从 2018 年的 95. 9 亿美元增长至 115. 9 亿美元，增长率为 21. 0%（见图 6）。

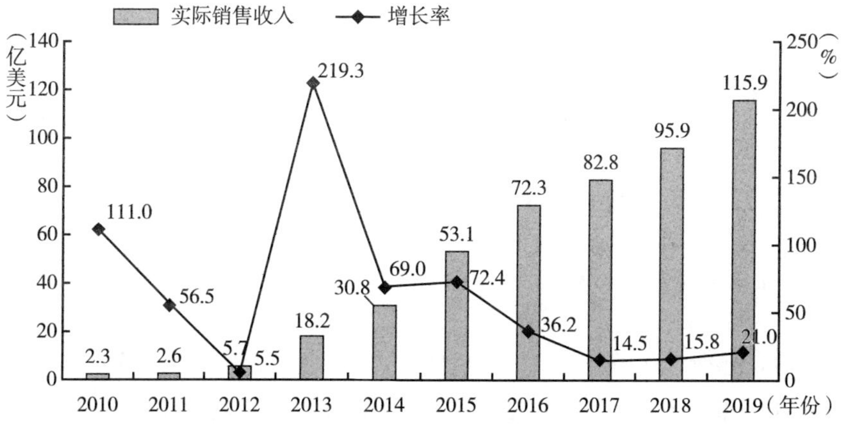

图6　2010 ~ 2019 年中国自主研发网络游戏海外市场实际销售收入

资料来源：中国音数协游戏工委（GPC）、CNG 中新游戏研究（伽马数据）、国际数据公司（IDC）：《2018 年中国游戏产业报告（摘要版）》，中国书籍出版社，2018，第 46 页。中国音数协游戏工委（GPC）、国际数据公司（IDC）：《2019 年中国游戏产业报告（摘要版）》，中国书籍出版社，2019，第 8 页。

（二）中国游戏出口企业及产品概览

经过多年沉淀，中国游戏出口已经从原来的探索阶段逐步过渡到稳健发展阶段，游戏对外贸易产业链也日益完善。如图7所示，就产品维度而言，先由腾讯、网易、完美世界等游戏厂商完成研发，再交由国内外发行商，继而由各大应用商店、广告商等渠道流通至用户。与此同时，玩家通过支付平台付费，再反向经过游戏渠道/分发商、游戏发行商，抵达游戏研发商。在此过程中，IP版权机构、市场调研机构、内容监管机构和行业自律机构为整个产业链提供支持服务和发挥监督作用。

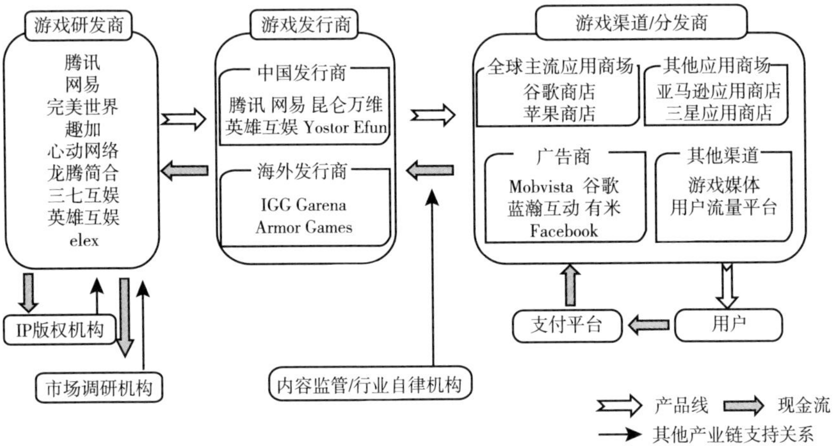

图7　2019年中国移动游戏出口产业链

资料来源：艾瑞咨询《2019年中国移动游戏出海行业研究报告》，http://report.iresearch.cn/report_pdf.aspx?id=3423，2019，第16页。

目前，在海外游戏用户产生的总收入中，应用商店收取30%费用，其余70%由游戏商获得。其中，游戏发行商的收益比重在70%～80%，剩余部分为游戏研发商的收入（见图8）。

在此过程中，中国的游戏企业也各有侧重，有的侧重游戏研发，如掌趣、三七互娱、莉莉丝、龙腾简合等；有的侧重运营服务，如心动网络、猎豹移动、阿里游戏、百度游戏、白鲸出海等；还有些企业两者兼顾，如完美

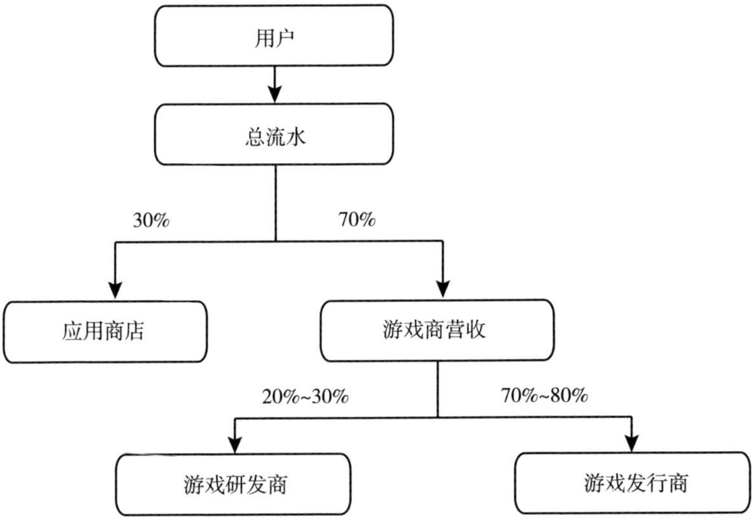

图 8　2019 年出口移动游戏流水分成分析

资料来源：艾瑞咨询《2019 年中国移动游戏出海行业研究报告》，http：//report. iresearch. cn/report_ pdf. aspx？id＝3423，2019，第 18 页。

世界、腾讯、网易、巨人、乐元素、游族等。[①] 根据艾瑞咨询针对 2019 年上半年出口产品数量的统计数据，腾讯、网易、游族和智明星通四家企业的自研出口产品数量位居前四，心动网络的代理运营出口产品数多达 14 款（见表 1）。

表 1　2019 年上半年中国头部移动游戏上市企业海外市场在运产品数

单位：款

企业名称	自研出口产品数	代理运营出口产品数	总出口产品数
腾讯游戏	25	12	37
网易游戏	31	0	31
三七互娱	3	4	7
完美世界	5	1	6
世纪华通	8	0	8

① 艾瑞咨询：《2019 年中国移动游戏出海行业研究报告》，http：//report. iresearch. cn/report_ pdf. aspx？id＝3423，2019，第 17 页。

续表

企业名称	自研出口产品数	代理运营出口产品数	总出口产品数
游族网络	18	5	23
昆仑万维	7	2	9
搜狐畅游	2	0	2
智明星通	16	2	18
心动网络	5	14	19

根据毕马威和 Facebook 联合发布的《2019 中国出海品牌 50 强》榜单，游戏品牌占据 16 个席位，腾讯、网易、完美世界、游族、趣加、IGG、智明星通等游戏企业上榜。[①] 在由游戏工委发起的 2019 年游戏十强评比活动中，完美世界、昆仑万维、米哈游等十家企业被授予年度“海外拓展游戏企业”奖（见表 2）。

表 2　2019 年度中国十大海外拓展游戏企业

序号	企业名称	序号	企业名称
1	完美世界股份有限公司	6	心动网络股份有限公司
2	北京智明星通科技股份有限公司	7	天津紫龙奇点互动娱乐有限公司
3	上海米哈游网络科技股份有限公司	8	深圳市腾讯计算机系统有限公司
4	上海莉莉丝科技股份有限公司	9	广州网易计算机系统有限公司
5	北京猎豹网络科技有限公司	10	北京龙创悦动网络科技有限公司

2019 年末，伽马数据和 Newzoo 联合发布了《2019 全球移动游戏市场中国企业竞争力报告》，根据中国游戏企业获利能力、成长情况、产品收益、产品总量等参数评选出“全球移动游戏市场中国企业竞争力 20 强”（见表 3）。

① 毕马威、Facebook：《2019 中国出海品牌 50 强》，中文互联网数据资讯网，http：//www.199it.com/archives/939907.html，2019 年 9 月 19 日。

表3　2019 年全球移动游戏市场中国企业竞争力 20 强

排名	企业	排名	企业
1	腾讯游戏	11	紫龙游戏
2	网易游戏	12	莉莉丝
3	三七互娱	13	哔哩哔哩
4	世纪华通	14	中手游
5	完美世界	15	创梦天地
6	米哈游	16	巨人网络
7	IGG	17	游族网络
8	多益网络	18	掌趣科技
9	乐元素	19	玩友时代
10	中文传媒（智明星通）	20	叠纸网络

资料来源：《伽马数据和 Newzoo 联合发布中国企业全球游戏市场 20 强 & 竞争力报告》，新浪 VR，http：//vr. sina. com. cn/news/hot/2019 - 11 - 11/doc - iicezzrr8665792. shtml，2019 年 11 月 11 日。

就游戏类型而言，2019 年中国自主研发的对外贸易游戏产品主要类型为角色扮演类、策略类和 MOBA 类，这一趋势与国内市场一致，说明上述类型是中国游戏开发商较为擅长的产品类型（见图 9）。

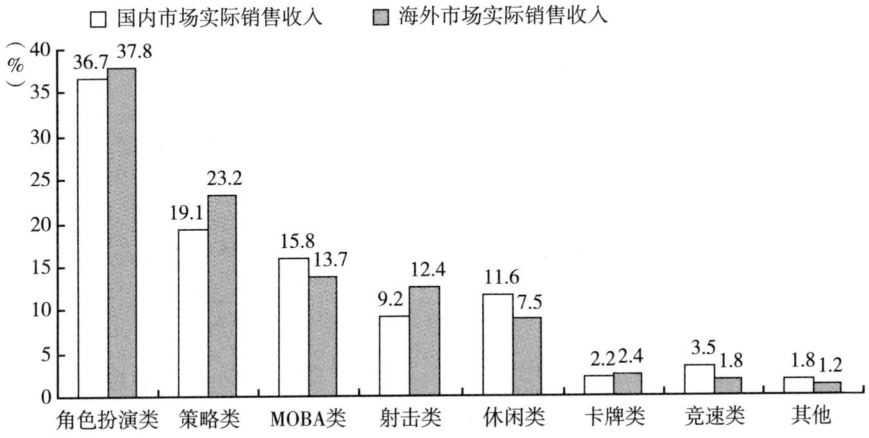

图 9　2019 年中国自主研发游戏产品类型分布

资料来源：中国音数协游戏工委（GPC）、国际数据公司（IDC）《2019 年中国游戏产业报告（摘要版）》，中国书籍出版社，2019，第 12 页。

在2019年“游戏十强”评选中，《荒野行动》《崩坏3》《永恒纪元》《万国觉醒》等10款游戏被中国游戏工委评选为年度最受海外欢迎游戏（见表4）。

表4　2019年度中国十大最受海外欢迎游戏

序号	游戏名称	序号	游戏名称
1	荒野行动	1	梦幻模拟战
2	万国觉醒	2	碧蓝航线
3	列王的纷争	3	守望黎明
4	崩坏3	4	永恒纪元
5	放置奇兵	5	不休的乌拉拉

资料来源：《2019年度中国游戏十强获奖名单》，游戏工委网，http：//2019gametop.cgigc.com.cn/，2019。

综上所述，在全球游戏市场收入和游戏用户数量大幅度增长的情况下，我国游戏对外贸易额也稳步提升。经过多年探索与尝试，中国的游戏企业也发挥着各自优势，分别在游戏研发、游戏发行等方面持续发力，形成了较为成熟的游戏出口产业链，尤其在东南亚国家等新兴游戏消费市场取得了优异的成绩。然而与此同时，2019年中国首次被美国超越，成为全球游戏收入第二的国家，这也暴露了当前中国游戏国际贸易存在的问题。

二　中国游戏文化国际贸易的主要问题

（一）游戏产品同质化，无法匹配海外市场的多样化需求

近年来，产品同质化是影响中国游戏对外贸易发展的主要问题之一。根据App Annie和谷歌针对全球前1000名游戏中的中国游戏产品进行的市场分析，2017年，策略类游戏占中国移动游戏的58.3%，其次是角色扮演类游戏和动作类游戏，分别占25.5%和10.10%。到了2019年上半年，虽然出现了约7%的冒险类游戏，但上述三类依然是中国游戏在全球市场中的主要类型，近50%是角色扮演类游戏（见图10）。

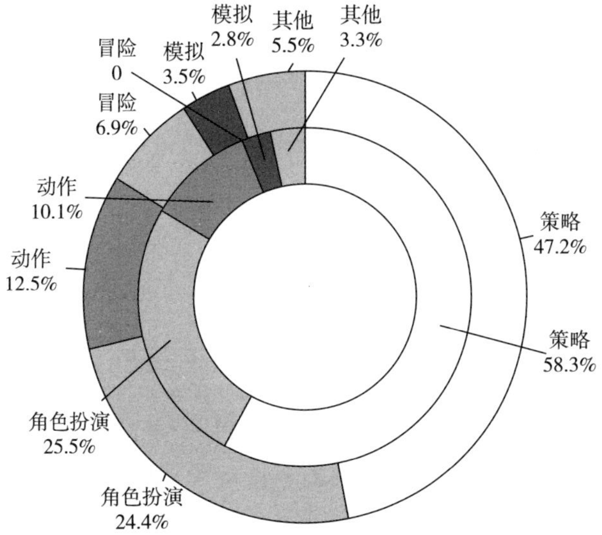

图10　2017年（内环）与2019年上半年（外环）中国移动游戏类型分布基于App Annie全球前1000名游戏（按用户支出）

资料来源：《2019 中国移动游戏出海深度洞察报告》，https：//s3. amazonaws. com/files. appannie. com/reports/1906_ E3 + Gaming + Report_ CN. pdf，2019，第13页。

简言之，全球游戏市场存在新兴市场和成熟市场的分野。新兴市场以巴西、印度、俄罗斯、印度尼西亚等国家为主，游戏用户人口红利明显，且人口红利还有不同程度的上升空间。例如，2019年亚太地区的玩家人数约为13.3亿，占该地区总人口的32%；而北美地区游戏用户人数虽然只有不足2亿，却占该地区总人口的54%（见图11）。与新兴市场不同，成熟市场以欧、美、日、韩为主，游戏用户人口红利相对较小，但玩家对游戏产品的要求和付费意愿更高。

此外，各国玩家的游戏类型偏好存在明显差异。例如，日本玩家更偏好角色扮演类、动作类和益智类三种类型，但主要产品都来自日本本土开发商。在美国，第一梯队的游戏类型为策略类、休闲类和博弈类，第二梯队为动作类、角色扮演类和益智类。显然，中国游戏产品主要集中在策略类、角色扮演类、动作类，这几类游戏在新兴市场更具优势，占有极大市场份额。然而，以上类型无法满足各成熟市场玩家的多样化偏好（见表5）。

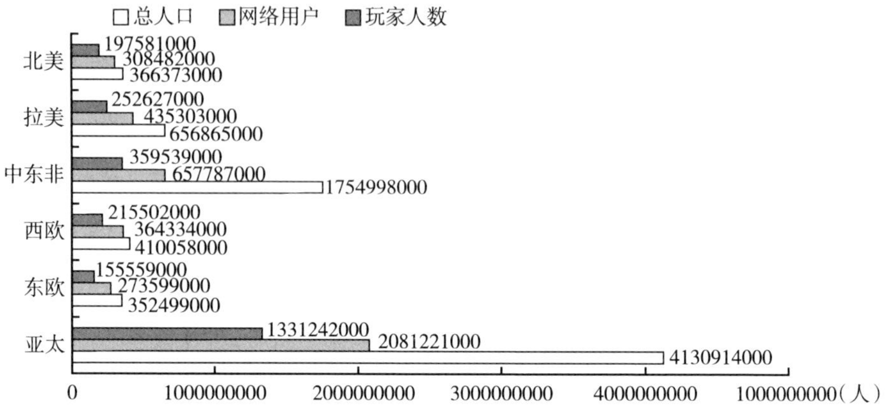

图 11　2019 年全球游戏用户数概览

资料来源：*2019 Global Games Market Report*（*Free Version*），Newzoo，2019，pp. 29 -31。

表 5　2019 年中国移动游戏在主要海外市场的类型分布

国家	该地区排名前三位的游戏类型	中国游戏企业擅长的前三位的游戏类型
日本	角色扮演类、动作类、益智类	冒险类、策略类、角色扮演类
韩国	角色扮演类、策略类、动作类	角色扮演类、策略类、动作类
美国	策略类、休闲类、博弈类	策略类、角色扮演类、动作类
英国	休闲类、策略类、益智类	策略类、角色扮演类、动作类
德国	策略类、休闲类、角色扮演类	策略类、角色扮演类、动作类
巴西	动作类、策略类、角色扮演类	策略类、动作类、角色扮演类
印度	动作类、策略类、休闲类	动作类、策略类、角色扮演类
俄罗斯	动作类、策略类、角色扮演类	动作类、策略类、角色扮演类
印度尼西亚	动作类、角色扮演类、策略类	动作类、角色扮演类、策略类

资料来源：《2019 中国移动游戏出海深度洞察报告》，https：//s3. amazonaws. com/files. appannie. com/reports/1906_ E3 + Gaming + Report_ CN. pdf，2019，第 15 ~23 页。

（二）游戏精品匮乏，缺少受海外玩家欢迎的旗舰产品

虽然与文学、电影相比，电子游戏的发展历程较短，但目前已经出现了一年一度的国际性游戏大奖，奖项涉及游戏设计、游戏音乐、游戏叙事、游戏表演等内容，涵盖电脑游戏、主机游戏、移动端游戏、VR/AR 游戏等各

个平台，例如被称作“游戏界奥斯卡”的“全球游戏大奖”（The Game Award）、电子娱乐展会（The Electronic Entertainment Expo，E3）的游戏评论家奖（Game Critics Awards）、全球游戏开发者大会的游戏开发者选择奖（Game Developers Choice Awards）、互动艺术与科学协会（Academy of Interactive Arts & Sciences）的设计沟通娱乐奖（Design Innovate Communicate Entertain，D. I. C. E.）等。

在上述评选中，日本、美国、欧洲的游戏开发商占据大部分获奖席位，中国游戏产品鲜有获奖，说明中国游戏产品的国际竞争力还有很大提升空间，缺少能够满足海外玩家需求的精品游戏（见表6至表9）。这不仅极大限制了中国游戏产品在海外成熟市场的贸易发展，而且一旦新兴市场的人口红利消退，会对中国游戏出口进一步产生负面影响。

表6　2019年全球游戏大奖获奖名单

奖项	获奖作品/获奖者	所在地区
年度最佳游戏	只狼:影逝二度	日本
最佳游戏指导	死亡搁浅	日本
最佳游戏叙事	极乐迪斯科	爱沙尼亚
最佳艺术指导	控制	芬兰
最佳游戏音乐	死亡搁浅	日本
最佳音效设计	使命召唤:现代战争	美国
最佳表演奖	Mads Mikkelsen(饰演《死亡搁浅》中的Cliff)	丹麦
最佳社会影响力游戏	GRIS	西班牙
最佳持续运营奖	堡垒之夜	美国
最佳独立游戏	极乐迪斯科	爱沙尼亚
最佳移动端游戏	使命召唤移动版	美国
最佳VR/AR游戏	节奏光剑	捷克
最佳动作/冒险游戏	只狼:影逝二度	日本
最佳角色扮演游戏	极乐迪斯科	爱沙尼亚
最佳家庭游戏	路易吉洋楼3	日本
最佳策略游戏	火焰纹章:风花雪月	日本
最佳体育/竞速游戏	古惑狼赛车重制版	加拿大
最佳格斗游戏	任天堂明星大乱斗	日本
最佳多人游戏	Apex英雄	美国
最佳电竞游戏	英雄联盟	美国

续表

奖项	获奖作品/获奖者	所在地区
最佳电竞选手	Kyle‘Bugha’Giersdorf	美国
最佳电竞战队	G2 Esports	西班牙
最佳电竞教练	Danny‘Zonic’Sorensen	丹麦
最佳电竞赛事	《英雄联盟》世界赛 2019	美国
最佳电竞主持/解说	Eefje“Sjokz”Depoortere	比利时
年度最佳主播/视频创作者	Shroud	加拿大
最佳动作游戏	鬼泣 5	日本
最佳社区支持	命运 2	美国

注：地区划分以游戏开发商所在地区为标准。

资料来源：https：//thegameawards. com/winners。

表 7　2019 年 E3 获奖名单

奖项	获奖作品	所在地区
最佳展出	最终幻想 7 重制版	日本
最佳原创游戏	天外世界	美国
最佳主机游戏	最终幻想 7 重制版	日本
最佳 PC 游戏	德军总部:新血脉	瑞典
最佳 VR/AR 游戏	幽灵:秘密行动	英国
最佳硬件/外设	XBox 精英手柄二代	美国
最佳动作游戏	毁灭战士:永恒	美国
最佳冒险游戏	看门狗:军团	加拿大
最佳角色扮演游戏	最终幻想 7 重制版	日本
最佳竞速游戏	古惑狼赛车:重制版	美国
最佳体育游戏	实况足球 2020	日本
最佳策略游戏	疾速追杀 Hex	英国
最佳家庭/社交游戏	路易吉洋楼 3	日本
最佳在线多人游戏	使命召唤:现代战争	美国
最佳独立游戏	12 分钟	美国
最佳持续运营	命运 2	美国
游戏美术特别推荐	赛博朋克 2077	波兰

注：地区划分以游戏开发商所在地区为标准。

资料来源：Connor Sheridan，“Game Critics Awards Best of E3 2019 Winners：Here are the Victors and Nominees for Every Category，” Gamesradar，June 27th，2019，https：//www. gamesradar. com/game – critics – award – e3 – 2019 – winners/。

表 8　2019 年全球游戏开发者大会获奖名单

奖项	获奖作品/获奖者	所在地区
游戏大使奖	Kate Edwards	美国
游戏先锋奖	Roberta Williams	美国
观众奖	光·遇	美国
最佳音效	控制	芬兰
最佳亮相	极乐迪斯科	爱沙尼亚
最佳设计	巴巴是你	芬兰
最佳创新	巴巴是你	芬兰
最佳移动游戏	这啥高尔夫?	丹麦
最佳叙事	极乐迪斯科	爱沙尼亚
最佳技术	控制	芬兰
最佳视觉艺术	控制	芬兰
最佳 VR/AR 游戏	维达不朽	美国
年度大奖	鹅作剧	澳大利亚

注：地区划分以游戏开发商所在地区为标准。

资料来源：Djordje Stanisavljevic，“20th Annual Game Developers Choice Awards Recap,” TechAcute.com，March 20，2020，https：//techacute.com/gdc－awards－2020/。

表 9　第 23 届 D. I. C. E. 获奖游戏名单

奖项	获奖作品	所在地区
独立游戏杰出成就奖	鹅作剧	澳大利亚
杰出音效设计奖	死亡搁浅	日本
年度动作游戏	控制	芬兰
年度冒险游戏	星球大战绝地:陨落的武士团	美国
年度家庭游戏	超级马里奥制造 2	日本
年度格斗游戏	真人快打 11	美国
年度游戏	鹅作剧	澳大利亚
年度沉浸现实游戏	节奏手枪	加拿大
沉浸现实技术成就奖	鲜血与真理	英国
年度网络游戏	Apex 英雄	美国
动画杰出成就奖	路易吉洋楼 3	日本
艺术指导杰出成就奖	控制	芬兰
角色杰出成就奖	鹅作剧	澳大利亚
游戏设计杰出成就奖	巴巴是你	芬兰
原创音乐作品杰出成就奖	控制	芬兰

续表

奖项	获奖作品	所在地区
故事杰出成就奖	极乐迪斯科	爱沙尼亚
技术杰出成就奖	死亡搁浅	日本
年度竞速游戏	马里奥赛车巡回赛	日本
年度角色扮演游戏	天外世界	美国
年度体育游戏	FIFA20	加拿大,罗马尼亚
年度策略/模拟游戏	火焰纹章:风花雪月	日本
游戏指导杰出成就奖	控制	芬兰
年度便携游戏	再见狂野之心	瑞典

注：地区划分以游戏开发商所在地区为标准。

资料来源：https：//www. interactive. org/awards/2020_ 23rd_ annual_ dice_ awards. asp#a_ categories。

（三）游戏素养不高，欠缺对海外游戏文化的深度理解

近年来，中国游戏文化生态存在的主要问题在于，一方面，游戏产业迅猛发展，玩家人数和市场收入迅速攀升；另一方面，国内各方的主流游戏话语依然带有两种较为明显的偏见。其一是“戒瘾派”，片面强调游戏的负面作用，认为所有游戏都是有害的，以此让游戏成为其他社会问题的替罪羊；其二是“过瘾派”，不加分辨地认为所有游戏都是好的，将游戏的市场成功与玩家欢迎程度作为评判游戏好坏的唯一标准。

从表面上看，这似乎源于代际差异，即“游戏难民”和“游戏原住民”之间的差异。前者“拒绝任何形式的游戏体验，时不时地为游戏贴上‘玩物丧志’‘电子海洛因’等耸人听闻的标签，主张通过‘围追堵截’对待游戏玩家，甚至建议用电击疗法来解决过度游戏的问题”；后者则“是伴随电子游戏出生并成长的游戏世代。对他们来说，游戏即生活，反之亦然”。①两种态度都不是理解游戏的最佳视角。

从根本上看，问题的症结在于国内大众的游戏素养不够高。游戏素养的

① 〔美〕詹姆斯·保罗·吉：《游戏改变学习：游戏素养、批判性思维与未来教育》，华东师范大学出版社，2020，第23页。

高低，并不是由玩游戏的时长以及打游戏的水平来决定的。简言之，游戏素养意味着将游戏视作一种互动媒介语言，包括用这种语言进行“阅读”和“写作”两种能力。如图 12 所示，阅读游戏，就是深度理解游戏文化，是游戏语言的输入部分，能够涵养游戏玩家的审美趣味；用游戏进行写作/创作，也就是使用游戏语言进行社会化表达，是游戏语言的输出部分，反映游戏开发者的制作水准。两种能力相辅相成，相互促进。换句话说，充分地阅读游戏，深度理解游戏的文化逻辑，不仅能够促进游戏生产者对游戏语言的理解，还能把握具体社会历史语境下的玩家需求，进而生产出更具深度的游戏产品。

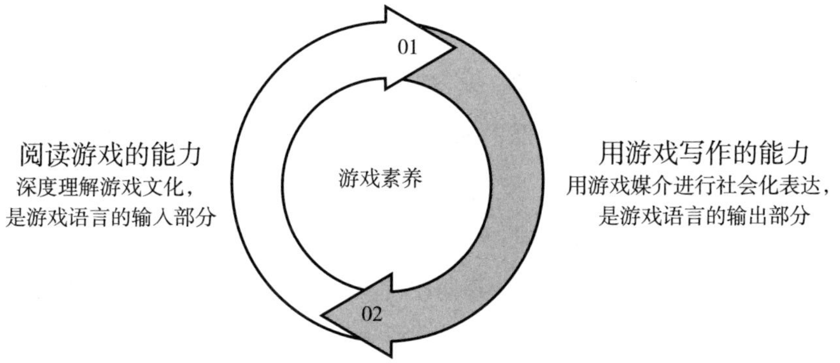

图 12　游戏素养的两种能力

资料来源：*2019 Global Games Market Report*（*Free Version*），Newzoo，2019，pp. 29 – 31.

当前，有关游戏产业、游戏玩家、游戏作品的相关中文研究成果极为匮乏。在 CNKI 数据库中，篇名包含“电影产业研究”的中文文献总数为 1642 条，而包含“游戏产业研究”的中文文献总数仅有 650 条。在期刊、硕士学位论文、报纸、学术辑刊和国内会议等主要文献类型中，游戏产业研究的学术成果数量也远远落后于电影产业研究（见图 13）。若将检索关键词修改为“海外游戏产业”，则只有两条结果，分别是名为《中国游戏产业海外并购研究》的硕士学位论文，以及题为《浅析北京网络游戏产业海外发展现状》的期刊论文。由此可见，国内缺少游戏研究成果，尤其是高水平成果。

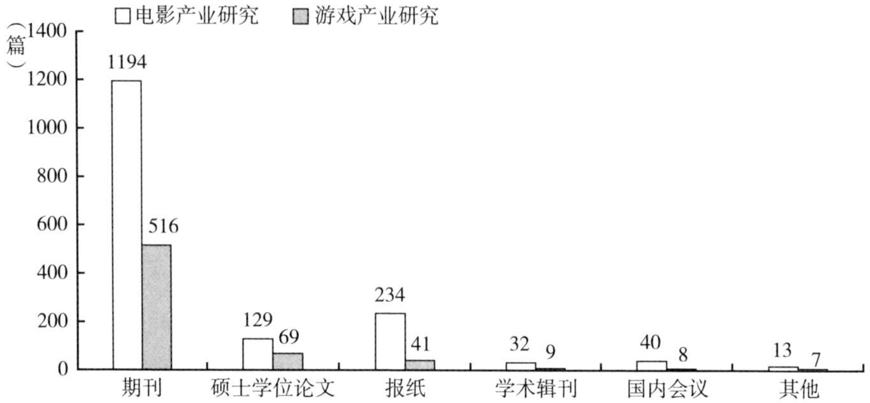

说明：数据采集日期为2020年4月22日。

图 13　CNKI 数据库电影产业研究和游戏产业研究主要类型中文文献数量对比

游戏研究成果的匮乏，会进一步导致国内缺少成熟、系统的高水平游戏课程和游戏教育体系。根据教育部于2019年公布的《普通高等学校本科专业目录(2020年版)》，国内没有包含“游戏”的四年制本科专业。[①] 当前的大部分本科层次游戏课程集中在数字媒体艺术、动画、教育技术学、视觉传达设计、软件工程等专业（见表10），专科和中高职院校承担着更大的游戏人才培养责任。

表 10　国内开设的游戏相关本科专业及院校

学校名称	专业名称
中国传媒大学	数字媒体技术(游戏设计技术方向)
中国传媒大学	动画(游戏艺术方向)
北京电影学院	动画(动画艺术方向、电脑动画方向、游戏设计方向)
南京艺术学院	数字媒体艺术(虚拟现实艺术)(互动媒体艺术)(游戏艺术设计)
南昌航空大学	教育技术学(游戏软件开发)
山东艺术学院	动画(游戏方向)
中南财经政法大学	视觉传达设计(动漫游戏方向)

① 《普通高等学校本科专业目录（2020年版）》，教育部网站，http：//www.moe. gov. cn/srcsite/A08/s7056/202003/W020200303365403079451. pdf，2020年3月3日。

续表

学校名称	专业名称
广东财经大学	产品设计(玩具与游戏设计)
平顶山学院	软件工程(云计算)(游戏开发工程师)(移动互联网)
牡丹江大学	游戏设计
电子科技大学中山学院	软件工程(软件开发技术方向、大数据开发技术方向、游戏软件设计方向)
广州大学华软软件学院	数字媒体技术(游戏开发、虚拟现实技术方向)
广州大学华软软件学院	动画(动漫设计与制作、游戏美术方向)
河北美术学院	数字媒体艺术(游戏美术设计方向)
四川大学锦江学院	数字媒体艺术(游戏美术方向)
现代软件学院	游戏动漫

注：数据采集日期为 2020 年 4 月 22 日。

资料来源：中国教育在线，https：//gkcx. eol. cn/specials/school? argschtype = &province = &recomschprop = &argspecialtyname = % E6% B8% B8% E6% 88% 8F。

因此，现有游戏研究和游戏教育体系极大地限制了游戏语言的“输入”，也进一步掣肘了游戏开发团队用游戏语言“输出”的能力。如此一来，当前的游戏出口更多依赖企业自积累的直接产业经验，既缺少对游戏文化的深度理解，也缺乏对海外玩家群体所在文化语境的精准研究，因此极大限制了游戏对外贸易产品的国际竞争力。

三 促进中国游戏对外贸易发展的建议

（一）提升学术研究，为中国游戏对外贸易提供理论支持

2019 年，一些本土的游戏研究学者、产业科研机构及出版传媒机构基于前期成果及优势，进一步深入探索游戏研究。自 1 月起，完美世界游戏研究中心开展了一系列国际化“游戏研究学术沙龙”，邀请来自立命馆大学、舍夫德大学、皇家墨尔本理工大学、汕头大学等高校的国际知名专家进行主题演讲，并促成国内外学者、游戏教育专家和产业专家圆桌对谈，通过线上

全球直播和线下参与同步进行的方式对外分享，吸引了来自全国多所知名高校的师生以及产业从业者参与讨论。相关议题包括“中美日游戏产业发展及比较”“严肃游戏[①]设计与案例”“全球化与本土化：游戏出海与中国游戏美术风格”“电子竞技与跨机构的互动参与”，既为国内的游戏研究提供了有效的参考，也为游戏行业从业者提供了操作性强的实践案例。

2019 年 6 月，《澎湃新闻》的“思想市场”栏目开设国内首个游戏研究专栏，下设“批评的向度”、“历史的视线”、“文化的逻辑”和“媒介与现实性的扩张”等主题，刊登了来自中国、日本、美国、澳大利亚等地近 20 位青年游戏研究者的 20 余篇文章。9 月 20 日，人民电竞举办了以“电竞中国”为主题的人民电竞系列沙龙，邀请了 18 位学术和产业专家共同探讨电竞教育，主张用严肃又严谨的视角分析并发展电竞文化和游戏文化。同时，国内少量游戏媒体陆续刊登了一些深度讨论游戏文化的文章，如游戏研究社的“游戏史”专题以及 Indienova 刊登的游戏分析文章等。同年，华东师范大学出版社也译介了《游戏改变学习》等游戏研究著作，为国内读者提供了优质的游戏研究出版物。

以上述研究为基础，相关机构及部门应切实加强对游戏研究的科研支持。第一，将游戏研究纳入国家及地方科研基金项目体系，设立游戏研究专项科研基金，鼓励产业与高校合作，鼓励跨学科合作，针对游戏理论、游戏产业、游戏产品、玩家社群进行深度研究，尤其要鼓励针对海外区域性游戏文化逻辑的相关研究。第二，提供游戏研究图书出版的政策支持，设立图书专项基金，鼓励游戏研究者译介国外高水平的游戏研究专著，尤其鼓励游戏学者基于科研课题推出高水平的原创研究成果。第三，设立中文游戏研究学术期刊，支持有关游戏研究的学术会议，既鼓励游戏学者在国际学术平台上

---

① 严肃游戏，Serious Games，国内将其误译为“功能游戏”。本报告之所以没有采用“功能游戏”的译法，有两个原因。其一，从应用维度看，在国际语境中，“功能游戏”容易反向翻译成“Functional Games”，引发与原文不必要的混淆；其二，从学术维度看，该词往往与娱乐游戏相对应，指游戏在纯粹娱乐以外发挥的严肃作用，主要是教育培训和传达严肃观点，而“功能游戏”无法传达这一含义，鉴于娱乐也是一种功能，那娱乐游戏也算是功能游戏的一种。

分享研究成果，了解全球学术前沿，也要创建中文游戏研究学术平台，以降低语言壁垒，为更多对游戏感兴趣的本土学者提供支持。第四，发展游戏高等教育体系，借鉴国外游戏教育经验，发展高水平游戏教育项目，注重游戏教育中的人文素养，开设游戏评论、游戏文化研究等通识课程，让优质的游戏研究成果涵养未来的游戏人才。

（二）推动产品创新，从多维度提升出口游戏产品的多样性

根据 Newzoo 发布的报告，电脑游戏的比重在全球游戏市场呈缓慢下行趋势，到 2021 年约占总收入的五分之一；主机游戏的市场份额虽然也有下降，但依然占很大比重，维持在 27% 左右；增长最大的游戏类型是移动游戏，2019 年已占总收入的 49%（见图 14）。主流游戏平台的变化趋势，实际上反映了游戏硬件和软件正在持续快速地迭代。为了适应上述变化，中国游戏对外贸易应从技术、内容和应用场景三个方面提升游戏产品的创新性。

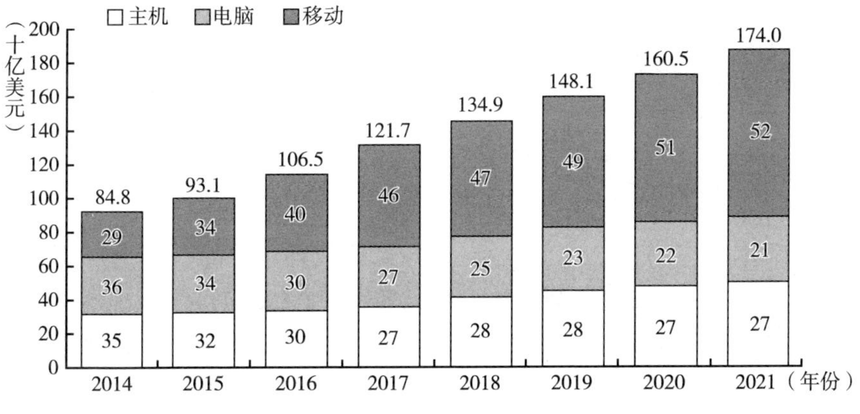

图 14　2014～2021 年全球游戏市场游戏类型分布

资料来源：Newzoo，“The New Reality For Mobile Gaming,” *The VR/AR Opportunity*，Newzoo，2019，p7。

第一，推动游戏技术创新，发展云游戏、VR/AR 游戏和主机游戏技术。首先，云服务已成为当前国际游戏市场的最新趋势，它将极大简化部分游戏服务，进而改变移动游戏服务链（见图 15）。目前，我国在 5G 技术方面处

于世界前列，中国出口游戏企业应结合这一优势，推动云游戏服务技术的发展。其次，VR/AR 游戏正成为海外硬核游戏用户重要的产品类型，同时备受全球游戏开发者的关注，具有极大的市场潜力。例如，在一项针对美国市场的调查中，有 73% 的受访者在半年内体验过 VR 游戏。[①] 截至 2019 年，国外企业已经陆续推出多款主流沉浸现实游戏技术平台，如 PlayStation VR、Oculus Rift、Samsung Gear VR 等，而中国尚未推出具有国际影响力的同类产品。与之类似，主机游戏技术也面临同样的问题。随着主机游戏的普及，日本和美国厂商推出的游戏主机和掌机占据着全球主要市场份额，如任天堂的 Nintendo Switch、索尼的 PlayStation 和微软的 XBox 等，中国游戏企业在主机技术方面的劣势也会极大限制游戏对外贸易的发展。因此，我国需要加大力度推动沉浸现实技术和主机技术的发展。

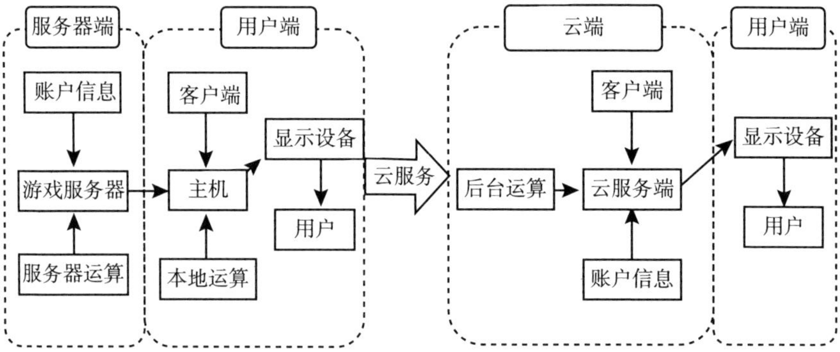

图 15　2019 年中国移动游戏出口发展趋势

资料来源：艾瑞咨询《2019 年中国移动游戏出海行业研究报告》，http：//report.iresearch.cn/report_ pdf.aspx？id＝3423，2019，第 53 页。

第二，推动游戏内容的创新，支持独立游戏发展。鉴于独立游戏在游戏美术和游戏机制方面的高度创新性，索尼、任天堂、微软等大型游戏企业都在积极与独立游戏开发者展开合作，前者为后者提供发行平台和运营支持，后者为前者提供新内容和新灵感。Steam 和 Epic 等平台更是由于独立游戏内

① Newzoo，"The New Reality For Mobile Gaming，" *The VR/AR Opportunity*，Newzoo，2019，p17.

容而吸引了大批不太偏好3A游戏的受众群。此外，近年来多项国际游戏大奖还专门设立了独立游戏方面的奖项，如上文提及的全球游戏大奖、电子娱乐展会的游戏评论家奖、全球游戏开发者大会的游戏开发者选择奖、A. I. A. S. 的各项大奖等，以鼓励独立游戏人做出创新。不仅如此，全球游戏开发者大会还专门设立了独立游戏节（Independent Games Festival，IGF），并设立了优秀视觉艺术、优秀声效、优秀叙事、最佳学生作品等多个奖项（见表11），在IGF中涌现了大量具有创新性的游戏作品，这类活动也发掘了大量有才华的游戏设计师，成为国外游戏产业的创新驱动力。

表11　2019年全球游戏开发者大会独立游戏节获奖游戏名单

奖项	获奖作品	所在地区
优秀视觉艺术	骑士与单车	英国
观众奖	短途徒步旅行	加拿大
优秀声效	异变小镇	丹麦
优秀叙事	天堂之穹	英国
优秀设计	帕特里克的套箱	美国
优秀新游	中间	奥地利
最佳学生作品	般若穹顶	丹麦
塞尤玛斯·麦克纳利大奖	短途徒步旅行	加拿大

资料来源：Adam Robinson，"A Short Hike wins Grand Prize at the 2020 Independent Games Festival!" Gamasutra，March 18，2020，https：//www. gamasutra. com/view/news/359780/A_ Short_ Hike_ wins _ Grand_ Prize_ at_ the_ 2020_ Independent_ Games_ Festival. php。

由此可见，独立游戏也能够丰富中国游戏产品的多样性，是解决中国游戏出口产品同质化问题的有效途径。因此，相关机构应对独立游戏提供支持：制定独立游戏扶持政策，完善独立游戏版权保护制度，提供独立游戏专项基金，设立高效便捷的独立游戏版号审核通道；设立国内独立游戏评选机制，鼓励国内大型游戏企业与独立游戏开发者合作，为独立游戏提供研发及运营平台；鼓励高校游戏专业学生参与独立游戏开发，积极参与国际独立游戏节，吸引游戏专业留学生回国创业，并提供相应支持。

第三，拓展游戏产品的应用场景，切实推动严肃游戏研发。《严肃游戏》（*Serious Games*：*Games That Educate*，*Train*，*and Inform*）一书的作者指出，游戏不仅具有娱乐作用，还可以传授知识、培训技能、教书育人、传达严肃观点和社会思考。更为重要的是，严肃游戏为游戏开发商提供了多种新机遇，能有效复用现有技术降低开发风险，吸引新投资，还能够探索其他的游戏玩法，试验多种游戏发行方式。[①] 在该书中，作者还介绍了严肃游戏的应用场景，如教育、企业培训、政府宣传、医疗健康、军事训练、社会公益等，并列举了大量游戏案例，如培训消防员的《野外火灾 3D 模拟》（*3D Wild Land Fire Simulation*）、帮助中学生学习有关生态平衡科学知识的《生物调控：探索生态平衡》（*Creature Control*：*The Quest for Homeostasis*）等。德国数据分析机构 Statista 预计，全球严肃游戏收入将在 2024 年达到 240 亿美元。[②] 鉴于严肃游戏在海外拥有巨大的市场潜力，能够将游戏产品拓展至多个应用场景，因此其可以成为中国游戏对外贸易下一步要探索的新方向。

（三）加强国际合作，潜心打造国际化的精品游戏

从本质上看，游戏带有极强的文化属性，因此可以成为中国与世界各国进行文化交流的媒介。在游戏对外贸易产品的生产和消费中，游戏产品承载什么样的中国文化？游戏出口企业为海外受众输送什么样的产品？如何精准匹配各地区游戏用户的需求？以上问题都可以通过国际合作得到有效解决。

具体措施包括：整合国际优质资源，设立专项文化交流计划，让国外优秀的开发团队和开发者了解中国文化，从而成为国内外文化沟通的桥梁；组建中外合作的国际化团队，例如《非常英雄》之所以能斩获第 47 届安妮奖（Annie Awards），在很大程度上源于中法团队的鼎力合作；鼓励中国高校与海外游戏教育强校之间的合作，通过交换项目和海外实习项目培养兼具国际

---

① David Michael and Sande Chen, *Serious Games*：*Games That Educate*, *Train*, *and Inform*, Boston（MA：Course Technology PTR, 2005）, pp. 3 – 16.

② Christina Gough, "Serious games market revenue worldwide 2018 – 2024," Statista, Nov 29, 2019, https：//www. statista. com/statistics/733616/game – based – learning – industry – revenue – world/.

视野和本土观照的游戏产业人才，孵化适合海外市场的优秀游戏作品。

综上所述，2019 年中国游戏对外贸易依然呈上升趋势，但前期的人口红利逐步减退，游戏出口产品类型单一，缺少精品，国际竞争力不高。究其原因，是由于与海外成熟市场相比，国内游戏素养偏低。未来，我们亟须开展严谨扎实的游戏学术研究，推动云游戏、VR/AR 技术、主机游戏技术创新，用独立游戏来提升游戏内容创新，整合国际资源，为海外游戏玩家提供兼具多样性和文化认同度的精品游戏，让游戏贸易成为中外交流的桥梁。

B.8
中国文化旅游服务贸易发展报告（2020）*

王海文　吕俊松**

摘　要： 目前中国文化旅游服务贸易在政策助力、消费市场需求、文旅服务供给、“一带一路”文化旅游发展等方面表现良好，文化旅游服务贸易结构不断优化升级。但在文化与旅游的全面深度融合、文化旅游服务贸易区域平衡发展、文化和旅游的产业链良性循环、文化旅游服务贸易国际竞争力等方面亟待加强和提升。为此需要从文旅深度融合、区域协同发展、提升文化旅游服务贸易价值链、继续扩大文化旅游服务贸易开放空间等方面推动中国文化旅游服务贸易繁荣发展。

关键词： 文旅融合　服务贸易　“一带一路”

随着我国经济结构不断优化升级，无论是从文化还是旅游发展状况看，中国文化旅游服务贸易的产业基础更加坚实，发展潜力更加强劲。就文化贸易而言，统计显示，2019 年，中国文化贸易保持平稳快速发展，其中文化产品进出口总额为1114.5 亿美元，同比增长8.9%；个人、文化和娱乐服务

* 本报告为国家统计局项目“基于全球价值链的我国对外文化贸易统计国际比较研究”（项目编号:2018LY15）的阶段性成果。

** 王海文，复旦大学经济学博士，北京第二外国语学院经济学院教授，首都对外文化贸易研究基地研究员，主要研究方向为文化贸易、服务贸易；吕俊松，北京第二外国语学院国际文化贸易硕士研究生，主要研究方向为文化贸易。

进出口52.8亿美元，同比增长14.5%。[①] 而在推动外贸高质量发展以及文化与旅游深度融合的过程中，2019年中国文化旅游服务贸易取得了新的进步。

一　中国文化旅游服务贸易发展现状

（一）政策助力不断加强

文旅融合以及文化旅游服务贸易的发展离不开政策的助力。2019年文化和旅游部为文化与旅游的融合提供了更加强有力的政策保障，相关文件和促进政策落地实施进一步加速。《国家全域旅游示范区验收、认定和管理实施办法（试行）》《国家全域旅游示范区验收标准（试行）》《文化和旅游部关于实施旅游服务质量提升计划的指导意见》《关于促进旅游演艺发展的指导意见》《文化和旅游规划管理办法》等一系列文件相继出台。2019年11月，文化和旅游部发布《游戏游艺设备管理办法》，为推动旅游与游戏行业的融合，鼓励企业充分挖掘中华优秀传统文化价值内涵，积极弘扬社会主义核心价值观，研发生产拥有自主知识产权、体现民族精神、内容健康向上，具有运动体验、技能训练、益智教育、亲子互动等功能的游戏游艺设备。旅游和不同文化行业的融合正在全力推进和深化。

（二）文化旅游消费市场需求进一步扩大

2019年旅游消费意愿不断释放，居民出游力指数，即居民旅游消费占消费总支出比例达到18.8%[②]，并在近年来稳步提升。在旅游和文化消费两旺、产业和贸易基础愈加夯实的条件下，文化旅游逐渐从奢侈消费向必需和

---

① 《商务部服贸司负责人谈2019年我国文化贸易情况》，中国服务贸易指南网，http://tradeinservices.mofcom.gov.cn/article/news/ywdt/202003/100684.html。

② 《2019旅游消费大数据报告出炉　文旅融合、夜间旅游成亮点》，央广网，http://travel.cnr.cn/list/20200227/t20200227_524993638.shtml。

刚性消费需求转变。根据文化和旅游部统计，2019 年旅游经济继续保持较快增长，其增速高于 GDP 增速。国内和出境旅游市场稳步增长，入境旅游市场潜力进一步释放。全年国内旅游人数为 60.06 亿人次，比上年同期增长 8.4%；出入境旅游总人数为 3.0 亿人次，同比增长 3.1%。如图 1 所示，2012 年以来，我国旅游收入稳步增长，2019 年我国旅游总收入为 6.63 万亿元，同比增长 11%，其中国内旅游收入为 5.73 万亿元，比上年同期增长 11.7%，国际旅游收入为 1313 亿美元，比上年同期增长 3.3%。旅游业对 GDP 的综合贡献为 10.94 万亿元，占 GDP 总量的 11.05%。

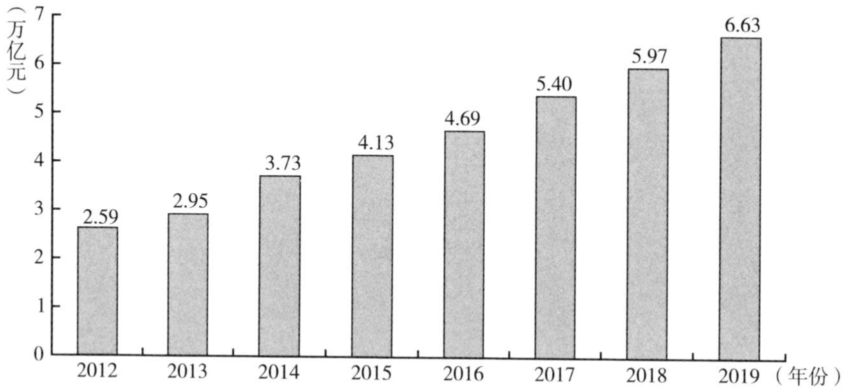

图 1　2012～2019 年中国旅游收入变化趋势

资料来源：《中华人民共和国文化和旅游部 2018 年文化和旅游发展统计公报》中华人民共和国文化和旅游部网站，http：//zwgk. mct. gov. cn/auto255/201905/t20190530_ 844003. html? keywords =。

2019 年，外国人入境旅游人数和入境过夜旅游人数分别增长 4.4% 和 5.5%，入境外国游客人数为 3188 万人次（含相邻国家边民旅华人次），亚洲占 75.9%，美洲占 7.7%，欧洲占 13.2%，大洋洲占 1.9%，非洲占 1.4%（见图 2），中国公民出境旅游人数为 14972 万人次，比上年同期增长 14.7%。①

从图 3 可以看出，出国游中体验当地文化的游客所占比重最大，表明文

① 《2019 年旅游市场基本情况》，中华人民共和国文化和旅游部网站，https：//www. mct. gov. cn/whzx/whyw/202003/t20200310_ 851786. htm。

化旅游这种新的旅游形式正在被广大游客认可，已经远远超过了传统的观光购物游的形式。为了吸引更多外国游客来华旅游，很多地区选择去国外举办文化旅游推介会，让更多外国人了解中华文化和中国文化旅游。

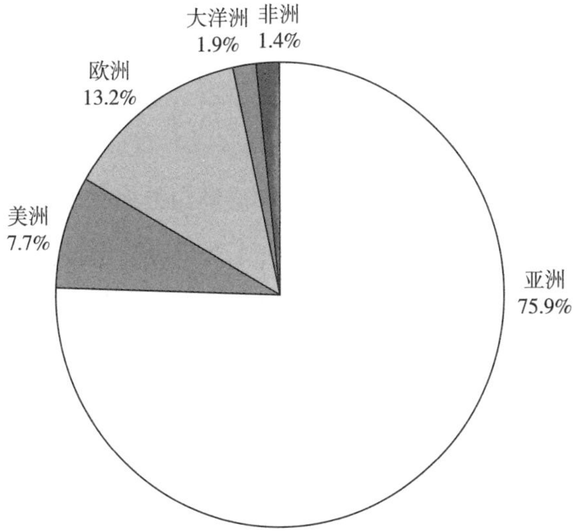

图 2　2019 年入境外国游客旅游人数比例

资料来源：《2019 年旅游市场基本情况》，中华人民共和国文化和旅游部网站，https：//www. mct. gov. cn/whzx/whyw/202003/t20200310_ 851786. htm。

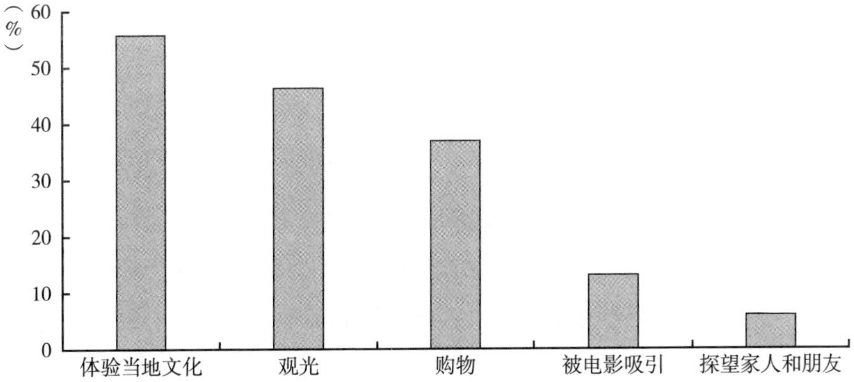

图 3　2019 年中国游客出国游原因占比

资料来源：《中国在线旅游市场年度综合分析 2018》，易观分析网，https：//www. analysys. cn/article/detail/20018889。

（三）文化旅游服务供给质量效率显著提升

2019 年，按照“宜融则融，能融尽融”的思路，全国各级文化和旅游部门积极探索在资源、项目、平台、活动等方面的有机融合，发展成效初显，文化旅游服务供给质量和效率显著提升，文化旅游服务供给内容更加丰富，游客对博物馆、文化馆、美术馆、图书馆、书店、剧场剧院等文化场所的热情不断高涨。

从文化旅游业态的创新来看，文化和旅游深度融合的形式更加多样。以“夜间旅游”为例，它有助于游客更好地体验当地文化与生活方式，是文化和旅游融合发展的供给新动能。根据中国旅游研究院夜间旅游专项调查数据，当前游客夜间旅游参与度高，九成左右游客有夜间体验的经历。在夜间旅游时的游客消费也较旺，2019 年春节期间游客夜间消费占目的地夜间总消费的近三成。另外数据研究表明，夜间旅游形式多元化，观光游船、主题灯会、文化体验活动成夜间旅游热度风向标。在平均停留 3 天的国内游客样本群中，超过一半的受访者会用两个晚上去体验当地文化，而 18 ~ 35 岁的中青年亲子游、情侣游的夜游热度最高。[①] 此外，旅游景区转型升级加速，智慧旅游运用、主题公园布局继续向二、三线城市扩张，旅游演艺集中化趋势不减，这些都为文化旅游新业态发展奠定了坚实基础。

从文化旅游与科技创意融合状况看，不少旅游地与科技进一步融合。文化旅游管理方面利用 5G 网络打造文化和旅游大数据分析平台，整合接入分散在各个部门的出入境、客运、住宿、消费等涉旅数据；智慧博物馆通过引入 5G 技术和 VR/AR 虚拟现实和增强现实等最新技术，提升一批博物馆、非物质文化遗产项目的游客游览体验；文旅供应商利用新媒体的优势迅速将优秀文化艺术、非遗项目、特色景点立体化展示在游客面前等，反映了在中国旅游规模不断增长、结构持续优化的背景下，文化旅游服务供给进一步提质增效。

---

① 《一文读懂发展夜间旅游的意义、原则和机遇》，腾讯网，https：//new. qq. com/omn/20190401/20190401A0JPS0. html？pc。

（四）文化旅游内涵更加丰富

随着经济社会的发展和消费层次的不断升级，越来越多的人重视文化旅游，想通过这种方式来休闲放松。中国有五千年的文化底蕴，有很多自然和人文资源，这些都是重要的文化旅游资源。文化旅游作为一种新兴的旅游业态，热度也在不断升温。“文化＋”这种新业态的旅游发展模式需要不断拓展其内涵才能获得广阔的发展空间。众所周知，2019 年是脱贫攻坚的决胜年，是全面建成小康社会的关键之年，文化旅游对于脱贫攻坚来说有着十分重要的意义。全国多个省市把推进脱贫攻坚和发展全域旅游有机结合起来，通过发展文化旅游业带动农民增收，支持深度贫困地区打造一批乡村旅游精品项目，积极创建乡村旅游模范村、全国休闲农业与乡村旅游示范点、全国全域旅游示范区等，引领带动乡村旅游提质增效，进而稳定脱贫成果，不断提升脱贫攻坚的质量和水平。

2019 年文化旅游也有着更深的“红色”内涵。2019 年是新中国成立 70 周年，政府层面，为进一步促进红色旅游的发展，文化和旅游部开展了“全国红色旅游融合发展示范区标准研究”“红色旅游融合发展理论与实践研究”“我国军事旅游资源现状及开发研究”“红色旅游精品名录评价规范项目研究”等课题研究，在广州、嘉兴两地进行了红色旅游资源普查试点，形成了红色旅游资源普查标准。[①] 中国旅游研究院发布的数据显示，仅 2019 年暑期，就有超过 1 亿人次前往红色旅游目的地。[②] 在红色旅游参与群体日益年轻化的趋势下，2019 年红色旅游市场在供给层面呈现“多元丰富、与时俱进、注重设计、关注游客体验”的新特点，红色旅游产品更加丰富多元，尤其是注重年轻游客的喜好，比如运用歌舞、影视剧、现代文学等艺术手段讲述红色故

---

① 《2019，红色旅游“红”出新高度》，中国文化传媒网，http：//www. ccdy. cn/portal/detail? id = e49b600e - d0d5 - 4199 - a40a - 54b46c191c6a&categoryid = 11563 - mssql&categoryname = % E6% 97% 85% E6% B8% B8。

② 《2019，红色旅游“红”出新高度》，中国文化传媒网，http：//www. ccdy. cn/portal/detail? id = e49b600e - d0d5 - 4199 - a40a - 54b46c191c6a&categoryid = 11563 - mssql&categoryname = % E6% 97% 85% E6% B8% B8。

事、利用科技让游客体验实景沉浸式的参观、以国庆为主题的唱响主旋律文化活动、非遗文化项目体验等。2019 年中国红色旅游十大热门景点见表 1。

表 1　2019 年中国红色旅游十大热门景点

排名	地点
1	侵华日军南京大屠杀遇难同胞纪念馆
2	天安门广场
3	黄埔军校旧址
4	渣滓洞监狱旧址
5	毛主席纪念堂
6	中山纪念堂
7	中国人民革命军事博物馆
8	毛泽东同志故居
9	嘉兴南湖旅游区
10	二七纪念塔

资料来源：马蜂窝数据研究中心。

（五）共建“一带一路”国家文化旅游需求迅速上涨

《推动共建丝绸之路经济带和 21 世纪海上丝绸之路的愿景与行动》明确提出，政策沟通、设施联通、贸易畅通、资金融通、民心相通是“一带一路”的主要内容，其中，民心相通是“一带一路”建设的“关键基础”，而文化旅游是民心相通的重要实现方式之一，成为中国与共建“一带一路”国家的自然纽带。在“一带一路”国家倡议、系列旅游年活动开展、系列外交活动和会议召开的持续推动，以及签证便利化、四通八达的交通网络建设等正面因素的积极作用下，共建“一带一路”国家文化旅游迎来了快速发展期。由于共建“一带一路”国家的文化旅游资源极为丰富，中国游客对其市场需求迅速上升，因此带来了庞大的旅游市场空间以及高速的产业成长势能，文化与旅游融合趋势为沿线旅游业发展注入了新的活力。越来越多的中国游客在选择出境游时把体验“一带一路”异域风情作为第一选择，马蜂窝旅游网和中国旅游研究院发布的《极致之旅：全球自由行报告 2019》

（以下简称“报告”）显示，2019 年，共建“一带一路”国家的旅游热度均有上涨。表 2 显示，境外热门旅游国家中，共建“一带一路”国家表现出众，泰国、新加坡、马来西亚等 7 个国家占据热度榜单前 10 名，另外拥有数量最多的世界遗产的意大利热度涨幅较大。①

表 2　2019 年出境自由行国家热度排名

排名	国家	排名	国家
1	日本	6	土耳其
2	泰国	7	马尔代夫
3	新加坡	8	韩国
4	马来西亚	9	澳大利亚
5	越南	10	菲律宾

资料来源：《极致之旅：全球自由行报告 2019》。

二　中国文化旅游服务贸易存在的问题与不足

（一）文化与旅游的全面深度融合仍待加强

文化与旅游的融合是生产与消费发展到一定阶段的趋势，也是生产方式和生活方式的重要选择。虽然中国文化旅游服务贸易发展拥有良好的基础，但是文化与旅游的全面深度融合仍然存在不足。文化和旅游的全面深度融合要实现在要素、产品、服务和企业等各层面的融合。以文化旅游的模式为例，目前多数传统文化旅游景点多限于以展示自然资源为主的观光旅游，游客到了旅游景点只是走马观花式的浏览，缺乏文化层面的深层次体验。在一定程度上，这种旅游方式几乎很难做到“二次旅游”。如今游客的需求越来越多样化，能够满足游客的已经不仅仅是游山玩水，而是对舒适度、文化环境等更全面、更高端的需求和认知。近年来，多地旅游产品已经显示出老化

① 《马蜂窝大数据：2019“一带一路”沿线国家自由行热度上涨》，https：//baijiahao.baidu. com/s? id = 1654946839056513075&wfr = spider&for = pc。

的态势，文化旅游景点应该为游客提供更深层次的体验，体现出休闲及高端化的特点。此外，旅游与民族文化特色融合还不够，导致部分民族地区文化旅游发展缓慢。对于游客而言，旅游的目的是体验“特色”，体验不同的文化所带来的审美享受。但部分民族区域特色文化内涵挖掘不够深入，民族区域悠久文化尚未得到很好的彰显，民族文化旅游景区特色定位不够准确、清晰，在传统民族文化的创造性转化、创新性发展上存在短板。

（二）文化旅游服务贸易区域发展不平衡

中国文化旅游服务贸易区域发展不平衡，主要体现在东西差距上。中西部地区，尤其是西部民族地区的文化旅游服务贸易的发展规模、文旅产品丰富度、服务水平等明显落后于东部地区。民族地区有着丰富的自然资源和人文资源，构成旅游发展的天然基础，很多外国游客对中国民族地区的文化非常感兴趣，但由于民族地区经济发展相对落后、相应的基础设施和旅游配套建设不到位、市场化程度相对较弱，很难吸引大量的外国游客，扩大文化旅游的贸易价值。相较于东部地区来说，目前西部民族地区文化旅游业态单一，许多民族地区文化旅游仍然以传统的旅游观光产业为主，由于对民族特色文旅资源价值的认知不足，大量丰富的文旅资源还处于碎片式闲置状态，未得到充分的整合利用，这导致厚积的民族特色文化旅游资源优势并未转化成文化旅游产业优势，更没有很好地转化成应有的经济优势。

（三）文化和旅游产业链缺乏良性循环

文化产业和旅游产业涉及了众多的行业，各自的产业链条都比较长，能明显地带动其他行业。文化和旅游产业链存在天然的耦合性与相关性：文化产品与服务可以吸引更多的游客，带动旅游产业发展；反过来旅游产业的发展可以促进文化产业规模和结构的提升，二者相辅相成。目前，我国的文化旅游服务贸易的发展并没有做到文化和旅游产业链的良性循环，没有充分利用文化这个重要的因素把文化和旅游产业链进行一个深入的融合。文化和旅游产业链上的大部分行业都是分散式的发展，各自产业链上的行业骨干企业未形成紧密的联系与合作，文化和旅游产业链上各自的信息、技术、资本、劳动力等要素缺乏共享与融合。

（四）文化旅游服务贸易国际竞争力有待提升

目前国内文化旅游产业发展势头良好，但是在开拓文化旅游服务贸易国际市场以及提升文化旅游服务贸易国际竞争力方面仍然存在问题，主要表现在动力不足、平台缺乏、能力和人才欠缺等。具体表现在，文化旅游资源和项目的开发大多针对国内市场，缺乏国际视野和国际化动力。文化旅游服务贸易的发展与当下平台经济时代存在矛盾，文旅相关的要素资源、信息共享和交换交易平台缺乏，远不能满足快速发展的贸易形势。文化旅游相关的资源分散、信息不对称、涉外联系途径狭窄，同时文化旅游的服务区域雷同，存在严重的同质化现象。缺乏一批高素质文化旅游服务贸易人才，包括具有全球视野的文化旅游创新创业人才、优秀的文化旅游项目经营管理复合型人才、高水平的导游与讲解人才等。

三　促进中国文化旅游服务贸易的对策

（一）全面推进文旅深度融合

文化与旅游的融合是推动文化和旅游产业持续健康发展的重大举措。全面推进文旅深度融合有助于国家深化文化体制改革进程中“使市场在资源配置中起决定性作用和更好发挥政府作用”，促进市场作用和政府作用有机统一、相互补充、共同促进。中国文化旅游服务贸易要紧紧抓住社会主义文化强国战略、“一带一路”倡议、世界旅游强国建设战略目标、“互联网 +”、“大数据”等重大战略机遇，全面推进文化旅游深度融合发展。在政策层面，在新时代全面对外开放的格局下，文化旅游服务贸易顶层设计要针对贸易壁垒、制约文旅融合发展等问题进行政策破解；在要素层面，创造要素进一步国际流动，促进要素在国际市场的合理配置，推动构建文化旅游服务贸易全球价值链；

在企业和产品服务层面，要以“文化”嫁接“旅游”，在旅游业态中融入文化，在旅游宣传中融合文化，从传统走向现代，打造文旅融合产品。要规划好文旅融合大项目，深挖文化内涵，打造文旅 IP，利用好红色文化内涵、民族特色文化内涵、名人文化内涵、文化夜景等。

（二）推动文化旅游服务贸易区域协同发展

中国文化旅游服务贸易的发展需要区域协同的相互带动和影响。在供给侧改革背景下，中国迫切需要推动文化旅游服务贸易的区域协同发展。首先，要加强文化旅游服务贸易区域创新，增强其示范和带动作用。以长三角区域为例，长三角区域有文化的共通性，旅游业开放性程度高，文化旅游资源相对密集，交通基础设施建设较为完善，这些都为长三角区域文化旅游产业发展提供了重要条件。长三角各地应高度重视并加快推动文化和旅游深度融合，以推动区域旅游一体化创新发展。其次，要发展好文化资源丰富的民族地区，缩小民族地区文化旅游服务贸易与发达地区的差距。在国家区域发展战略和精准扶贫导向下，民族地区需充分利用一切有助于文化旅游经济发展的要素夯实文化旅游产业基础，提升文化旅游服务的整体水平。推动文化和旅游深度融合，增加旅游者对民族特色文化的亲身体验。通过政府的力量增加民族地区文化旅游专项资金的投入，加强公共交通体系、文化旅游交通标识、公共停车场、文化旅游服务中心等基础设施建设。

（三）构建高水平文化旅游服务贸易价值链

文化旅游服务贸易价值链的提升可以全面推进产业之间的相互融合，能够为文化旅游提供更好的服务。目前中国文化旅游服务贸易竞争力较弱，贸易主要集中在价值链低端，必须进一步完善文化旅游服务贸易价值链，优化文化旅游服务贸易价值构成，系统全面提升中国文化旅游服务贸易国际竞争力和水平。首先，促进文化旅游产业链的良性循环，提升文旅服务规划、开发、供给、消费等各个环节的价值增值水平，使文化和旅游产业相互促进，推动文化和旅游服务贸易的高质量发展。其次，加强文化旅游服务贸易价值链与其他货物或服务贸易价值链的融合。多元融合能够创造出文化效益、经济效益、社会效益和环境效益，为文化旅游服务贸易价值链水平提升提供新的动能。最后，随着国家开放战略、“一带一路”倡议等的推进，要在更广阔的国际市场布局中国文化旅游服务贸易的价值链，深化各国之间的文化旅游服务贸易合作，利用其他国家优势要素构建高水平的文化旅游服务贸易全球价值链。

（四）继续扩大文化旅游服务贸易开放空间

要以更加开放的姿态、更加创新的方式扩大文化旅游服务贸易的开放空间。由此需要政府出台更有力的政策，加强相关部门协同和区域协同，重视与文化旅游贸易相关政府部门在政策的制定、扶持监管和项目实施等方面的协同。重视当地文化和区域差异，充分挖掘特色资源，促进特色产业发展，不断提升文化旅游服务供给水平，实现平衡发展和高质量发展，增强中国文化旅游服务贸易应对风险能力。在文化旅游服务贸易进一步扩大开放的过程中，各地区要结合自身优势深挖文化旅游服务贸易发展潜力，做好国内外市场调研，创新文化和旅游融合模式。另外，逐步加强外商资本运作能力，多层次对接国际资本市场，促进文化旅游服务与国际投融资的结合。

参考文献

董小麟、庞小霞：《我国旅游服务贸易竞争力的国际比较》，《国际贸易问题》2007年第2期，第78～83页。

耿献辉、张武超：《我国旅游服务贸易国际竞争力及其影响因素分析》，《价格月刊》2018年第10期，第39～46页。

李江敏、李志飞主编《文化旅游开发》，科学出版社，2000。

李振中：《推动消费与文化融合发展》，《消费日报》2019年5月6日。

孟刚：《〈2018年出境游总结报告〉：出境亲子游市场爆发　反季节游成重要增长点》，中国消费网，http：//www.ccn.com.cn/html/shishangshenghuo/lvyou/2019/0214/439860.html。

张振鹏：《启动文化消费的长效促进机制》，《中国文化报》2019年5月11日。

B.9
中国艺术品对外贸易发展报告（2020）

程相宾　王　言*

摘　要： 2018年艺术品贸易作为文化贸易的重要组成部分，对提升中国文化的国际影响力起着至关重要的作用。中国艺术品市场处于增质减量阶段，交易额有一定的下滑迹象。进出口贸易方面，我国艺术品对外贸易额五年来首次增长，出现回暖迹象。目前，中国艺术品产业呈现以国内市场和拍卖市场为主、艺术品品类结构逐渐改善、艺术品对外贸易量上升的特征。我国艺术品产业在发展的同时也显现了一些问题。主要问题有：国内艺术品进口高税率对我国艺术品市场竞争力具有负面影响，艺术品金融化缺少评估体系和专业人才，法律法规的不完善阻碍我国艺术品市场发展，一、二级交易市场错位。因此需合理设置艺术品税率，制定保税区优惠政策；建立科学鉴定体系，培养艺术品金融专业人才；明确市场监管分工和职责，建立信用体系；完善画廊签约机制，寻求特色经营模式。

关键词： 艺术品市场　拍卖市场　艺术品国际贸易

---

* 程相宾，北京第二外国语学院经济学院硕士生导师，北京第二外国语学院中国服务贸易研究院研究员；王言，北京第二外国语学院经济学院国际商务专业硕士研究生。

一　经济环境与宏观政策

2018 年，中国正从经济高速发展阶段转为经济高质量发展阶段，经济长期向好的基本趋势没有改变。中国 2018 年国内生产总值为 919281 亿元，同比增幅为 2.1%。中国 2018 年文化及相关产业增加值为 41171 亿元，占 GDP 的比重为 4.48%，比上年提高 0.22 个百分点。2018 年，全球艺术品市场交易量相比往年出现小幅上涨，而中国艺术品市场目前趋向于重质减量。

随着我国对外开放程度的不断提升，我国进口关税税率出现了明显的变化。2018 年 5 月，国务院关税税则委员会发布《关于降低日用消费品进口关税的公告》（税委会公告〔2018〕4 号）：将“唐卡以外的手绘油画、粉画及其他画”“雕版画、印制画、石印画的原本”“各种材料制的雕塑品原件”取消 3% 暂定税率并下调至 1%；将“唐卡”由现行 12% 最惠国税率下调至 6%；将“手绘油画、粉画及其他画的复制品”“拼贴画及类似装饰板”由现行 14% 最惠国税率下调至 6%。[①] 自 2017 年以来，这是我国艺术品进口关税税率的又一次下调。我国进口增值税税率同样有一定改变。2019 年 3 月，财政部、税务总局和海关总署联合发布《关于深化增值税改革有关政策的公告》，原适用 16% 税率的，税率调整为 13%，进而大部分艺术品进口增值税税率降为 13%。[②] 随着此次进口关税税率和进口增值税税率的下调，虽然相比发达国家我国艺术品税率较高，但其变化在某种程度上正向影响国内艺术品市场。该举措不仅会使归属我国的文物回流数量增加，并且还会降低国外艺术品进入我国的难度。

近年来，我国不断加强对艺术品市场的管理和文物的保护。2018 年 10 月，中共中央办公厅、国务院办公厅印发《关于加强文物保护利用改革的

① 国务院关税税则委员会：《关于降低日用消费品进口关税的公告》，中国政府网，2018 年 6 月 1 日，http：//www. gov. cn/xinwen/2018 -06/01/content_ 5295388. htm。

② 财政部、国家税务总局和海关总署：《关于深化增值税改革有关政策的公告》，国家税务总局，2019 年 3 月 20 日，http：//www. chinatax. gov. cn/n810341/n810755/c4160283/content. html。

若干意见》，制定关于引导民间收藏文物保护利用促进文物市场健康发展的意见，开展文物流通领域登记交易制度试点。建立全国文物购销拍卖信息与信用管理系统，接入全国信用信息共享平台，开展守信联合奖励和失信联合惩戒。规范文物鉴定机构发展，多层次开展文物鉴定服务。适时扩大享受文物进口免税政策的文物收藏单位名单，促进海外文物回流。①

在艺术品保税政策和简化手续方面，也有相应的举措。2018 年 11 月，国务院印发《关于支持自由贸易试验区深化改革创新若干措施的通知》，开展艺术品保税仓储，在自贸试验区内海关特殊监管区域之间以及海关特殊监管区域与境外之间进出货物的备案环节，省级文化部门不再核发批准文件。支持开展艺术品进出口经营活动，凭省级文化部门核发的准予进出口批准文件办理海关验放手续；省级文化部门核发的批准文件在有效期内可一证多批使用，但最多不超过六批。②

二 产业概况

第 3 版《巴塞尔艺术展与瑞银集团环球艺术市场报告》数据显示，2018 年全球艺术市场总销售额达到 674 亿美元，相比 2017 年增长了 6%。美国市场占有率达 44%，仍保持第一，英国以 21% 的市场份额重回第二，而中国市场份额则下降了 2 个百分点至 19%，居于第三。雅昌艺术市场监测中心（AMMA）《2018 年度全球艺术市场报告》数据显示，2018 年全年，全球拍卖总成交额为 155 亿美元，相比 2017 年增长了 4%。其中，中国拍卖总成交额为 45 亿美元，相比 2017 年降低了 12%，占全球拍卖总成交额的 29%，居于全球第二位，美国占 38%，仍保持全球第一，英国占比则为 18%，处于全球第三位。

---

① 中共中央办公厅、国务院办公厅：《关于加强文物保护利用改革的若干意见》，中国政府网，2018 年 10 月 8 日，http：//www. gov. cn/zhengce/2018 -10/08/content_ 5328558. htm。

② 国务院：《关于支持自由贸易试验区深化改革创新若干措施的通知》，中国政府网，2018 年 11 月 23 日，http：//www. gov. cn/zhengce/content/2018 -11/23/content_ 5342665. htm。

（一）一级市场

第3版《巴塞尔艺术展与瑞银集团环球艺术市场报告》数据显示，全球艺术品一级市场2018年销售额规模高达359亿美元，相比2017年增长了7%，共完成约29.6万笔交易，然而其中不到5%的交易占据了超过50%的市场份额，市场不均衡进一步显现。

画廊展销和艺博会是目前中国一级市场最重要的销售渠道。中国目前拥有20家艺博会和4000余家画廊。中国大陆地区的画廊多聚集于东部及沿海地区，多为经济发达地区。其中，北京的画廊市场在全国各地区画廊中规模最大，占总量的30%多，上海画廊数量占比接近20%，位居全国第二。艺博会市场在中国艺术品一级市场所占份额较多，例如第二十三届广州艺博会吸引28万人次参观，成交额7.75亿元；第十四届北京艺术博览会观展人数为12万人次，参展作品数量增长43%，最高单价成交额为500万元人民币。

（二）二级市场

2008~2011年，中国艺术品拍卖市场一直保持增长态势，2012年艺术品拍卖成交额出现明显下降，2013年艺术品拍卖成交额出现小幅上涨后，2015年艺术品拍卖成交额再次出现明显下滑。2017年拍卖成交总额出现一定的上升态势后，2018年再次出现小幅降低状况。中国艺术品市场2018年拍卖成交总额为44.85亿美元①，同比下降12.11%。相关数据显示，2018年中国市场艺术品拍卖成交额市场份额占据全球艺术品拍卖成交额的28.96%，同比下降5.21%。雅昌艺术市场监测中心（AMMA）数据显示，2018年1~6月，中国市场春拍艺术品成交总额计267亿元人民币，同比增长4.5%，7~12月秋拍艺术品成交总额达320.83亿元人民币，同比下降16.27%（见图1）。

中国艺术品拍卖市场在2018年整体呈下行趋势。此外，单件艺术品成交均

① 雅昌艺术市场监测中心（AMMA）：《2018年度全球艺术市场报告》，雅昌艺术网，2019年2月，https://amma.artron.net/reportDetail.php?id=47。

价也有一定下滑，春拍为31.55万元/件，与2017年春拍基本持平，秋拍为33.9万元/件，单件成交均价较2017年秋拍下降了4.91万元。相较于全球艺术品市场的复苏，2018年中国艺术品拍卖成交额呈下降趋势。总体来说，投资者对艺术品泡沫破裂的担忧和中国宏观经济减速使投资者更为谨慎，在一定程度上影响了中国艺术品拍卖市场，使得中国2018年艺术品拍卖成交额下降。

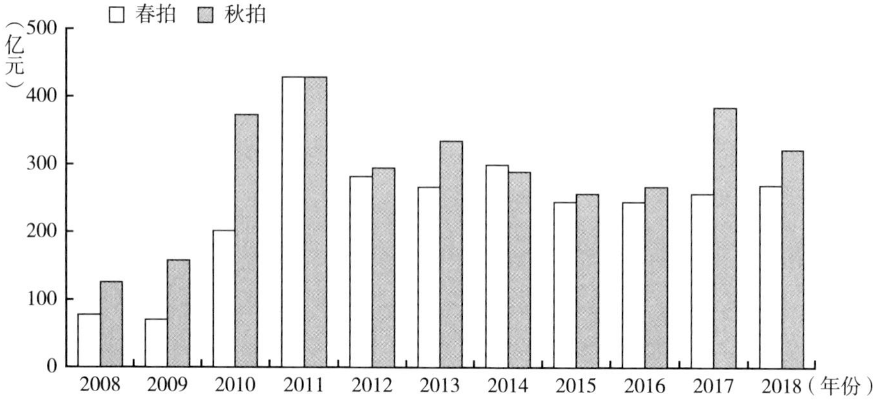

图1　2008～2018年中国艺术品历年拍卖成交额

资料来源：雅昌艺术监测中心（AMMA）2008～2018年《中国艺术品拍卖市场调查报告》。

从各地区成交额占比情况看，2018年，港澳台地区成交额上升幅度较大，其市场份额接近京津冀地区，相比2017年提高6.3个百分点，占比38.3%。京津冀地区成交额出现小幅下滑，但其仍处于我国艺术品拍卖第一位，2018年占40.6%的市场份额。除此之外，长三角市场份额略有下滑，降为12.1%，而珠三角小幅上涨，占比5.0%（见图2）。总体来看，2018年港澳台地区成交额涨幅较为明显，而京津冀地区和港澳台地区仍保持在国内拍卖市场的绝对优势，这与两地的历史背景、优惠政策和地理位置息息相关。

从艺术品类市场份额来看，瓷器杂项的成交额显著上涨。自2017年秋拍瓷器杂项份额超越中国书画份额成为占比最高的品类以来，瓷器杂项继续保持最大的份额，2018年春拍、秋拍瓷器杂项分别占据45.82%和44.03%的市场份额。在艺术品成交量整体下跌的同时，瓷器杂项的成交额仍有显著

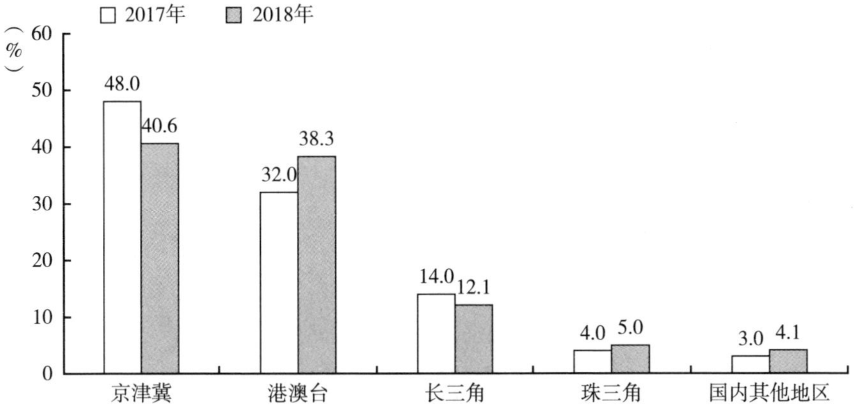

图 2　2017 年、2018 年中国各地区艺术品成交额占比

资料来源：中国产业信息网。

上涨。中国 2018 年瓷器杂项板块共计成交 236.28 亿元，同比上涨 28.50%。其中，清朝乾隆时期瓷器成交额超过 24 亿元，并且清朝乾隆时期瓷器在 2018 年度瓷器成交前十件中占了 7 件，而且成交额连续三年上涨，成交量连续四年上涨。总体来看，瓷器杂项的成交额有长期上升的趋势，体现了我国瓷器的文化艺术价值越来越得到市场的认可。

中国书画过去一直是中国艺术品拍卖市场的主要拍卖项目，然而 2018 年中国书画市场份额下降显著，相比 2017 年下降 9 个百分点，为近五年来市场最低点，2018 年春拍、秋拍中国书画分别占据 34.11% 和 36.98% 的市场份额。2018 年，中国书画成交总额为 210.46 亿元，同比下降 15.93%。高品质的书画拍品征集困难和经济前景不明朗成为主要原因，但其中精品书画仍然吸引诸多目光。中国书画中的古代书画表现可圈可点，其中备受关注的苏轼的《木石图》，在香港佳士得以 4.636 亿港币成交，创苏轼作品最高价纪录。近现代书画中，潘天寿的《无限风光》在中国嘉德以 2.975 亿元成交，为 2018 年秋拍中近现代书画最高价作品，并且刷新其个人最高纪录。在中国 2018 年拍卖前 100 名榜单中，近现代书画占据 18 席，千万元以上成交的有 43 件，近现代书画市场仍然充满活力。

现当代艺术市场份额增长显著，2018 年现当代艺术板块成交总额为

81.88 亿元，同比上涨 34.56%，成交总额超越 2011 年的峰值，并且创近十年最高纪录。2018 年春拍、秋拍现当代艺术分别占据 13.88% 和 13.00% 的市场份额（见图 3）。其中，在香港苏富比以 5.1 亿港币高价成交的赵无极

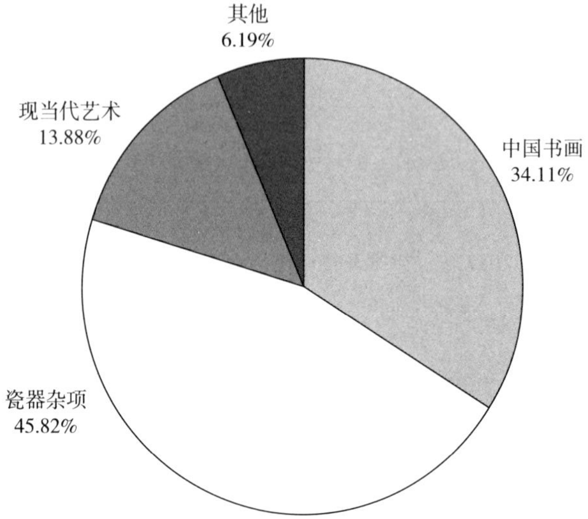

2018年春拍艺术品类市场份额占比

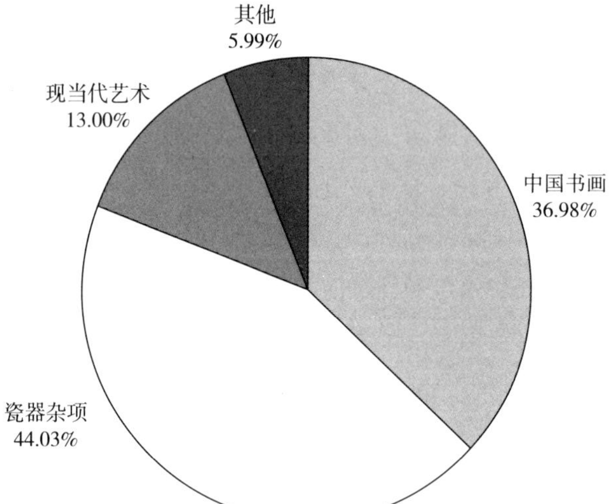

2018年秋拍艺术品类市场份额占比

图 3　2018 年春拍、秋拍艺术品类市场份额分布

资料来源：《中国艺术品拍卖市场调查报告》（2018 年春季、2018 年秋季）。

作品《1985 年 6 月至 10 月》，不仅创造了赵无极个人拍卖最高价纪录，并且还刷新了亚洲油画世界拍卖纪录和香港拍卖史上最高价成交拍品纪录，引起广泛关注。随着我国艺术品拍卖市场的不断调整，现当代艺术更符合越来越多的年轻藏家的收藏品位，以及近两年在拍卖市场表现卓著的赵无极、吴冠中等名家作品的推动等，现当代艺术市场发展充满潜力。

三　贸易概况

2009 年前，我国艺术品进出口贸易总额较低，市场发展不完善。2009 年至 2013 年，我国艺术品进出口贸易额成倍数增长，并于 2013 年达到中国艺术品进出口贸易总额最高点，为 18.12 亿美元。自 2014 年起，我国艺术品贸易开始出现下滑，艺术品进出口贸易额连年下降。随着艺术品进口关税税率的调整和相关政策的支持，2018 年我国艺术品贸易出现回暖迹象，艺术品进出口贸易总额为 3.91 亿美元，相比 2017 年上升 90.7%。2018 年艺术品进口额为 1.94 亿美元，出口额为 1.97 亿美元，艺术品进出口贸易趋向平衡，贸易结构更为合理（见图 4）。

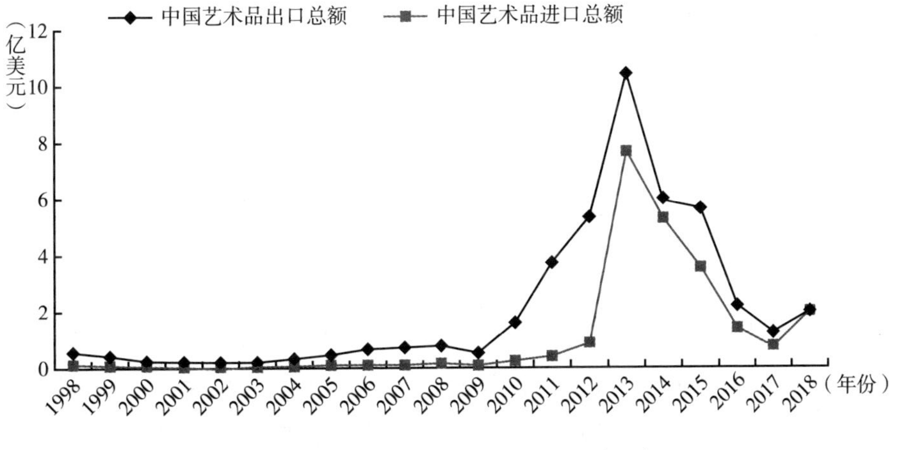

图 4　1998 ~ 2018 年中国艺术品进出口额

资料来源：联合国商品贸易数据库，https://comtrade.un.org/。

（一）进口概况

由于我国艺术品进口关税税率的调整、市场体系的完善和国家政策的扶持，2018 年我国艺术品进口额增幅较为显著，根据联合国商品贸易数据库有关数据，我国艺术品、收藏品及古董 2018 年进口额为 1.94 亿美元，相比 2017 年上升 155.3%，为五年内首次艺术品进口额上升。2018 年，北京、上海仍为艺术品进口的主要地区，两地区进口总额达 1.31 亿美元，占全国艺术品进口额的 67.5%。广东省、重庆市紧随其后，位列第三、第四，两地区进口总额占全国艺术品进口额的 11.9%（见表 1）。从数据来看，艺术品进口地区主要为经济发达地区和保税区密集地区，并且北京和上海由于自身的文化优势、国际化优势、人才优势等，成为我国艺术品进口主要地区。

表 1　2018 年中国部分省市艺术品进口情况（前 10 位）

排名	地区	进口额(美元)
1	上海市	71013765
2	北京市	60387463
3	广东省	14108467
4	重庆市	8916488
5	福建省	3588382
6	山东省	3573404
7	浙江省	2302501
8	湖南省	2229373
9	四川省	2088516
10	天津市	1331269

资料来源：海关总署。

相比于艺术品贸易规模较大的国家，例如美国、英国等国家，虽然我国艺术品进口关税税率逐年下调，部分艺术品进口关税税率仅为 1%，但仍需要缴纳高达 13% 的进口增值税。较高的进口增值税不仅使得我国市场的门槛较高，并且加大了国外艺术品进入国内市场的难度。与此同时，艺术品进入我国的逃税漏税现象层出不穷。2018 年国务院关税税则委员会发布公告再次下调部分艺术品进口税率，使得中国艺术品流通性进一步加强，并且有利于我国进口国际优秀艺术品，进一步扩大我国艺术品进口贸易规模。此外，艺术品进口关税税率下调有利于更好地引导艺术品的交易，同时使我国市场门槛降低、知名国外艺术品经营机构进入意愿增强，促进我国艺术品市场良性竞争，使国内相关经营机构提高自身竞争力，促进国内艺术品产业发展。

（二）出口概况

2018 年，全球经济仍未有较大起色，未出现明显复苏迹象，并且伴随着中美贸易摩擦，对贸易环境产生负面影响。但是随着我国营商环境的改善和一系列减税降费的措施出台，贸易便利化水平明显提高，联合国贸易数据库相关数据显示，我国艺术品、收藏品及古董 2018 年出口额为 1.97 亿美元，相比 2017 年上升 53.9%。

海关总署数据显示，2018 年北京市、上海市为艺术品主要出口地区，广东省居于第三位。北京、上海、广东出口总额共计 0.79 亿美元，其总额占全国艺术品出口总额的 40.1%。

2018 年，我国艺术品出口流向国家及地区仍主要集中在北美、西欧等发达国家和我国香港地区。美国仍是我国艺术品最大的出口国，出口额超过第 2 ~4 位国家及地区的出口额总和，总计 0.72 亿美元。其次为我国香港，总计 0.31 亿美元，再次为英国，总计 0.16 亿美元（见图 5）。出口结构方面以油画、粉画及其他手绘画等（HS 编码为 9701）为主，达 1.64 亿美元，占我国艺术品出口额的 83.2%。我国艺术品出口结构目前仍较单一，但具有动物、植物、矿物学意义的艺术品和超过 100 年的古物出口额相比 2017 年分别上升 387.6% 和 80.2%，艺术品市场多元化正逐步加强。

四　发展特点

（一）艺术品进出口贸易额上升明显，艺术品贸易规模稍显不足

联合国商品贸易数据库相关数据显示，我国艺术品 2018 年进出口贸易额

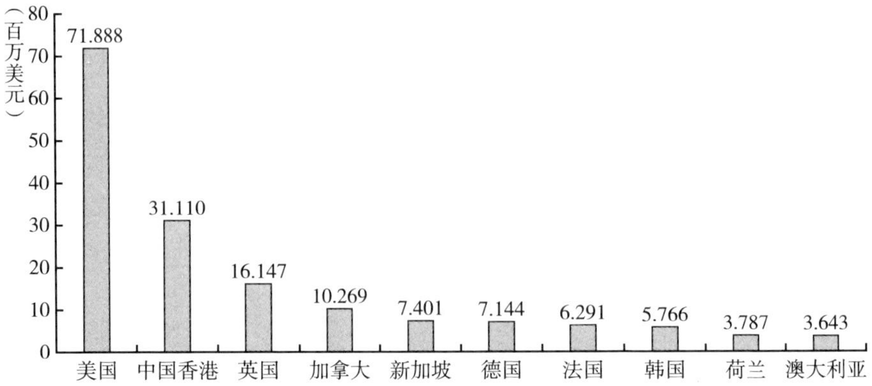

图5　2018年中国艺术品出口流向国家及地区（前10位）

资料来源：联合国商品贸易数据库。

为3.91亿美元，上升幅度较大，相比2017年上升90.7%。但进出口总额仅占我国艺术品二级市场交易额的4.8%，表明我国艺术品市场对外贸易依存度较小，艺术品市场仍以国内市场为主。2018年美国艺术品进出口贸易额总计为264亿美元，英国艺术品进出口贸易额总计为105亿美元，我国艺术品进出口贸易额与世界前列国家相比虽然增幅明显，但在艺术品贸易规模上仍有不小的差距。其主要原因在于我国艺术品市场开放程度较低，同时高额进口增值税导致国外艺术品经营公司进入门槛较高。这表明我国要成为全球艺术品贸易中心仍需要不断地完善市场，制定合理的税率与引导性的政策。随着我国文化"走出去"、文化强国等战略的实施，艺术品贸易作为文化交流和传播的重要途径，不仅艺术品进出口贸易额会持续增加，贸易规模也将进一步扩大。

（二）我国艺术品一级市场交易额较小，仍以二级市场交易为主

我国艺术品市场与国外艺术品市场存在显著不同。一级市场以画廊为主，国外画廊有培养艺术家的成熟机制，并且有合理的签约机制，能够给予充分的时间使其成长。而我国画廊起步较晚，并且和拍卖行成立时间接近。因此画廊难以与资金充足的拍卖公司竞争，而且国内拍卖公司会与画廊竞争优秀艺术家。我国绘画、当代艺术等艺术品目前以拍卖市场为主要渠道进行交易，而欧美等

发达国家则以画廊等一级市场作为主要渠道进行艺术品交易，并且我国画廊尚未有完善的运营机制和行业规范，国内签约机制不完善导致艺术家流失严重，国内一级市场难以发展。与一级市场相比，我国二级市场规模较大，得益于拍卖行业相比画廊有完善的法律保障，我国目前陆续出台《拍卖法》《文物拍卖管理办法》《文物保护法》，支持拍卖市场的发展。根据雅昌艺术市场监测中心（AMMA）的数据，中国艺术品的拍卖成交额为45亿美元，位居世界第二，占全球拍卖成交总额的29%。尽管由2017年的首位降至世界第二，但是2018年高达45亿美元的拍卖成交额仍表明我国艺术品拍卖市场前景广阔。与我国一级市场交易规模相比，中国艺术品交易目前仍以二级市场为主要交易渠道。

（三）艺术品类结构逐渐改善

我国艺术品市场主要由三个品类构成，分别为中国书画、瓷器杂项、现当代艺术。随着我国艺术品市场的不断完善和改进，艺术品类结构逐渐改善。中国书画板块成交额在过去一直处于首位，并且高峰期占比超过70%。2010年中国书画板块成交额开始呈下滑趋势，并于2017年秋拍成交额被瓷器杂项板块超过，下滑至第二位。根据雅昌艺术市场监测中心（AMMA）2018年全球艺术市场报告，2018年中国书画市场份额下降9个百分点，为近五年来市场最低点，成交额为32.38亿美元，同比下降22.40%。原因主要在于中国书画拍卖市场藏家惜售现象涌现，高端作品短期难以出现在市场上，高端书画拍品难以征集。瓷器杂项市场的火热和瓷器市场体量大也使得大量买家减少在中国书画板块的投资。因此瓷器杂项在艺术品拍卖市场占比有长期提升的趋势。2018年全年瓷器杂项板块共计成交236.28亿元，同比上涨28.50%。2018年春拍、秋拍瓷器杂项分别占据45.82%和44.03%的市场份额。目前我国现当代艺术板块发展趋势较好，雅昌艺术市场监测中心（AMMA）相关数据显示，2018年现当代艺术板块成交额总额为81.88亿元，同比上涨34.56%，市场份额占整体市场的14.41%，成交总额超越2011年的峰值，而且创近十年最高纪录。随着熟悉当代艺术的新一代藏家增多，以及赵无极等一批将中西美学糅合的艺术家的崛起，现当代艺术板块规模将进一步扩大。

五　艺术品贸易出现的问题

（一）高税率影响艺术品国际贸易

2018年，国务院关税税则委员会发布公告再一次下调艺术品进口关税，唐卡以外的手绘油画、粉画及其他画等一些种类税率降至1%。这在一定程度上刺激了国内艺术品市场积极引进国外优秀艺术品，但是进口增值税税率为13%，再加上国内成交之后产生的消费税、增值税等多种税费，艺术品交易成本居高不下。欧美等发达国家，比如目前美国对于艺术品进口为零关税政策。美国对国外艺术品卖方仅征收该艺术品价值0.21%的海关使用费，并且规定了上限为485美元。对于价值超过1250美元的艺术品，美国海关征收5‰以内的债券费，并会在1年之后返还给进口商。高税负导致逃税避税现象层出不穷，造成我国对艺术品的税收减少，影响我国艺术品市场的有序发展。并且，高税负阻碍国际上优秀的艺术品经营机构进入国内筹办展览，同时加大了国外出色艺术品进入我国的难度，阻碍了国内艺术品市场向国际化发展的走向，也影响了我国在海外的文物回流数量。另外在高税率的压力下，市场会自发形成较多的私下交易行为，这不仅影响了对我国艺术品数据的统计，而且阻碍了我国艺术品市场的渐进发展历程。

（二）艺术品金融化配套措施缺失

近年来艺术品从商品逐渐转变为一种投资品，目前艺术品金融已被我国纳入金融体系。随着相关政策的鼓励支持，艺术品以互联网平台为基础，逐步实现金融化。中国艺术品金融化主要有以下几种形式，分别是艺术品基金、艺术银行、艺术品信托、艺术品按揭、艺术品质押贷款和艺术品份额化交易。在国际上，艺术品、股票与房地产并称为投资的“三驾马车”，并且艺术品的回报率在长期来看要高于股票与房地产。然而我国艺术品金融仍存在诸多问题。首先，目前我国艺术品鉴定评估体系错综复杂，艺术品的属性使得其需要专业的机构和人才进行鉴定，但是由于艺术品鉴定市场存在巨大的利益，因此在极端情况下会出现无资质鉴定机构随意鉴定的现象，这造成银行等机构对艺术品的评估产生极大的怀疑。其次，专业化人才缺失。艺术品金融化在我国市场兴起的时间较为短暂，但是由于市场的飞速发展，从业人员与日俱增，接受过专业艺术品金融知识培训的人才却相对较少。

（三）艺术品市场法律体系和监管问题

有序发展我国艺术品市场，需要健全的法律体系。我国艺术品市场兴起较晚，但发展较为迅速，相关法规的制定未能及时与艺术品市场同步。我国艺术品市场经营企业目前来看参差不齐。即使在法律体系相对完善的拍卖市场，拍卖公司进行炒作等现象仍层出不穷。尽管 2016 年《艺术品经营管理办法》《文物拍卖管理办法》相继出台，但是仍存在许多问题。首先，市场监管主体不明，相关法规发布后各方监管职责不明，互相推脱的现象屡有发生，此时需要市场监管法律来明文规定监管主体和责任。其次，如今艺术品市场上存在拍卖公司制假售假、随意炒价的行为，阻碍着我国艺术品市场的发展。最后，艺术品金融相关政策法规不完善。由于艺术品金融属于新兴产物，虽然国家已经出台一系列相关政策法规，但是市场监管难度大、门槛高，从而导致无法保证艺术品交易的公平与透明。艺术品交易不能缺乏保护，因此设立相应的信用法律体系事不宜迟。

（四）艺术品市场交易渠道单一

近几年艺术品市场的飞速发展，并没有解决我国艺术品交易市场现有的一、二级市场错位的问题。从目前来看，我国艺术品交易环节中一级市场缺失，画廊等交易市场规模过小。二级市场替代一级市场实现交易的现象仍然存在。艺术品行业报告往往只关注我国拍卖市场就是交易渠道单一的体现。与欧美发达国家相比，绘画、当代艺术等艺术品交易在我国以拍卖市场为主要交易渠道，而欧美等国则以画廊等一级市场为主要交易渠道。再加上我国画廊与艺术家之间的签约机制，拍卖公司和画廊竞争优秀艺术家等问题，我国艺术品一级市场发展缓慢。与此同时，这也影响到了我国艺术品拍卖市场，导致拍卖品炒价现象屡有发生，拍卖市场泡沫严重，阻碍我国艺术品市场整体发展。

六 艺术品贸易发展的对策建议

（一）合理设置艺术品税率，制定保税区优惠政策

为了解决近年来艺术品贸易额增长减缓、份额较小的问题，我国应进一步降低艺术品进口增值税税率，相关部门应积极响应总体经济环境的变化，制定相应的政策，参考各国实施的艺术品征税制度，制定符合我国实际情况的税率。同时，各级政府应确保文化保税区、艺术品保税仓库的优惠政策发挥作用，逐步简化艺术品进出口手续，减少不必要的办理手续，真正降低艺术品进出口成本。通过这些举措，实现保税区提供的艺术品快速通关、保税仓储、保税展示、外汇留存等服务。选择部分城市开展艺术品税制改革试点，探索促进艺术品市场发展的新机制、新措施，待时机成熟时向全国推广。[①] 最后，各级政府部门需对海外文物回流在政策法规上给予优惠，保护中国传统文化，促进我国国宝回归。现行的规定对于部分民间收藏单位并不适用，应该研究制定合理的回流文物艺术品进境税率，并制定明确的艺术品回流程序，最大限度地调动艺术品市场的资金，从而提高我国海外艺术品的竞买热情。

---

① 任滋森：《推动艺术品市场发展的税收政策完善》，《税务研究》2018 年第 8 期。

（二）建立科学鉴定体系，培养艺术品金融专业人才

要改变艺术品金融化配套措施缺失的情况，首先，需要建立科学的鉴定体系。现如今市场一般通过民间艺术从业人员或第三方机构进行鉴定，此类鉴定市场信誉度和认可度较低。因此需要国家扶持建立一个专业的鉴定机构，从而确保有一个较为准确的鉴定规范，减少交易双方对彼此的怀疑，对艺术品的鉴定和评估过程实施有效监管，使艺术品能够被银行等机构承认进而促进艺术品金融化进程，同时可以减少向银行进行艺术品质押贷款的成本和手续。其次，需要建立一套合理的专业化人才培养体系。随着艺术品金融化的不断延伸需要专业化的人才，充分发挥艺术基金、行业协会、行业组织机构与艺术院校的作用，各方联动为艺术产业发展提供“产、学、研”的全方位服务，培养一批能够应用于艺术品行业的人才，做到实践与理论相结合。最后，对于现在模糊的问题和缺乏市场监管的问题，还有目前艺术品金融在实际操作中遇到的问题，相关部门应及时组织人员进行法规条例的制定和完善，促进艺术品金融的发展。

（三）明确市场监管分工和职责，建立信用体系

面对艺术品市场相关法律法规的缺失，有关部门应当制定一套完善的法律体系，在市场监管方面，明确各部门的分工和职责，依照规定建立相应的执行机构，以免出现互相推诿的现象。在鉴定领域，制定相应法律法规以及鉴定管理办法，统一艺术品市场的鉴定规范，避免出现鉴定证明无法通用造成手续复杂的问题。另外，可以建立鉴定追责机制，以免鉴定机构因利益问题忽视其应遵循的职业道德。探索建立信用法律体系，将艺术品交易纳入征信体系，并且加强对拍卖行业的监管，从而减少拍卖公司制假售假、随意炒价的行为。

（四）完善画廊签约机制，寻求特色经营模式

目前我国亟须扩大艺术品市场交易渠道，不断提高一级市场在艺术品交

易环节中的地位。在一级市场中，需要完善画廊与艺术家的签约体制，使画廊愿意与优秀年青艺术家长期签约，引导优秀艺术家反馈画廊，减少画廊对于短期利润的追寻，画廊与艺术家双方都应有契约精神，寻求双赢。面对海外画廊对国内市场的冲击，中国本土的画廊与艺术品经营机构应找寻适合自己的经营方式，改变经营策略，提升自己的核心竞争力，要通过长远布局促进画廊的发展，进行差异化经营。不能以短期内的市场效益竞相模仿国外画廊，从而使自身画廊缺乏特色。艺术品一级市场应起到引导市场、引导藏家的作用，确保我国艺术品市场的良性发展。

参考文献

李小牧主编《中国国际文化贸易发展报告（2018）》，社会科学文献出版社，2018。

范周：《中国文化产业重大问题新思考》，商务印书馆，2019。

任滋森：《推动艺术品市场发展的税收政策完善》，《税务研究》2018 年第 8 期。

王海文：《以文化自信助推我国对外文化贸易的繁荣发展》，《国际贸易》2016 年第 10 期。

程相宾：《文化贸易理论视角下我国民族文化产业快速发展的对策研究》，《黑龙江民族丛刊》2018 年第 5 期。

B.10

中国创意设计对外贸易发展报告（2020）

刘 霞*

摘 要： 在中国对外文化贸易规模不断扩大的发展背景下，创意设计作为文化贸易中最为活跃的要素，已经逐步发展成为中国文化产业结构转型升级以及社会经济持续增长的重要引擎。中国创意设计对外贸易以顺差为主，贸易总量整体上呈现逐年增加的变化趋势，其中进出口贸易均集中在时尚设计和室内设计这两大类产品上。与此同时，中国创意设计对外贸易发展面临贸易结构不平衡、出口竞争力低下、国际知名创意设计品牌缺乏等方面的问题和挑战。因此，为了进一步促进中国创意设计对外贸易高质量发展，本报告从数字技术融合、出口渠道拓展、创意资源集聚、国际品牌打造以及专业人才培养等方面提出相应的对策建议。

关键词： 创意设计 对外文化贸易 时尚设计 室内设计

近年来，随着经济全球化的不断深入，中国对外文化贸易持续快速发展，商务部统计数据显示，2019 年中国文化贸易进出口总额约为 1114.5 亿美元，同比增长 8.9%，其中贸易顺差额约为 883.2 亿美元，规模扩大了 6.8%。在中国对外文化贸易规模不断扩大且持续顺差的发展背景下，创意

* 刘霞，北京第二外国语学院首都对外文化贸易研究基地研究员，经济学院讲师，经济学博士，主要研究方向为国际文化贸易、世界经济等。

设计作为文化贸易中最为活跃的要素之一，对文化贸易进出口的总体贡献逐年增加，在出口贸易增速上的表现更加突出。中国政府也高度重视创意设计的发展，为创意设计产业的发展提供了广阔平台和良好机遇。2019 年科技部等六部门印发的《关于促进文化和科技深度融合的指导意见》明确提出要“将中华文化元素和标识融入内容创作生产、创意设计以及国土空间规划、生态文明建设、制造强国建设、网络强国建设和数字中国建设”。由此可见，创意设计产业已经成为中国产业结构转型和优化升级以及经济社会持续增长的重要引擎，增强创意设计对外贸易的国际竞争力对中国文化、社会和经济的高质量发展有重要的意义。

一　中国创意设计对外贸易发展概况

在国家政策的支持和鼓励下，中国创意设计产业发展迅速。按照 UNCTAD（联合国贸易和发展会议）对创意文化产品和服务的划分标准，可以将核心的创意设计产品分为建筑设计（Architecture）、时尚设计（Fashion）、玻璃器具设计（Glassware）、室内设计（Interior）、珠宝设计（Jewellery）、玩具设计（Toys）这六类。根据 UNCTAD 的统计数据，2002～2015 年创意设计对外进出口贸易总额以及出口总额整体上均呈现小幅波动的增长趋势，进口总额则在这段时间内呈现稳步增长的变化趋势。

（一）中国创意设计对外贸易的总体规模

根据 UNCTAD 的统计数据，从整体上看，2002～2015 年中国核心类创意设计产品对外进出口贸易总额整体上呈现小幅波动式增长的变化趋势。进出口贸易总额从 2002 年的 237.80 亿美元逐步增加到 2015 年的 1281.35 亿美元，年均增长率约为 13.83%。具体地，2002～2008 年，进出口贸易总额呈现逐年稳步的小幅增加趋势，年均增长率约为 16.22%。2008 年之后，受全球金融危机的影响，国际市场受到一系列不稳定因素的影响，各国在创意设计产品上的需求也出现了一定的波动，因此 2009 年进出口贸易总额、出口总额、进口总额均出现了小幅的下降。之后，随着全球经济的复苏，进出口贸易总额呈现较快的增加趋势，从 2009 年的 545.61 亿美元快速增加到 2014 年的 1541.93 亿美元的最大值，年均增长率高达 23.09%。2014～2015 年，进出口贸易总额出现了急剧下降的发展趋势，这与中国货物贸易的整体发展情况相一致，2015 年再一次受到国际市场不景气以及世界贸易深度下滑的影响，中国货物进出口贸易与 2014 年相比出现一定幅度的下降。创意设计也呈现这样的变化趋势（见图 1）。

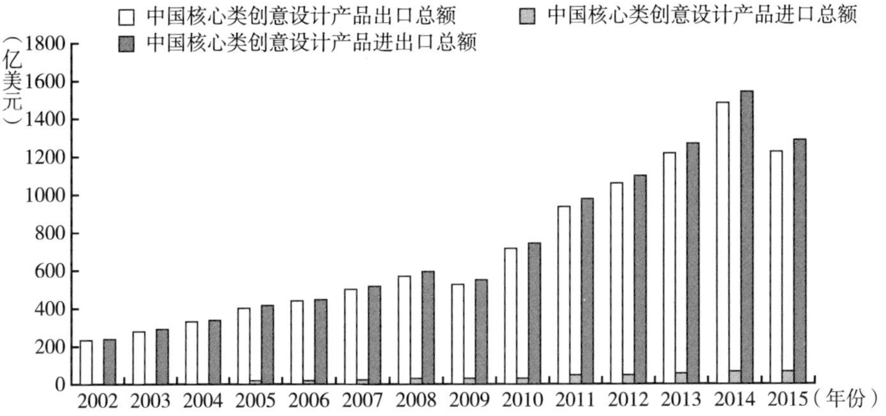

图 1　中国核心类创意设计产品对外进出口贸易趋势

数据来源：UNCTAD。

其中，对于中国核心类创意设计产品的出口总额而言，2002～2015 年呈现与进出口总额同样的变化趋势（见图 1）。从 2002 年的 227.75 亿美元稳步增加到 2008 年的 560.63 亿美元，年均增长率约为 16.20%。而在 2009 年，受到全球金融危机的影响，中国核心类创意设计产品出口总额出现小幅下降的趋势。在 2010 年之后，其出口总额同样以更快的速度保持稳定的增长，2010～2014 年，出口总额的平均增速约达到 23.55%。到 2014 年，出口总额达到最大值（约为 1486.11 亿美元）。在 2015 年，出口总额同样再次受到国际经济发展趋势的影响而又开始回落。尽管如此，中国仍然为世界主要的创意设计产品出口国，在国际市场上仍有较大的影响力。

中国核心类创意设计产品的进口总额整体上与出口总额不同，呈现逐年稳步上升的变化趋势（见图1）。从2002年开始以较为稳定的增长率一直增加到2015年的57.78亿美元，年均增长率约为14.40%。面对金融危机，进口总额并没有出现显著的下降，而是基本维持与2008年一样稳定的变化趋势。2009年之后进口总额开始逐步恢复之前的稳定的增长率，逐年增加到2015年的最大值（57.78亿美元）。其中2010年和2011年连续两年呈现快速增长的趋势，2010年进口总额达到28.56亿美元，较上年增长了24.35%，2011年增长至43.34亿美元，较上年增长了51.75%，2012年之后，进口总额平稳慢速增长，年均增长率为7.55%。

（二）中国创意设计对外贸易的商品结构

2011年之前，中国创意设计产品的出口以时尚设计、室内设计和玩具设计为主，而建筑设计、玻璃器具设计以及珠宝设计出口量相对较少，总体呈现一定的不均衡性。2011年之后，则以时尚设计、室内设计和珠宝设计的出口为主。根据UNCTAD的统计数据，2015年中国时尚设计、室内设计和玩具设计这三类创意设计产品的出口占比分别为34.11%、34.02%和14.06%（见图2）。所以，中国创意设计产品的出口以时尚设计为主。尽管2002～2015年，时尚设计的出口量占中国创意设计各类产品出口总量的比例大体呈现小幅下降的趋势，但是除2014年以外一直保持在30%以上。从2002年的40.76%小幅下降到2015年的34.11%。而玩具设计的出口占比与时尚设计的占比变化趋势相似，同样大体呈现小幅的下降趋势，从2002年的26.33%逐步下降到2015年的14.06%。这两类产品之所以呈现这样的变化趋势，不仅与中国本身的比较优势以及要素禀赋密切相关，而且与中国产业结构调整有关。因为中国在生产时尚类产品（如服装等）以及玩具上具有一定的比较优势，这两类产品原本属于劳动密集型产品，以劳动要素的投入为主，因此这两类设计产品成为中国最主要的创意设计出口产品。但是随着中国人口红利的消失以及劳动力优势的逐渐减弱，这两类产品的低成本优势也正在逐渐减弱，因此其对外出口在创意设计产品总出口中的占比呈现小幅波动式下降的趋势。

而对于室内设计产品的出口占比，2002～2015 年基本维持平稳的发展趋势，一直保持在 30% 左右，且受到国际市场不稳定因素的影响较小。对于建筑设计和玻璃器具设计产品的出口占比，其占比较小且变化趋势稳定，分别维持在 0. 01% 和 0. 04% 左右。而对于珠宝设计，在 2009 年之前其出口额相对较小，且维持基本稳定的发展趋势，这一阶段其占比一直维持在 7% 以下。2009 年之后，随着全球经济的复苏，珠宝设计产品的出口量开始快速增加。各国消费者对中国文化的认同度不断提高，对中国产品的偏好也不断增强，对中国珠宝设计产品的需求量增加，因而珠宝设计产品的出口占比从 2009 年的 6. 59% 快速增加到 2014 年的最大值（35. 18%），之后在 2015 年又回落到 17. 56%。

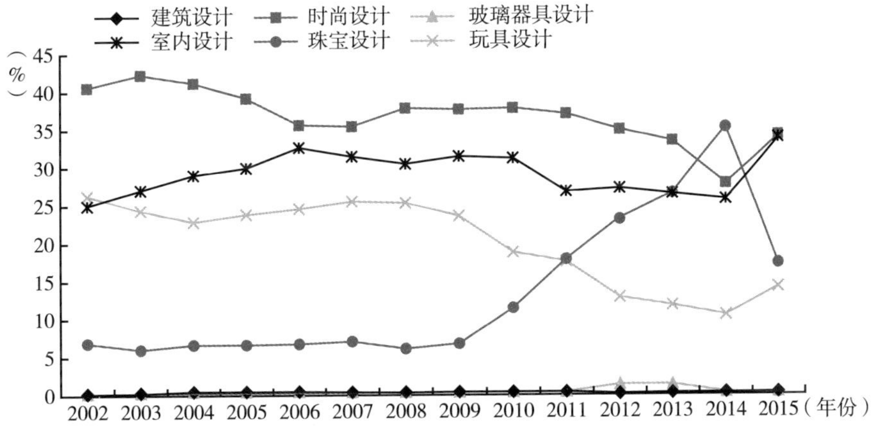

图 2　2002～2015 年中国创意设计的出口产品结构

数据来源：UNCTAD。

中国创意设计的进口产品结构整体上与出口类似，2002～2011 年以时尚设计、室内设计和玩具设计的进口为主，2011 年之后，玩具设计的进口占比快速下降，而珠宝设计的进口占比快速上升。2015 年时尚设计、室内设计和珠宝设计产品的进口占比分别约达到 44. 29%、20. 59% 和 24. 61%，而建筑设计、玻璃器具设计以及玩具设计产品的进口占比均相对较小，分别为0.03%、1.37%和9.11%（见图3）。创意设计的进口产品结构同样体现了一定的不平衡性。其中，时尚设计和室内设计既是中国主要的创意设计出口产品，也是主要的进口产品，这充分体现了中国市场对各国文化的包容和认可，中国在通过文化贸易对外传播中国文化的同时，也在不断吸收和接受国外的先进文化，不断满足国内消费者多样化的精神文化需求。

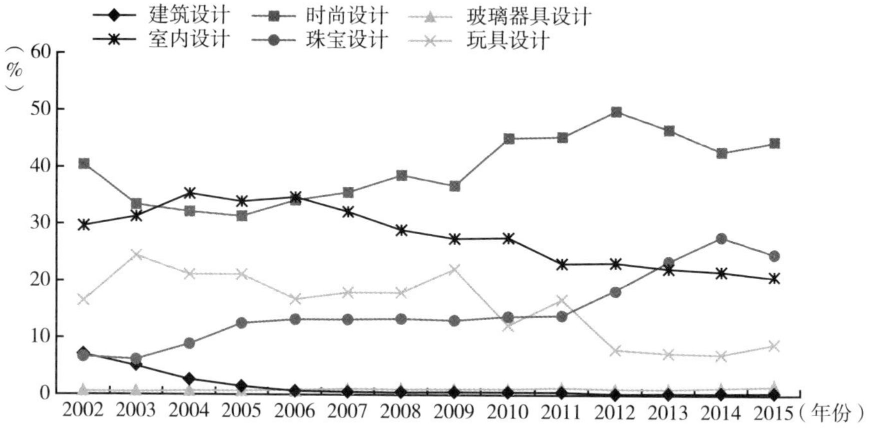

图3　2002～2015年中国创意设计的进口产品结构

数据来源：UNCTAD。

（三）中国创意设计对外贸易的顺逆差情况

随着中国文化国际影响力的不断提高，中国创意设计产品的进出口贸易快速发展。根据UNCTAD的统计数据，2002～2015年中国创意设计产品对外贸易整体上呈现贸易顺差，且顺差额逐年波动式增加（见图4）。从2002年的217.70亿美元逐年稳步增加到2008年的537.65亿美元，在2009年出现了小幅回落之后很快又恢复到了快速增长的阶段，从2009年的499.69亿美元的顺差额快速增加到2014年的1430.29亿美元。这样的变化趋势与中国创意设计产品出口总额的变动有关，与对外出口总额的变化趋势相同。

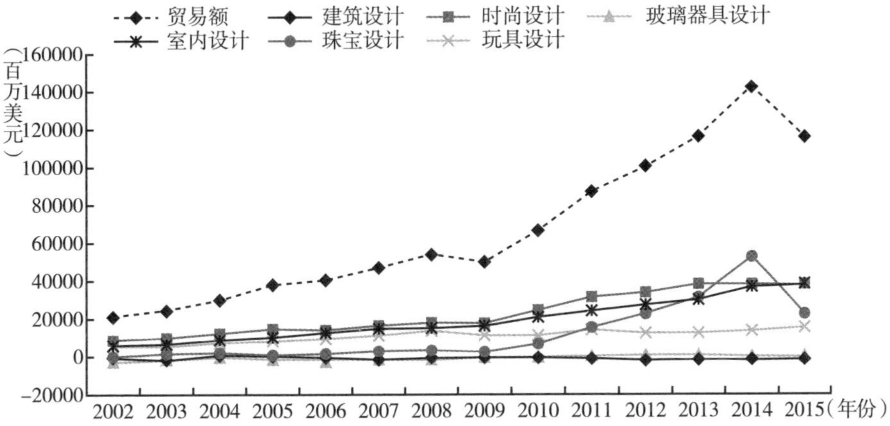

图 4　2002～2015 年中国创意设计产品贸易顺逆差趋势

数据来源：UNCTAD。

具体各类创意设计产品的对外贸易也以顺差为主，特别是时尚设计、室内设计、珠宝设计以及玩具设计产品，2015 年这四类创意设计产品的顺差额分别约为 391.75 亿美元、404.35 亿美元、200.60 亿美元和 166.82 亿美元。而建筑设计产品的贸易顺差额比较小，且从 2005 年开始才逐步由贸易逆差转为贸易顺差，2015 年建筑设计产品的贸易顺差额约为 0.07 亿美元。而时尚设计和室内设计产品的贸易顺差额最大，且珠宝设计产品贸易顺差增长速度快。2013 年珠宝设计产品贸易顺差额超过室内设计产品顺差额，在 2014 年达到 507.30 亿美元，该年珠宝设计产品成为贸易顺差额最大的创意设计产品。与此同时，玩具设计、玻璃器具设计和建筑设计产品的顺差额变化幅度相对较小。

二　中国创意设计对外贸易发展面临的问题和挑战

随着文化产品和服务贸易的快速发展，中国创意设计对外贸易也获得了较大的发展，但其仍面临诸多的问题和挑战。

（一）创意设计对外贸易结构不平衡，产品多元化程度有待进一步提高

中国创意设计对外贸易起步较晚，但是发展较快，特别是出口贸易额迅速增加，多年来持续呈现贸易顺差的发展趋势。[①] 而创意设计对外贸易结构不平衡主要体现在两方面，一方面，进出口贸易总体上呈现不均衡的发展趋势。根据 UNCTAD 的统计数据，创意设计产品贸易顺差额从 2002 年的 217.70 亿美元增加到 2014 年 1430.29 亿美元的最大值。而随着创意设计产品贸易顺差额的增加，对外贸易结构的不平衡性也日益加剧。另一方面，创意设计对外贸易在产品结构上存在一定的不平衡性。创意设计的进口和出口产品结构较相似，且种类较集中，这与中国创意设计行业的要素禀赋和比较优势密切相关。因此，为了中国多元文化的进一步“走出去”以及国内市场多样化精神文化需求的进一步满足，创意设计产品多元化程度有待进一步提高。

（二）创意设计产品国际竞争力较低，在全球文化价值链中的地位有待进一步攀升

创意设计对外贸易的持续发展除了需要有关部门的高效配套支持以及以高技术为支撑的基础设施之外，更多依赖的是自身产品质量以及其中所包含的技术含量和文化信息。而中国目前出口的创意设计产品主要集中在较为传统的时尚设计和室内设计种类上，2015 年两类产品在中国创意设计总出口额中的占比分别约为 34.11% 和 34.02%。这两类产品的设计工艺和技术难度相对较低，对中国文化核心竞争力与影响力的表达和传递力度不够，在国际市场上的整体竞争力有待进一步提高。与此同时，中国文化创意产业整体仍处于全球文化价值链的低端，仍然以劳动密集型产品的加工和出口为主，而高端创意和精细工艺设计类产品和服务的出口占比较小，不足以充分发挥文化产业链条的耦合效应。所以，连接文化创意设计对外贸易上、下游相关

---

① 曲如晓、董程：《中国文化创意产品贸易特点及发展对策》，《国际经济合作》2012 年第 10 期。

产业的链条亟待完善，中国创意设计产品在全球文化价值链中的地位有待进一步攀升。

（三）国际知名创意设计品牌较少，出口平台有待进一步搭建、渠道有待进一步拓展

对于中国创意设计对外贸易发展而言，在发挥产业链条的耦合效应、实现文化国际化传播、搭建数字网络和数字化交易平台的过程中，对外国际流通与销售环节有些问题正掣肘着中国创意设计产品和服务贸易的高质量发展。[①] 统计数据显示，2002 年以来中国创意设计产品持续顺差，进出口贸易主要集中在时尚设计和室内设计这两大类上，而建筑设计、玻璃器具设计以及珠宝设计等产品不仅国际竞争力低下，在“创意设计 + 云计算”“创意设计 + 物联网”“创意设计 + 数字经济”等产业融合和发展模式上进程缓慢，而且缺乏国际知名品牌，“走出去”过程中的动力不足，出口平台有待进一步搭建、渠道有待进一步拓展。

三　中国创意设计对外贸易发展的对策建议

国家统计局数据显示，中国创意设计服务业收入规模整体呈现增长趋势，2016 ~ 2019 年年均复合增长率约为 7.6%。其中，2019 年规模以上创意设计服务企业总营业收入约为 12276 万亿元，同比增长 11.3%。尽管如此，中国创意设计产业的发展程度与发达国家相比仍存在一定的差距，创意设计产品和服务的国际竞争力仍存在进一步提升的空间。

（一）加强数字技术与文化创意的深度融合，提高创意设计的出口竞争力

面对中国创意设计出口的发展现状，要想真正实现对外贸易结构的优化，

① 董思雁、李晓峰、冯紫薇：《中国文化创意产业贸易及其高质量发展研究》，《江汉大学学报》（社会科学版）2020 年第 1 期。

减少劳动和物质资源消耗型设计产品的出口，增加创意资源支撑型设计产品的出口，需要让中国的“创意智造”嵌入全球文化价值链的中高端环节。① 随着大数据、人工智能及云计算等技术的快速发展，应以数字化、网络化、智能化为技术基点，不断加强中国文化创意与先进数字化技术的深度融合，重点突破文化艺术、创意设计等领域系统集成应用技术，开发创意设计内容可视化呈现、中国文化互动化传播以及沉浸化体验的技术应用系统与产品，进一步提高创意设计产品和服务的出口质量，不断增强国际竞争力。

目前中国很多城市和地区已经具备了发展文化创意及信息软件等产业的良好基础，各地政府也高度重视并大力支持培育和发展新经济、新产业，已经将数字创意等战略性新兴产业的发展作为重中之重。如：在 2019 年的中国创新设计大会上，数字经济相关领域的院士专家及业界人士与厦门市就数字经济创新发展、合作交流等问题进行探讨与对接，② 极大地促进了数字技术与创意设计的结合，对厦门等城市和相关地区发展数字创意设计等新兴产业起到了重要的推动作用。

（二）促进对外交流合作，拓展创意设计产品和服务的出口渠道

中国创意设计产品和服务对外贸易的快速发展需要充分利用国内和国外两个市场，加强对外文化、技术和信息的交流与合作。中国创意设计进出口贸易主要集中在时尚设计和室内设计这两类产品上，出口产品多元化程度亟待进一步提高。一方面，中国本土创意设计公司可以加强与国外知名创意设计公司的沟通和交流，在对外传播中国文化的同时，借鉴和吸收国外先进的设计理念和工艺技术，不断提高企业创意设计产品的核心竞争力。另一方

① 向勇：《让中国“创意智造”嵌入全球价值链中高端》，中国日报网，2018 年 8 月 22 日，https：//baijiahao. baidu. com/s？ id = 1609467778260411591&wfr = spider&for = pc，最后访问日期：2020 年 4 月 15 日。

② 林东晓、张子剑：《2019 年中国创新设计大会推动厦门新兴产业经济发展》，人民网，2019 年 12 月 10 日，http：//fj. people. com. cn/n2/2019/1210/c181466 – 33620491. html，最后访问日期：2020 年 4 月 15 日。

面，中国本土创意设计公司在突破旧的观念和体制以丰富产品种类和提高产品质量的同时，要关注海外市场不同的消费者群体对创意设计产品和服务的偏好，综合考虑海外市场对各类创意设计产品和服务的需求特点，这样才能有效应对国际创意设计市场的激烈挑战。

在加强对外合作交流的同时，中国需要充分发挥已有国际展会或平台的带动作用，如京交会、广交会等，并继续搭建有利于创意设计产品和服务出口的新平台，为中国创意设计“走出去”提供更多的机会和渠道。以西班牙创意设计“走出去”为例，众所周知，西班牙在艺术、建筑设计等方面的成就在全球享有盛誉，尤其是服装、鞋、家居、卫浴等产品的设计水平更居国际前列。[①] 近年来，在中国广交会产品设计与贸易促进中心（PDC）展位上，参展的西班牙企业数量和创意设计产品种类逐年增加，这样的发展成就与前期西班牙创意设计企业充分利用国际平台、拓展出口渠道等方面的能力密切相关。因此，中国也应不断加强对外合作，推进更多有中国特色的创意设计公司积极参与国际展览盛会，为中国创意产品和服务“走出去”搭建桥梁。

（三）规划和建设创意设计园区，加强创意设计的产学研结合

创意 IP 作为文化产品和服务生产、运营的核心资源，独特创意设计理念的提出以及设计工艺方面的创新对文化创意设计整体发展具有重要作用。中国创意设计对外贸易要以海外市场创意设计企业和区域支柱性产业的创意设计需求为导向，形成具有核心竞争力和国际影响力的中国特色创意设计。为此，应充分发挥创意资源的集聚效应，结合地方特色，规划和建设创意设计园区，加大创意设计园区入驻企业的研发投入力度并提高其自主创新能力，研发和生产出更多极具中国特色创意 IP 的创意设计产品。

此外，结合中国各省份和地区的独特资源和技术优势，吸纳汇聚全国的

---

① 徐卓宁：《为产品和创意设计搭建跨国桥梁——西班牙驻穗总领事参观西班牙设计公司展位》，中国进出口商品交易会官网，http：//www. cantonfair. org. cn/html/cantonfair/cn/info/2012 - 10/25505. shtml，最后访问日期：2020 年 4 月 15 日。

创新设计资源，并充分发挥科研机构和团体在研发创新方面的优势和能力，将多方资源与创意设计内容相关领域的学术团体、企业单位、事业单位、科研机构、高等院校等机构融合，采用校企主导、政府支持、多方资源参与的模式，进一步加强区域性创意资源的集聚，推动产学研协同创新与创意设计产品和服务的深度融合发展，促进中国本土市场快速形成各具特色的“创意设计之都”。

（四）注重创意设计人才培养，打造国际知名创意设计品牌

随着国际创意设计市场竞争的日益激烈和国际贸易壁垒的日益多样化，各国对创意设计类人才的需求也与日俱增，而专业人才的培养是一国参与国际竞争的重要保障。对中国而言，为了解决设计类产品出口结构不均衡的问题，需要大力培育集创意设计、市场营销、文化贸易、多语种等交叉学科和专业知识于一体的应用型、复合型人才。中国政府应高度重视相关领域人才的培养，不断完善创意设计人才的培养机制和政策，加快创意设计专业人才的培养步伐。中国创意设计产业的发展需要一批专业素养和综合素质都较高的人才。应通过创新办学模式和办学组织，为中国社会主义文化产业的繁荣发展提供一批有素质、有能力的服务型人才，突破传统创意设计人才培养的瓶颈，为中国文化产业的转型与升级提供支撑。基于中国创意设计的发展现状，我国需要进一步结合各大院校的人才培养方案，并推进各相关院校创新在文化创意设计方面人才的培养模式，改革一些不利于新时代创意设计人才迅速成长的管理模式，更好地激发从事创意设计专业的人才的设计灵感，引导其培育将创意设计与中国特色社会主义相结合的理念，加强对中国文化的海外传播。

在培养创意设计领域综合应用型人才的同时，借助创意资源和创意设计园区的区域聚集效应和创意设计企业的自主创新能力，不断促进中国创意设计品牌的整合和规模的壮大，极力打造国际知名品牌，实现创意设计产业的规模化、专业化、品牌化和国际化。在中国文化“走出去”过程中，品牌是具有一国文化特性的，能够充分展现一国的文化形象。中国改革开放40

余年来，文化创意设计在满足消费者日益丰富的精神文化需求的同时，也正逐渐成为中国文化产业发展和经济增长的新引擎。因此在扩大中国创意设计对外贸易规模的同时，要注重国际知名品牌的打造，为中国文化海外传播提供重要的驱动力。一方面，注重创意设计产品和服务出口平台的搭建及渠道的拓展，加大对中国文创企业的宣传力度，为其提供一个优良的出口环境，这有助于企业品牌影响力的形成与扩大。另一方面，在大力宣传的基础上也要进一步严格把控出口的创意设计产品质量，以优质产品作为载体对外传播中国文化与精神，促进各国增强对中国文化的认同感，加快中国文化创意设计理念的传播和国际知名品牌的创立，[①] 逐步提高中国创意设计产品和服务的国际竞争力。

① 俞金碧：《我国文化贸易出口现状、问题及对策分析》，《农村经济与科技》2019 年第 8 期。

专 题 篇

Special Topics

B.11 影视文化贸易的决定因素与面向共建“一带一路”国家开展影视文化贸易的路径*

罗立彬　汪 浩　宋晋冀**

摘　要：　本文首先对文化贸易理论中文化贸易的决定因素进行归纳，并在此基础上分析了中国“人均中等、总量第二、文化特色明显、网络发达”的独特优势；其次总结了共建“一带一路”国家影视市场的三大重要特征；最后有针对性地提出中

* 本文是国家社会科学基金重大委托项目“网络与数字时代增强中华文化全球影响力的实现途径研究”的阶段性成果（项目批准号：18ZDA341）；2018年北京社科基金研究基地一般项目“中国影视出口‘一带一路’国家的路径研究”（项目批准号：18JDYJB019）的阶段性成果。

** 罗立彬，副教授，经济学博士，北京第二外国语学院首都对外文化贸易研究基地资深研究员，北京第二外国语学院经济学院副院长，主要研究方向为影视服务贸易与文化贸易；汪浩，北京第二外国语学院经济学院国际经济与贸易专业硕士研究生；宋晋冀，北京第二外国语学院经济学院国际经济与贸易专业硕士研究生。

国面向共建“一带一路”国家开展影视文化贸易的路径。

关键词：　影视文化贸易　影视文化产品　“一带一路”

“民心相通”是“一带一路”倡议的重要目标之一，也是顺利推进“一带一路”倡议实施和发展的重要基础。[①] 影视文化贸易是实现“一带一路”倡议“民心相通”目标的重要途径。影视作为核心文化产品的重要组成部分，具备传播范围广、影响大的特点，比如有文献记载了电影的意外介入对于中医药在西方传播的巨大作用。本文运用文化贸易基本理论框架，在分析共建“一带一路”国家重要特征的基础上，结合中国国情，提出中国面向共建“一带一路”国家发展影视文化贸易的路径。

一　影响文化贸易的主要因素分析：基于经济学理论视角

影响文化贸易的因素很多，本文为简化分析框架，只根据研究需要列举几个最为重要的影响因素。影视文化产品具备一些突出特征：生产的规模经济效应十分明显；消费具备网络外部性，容易产生正反馈并促进“赢者通吃”；文化贸易过程中涉及“文化折扣”；文化产业具备双重属性，它不仅是一种产品，在现实中也经常与民族、传统等非经济特征相关。当下的文化贸易理论基本是在传统的新古典国际贸易理论的模型基础上，将生产的规模经济效应和消费的网络外部性作为文化产品的典型特征加入模型，并作为关键假设，传统贸易模型中的贸易成本则体现为文化距离和文化折扣，进而讨论自由贸易对全球范围内的文化样式、福利和分配产生的影响，以及对大国和小国的文化和产业发展的影响。

① 国家发展改革委、外交部、商务部联合发布的《推动共建丝绸之路经济带和21世纪海上丝绸之路的愿景与行动》中明确指出，民心相通是“一带一路”建设的社会根基。

（一）大国与小国：本地市场规模的重要性

1. 本土市场规模大支撑本土文化产品出口

在文化贸易领域的理论研究中，本地市场规模成为最重要的因素。文化贸易的理论研究主要基于 Helpman 和 Krugman 的“本地市场效应”模型，其主要观点是，具备规模经济效应的生产活动，若存在贸易成本，则本地市场规模较大的经济体的产出份额会超过其消费份额，“本地市场规模大”成为促进该国产品出口的因素。这一理论虽非直接针对文化贸易，但由于文化贸易与模型基本假设相符，因此常常被用于解释文化贸易领域的现象，相关的实证研究也有很多，尤其是针对国际影视贸易领域的“单向流动”——美国成为具有压倒性优势的影视产品出口国——现象，绝大多数研究都将“美国国内市场规模巨大”作为最重要的原因之一。也有研究从进口国角度验证本地市场规模的重要性，他们的发现基本上与本地市场效应理论预测一致，即一国影视消费越大，其本土影视比重就越高。

2. 本土市场规模大吸引全球资源传播本土文化

上述理论分析有一个假设条件，即生产要素无法跨越国界流动。而在当前影视产业全球化背景之下，生产要素的跨国界流动已经相当普遍。以张艺谋导演的电影《长城》为例，这部电影的拍摄集结了全球 37 个国家和地区的电影工作团队，甚至拍摄现场有 37 面国旗代表每个国家的电影团队，仅翻译工作人员就超过百人。在 2017 年全球电影排行榜（排名前 293 名的电影）中，两个或两个以上国家合拍的电影有 115 部，数量占 39.24%，票房占 50.18%。[①]

当供给侧生产要素的国际流动性大大提升，规模经济效应使影视的“个性化设计”在经济上呈现非理性，又存在“文化折扣”等贸易成本时，需求侧的“市场规模”就成为经济体的一个突出优势，而且这种优势是“不可移动”的“属地”优势。任何一个市场，只要它的市场规模足够大，

① 笔者根据 Box Office Mojo 网站提供的资料计算得出。

又具备相对独特的文化偏好，就可以吸引全球生产要素加入文化元素来迎合这一市场的文化偏好，并使这些文化符号随着全球化的单一产品传播到世界各地。Manuel Hermosilla 等对这种现象进行了实证研究，表明中国电影市场崛起导致好莱坞电影的角色肤色变浅，并以此为案例说明新兴市场崛起影响到全球化产品的设计。江小涓和罗立彬等人也论证了中国市场规模扩大有利于中国文化元素的全球传播。

（二）文化折扣成为重要贸易成本

贸易成本是影响国际贸易的最重要因素之一，这在影视文化贸易领域的一个重要体现就是文化折扣（culture discount）：“扎根于一种文化的特定影视产品，在其他条件相同时，在国内市场更具吸引力，因为国内市场观众拥有相同的常识和生活方式；但在其他地方吸引力就会减退。”“文化折扣”促使影视的生产地靠近消费地，也使影视文化产品出口成本提高，并被认为是影视文化贸易的主要成本。文化相似性越高，文化折扣越小，其他条件相同时，影视文化贸易出口就越容易。

这方面的实证研究也有很多。有人将媒体产品从美国向其他国家单向流动的原因归结为美国流行文化的深远影响，以及英语成为主要的国际语言。McFadyen，Hoskins and Finn 发现与美国文化相似性越低，购买美国电视节目时的价格就越低；同时，文化性越强，文化和价格的负相关性就越显著。罗立彬探究中国香港电影在 1992 年之后出现衰退时，也认为原因之一在于好莱坞电影通过各种方式缩短了与中国香港地区的文化距离。

（三）人均收入水平及其代表的产业发展水平

20 世纪 90 年代末美国学者度盘和沃特曼的研究表明，相对富裕的国家更有手段生产本土产品，因此对进口的视频传媒内容依赖较小，发达国家的文化产品和服务出口也更容易实现顺差，事实上高收入国家的文化出口占据非常高的比例。另外，相对富裕国家的生活方式也更容易成为其他国家和地区关注的对象，罗立彬在研究中国香港电影发展经验时指出，20 世纪 90 年代虽然本地市场规模不占优势，但是当时中国香港的人均收入水平高于同文化圈的其他国家和地区，使香港人的生活方式也成为他们争相了解的对象，此时的香港影视剧成为重要的窗口并实现大量出口。基于此，低收入国家向高收入国家出口影视产品可能遭遇更大困难。

二　全球化背景下中国开展影视文化贸易的独特优势

从文化贸易理论所强调的几个最重要的影响因素看，在全球化背景下中国发展影视文化贸易具备“得天独厚”甚至是“独一无二”的优势，这个优势就是中国“人均中等、总量第二、文化有特色、网络发达”的国情。

1. 中国是全球唯一在中等收入阶段就成为超大规模经济体的国家

中国是当今世界上唯一同时具备“人均中等，总量第二”两大重要特征的经济体。2019 年，中国的人均 GDP 刚刚超过 1 万美元，仍属中等收入经济体，却已具备全球第二大且占比高达 16% 的超大规模经济总量。“人均中等，总量第二”体现了中国是世界第一人口大国的国情特征。

“人均中等”意味着影视文化产业发展仍具备较大潜力，随着未来中国人均收入水平的提高、闲暇时间的增加，中国影视文化产业的潜力还会不断释放；“总量第二”又使中国对全球优势资源具备引力。“人均中等，总量第二”的国情特征，使中国成为最有能力通过吸引全球优势资源来挖掘影视产业市场潜力的经济体；未来只要中国经济能够持续发展，中国必将成为全球最大的影视市场。

2. 中国文化特色明显，能够成为全球华语影视中心，并形成“本地市场效应”推动出口

中国不仅具备市场规模和市场潜力同时巨大的特征，还具备“文化特色明显”的特征。在亚洲，中国与美国的文化距离也相对较远；再加上“人均中等，总量第二”的特征，中国有条件集结全球优势资源生产具备中国文化元素或文化特征的文化产品，并形成基于“本地市场效应”的出口优势，推动中国通过文化贸易出口来提升文化软实力。这种“本地市场效

应”已经有所显现，比如2019年，中国国产电影在北美市场的口碑和票房都创下新高，而且在北美取得不俗票房成绩的国产电影，都是在中国获得十亿元、数十亿元票房的现象级高口碑作品，如《流浪地球》（587万美元）、《我和我的祖国》（235.6万美元）、《哪吒之魔童降世》（369.5万美元）；2019年可以看作中国电影本地市场效应开始显现的第一年。①

3. 网络时代的来临进一步强化中国优势

互联网的出现又使中国文化市场规模迅速扩大，这是因为互联网使文化产品的供给侧与需求侧的成本都迅速下降，供给侧成本下降带来的是产品数量的增加；需求侧的成本下降也很明显，尤其是在移动互联网时代，由于人们可以“随时随地”地消费文化产品，所以虽然人们拥有的时间没有增加，但是对于时间的“配置效率”却可以提升，这使人们可以把更多的时间用于文化产品的消费。中国由于多种原因，在网络与数字经济领域做得非常成功。目前中国网民有8.26亿人，人均每周上网时间达27.6小时，国民上网总时间冠于全球，相当部分用于文娱活动。2010年以来使文化产业增速高于国民经济增速的主要力量是与网络和数字技术有关的文化产品，根据麦肯锡发布的《中国数字经济报告》，中国电子商务和数字支付发展已经领先全球。

网络带来的文化市场“增量”在中国产生了类似“增量改革”的效果，新增的影视文化市场需求往往被具备民营性质的供给方来满足，比如网络时代之前的电视节目都由国有的电视台和电视机构播出，但是网络时代之后的几大领先的视频网站，如优酷、腾讯、爱奇艺等全是民营性质的。民营供给方出现的增量使中国文化产业所有制结构更加多元化，市场结构更具备竞争性，同时也使竞争者更习惯以市场为导向，在满足市场需求的过程中发展文化产业。

总之，前文的理论分析表明，规模经济效应的存在倾向于使影视文化产品生产更加集聚且往往集聚在本土市场规模较大的国家；而文化折扣——贸

① 《2019国产电影在北美：如何创下2049万美元票房新纪录?》，新浪网，https://tech.sina.com.cn/roll/2019-12-26/doc-iihnzhfz8391472.shtml，最后访问日期，2020年4月18日。

易成本——又促使文化产品生产倾向于分散，这两种力量结合在一起就会使全球文化产品生产“分散地集聚”在世界几个不同的中心。但是自由贸易会使全球范围内的文化样式减少：大国或者大中心生产的文化样式会占据统治地位，小国或者小中心生产的文化样式会日渐式微，甚至在一定条件下完全消失。

中国具备“人均中等、总量第二、文化有特色、网络发达”的国情特征，使其有能力成为全球华语影视产品的中心，而且这个市场既规模巨大，又有不断增长的潜力，尤其在网络时代，中国市场可以产生“本地市场效应”并推动华语影视产品出口到其他国家。全世界范围内同时具备上述重要特征的经济体，只有中国。

三　共建“一带一路”国家的几个重要特征

共建“一带一路”国家具备几个重要特征，这使中国影视出口“一带一路”国家面临挑战。

（一）文化背景多样，与中国文化距离各有不同

共建“一带一路”国家与中国的文化距离各不相同。本文运用 Hofsted 的测算方法，选择共建“一带一路”国家中，六种维度分数都齐全的 38 个国家，借鉴 W. Wayne Fu & Tracy K. Lee 的方法，计算了这 38 个国家与中国的文化距离。研究发现与中国文化距离最近的印度尼西亚，只有 0.63；而与中国文化距离最远的以色列，则高达 4.94。

（二）低收入经济体对影视文化产品需求不足，高收入经济体与中国文化距离较远

在共建“一带一路”国家中，中低收入和低收入国家有 26 个，中高收入国家为 19 个，高收入国家为 17 个。中低收入和低收入国家的比重是最高的。这些国家收入水平较低，对文化产品的市场需求水平较低。而在中等收

入以上的国家和经济体中，绝大多数与中国的文化距离较远。我们的测算表明，在共建“一带一路”国家中，东南亚国家与中国文化距离最近（1.21），其次分别为南亚国家（1.84）、蒙古和中东欧国家（2.55）。而共建“一带一路”国家的高收入经济体中，除了泰国、马来西亚、新加坡和文莱属于与中国文化距离较近的东南亚国家之外，其他绝大多数属于中东欧、西亚及中东国家，还有一个属于南亚（马尔代夫），这些国家与中国的文化距离较远，对中国文化不熟悉，中国的影视产品出口到这些国家会遭遇较大的文化折扣。此外，高收入经济体在国内往往具备比较好的影视产业基础，竞争也更加激烈。

（三）市场竞争激烈，主流市场已被占据

更重要的是，共建“一带一路”国家的影视市场竞争已经很激烈，除了本土电视台和电视节目之外，一些国际型的电视频道已经占据了主流市场。比如在非洲开拓电视市场取得良好成效的中国四达时代集团副总经理赵月琴称，在四达时代集团进入非洲大陆之前，非洲的电视市场已经被西方的三大传媒集团——英语区的 Naspers 集团、法语区的 Vivendi 集团、葡语区的 Nos 集团——所垄断，主流人群接受的都是西方国家的价值观。中国影视剧如果直接针对主流人群市场，将面临非常激烈的竞争。电影领域也是如此，根据共建“一带一路”国家的电影票房数据，美国电影的优势十分明显。2000～2018 年，美国电影市场份额最高时达 83.29%，虽然近年来比重呈下降趋势，但是仍然超过 50%。[①]

四　与共建“一带一路”国家开展影视文化贸易的路径

理论研究为我们分析中国影视出口共建“一带一路”国家的路径提供了启示，下面我们对此逐一进行分析。

---

① 笔者根据 Box Office Mojo 网站提供的数据计算得出。

多维度挖掘和扩大国内影视市场及其规模，为促进华语影视出口奠定更坚实的“本地市场基础”。这方面可以做的工作很多。一是继续完善影视衍生品的商业授权机制，让影视消费规模进一步突破“时间”和“收入”的限制。传统视听产品的消费受到多重约束，如各国电影票房占 GDP 的比重都很难超过0.1%，这是因为电影票房需要观众花钱在影院里坐着看两个小时左右的电影才能产生，受“收入”、“空间”和“时间”的三方面约束，而一般消费品的消费则受到收入的约束。所以影视市场规模要持续扩大，必然不能只依靠票房，而要拓展到不受时间和空间约束的消费品上，这就是影视衍生品，中国在这方面可挖掘的潜力很大。二是发挥中国地域文化多元的特征和优势，尝试对影视产品进行多方言语种、多版本开发，这不仅可以低成本地增加国内产品的多样性，而且有可能扩大国内市场规模。中国大陆虽然是一个经济体，但是其内部各个地区的经济规模也很大，有些省（区、市）的经济规模甚至超过很多国家，同时有各自不同的方言和文化习俗，可以尝试同一影视产品的多版本开发，这样既可以适应各地区市场需要从而扩大整体市场规模，又可以增加影视产品多样性，给观众多种选择，香港电影当年就通过开发国语和粤语双版本开拓了市场，好莱坞电影也往往有英语版本和翻译版本。三是采用原创、版权引进、话剧改编、小说改编、IP 延伸等多种形式来开拓市场，制作社会效益和经济效益双丰收的优秀作品，努力提供“爆款”作品，充分挖掘时间窗口，促使影院、视频网站、电视、舞台等多维度传播渠道形成合力，最大限度挖掘市场潜力。再如继续扩大开放，让影视作品在国际化的竞争环境中发展壮大等。总之，即使不考虑中国人均收入中等的国情特征，中国影视市场规模也仍然有通过结构调整来继续扩大的潜力，应该抓住机遇充分挖掘，这样才能形成影视出口的“本地市场效应”。

发挥好“本地市场效应”，吸纳共建“一带一路”国家具备比较优势的资源来“讲好中国故事”，有利于降低贸易的“文化折扣”，拉近文化距离，这一点对与中国文化距离比较远的国家和地区来说尤其重要。中国国内巨大的市场为全球生产要素提供了就业机会，他们可以通过“讲好中国故事”

来开拓中国市场，也有利于中国影视剧进入共建“一带一路”国家。共建“一带一路”国家在影视剧领域都具备一些比较优势。首先，一些国家具备比较发达的影视产业，如印度、土耳其、伊朗等；其次，一些国家在某些类型影视方面具备突出优势，比如泰国的恐怖片和功夫片；最后，一些低成本国家虽然没有影视方面的突出优势，但是由于人均收入水平较低，又有当地语言优势，可以为中国影视的当地配音等后期工作提供高效率低成本的服务，比如四达时代集团在非洲推广中国电视剧时就雇用当地人做小语种配音，成本远远低于在中国找小语种人才，但是这在当地却成为收入很高且成就感很高的工作机会。

采用当地优势资源开拓当地市场是一个常用的策略。20 世纪 90 年代一大批香港影视从业者纷纷“走向国际”，到好莱坞拍电影，如成龙、李连杰、杨紫琼、吴宇森、王家卫等①，并不是因为当时他们在全球有很好的影响力和票房号召力，而是因为他们在亚洲市场的影响力，好莱坞希望更好地开拓亚洲市场。② 影视产业规模经济效应明显的特征决定了一个演员或导演在一个区域性市场中产生较大的影响力时，就会继续开拓更大的市场，中国为共建“一带一路”国家的影视资源提供了一个好的市场选择。比如，湖南卫视的《歌手》节目，近年来就吸引了来自哈萨克斯坦、菲律宾、俄罗斯、保加利亚、英国、日本等国家的歌手加盟，直接提升了这个节目在上述国家的知名度。③

结合影视文化产品消费的“网络外部性”特征，推动华语电影在春节等优势档期全球同步上映，推动春节电影档期国际化。中国电影档期的形成在很大程度上受国外电影档期的影响，暑期档、圣诞档、新年档等档期概念最初都是受国外电影上映档期的影响而逐渐形成的。但“春节电影档期”

---

① 罗立彬：《全球化背景下中国对外文化贸易发展战略——以影视产业为例》，经济管理出版社，2019，第 151 ~ 156 页。

② 钟宝贤：《香港百年光影》，北京大学出版社，2007。

③ 比如，哈萨克斯坦歌手迪玛希加入《歌手》节目之后，促成了其在哈萨克斯坦的同步播出；其他国家歌手的加入也引发了当地媒体对相关艺人的采访，以及当地人对这个节目的关注。

是中国独有的电影档期，也是中国电影竞争最激烈、观影密度最大的档期之一。此外，近年来随着中国春节越来越国际化，海外华人以及国内游客数量的增加，中国春节电影档期也具备了国际化的基础。电影消费的网络外部性决定了一部电影在越多的市场同时同步上映，就越能发挥“轰动效应”，越能引起关注。本文认为中国春节电影档期目前已经具备了走向国际的条件，应当努力推动春节电影档期的国际化，使春节电影档期成为全球华人为世界电影带来的一个重要档期。

继续探索中美合拍片的模式，利用好莱坞电影的全球发行体系对中国电影进行宣传，也可以利用中国庞大的国内市场来吸引好莱坞电影加入中国文化元素和符号。近年来，美国好莱坞电影越来越多地加入中国文化符号，这是因为中国市场已经成为不可忽视的重要市场，中国电影市场规模越来越大，占世界电影市场比重已经超过20%，中国电影市场的增量是世界电影市场增量的重要组成部分，这使作为竞争者的好莱坞大预算电影必须加入中国元素符号来拉近与中国观众的距离，“讨好”中国市场。同时，好莱坞电影依然具备强大的国际辐射能力。根据共建“一带一路”国家的电影票房数据，美国电影的优势十分明显。2000～2018年，美国电影市场份额最高时达83.29%，虽然近年来比重呈下降趋势，但是仍然超过50%。[①] 好莱坞电影加入中国文化元素，可以高效地将中国文化符号传播到共建“一带一路”国家。

培育对中华文化的偏好。在国际文化贸易的理论框架中，大国文化的优势是基于大国对本国文化的偏好，如果一国的文化消费者更愿接受或偏好其他国家的文化，那么经济规模大就不足以成为传播本国文化的充分条件。因此，大国需要培育本国民众对本国文化的需求和偏好。这一方面需要对青少年进行国家优秀文化教育，增强文化自信；另一方面需要创造一个适宜的竞争环境，让有中国文化元素的文化产品可以在竞争中增强竞争力以吸引本国消费者。

① 笔者根据Box Office Mojo网站提供的数据计算。

运用网络外部性原理，首先以海外华人为目标，逐渐渗透并影响其他人群。以四达时代集团为例，近年来其在非洲地区推广中国影视剧非常成功，使中国影视剧在非洲的很多国家越来越受欢迎。但之所以推广中国影视剧，最初是因为他们希望让在当地工作的中国人可以看到国内的影视剧，由于在当地工作的中国人有很多属于管理层，所以他们关注的国内影视剧也引起了非洲本地工作人员的注意，并使其逐渐喜欢上中国的影视剧。虽然其中重要的影响因素很多，但是最初的引领作用依然很重要。

根据共建“一带一路”国家特征进行分类施策。根据前文理论分析，影响影视文化贸易出口的重要因素主要有本地市场规模、文化折扣和人均收入水平。中国具备全球第二的经济总量，与共建“一带一路”国家相比，在本地市场规模方面具备绝对优势，因此应当更多地考虑文化折扣与人均收入水平两大因素。根据文化距离和人均收入水平两大因素，我们将共建“一带一路”国家进行了分类（见表1）。将与中国文化距离大于1的国家称为与中国文化距离远的经济体，小于1的则为文化距离近的经济体；人均收入水平高于中国的则定义为高收入经济体，低于中国的则为低收入经济体；我们认为在面向各类国家进行影视剧出口的时候，会面临不一样的有利条件和不利条件。总结这些有利条件和不利条件，并给每一个有利条件赋值1，对每一个不利条件赋值－1，进行计算后对出口难易程度进行一定的评价。总体而言，出口最容易的国家是人均收入低同时文化距离近的国家，综合得分为4分，这些国家的本地产品供给能力较弱、对高收入国家文化有猎奇心理、市场竞争较弱，同时与中国文化距离近；其次是人均收入低同时文化距离远的国家，综合得分为2分；然后是人均收入高但文化距离近的一些国家，综合得分为－2分，这是因为这些国家的本地产品可能较强，对低收入国家文化不关心，市场竞争较强，所以比较难以进入；最难的应该是人均收入高同时文化距离较远的一些国家，综合得分为－4分。我们在针对共建“一带一路”国家开展影视剧出口的时候，这一分析框架可以提供一些参考，根据出口的难易程度采取不同的措施。首先是根据出口难易程度从易到难安排顺序，首先向人均收入低、文化距离近的国家出口，依次递进；二是针对不同类型的国家采取不同的策略，对于低收入且文化距离近的经济体，可以直接依靠“本地市场效应”，在中国获得成功的影视剧，理论上可以直接在这些国家产生影响力；但是对于高收入且文化距离远的经济体，则可能需要更多的具备国际权威的奖项来提升影响力，或者通过中美合拍的全球分销渠道优势来扩大影响力，也可通过与相应国家的合拍策略，或引进相关国家的文化元素和团队来开拓市场。

表 1　部分共建“一带一路”国家的分类

			人均收入水平	
			高	低
			本地产品强;(－1)对低收入国家文化不关心;(－1)市场竞争较强(－1)	本地产品供给弱;(＋1)对高收入国家文化好奇;(＋1)市场竞争较弱(＋1)
文化距离	远	文化折扣大(－1)	土耳其、波兰、匈牙利、拉脱维亚、立陶宛、爱沙尼亚、斯洛文尼亚、科威特、以色列、阿联酋【－4】	尼泊尔、埃及、乌克兰、斯里兰卡、约旦、伊拉克、伊朗【＋2】
	近	对中国文化接受度较高(＋1)	塞尔维亚、泰国、保加利亚、黎巴嫩、马来西亚、俄罗斯、罗马尼亚、克罗地亚、斯洛伐克、捷克、沙特阿拉伯、新加坡【－2】	孟加拉国、巴基斯坦、越南、菲律宾、印度尼西亚、阿尔巴尼亚【＋4】

注：基于文化距离指标计算的数据可得性问题，本表只纳入了部分共建“一带一路”国家；另外，印度情况比较特殊，所以未列入此表。

资料来源：根据公开资料整理。

参考文献

何明星：《中国图书在世界的传播与影响》，新华出版社，2014。

黄会林、朱政、方彬、孙振虎、丁宁：《中国电影在“一带一路”战略区域的传播与接受效果——2015 年度中国电影国际传播调研报告》，《现代传播》（中国传媒大学学报）2016 年第 2 期。

江小涓、罗立彬：《网络时代的服务全球化——新引擎、加速度和大国竞争力》，

《中国社会科学》2019 年第 2 期。

刘娜、刘山山：《“一带一路”背景下我国影视作品对外传播研究》，《党建》2017 年第 3 期。

李怀亮：《国际文化贸易的影响因素研究》，《国际贸易》2016 年第 12 期。

罗立彬：《中国文化贸易进口与中国文化走出去：以电影产业为例》，《东岳论丛》2017 年第 5 期。

赵月琴：《四达时代打造新生态的国际传媒集团》，《对外传播》2017 年第 5 期。

Manuel Hermosilla, Fernanda Gutiérrez-Navratil, and Juan Prieto-Rodríguez, “Can Emerging Markets Tilt Global Product Design? Impacts of Chinese Colorism on Hollywood Castings,” *Marketing Science* 37 (2018).

B.12 “一带一路”背景下多语种语料库商业价值挖掘的可行性研究*

田　嵩**

摘　要： 本报告提出，随着“一带一路”倡议的推进，我国与共建“一带一路”国家的国际交流和经济贸易活动越发频繁，对多语种语言服务的需求不断增加。多语种语料库建设难度更大，但所能提供的语言资源和数据服务也更加丰富。语料库商业价值的挖掘可以借鉴信息技术领域的数据库贸易模式，数字版权贸易、信息咨询服务以及其他商业合作等都可以作为语料库商业价值呈现的形式，同时商业价值的挖掘也会反过来促进语料库建设的进一步提升。

关键词： 多语种语料库　商业价值　数据挖掘

一　引言

2013年，“一带一路”倡议的提出，以其“五通三同”丰富的内涵、有力的举措和广泛的影响得到共建“一带一路”国家和地区的积极响应。随着“一带一路”建设不断推进，中国在共建“一带一路”国家中的影响力也在不断提升，贸易活动在“一带一路”建设过程中的重要性逐渐凸显。

* 本文为北京第二外国语学院语言资源高精尖创新中心研究成果。

** 田嵩，北京第二外国语学院副教授，主要研究方向为大数据分析、数据可视化等。

同时，共建“一带一路”国家呈现多样化的地方性语言及区域性文化特征，对多元化语言服务的需求空前提升。

语料库建设的目的是满足语言服务的多样化需求，理解语料库的含义以及特点对实现语料库商业价值挖掘具有非常重要的意义。语料库是指根据一定方法收集的自然出现语料构成的数据库平台，按照其中涉及的语言种类又可分为单语种语料库、双语种语料库及多语种语料库，多语种语料库又分为平行语料库和可比语料库。[①] 多语种语料库由于整合了多种不同文化背景下的语言资源，在语料库的构建上更为复杂，同时其实用价值也更大。通过知网检索可以发现，国内利用计算机技术实现多语种语料库的研究可以追溯到20世纪90年代，孙宏开在1990年就已经提出利用数据表实现涵盖56种语言或方言的语料库构建方式。[②] 进入21世纪后，计算机和互联网技术的飞速发展，也使多语种语料库的研究得以提升。相对而言，国内研究机构对多语种语料库的研究以双语平行语料库为主，涉及3种及以上语种的语料库较少。同时，对语料库的研究多集中于语料库的构建、学术意义的延伸等方面，而关于商业价值挖掘的研究则还未发现。实际上，语料库特别是多语种语料库具备丰富的语言资源和商业潜力，可以广泛地服务于社会各个领域，同时也具有极大的经济开发价值，因此，本报告对语料库本身的构建特征以及在此基础上形成的独特商业价值进行阐述，并对多语种语料库商业价值挖掘的可行性进行探讨。

二 “一带一路”背景下的语言服务需求

据统计，截止到2020年1月，共建“一带一路”国家共有138个，这138个国家包括非洲44国、亚洲37国、欧洲27国、大洋洲11国、南美洲8国以及北美洲11国。非洲国家最多，有44个。除新加坡等少数几个国家外，大多数国

① 司莉、何依：《2000年以来我国多语言语料库研究进展》，《现代情报》2016年第6期，第165～170页。

② 孙宏开、郑玉玲：《计算机多语种语料库的设计和实现》，《民族语文》1990年第6期，第30～37页。

家属于发展中国家。[①] 这 138 个国家中，有 104 个国家只有 1 种官方语言，23 个国家有 2 种官方语言，9 个国家有 3 种官方语言，2 个国家有 4 种及以上官方语言。共建“一带一路”国家官方语言统计情况见表 1。

表 1 共建“一带一路”国家官方语言统计情况

洲别	国家数量	国家名称	官方语言
非洲	44	苏丹	阿拉伯语
		南非	英语、阿非利卡语
		塞内加尔	法语
		塞拉利昂	英语
		科特迪瓦	法语
		索马里	索马里语、阿拉伯语
		喀麦隆	法语、英语
		南苏丹	英语
		塞舌尔	克里奥尔语、英语、法语
		几内亚	法语
		加纳	英语
		赞比亚	英语
		莫桑比克	葡萄牙语
		加蓬	法语
		纳米比亚	英语
		毛里塔尼亚	阿拉伯语
		安哥拉	葡萄牙语
		吉布提	法语、阿拉伯语
		埃塞俄比亚	阿姆哈拉语
		肯尼亚	斯瓦希里语、英语
		尼日利亚	英语
		乍得	法语、阿拉伯语
		刚果(布)	法语
		津巴布韦	英语、绍纳语、恩德贝莱语
		阿尔及利亚	阿拉伯语
		坦桑尼亚	斯瓦希里语、英语
		布隆迪	基隆迪语、法语
		佛得角	葡萄牙语
		乌干达	英语、斯瓦希里语
		冈比亚	英语

① 王辉、王亚蓝：《“一带一路”沿线国家语言状况》，《语言战略研究》2016 年第 2 期，第 13～19 页。

续表

洲别	国家数量	国家名称	官方语言
非洲	44	多哥	法语
		卢旺达	卢旺达语、英语、法语、斯瓦希里语
		摩洛哥	阿拉伯语
		马达加斯加	法语
		突尼斯	阿拉伯语
		利比亚	阿拉伯语
		埃及	阿拉伯语
		赤道几内亚	西班牙语、法语、葡萄牙语
		利比里亚	英语
		莱索托	英语、塞苏陀语
		科摩罗	科摩罗语、法语、阿拉伯语
		贝宁	法语
		马里	法语
		尼日尔	法语
亚洲	37	韩国	韩国语
		蒙古国	蒙古语
		新加坡	马来语、华语、泰米尔语、英语
		东帝汶	德顿语、葡萄牙语
		马来西亚	马来语
		缅甸	缅甸语
		柬埔寨	高棉语
		越南	越南语
		老挝	老挝语
		文莱	马来语
		巴基斯坦	乌尔都语、英语
		斯里兰卡	僧伽罗语、泰米尔语
		孟加拉国	英语
		尼泊尔	尼泊尔语
		马尔代夫	迪维希语
		阿联酋	阿拉伯语
		科威特	阿拉伯语
		土耳其	土耳其语
		卡塔尔	阿拉伯语
		阿曼	阿拉伯语

续表

洲别	国家数量	国家名称	官方语言
亚洲	37	黎巴嫩	阿拉伯语
		沙特阿拉伯	阿拉伯语
		巴林	阿拉伯语
		伊朗	波斯语
		伊拉克	阿拉伯语、库尔德语
		阿富汗	普什图语、达里语
		阿塞拜疆	阿塞拜疆语
		格鲁吉亚	格鲁吉亚语
		亚美尼亚	亚美尼亚语
		哈萨克斯坦	哈萨克语、俄语
		吉尔吉斯斯坦	俄语
		塔吉克斯坦	塔吉克语
		乌兹别克斯坦	乌兹别克语
		泰国	泰语
		印度尼西亚	印尼语
		菲律宾	英语
		也门	阿拉伯语
欧洲	27	塞浦路斯	希腊语、土耳其语
		俄罗斯	俄语
		奥地利	德语
		希腊	希腊语
		波兰	波兰语
		塞尔维亚	塞尔维亚语
		捷克	捷克语
		保加利亚	保加利亚语
		斯洛伐克	斯洛伐克语
		阿尔巴尼亚	阿尔巴尼亚语
		克罗地亚	克罗地亚语
		波黑	波斯尼亚语、塞尔维亚语、克罗地亚语
		黑山	黑山语
		爱沙尼亚	爱沙尼亚语
		立陶宛	立陶宛语
		斯洛文尼亚	斯洛文尼亚语
		匈牙利	匈牙利语

续表

洲别	国家数量	国家名称	官方语言
欧洲	27	北马其顿(原马其顿)	马其顿语
		罗马尼亚	罗马尼亚语
		拉脱维亚	拉脱维亚语
		乌克兰	乌克兰语
		白俄罗斯	白俄罗斯语、俄语
		摩尔多瓦	摩尔多瓦语
		马耳他	马耳他语、英语
		葡萄牙	葡萄牙语
		意大利	意大利语
		卢森堡	法语、德语、卢森堡语
大洋洲	11	新西兰	英语、毛利语
		巴布亚新几内亚	英语
		萨摩亚	萨摩亚语
		纽埃	纽埃语、英语
		斐济	英语、斐济语、印地语
		密克罗尼西亚联邦	英语
		库克群岛	库克群岛毛利语、英语
		汤加	汤加语、英语
		瓦努阿图	英语、法语、比斯拉马语
		所罗门群岛	英语
		基里巴斯	英语
南美洲	8	智利	西班牙语
		圭亚那	英语
		玻利维亚	西班牙语、克丘亚语、阿依马拉语
		乌拉圭	西班牙语
		委内瑞拉	西班牙语
		苏里南	荷兰语
		厄瓜多尔	西班牙语
		秘鲁	西班牙语
北美洲	11	哥斯达黎加	西班牙语
		巴拿马	西班牙语
		萨尔瓦多	西班牙语
		多米尼加	西班牙语
		特立尼达和多巴哥	英语

续表

洲别	国家数量	国家名称	官方语言
北美洲	11	安提瓜和巴布达	英语
		多米尼克	英语
		格林纳达	英语
		巴巴多斯	英语
		古巴	西班牙语
		牙买加	英语

资料来源：根据外交部网站资料整理，http：//www. fmprc. gov. cn。

这138个国家共涉及78种不同的官方语言，其中英语的使用最为广泛，有多达39个国家选择英语作为官方语言。法语和阿拉伯语各有20个国家选择作为官方语言，西班牙语有12个国家选择作为官方语言，葡萄牙语有6个国家选择作为官方语言。另外，这78种不同语言中，有63种语言只有单一国家使用，共建“一带一路”国家官方语言统计情况如图1所示。

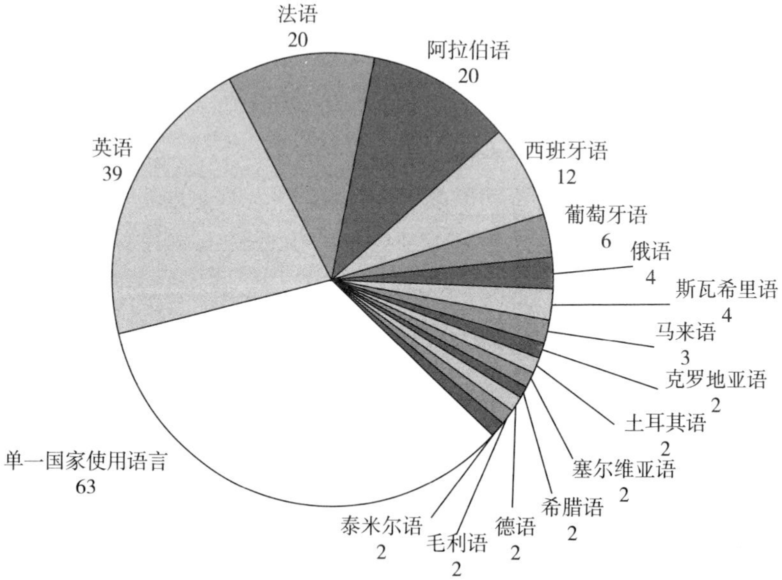

图1　共建“一带一路”国家官方语言统计情况

资料来源：笔者根据公开资料整理。

从地理信息的角度来看，被较多国家认定的官方语言通常具有非常明显的地域群特征，即通常只有在边境上接壤，同时具有接近的文化、宗教或历史背景时，这些国家才会选择统一的官方语言。例如，将阿拉伯语指定为官方语言的国家集中在西亚和北非地区，这些国家通常以伊斯兰教作为国教，而使用法语作为官方语言的国家集中在非洲，使用西班牙语和葡萄牙语的国家集中在南美洲和北美洲，这些国家通常有被殖民的历史背景。

从前述介绍中可以看出，要实现“一带一路”倡议的顺利开展，不仅需要相关支持政策的辅助以及政府企事业单位的通力合作，也需要更加完善、强大和智能化的语言服务资源。无论是政府对外交流，还是企业对外贸易，都对多样化语言环境和文化背景下的智力服务有强烈的需求，多语种语料库的建设正好可以满足这方面的需求。多语种语料库的合理开发和设计，特别是智能化数据分析技术的引入，可以进一步提升语料库商业价值挖掘的潜力，凸显多语种语料库在语言服务中的独特优势。

三　数据服务的商业价值挖掘

信息技术时代，商业活动更加依赖数字环境的发展，特别是在大数据时代，人们对数据背后信息的挖掘极大地拓展了商业价值的呈现。随着贸易活动，特别是数字贸易的不断发展，企业自身的经营模式和外部营商环境都在发生巨大的变革，数据的价值在企业经营和对外贸易中的重要性越发明显。在大数据时代，由于数据的“不可复制”和“不可替代”特征，数据价值的挖掘逐渐成为企业主要的核心竞争力来源。①

早期对数据服务商业价值的挖掘还集中于数据库系统以及配套的计算机软件服务产生的费用，如企业的数据库采购、厂商提供的技术支持以及企业内部运维人员等产生的费用，而存储在数据库中的数据资源的价值难以衡

① 黄志凌：《大数据思维与数据挖掘能力正成为大型商业银行的核心竞争力》，《征信》2016年第6期，第1～7页。

量。在数字贸易时代，数据自身价值前所未有地得到重视，随着数字经济的不断发展，数据价值利用率不高、数字信息价值转换率低、数据资源安全保障不到位等问题逐渐凸显出来。①

对于数据服务的商业价值挖掘可以分为两大类。一类数据服务是指提供数据采集、数据存储、数据分享、数据安全等一系列以网络和数据库环境为核心的传统数据服务，这类服务既包含数据管理过程中涉及的网络和计算机软硬件资源的使用，也包括对场地、人员、能耗等的支出。另一类数据服务则是以挖掘数据自身价值为核心，向政府、企业等组织提供基于数据分析或咨询建议等服务形成的商业价值，比较而言第二类服务更加强调“软”智力的价值。从长远发展来看，传统的数据服务领域已经非常成熟，随着竞争的日益激烈以及高新技术“门槛”的降低，传统数据服务产生的价值空间日益萎缩。而注重数据“软”价值的新型数据服务，则随着大数据分析以及人工智能、深度学习等技术的飞速发展，其价值得以不断挖掘，未来价值空间的增长也将成为推动数据服务业发展的重要动力。在数据经济大发展的背景下，数据服务的商业价值可以从以下几方面进一步得到体现。

1. 基于大数据分析的智能化辅助决策

随着信息技术的发展，单位资金投入实现的计算能力大幅提升，使得需要大规模计算的机器学习、深度学习等技术可以广泛地应用到商业领域，随之而来的是基于大数据分析的智能化辅助决策平台开始凸显其实用价值。大数据分析可以从广度和时间等多维度对企业贸易活动进行立体化的量化分析，协助企业管理者对企业运营、人员管理、市场营销等诸多方面进行实时监控，通过预警机制的引入，帮助企业管理者及时发现可能存在的问题，并提供更加客观、量化的企业经营决策建议。特别是基于大数据的案例库建设，可以更好地呈现企业当前经营形式和可能遇到的困难，并可以更加全面地借鉴分析平台提供的建议或意见。

① 曹淼孙：《我国数字贸易发展：现状、挑战与策略研究》，《西南金融》2020 年第 1 期，第 46～53 页。

2. 基于数据驱动的业务模式

企业经营活动的量化也推动了业务模式的创新，通过数据挖掘模型的建立可以实现业务模式的智能化运营，从而提高企业的整体效能产出。例如在线广告推广服务，即离不开对用户行为数据的实时监控与分析，更加智能化和精准化的营销推广可以带来传统广告业难以企及的效果。再比如，在证券交易这种需要大量数据分析的快节奏交易活动中，越来越多的交易已经不再依赖传统的证券交易员进行，而是通过构建交易模型以自动化程序完成量化交易活动。

3. 大数据资源的贸易变现

数据资源在企业运营中的重要性越发明显，甚至有众多企业将数据资源作为企业生存最为重要的资产。掌握大量核心数据的企业可以通过将数据进行专业化包装，在符合法律法规的前提下，以对外提供数据服务的形式，将自身掌握的数据资源积极变现，进一步提升数据的价值属性。以专门提供企业数据的天眼查公司为例，该企业对自己的介绍是"通过商业安全工具，在基于独有核心技术图数据库的基础上，构建了完备的集数据采集、数据清洗、数据聚合、数据建模、数据产品化为一体的大数据解决方案"，实际上该企业是通过大数据采集分析技术，从多种途径获取海量的企业信息，并对这些企业信息进行二次深度加工，实现了数据资源对外销售的贸易变现模式。

综上所述，数据服务之所以能够产生商业价值，主要是受两方面因素的影响。一是以海量的高价值数据为基础，数据资源内在价值越高，最终呈现的商业价值也会越明显。二是数据资源的深度挖掘扮演着非常重要的角色，特别是在大数据时代，人工智能和可视化呈现技术使对海量数据的价值挖掘更加容易和有效，未经加工的数据往往难以令人发现其潜在价值，而一系列数据清洗、聚合分析、智能学习等环节，可以将原本零乱无序的数据重新聚合为有更大价值的结果，这对提升数据资源的商业价值有非常重要的意义。

四　多语种语料库建设及关键技术

要实现语料库商业价值的深度挖掘，对语料库构建和数据挖掘关键技术的了解必不可少。语料库依照一定的语言学原则进行构建，通过收集自然出现的连续语言运用文本或话语片段而建成。对语料库的建设方法，国外已有30年以上的研究历史，并研究成功了大量较为成熟的语料库构建与检索工具，比如Wordsmith、AntConc等。国内语料库的研究亦开展近20年，研究范畴基本被划分为词汇、语法、语篇、语用和文体研究等五个方面。语料库的建设融合了众多交叉学科，包括语言学、统计学、计算机科学等，其优势在于可以通过数字量化的方式，从大批量抽象化的语料中快速且准确地提取多种数据。运用语料库分析手段不但可以有效地把有关数据提取出来，还能使隐藏于大规模文本中的信息浮现出来，利用所获得的数据及信息结合定量研究和定性研究方法发现规律并形成相应的知识域。①

以语料库构建的研究为基础，也出现了大量针对不同应用领域的功能性语料库设计与实现研究，这类功能性语料库的设计更加强调语料库的价值属性和实用意义，因此对于商业价值挖掘也更为直接和有效。2013年李纲等对突发卫生事件监测系统及语料库的现状进行研究，并提出了语料库系统构建的框架，进而详细阐述了构建语料库系统的技术及方法。② 2017年詹菊红等以鲁迅的10部小说为源本，以杨宪益和威廉·莱尔的文献译本作为语料库，对文学翻译中缩合现象出现的原因进行了研究。③ 2018年邹瑶等以15项冬奥会冰雪项目为语料来源，通过LNMP技术将创建的双语平行语料库运用到教学、实训以及赛事语言服务等方面。④ 2019年马海群等提出了文献信息视阈下提供智慧服务的语料库构建，以及利用CoW方式构建在线检索平台。⑤

① 马海群、张涛：《文献信息视阈下面向智慧服务的语料库构建研究》，《情报理论与实践》2019年第6期，第124~130页。

② 李纲、陈璟浩、毛进：《突发公共卫生事件网络语料库系统构建》，《情报学报》2013年第9期，第936~944页。

③ 詹菊红、蒋跃：《汉英文学翻译中的缩合现象研究——以鲁迅小说为例》，《外语研究》2017年第5期，第75~82页。

④ 邹瑶、郑伟涛、杨梅：《冬奥会冰雪项目英汉平行语料库研制与平台建设探究》，《外语电化教学》2018年第5期，第19~22页。

⑤ 马海群、张涛：《文献信息视阈下面向智慧服务的语料库构建研究》，《情报理论与实践》2019年第6期，第124~130页。

多语种语料库相较于传统单语种语料库建设，建设难度更大，同时其所带来的潜在价值也更加丰富。从前述介绍可以看出，共建“一带一路”国家有丰富的语言门类，已有的研究表明，语言屏障会对社会交流和贸易活动产生负面影响。多语种语料库资源可以满足国际交往和对外贸易过程中的语言服务需要，同时其商业价值也可以以更加多样化的形式呈现。而要满足多样化商业价值挖掘的需要，对语料库构建的要求也更高。一般来说，专业化的多语种语料库是实现多语种语言服务资源平台建设的基础和核心，同时创新型技术带来的智慧化挖掘服务和完善的用户界面将为商业价值呈现提供重要保障。在语料库建设方面，需要从语料采集、语料预处理、数据库设计及存储、信息检索和呈现等多个方面开展，具体的语料库建设流程如图 2 所示。

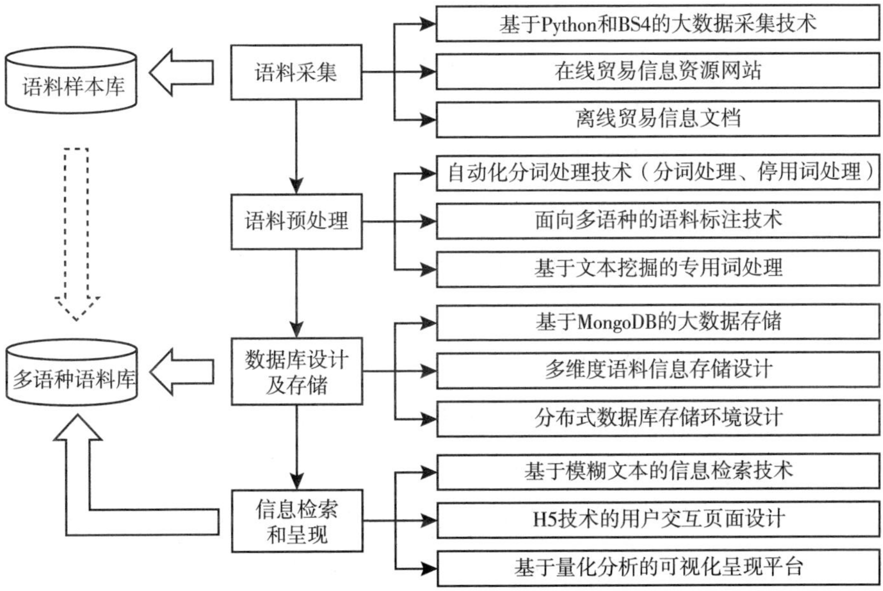

图 2　语料库建设流程

各部分的具体实现情况如下。

1. 语料采集

语料采集是语料库建设的基础环节，语料采集的质量和数据种类的丰富程度直接影响最终的商业信息挖掘效果以及智能化服务的质量，但同时过多的语料也会导致后续处理工作负担过重，因此语料来源的选取就显得尤为重要。要实现语料库信息的智能化商业挖掘，语料来源的选择越丰富，最终生成的语料库所能够实现的功能就越多样。对于存储在互联网中以 HTML 语言编写的大量在线语料资源的采集，可以通过 beautifulsoup4 库、专业数据采集器等工具，利用计算机自动化大数据采集技术实现。采集过程中会遇到格式标记、脚本标签、广告信息等，因此要建立相应的正则表达式进行数据过滤。① 采集到的数据往往具有数据量大、格式多样、更新维护频繁等特点，因此需要使用分布式数据存储平台，将采集到的原始数据实时保存，同时为下一步语料预处理做准备。

2. 语料预处理

语料库建设本身具有信息数字化、数据结构严谨、形式多元等特点，直接采集到的海量语料信息我们称为生语料，直接使用生语料进行分析并不能满足语料库处理的需要，因此语料预处理过程作为衔接语料采集和商业价值挖掘的重要环节，在语料库建设过程中显得尤为重要。优秀的语料预处理过程不仅可以满足语料库建设的基本需要，而且对后续语料库信息挖掘打下重要的基础。相较于单语种语料库建设，多语种语料库预处理环节更加复杂，一方面不同语种的差异使得语料信息的分析过程各不相同，特别是东西方语言结构上的不同，使得停用词、专用词、语义标注等预处理过程存在很大不同，需要针对不同语言建立相应的预处理机制，另一方面多语种语料库的一个重要特征是建立不同语言间的语料连接，即在不同语种语料预处理的同时，提供与其他语种间的连接。目前典型的文本预处理工具有 ICTCLAS、jieba、SnowNLP、IKAnalyzer、OpenNLP、THULAC、BosonNLP、HanLP 等，可通过计算机程序实现语料分词、语义标注等预处理步骤的半自动化处理。

① 邢富坤：《基于互联网的多语种动态语言资源库建设与应用》，《中国电化教育》2011 年第 2 期，第 81～85 页。

3. 数据库设计及存储

经过语料预处理后的结果需要依托数据库技术进行存储和关联，数据表的设计直接决定了后续信息挖掘的可实现性。在数据表设计方面，针对不同语种分别设计独立的语料表、停用词表、专用词表等，同时以中文语料库为基础，建立语料表的跨语种关联，以此实现后续基于多语种的商业信息挖掘。在语料数据的存储方面，基于网络环境的分布式数据库必不可少，可以选择 SQL Server、Oracle、Sybase 等传统的商业化数据库平台，也可以选择近些年针对大数据存储环境发展起来的 MySQL、MongoDB、OrientDB 等大数据数据库平台，另外，MongoDB 等新型数据库平台可以支持文档存储，这对商业信息挖掘过程中文档资源的推送非常重要，检索的同时得到专业化文档的支持，可以进一步扩展商业信息挖掘的实用价值。

4. 信息检索和呈现

语料库的使用者往往不是信息技术行业的专业人员，因此交互操作直观、呈现形式丰富的语料信息检索和展示平台显得尤为重要。实际使用场景中跨平台的需要，使得在展示平台的开发上需要充分考虑不同系统平台及硬件环境的差异，基于 HTML5 的响应式交互开发技术成为信息检索和呈现平台的前端基础。模糊式语料信息检索以及基于推理规则的信息查询技术，可以帮助使用者通过不同的关键词组合，发掘语料库中的商业价值。基于大数据分析的数据可视化呈现技术，可以利用多种可视化图形呈现语料库的检索结果信息。研究表明，人们对图形中承载信息的接受程度要远远高于文字，因此可视化呈现是提升终端使用者体验的重要环节。具备完善的大数据存储、检索、呈现、分析等功能的多语种语料库的价值不言而喻，同时可以通过申请多语种语料数据库专利、语料库软件著作权等形式对最终成果进行保护，并以数字版权的形式实现多语种语料库的数字贸易变现。

5. 语料信息深度挖掘和智能化推荐

要实现语料库资源商业价值的挖掘，对语料库进行深度数据分析是必不可少的。特别是近些年随着机器学习和深度学习技术的成熟与普及，其在数据分析领域中的前瞻性应用就显得尤为重要。语料库本身是以数字的形成存储信息，除了其承载的语言学意义上的价值之外，从大数据分析的角度来看，还存在更为复杂的关联，而通过语言信息这一脉络衔接起来的价值含义与内在规律，则具有非常重要的意义和价值。因此，以多语种语料库为载体的信息深度挖掘，对学术研究以及社会经济中的各行各业都有巨大的商业价值，以大数据分析技术实现的智能化引导或推荐技术，可以进一步拓展语料库的价值空间。

五　多语种语料库的商业价值挖掘及呈现

1. 多语种语料库的商业需求

“一带一路”背景下的国际交往和对外贸易活动对多语种语言服务有更加迫切和更高的要求，同时共建“一带一路”国复杂多样的文化背景，对语言服务也提出了更高的服务标准。要实现多语种语料库的商业价值挖掘，首先需要语料库自身承载的语料资源有更好的数据质量，特别是在语言词汇的平行关联上，要保持较高的语言准确性。其次，共建“一带一路”国家经济活动越发蓬勃，对多语种环境下国际交流的需求旺盛，基于多语种语料库提供的语言服务能够打通不同语言文化背景带来的交流屏障，对各国交往和贸易经济活动产生积极的促进作用。国与国之间交流与贸易活动的繁荣也会反过来促进各国语言文化的不断融合创新，因此多语种语料库也需要不断维护更新，以适应不断发展的国际语言形势。

2. 多语种语料库的商业价值挖掘

完善的多语种语料库可以在多个方面实现商业价值的有效挖掘。首先是传统的语言翻译领域，共建“一带一路”国家复杂的语言环境使得多语种语言翻译服务的需求非常旺盛，以语言服务为重要根基的多语种语料库在其中可以扮演非常重要的角色，而多语种语料库所呈现的商业价值也不言而喻。其次共建“一带一路”国家丰富的文化背景以及复杂多变的营商环境，对国际交流和贸易活动都提出了更为苛刻的要求，多语种语料库不仅可以提供基本的语言翻译功能，同时海量有意义语料信息的采集过程，也保存了大量语料资源背后的关联，因此多语种语料库可以在语言翻译之外同时提供社会风土、文化宗教、政策措施、舆情信息等大量有价值的多语种数据资源，基于这些资源提供的多语种环境智力支持具有非常重要的商业价值。大数据时代的到来，给基于海量语料资源的多语种语料库商业价值的挖掘带来了新的增长点，特别是人工智能技术在大数据分析中的应用，可以帮助使用者从数据分析视角发掘语料资源的潜在关联，以及从多维度视角下观察其呈现规律，如通过建立语料库关键词的词频、关联度、情感分析影响等指标，可以对语料库中的关键词进行更加视觉化、空间化、立体化的观察，同时基于语料库语言服务潜在价值的挖掘也可以得到进一步提升。

3. 语料库的商业价值呈现形式

多语种语料库商业价值的挖掘带来了语言服务功能性的提升，最终的呈现形式可以从以下几方面展开。一是以数字版权贸易形式存在的语料库授权租售交易。语料库本质上是以数据库形式存储的海量有价值的数据资源，对于需要使用多语种语料库进行商业价值挖掘的政府企事业单位，可以按照数据版权贸易的形式，以授权租赁或销售的形式进行商业变现。这一过程需要注重语料库的数字版权保护工作，包括数字版权的申请以及数据库发布过程中数字资源加密、解密以及授权安全工作，另外语料库资源的商业使用也应遵循国内及国际相关数据库商业应用的版权保护规则，以保障多语种语料库在商业价值变现过程中的合理经济诉求。二是以数字服务贸易形式存在的智力咨询服务。很多不具备大数据研究能力或条件的企事业单位可能难以购买并部署语料库环境，对于以实际商业应用为主的这类终端客户，可以通过提供基于云环境的公共语料库服务平台的形式，以较低的成本提供相应的智力支持服务，特别是针对不同企业的个性化语言服务需求，可以通过建立专业化咨询服务的形式最大限度地提升语料库的商业价值呈现。三是以其他形式存在的语料库商业价值呈现。如通过与其他平台环境建立合作机制，共同开发针对共建“一带一路”国家的商业服务，或与高校及教育机构合作，开发针对语言教学和学术研究的语料库服务等。

总之，多语种语料库在语言服务应用上极具开发潜力，合理的语料库建设机制和创新性应用思路，可以让语料库从传统学术研究领域延伸到商业应用领域，特别是大数据分析和人工智能技术在语料库中的深度结合，可以进一步提高商业价值的开发潜力，让语料库的使用真正融入社会发展和贸易活动，为“一带一路”倡议的顺利推进提供专业的语言服务和强大的智力支持，同时促进语料库自身设计理念和构建技术的革新和发展。

B.13
数字化时代中国版权贸易发展研究

李小牧　高梦彤*

摘　要： 数字化一直是国内外关注的重要话题，生活在知识经济时代，人们对精神消费、文化产品和服务的消费需求逐渐增加，数字技术结合版权作品形成数字版权产品和服务，使版权产业搭上数字化发展的高速列车。随着第四次科技革命的发展，数字化与版权贸易的联系愈加紧密，在2020年这一特殊时期，经济社会更凸显了借助数字化发展的优势。本报告分析了数字化时代版权贸易的发展趋势，通过追踪其产生的原因挖掘推动版权贸易发展的关键点，提出如下政策建议：加速企业数字化转型，提升品牌影响力；完善数字版权贸易体系，升级数字文化服务；加强全球数字互联平台建设，建立多方合作机制。

关键词： 数字技术　版权贸易　数字版权　产业价值链

近年来中国的国际地位逐渐提高，国际影响力日益扩大，世界各国对中国品牌作品的认可度有所提升。中国版权贸易整体呈不断上升的趋势，尤其是版权输出规模迅速扩大，但仍存在很多问题，集中体现为贸易逆差严重、贸易发展不平衡和版权贸易统计体系不完善。尤其是在版权贸易统计方面，

* 李小牧，北京第二外国语学院教授，北京第二外国语学院副校长兼中国服务贸易研究院院长、国家文化贸易学术研究平台首席专家，首都对外文化贸易研究基地负责人，主要研究方向为世界经济、国际文化贸易等；高梦彤，北京第二外国语学院经济学院国际文化贸易专业硕士研究生，国家文化发展国际战略研究院助理。

目前还没有完善的版权贸易统计框架，这在国际版权贸易的管控和研究中属一大缺失，不利于监测我国版权贸易的发展趋势。现阶段仍需利用新兴数字技术开发更好的计量工具，以便对版权贸易的相关经济指标进行统计和分析。

一　数字化时代中国版权贸易发展现状和特点

（一）数字化时代中国版权贸易发展现状

2018 年中国版权引进总数达 16829 项，比 2017 年缩减 7.12%，输出版权总数达 12778 项，比 2017 年缩减 7.51%（见图 1）。虽然近年来版权贸易整体规模趋于扩大，输出和引进版权总数差额逐渐减少，但中国版权对外贸易逆差仍较明显。中国大陆版权贸易的主要输出地是中国台湾地区，其次是美国、韩国和中国香港地区，主要版权引进国家是美、英、法、日、韩，其中美国是第一伙伴国。在版权输出方面比较依赖东亚市场，与其他国家版权贸易往来较少，这大大制约了中国版权贸易的发展。

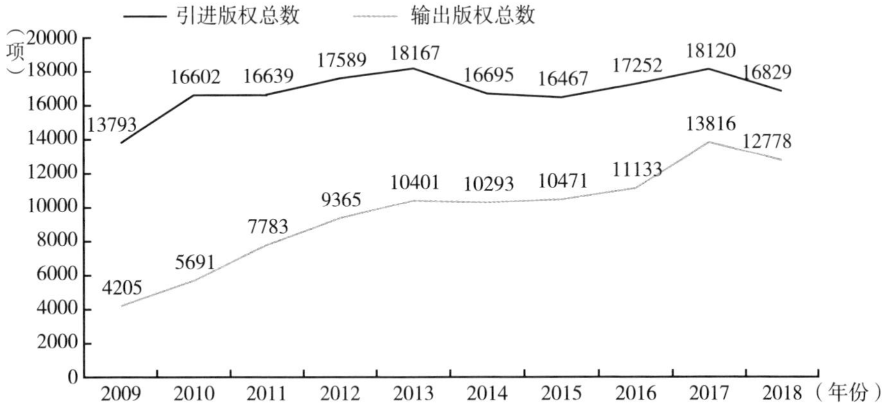

图 1　2009～2018 年中国版权贸易统计情况

资料来源：国家版权局。

从图 2 可以看出，长期以来，我国版权对外贸易一直集中于图书、电子出版物和电视节目，并且图书版权占最大份额。2018 年，这三项共占总版权对外贸易规模的 97.71%，其中图书版权贸易为 26944 项，占 91.01%；电子出版物贸易为 957 项，占 3.23%；电视节目版权贸易为 1026 项，占 3.47%。

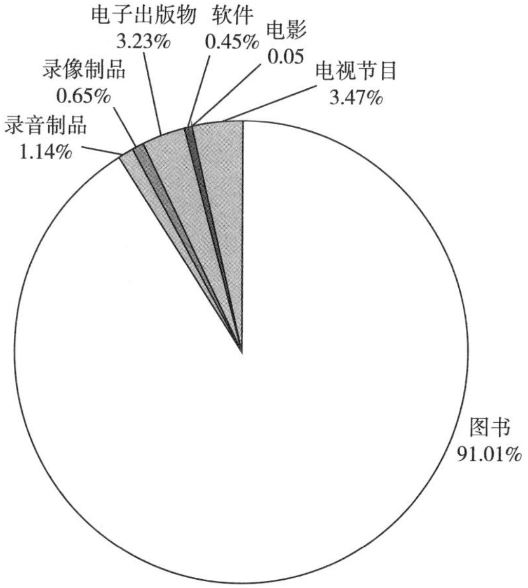

图 2　2018 年中国不同种类版权贸易情况

资料来源：国家版权局。

我国十分重视数字技术与版权的融合发展，数字时代的到来给版权贸易带来了新的发展契机。2020 年是全球经济发展的特殊时期，世界各国为了共同抵抗新冠肺炎疫情纷纷采取闭关措施，限制边境贸易，国际贸易和交流活动受到严重影响。数字经济在此期间展现出强大生命力，抓住数字化对版权贸易发展的促进作用，对我国在国际上获取竞争优势和应对紧急情况具有重要意义。

（二）数字时代中国版权贸易发展特点

数字化与版权贸易联系紧密。数字产品具有可复制性强、覆盖领域广、服务水平高、成本价格低、产业门槛低等先天优势，能够有力推动全球版权贸易包容性发展。

1. 交易模式不断变化

数字全球化为贸易扩张提供了隐性的便利。数字化构建的信息共享网络有利于增进世界各国各地区之间的交流与联系，从而促进不同的意识形态、价值观念和文化理念的包容理解，为加快文化产品和服务在国际间传输进一步扫清障碍。这种便利性在贸易模式上则更加明显。传统贸易商洽习惯采用正式信函为主要沟通载体，但随着电子邮件、Skype、QQ 等互联网通信工具激增，其拥有省时省力、不受物理空间限制等优点，更符合追求时间效率的贸易商的要求，随着经济全球化的进程加快，这种沟通工具的普遍使用也为数字交易模式的转变打下了基础。

起初涌现的 B2B 模式正在向 B2C 模式转变。数字技术打破了时空限制和沟通屏障，提供了虚拟交易平台。许多商家采用评分制，比如网易云音乐可以在评论区中进行点赞、分享和回复都是用户参与的体现，同时倒逼企业优化升级，提高产品和服务质量，与其他市场主体良性竞争。

根据中国电子商务研究院的调查，2016 年我国跨境电商交易模式仍以 B2B 为主，占 88.7%，B2C 占 11.3%。[①] 但随着订单碎片化，交易模式逐渐从企业代理向直接卖给消费者转换。B2B 模式是从厂商到厂商，再从厂商到消费者，产品需要一定的时间才能在市场流通。而 B2C 模式则更加快速便捷，版权产品与其他贸易商品不同，大部分版权产品是电子化的，无须运输，消费者在电商平台即买即可享有商品和服务。这更符合现代人的生活节奏，也省去了厂商之间的沟通成本。

同时，C2B 模式逐渐兴起。C2B 模式的核心是以消费者为中心，商品主导权和先发权从厂商转移到消费者。C2B 模式依靠商业化网络聚合分散的消费需求，获取近似团体的数量优势，借此以大订单为筹码与供应商谈判以降低成本价格，个人购买者也能够以团体价得到商品，参与感和成就感增强。

① 中国电子商务研究中心：《2016 年度中国电子商务市场数据监测报告》，2017 年 5 月 24 日。

因此，C2B 重视“汇聚需求”而不是“汇聚供应商”，被普遍视为一种接近完美的交易模式。

2. 数字化渗透率不断提高

数字跨境贸易的快速扩张主要表现为对传统贸易市场的替代，全球娱乐及媒体行业数字渗透率不断提高，2014 年为 40.70%，2018 年为 53.10%，预计到 2023 年将达到 61.60%，即全球将有 60% 以上的产品和服务以数字化的形式进行交易（见图 3）。

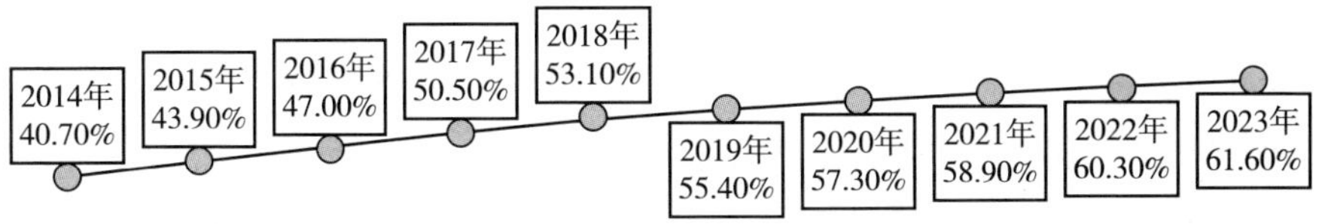

图 3　全球娱乐及媒体行业数字化渗透率

说明：全球娱乐及媒体行业数字化渗透率为行业在全球的数字化收入除以行业在全球的总收入。

资料来源：普华永道《2019 ~ 2023 年中国娱乐及媒体行业展望》。

中国跨境电商贸易渗透率不断提高，意味着今后数字产品和服务贸易发展空间巨大。中国海关数据显示，2017 年我国进出口贸易总额达 27.79 万亿元，同比增长 14%；中国电商贸易额为 7.6 万亿元，同比增长 20.6%，增速远高于传统进出口贸易，渗透率（电商交易额除以贸易总额）达 27.35%。根据此前阿里的数据测算，2020 年我国跨境电商交易额将达到 12 万亿元，渗透率达 37.6%。[①]

3. 盈利模式优化升级

用户付费模式已经崛起，如今中国付费用户迅速增加，到 2019 年 9 月底，爱奇艺订阅会员数达到 1.058 亿，同比增长 31%[②]；截至 2018

① 《2018 年中国电子商务行业发展概况及未来三年市场发展空间预测》，中国产业信息网，http://www.chyxx.com/industry/201804/630315.html。

② 《爱奇艺发布 2019 年 Q3 财报：总营收达到 74 亿元　订阅会员收入占比首次超过一半》，http://www.iqiyi.com/common/20191107/6dff1924a972dc62.html。

年第三季度，腾讯视频的会员数为 8200 万；截至 2019 年第二季度，网易云音乐用户数超过 8 亿，同比增长 50%，其中有效付费会员人数同比增长 135%。[①]

中国数字文化产业收入结构日渐成熟，即由发展初期的“内容免费 + 广告推广”的盈利模式向“内容付费 + 广告推广”模式转变。中国版权市场的消费潜力是巨大的，这种收入模式的转变有利于版权进口。腾讯通过与 HBO 和 NBA 达成合作协议，自 2016 年起在国内独家以点播及包月方式播放派拉蒙影视的最新电影，包括《星际迷航：超越星辰》，吸引了更多优质用户。[②] 2017 年 4 月爱奇艺与 Netflix 达成内容授权合作，《怪奇物语》和《黑镜》等热门电视剧涌入中国市场，为爱奇艺增添了不少优质订阅用户。这些用户在同一平台形成消费习惯后就不会轻易改变，从而给该平台代理商带来源源不断的收益。

二　数字化对版权贸易的影响途径

（一）产业链数字化布局

版权贸易由版权主体及其一系列经济行为组成，过去版权贸易的主体主要是版权人、出版机构和代理商，但数字时代的版权贸易体系加入了许多新的利益相关方，也因此向更加成熟规范的产业体系迈进。数字化将这些参与主体更方便、更快捷地联系起来，打破传统版权产业与其他产业分散经营的局面，以互联网为温床孵化全价值链体系，确保信息迅速传达并兼具平衡利益分配的效用，能够为代表利益交换中心的每一个交汇点带来源源不断的动力，促进贸易经济网络不断向外延伸。

---

① 《网易云音乐宣布总用户数已突破 8 亿：同比增长 50%》，https://news.mydrivers.com/1/640/640093.htm。

② 普华永道：《2018 ~2020 年中国娱乐及媒体行业展望》。

1. 内容开发数字化

在内容开发上，内容供应商和科技供应商既是竞争关系也是合作关系。版权持有者需要借助科技公司的数字技术获取消费者喜好，进一步为消费者提供优质内容。科技公司对原创内容进行技术处理，将其转化为信息流等新形式，并为其提供输出平台，同时也利用新的产品展现技术价值，有了内容的加持，这些数字平台才不是空壳。以数字出版为例，数字经济时代的出版物实现了重大变革（见表1）。

表1　数字出版主要产品形态及特点

序号	产品形态	产品特点
1	电子书	易获取、携带，内容检索方便
		容量大，节省空间
		降低图书成本，价格便宜
		节省纸张，环保低碳
2	电子杂志	价格低廉甚至无须任何费用，阅读群体庞大
		便于查询，使用者能快速找寻所需内容
		制作者小投入大回报，降低宣传成本，增强宣传效果
		声、图、像并茂，内容形式丰富
3	数字报纸	再现报纸版面，受众群体庞大
		内容资源丰富
		吸引更多广告资源
4	网络游戏	冲破地域的限制，再造了时空
		参与者可以自由地变换自己的身份与角色，能实现互动和平等的交流
		提供了现实生活中不可能的行为选择
5	数字影视	制作、发行成本低，发行方式灵活
		拍摄现场及时回访，后期方便加工
		传输过程、档案存储无损伤
		不采用胶片，利于环保
6	数字音乐	抛弃了实物载体
		传播速度快
		音质不会产生损耗

资料来源：中国建投证券股份有限公司。

综合看来，数字时代版权产品具有以下几个特点。

（1）产品功能多样。产品的功能不再局限于看书，还可以在线传输、分享，接收邮件。消费者面临多种选择，可以根据自身需求进行搭配，在产品功能需求契合的基础上有更高要求。对于外贸企业来说这一点就更为重要，面临的市场选择越多，需要考虑到不同文化背景的消费者的喜好就越广泛。

（2）产品加速更迭。企业为了盈利会持续研发新的产品以提高竞争力，新产品上市后需要升级手中的设备，有时候只需要等待几分钟即可完成，这种更新换代的即时性促进了产业的高速发展。

（3）内容叠加增值。改善后的数字化产品必须给人“物超所值”的感觉，否则人们没有理由替换已有的产品。很多教育机构都利用了这一点，在售卖电子书的同时添加文字难以呈现的视频、课件等内容，实现了数字图书的增值。事实证明，即便这类产品有时定价高于纸书，消费者的支付意愿也是极高的。

传统版权产品和服务落后于时代的发展步伐，产品形态的更新迎合了商品的便利化需求，借助新的终端载体，人们可以随时随地阅读、听歌、打游戏等。内容开发的数字化为版权产业发展赋能，不仅加快了生产速度，提高了生产质量，并且激发了领域创新活力，实现了产品功能的多样化，引领行业朝着更加国际化的方向发展。

2. 运营渠道数字化

在成本控制方面数字化运营拥有绝对优势。利用网上直销手段控制销售成本；数字化运营管理有效降低重复输出率和人工办公出错率，从而提高交易双方磋商效率，大幅降低沟通成本；数字服务平台上信息发布和传播渠道较多，能过滤大部分无效信息，从而降低贸易搜寻成本。

版权产品运营是一个庞大的系统，传统数据分析靠人工，不仅耗时耗力，还容易造成分析错误，导致错误的市场研判结果。如今有了智能数据分析工具，系统锁定关键词，自动从网站、论坛等对用户的重要数据进行抓取，然后运行自动识别、模拟等步骤，得出产业发展规律和结论，常用图表等可视化工具呈现，以利于决策者判断。分析大量数据后做出决策，相比较传统方式来进行数据分析得出结论：其效率和准确程度要高出不少。更多地，不论国内还是国外，只要通过互联网交易就能进行追踪，这是为文化产业的产品销售赋能，智能数据分析的便利使得文化产品更容易实现向“商品的跳跃”。

3. 用户服务数字化

随着越来越多的数字内容和数字设备涌现，数字消费者对产品和服务的期望也越来越高，已不再是被动地接受服务。供应商为提供品质更优的产品和服务以抢占市场份额展开了日益激烈的竞争，越来越注重倾听用户的声音。各类线上服务蓬勃发展，网络平台方便获取用户评价和联系客户。反过来，消费者拥有更大的自主权，面对市场上眼花缭乱的产品，他们善于搜集供应商综合评级等信息，想方设法追求更优质的产品和服务。

随着微博、Instagram 等社交媒体的流行，消费者对在线沟通交流的热情日益高涨，并且擅长运用数字化平台对产品和服务进行反馈。高质量的服务评价自动为平台和供应商做宣传赢得了良好的口碑，这就要求数字发行商和内容提供商联合起来，及时整合消费者真实意见，让消费者积极参与到产业价值链（见图 4）之中，促进新产品的生产和服务的改进，达到“互动营销”的效果，这将无形中树立企业在国际贸易中的良好形象。

如图 4 所示，数字版权产业链在本质上没有发生变化，但是数字技术融入内容产业共同支撑版权市场，并且所占比重越来越高。同时，数字化进入其他经济领域，从转变产品形态、更新运营模式到改进服务质量，版权产业的数字化转型为版权市场带来更高、更持续稳定、成长性更好的收益。产业链链条越紧凑，资源配置效率越高，产业集聚的规模效应越明显，进而扩大版权产业的规模。

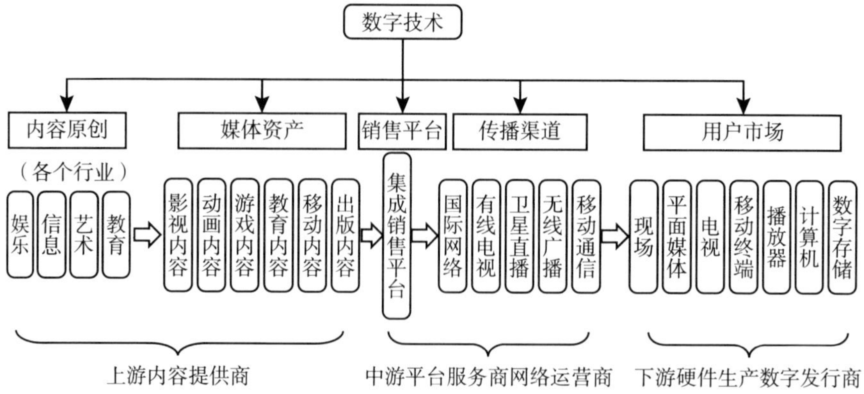

图 4　数字版权产业价值链

（二）网络外部性效应

产品需求遵循边际效用递减规律，消费者的支付意愿随需求量的增加越来越低。数字化时代对消费趋向的冲击，受到网络外部性的影响，当使用产品的用户达到一定数量后，协同价值会大幅增加，即使商品和服务的价格上涨，消费者仍然愿意出钱购买，并且数字化对经济社会的渗透越快，就越快进入上升期。如此一来，网络外部性下的数字版权市场创造了更大的福利，使市场容量扩大，总利润增加，使需求方也能以较低的价格购买到同等的商品。

电子商品和服务满足了消费者对廉价、便利商品的需求，数字出版物以kindle、手机等电子设备为载体，能够被随身携带，可以随时听歌、看视频甚至读报看新闻，符合大多数使用者对物品实用性的设想。根据市场信息传递速度，国际市场信息化程度越高，数字版权市场容量扩充越快，规模扩大得越明显，消费者对该类产品和服务的依赖程度也越高。

（三）贸易规模化效应

1. 减少信息不对称

在传统版权市场的对外贸易中，买方必须找到合适的卖方，并在对出口国版权作品质量充分信任的前提下交付钱款，即相信在本地市场能得到好的利润回报。由于电影、音乐、图书等文化作品的特殊性，其内容好坏很难界定，一部好的作品能为企业带来巨额收益，但是不受当地消费者欢迎的作品很难为企业带来效益，甚至可能亏本。信息不对称的情况经常发生，一旦出现后一种情况，对于有一定资本基础的大公司可能不算什么，但是对于资金薄弱的小企业来说就是致命的打击，从而导致大型企业规模越做越大，而小企业或私人经营部门若运营不善很容易被淘汰出局。因此，传统的交易模式对实力雄厚的大企业比较有利，而对于缺少资源和经验的小企业来说则很不利。

以互联网和大数据为基础的数字经济时代为对外贸易搭建了信息共享的交易平台，让更多市场主体参与到国际版权贸易中，有交易意愿的供应商和购买商可以随时随地在信息公开的平台上寻找合作方，从而削弱了信息不对称的影响，也有助于贸易市场筛选更优产品，良性发展。

2. 降低贸易成本

由于数字化加速了信息的流通和传递，在数字化平台上更容易获取贸易国版权市场情况和语言服务等数据，这有助于开拓全球市场、扩大贸易规模。多渠道、碎片化的新型数字化贸易方式，有效地弱化了贸易壁垒，简化了国际贸易中询盘、发盘、议价的业务流程，大大提高了贸易效率。企业参与贸易的门槛也大幅降低，线上交易既可以大幅降低中介带来的中间成本，又不需要缴纳昂贵的会费去参加展会推广产品，从而使一些小企业也有机会跻身国际市场，个人商户也可以自由参与到平台中来。

日趋成熟的数字化贸易正在重塑国际版权贸易体系，电子产品存储配送、在线支付等新型贸易成本产生，由于全球数字办公网络产生的外部效应，这些成本也大大降低，电子存储量在云空间中只占很小一部分。如此一来，商品只要还储存在云空间中，不论中间经过多少次转手贸易，都不会增添任何的额外成本，仅从实物的运输到所有者名字的变化，就节省了不少交易成本。

数字经济时代于无形中提高了版权市场的容纳度，在版权产品持续创新的前景下不断刷新消费增长点。加之互联网的天然优势，虚拟平台的全球适用性很重要，当平台在贸易对象国均能使用时，贸易双方既可以在线上进行议价，又可以削弱贸易规则设置的无形壁垒，有利于版权贸易的良性发展。所有贸易信息在全球快速、完全地传递，一方面有利于减少买卖双方信息不对称性，另一方面有利于全球资源优化配置，促进实现规模经济。

三　我国版权贸易数字化发展的对策建议

（一）加速企业数字化转型，提升品牌影响力

文化企业的数字化转型，不仅是商品和服务的数字化转型，更是经营模式和文化理念的数字化转型。企业内部的真正变革，预示着企业从基层流水线至高级管理层都将接受并适用新的工作模式。更换新的软件工具是容易的，但是转用新的数字化运营理念和管理模式，尤其对大企业来说，则需要付出一定的时间成本。这就需要企业制订务实的转型计划，明确传达计划内容，推进计划执行，并根据具体情况随时调整，切实掌控企业转型发展的大方向。

当我们想选一部好电影时，立即会想到迪士尼、好莱坞；当我们想欣赏经典艺术品时，会不自觉地去查哪个美术馆有毕加索、梵高的作品。现如今，中国版权缺乏品牌效应，国际知名度有待提升。提升品牌效应，关键在于打造内容优质的版权精品，中华文化的数字化转化和发展逐渐成为内容创新的重点，以 IP 为核心，包括游戏、网络文学、动画等在内的文娱产业作为文化传承的创新载体，发展最为迅速。中国不乏优秀的文化，又处在科技发达的时代，借助数字化平台可以更迅速、便捷地扩大文化影响力。

现阶段要加速内容供应商和数字供应商的深度融合，实现版权产业

的整体数字化转型，借助数字技术给内容产品和服务做加法，提升其内在价值。对外贸易的版权产品不能是泛娱乐的文化产品，而是要专注打造文化精品，将重点放在文化底蕴深厚、文化价值含量高的内容上，严整抄袭之风，不跟风、不炒作，踏踏实实做好内容，鼓励原创，打造有国际竞争力的知名品牌。

（二）完善数字版权贸易体系，升级数字文化服务

数字版权贸易不仅包括产品和服务的在线供应，还包括贯穿全球价值链的数据流、产品流以及许多其他相关平台，而且数字贸易呈现出技术更新快、产品迭代迅速等特征。这使得数字版权贸易中要讨论的规则比传统货物和服务贸易更广泛、更实时、更复杂且更具不确定性。

国外已经开始使用许多类似版权信息管理业务的管理软件，其中美国版权局的电子注册记录与注册系统（cords）应用最广泛。积极适应国际数字贸易新环境，主动参与推动全球价值链简化（贸易便利化）进程，能够有效推动我国数字贸易健康、可持续发展。

在我国现有的网络版权保护体系中，出版商的法定责任较少、共同侵权责任不够具体、技术立法欠缺。如今版权的专有许可在网络环境下发生了变化，侵权成本也随之降低，因此应规范合同流程，发挥版权集体管理组织的作用，实现多方利益平衡。① 尽快建立完善的法律体系，为贸易发展提供支持和保障，这样企业才能安心“出海”，发展版权贸易。

1. 完善数字文化基层服务建设

建立统一的数字文化市场规范框架，梳理公共数字文化资源服务总目录，利用二维码等数字标识形成标准化数据库，推动各行各业的融合创新发展。打好数字文化市场发展的基础，优化升级基层服务，借助微信公众号等新媒体推出官方公共数字文化工程平台。扩大平台使用范围，使其功效得到最大限度发挥，以科技发达城市为试点，完善数字文化基层服务并在全国范

---

① 焦俊波、崔波：《中国出版学研究热点与趋势》，《科技与出版》2018 年第 3 期，第 57 ~63 页。

围内推广。

2. 争取国际数字贸易规则参与主动权

积极利用世界海关组织（World Customs Organization）等国际机构、区域经济合作组织和多边贸易框架体系，积极参与国际数字贸易规则制定，争取自由贸易区（Free Trade Agreement，FTA）数字贸易谈判的主动权等，减少贸易壁垒带来的阻力。积极开展全方位的数字贸易体制创新，营造良好的双边、多边、区域数字贸易营商环境，深化与共建“一带一路”国家数字贸易市场规划和布局，逐步制定统一的全球数字贸易规则。

（三）加强全球数字互联平台建设，建立多方合作机制

现阶段世界各国数字化发展水平普遍提高，国内国际数字贸易融合发展已是大势所趋。对数字版权产业要兼容并蓄，开放创新，放宽对国际数字平台内容流入的限制，实现资源共享、互联互通。可以从以下三方面入手。

1. 充分发挥“一带一路”倡议的引领优势，进一步推进版权贸易发展

《“一带一路”国际出版合作发展报告（第一卷）》显示，我国已与83个共建“一带一路”国家开展版权贸易，但从贸易规模上看这一优势并没有体现出来。今后应加强与共建“一带一路”国家版权业务的交流与合作，举办版权贸易促进会等活动，寻找更多的突破口。

2. 创新国际化交易平台和合作项目，不断探索新的版权输出模式

各国各地区的语言习惯、文化风俗不尽相同，加强产业融合和深度合作，能够有效减少文化冲突，促进产业区域融合，营造互利共赢的合作氛围。积极加入 IPR License①、好望角②等国际化在线交易平台，加强对外文

① IPR License 由法兰克福书展创建，是出版业中第一个完全的交易权和许可市场，它提供了一个专用的在线门户，使版权所有者能够完成国内和国际许可交易。

② 好望角是一家与国际跨国公司战略合作的高科技企业，公司位于厦门软件园区，是一家全球领先的虚拟物品电子商务平台开发和运营商。

化机构培育，依托行业协会辅助企业开拓国际市场，集群发展，凝聚强劲力量。通过建立新的数字内容运营平台，与当地版权机构和文化企业合力开发数字版权项目，加速实现项目落地。

3. 实现支付方式本地化，打通融资渠道

持续的资金流入给企业在国外开展业务注入活力，中外合资有利于企业克服语言不通等隐性壁垒，弥补信息技术、外商融资等方面的不足，实现强强联合。以跨国投资、并购等国际合作模式开展海外业务，推动产业协同发展，以平台聚合优质内容和技术资源，并与当地银行等金融机构广泛合作，实现支付渠道本地化，形成技术支持、服务支持、金融支持和市场支持融合发展的新局面。

文化是一个民族的灵魂，科技是第一生产力，文化产品和服务与数字经济的融合发展，是文化产业战略新布局与发展新方向，也是科技强国、知识强国的有力引擎。我国文化产品和服务在国际市场上仍有很大上升空间，文化企业要有大局意识，增强社会责任感，在内容上严守质量关，在技术上充分吸收数字优势，紧跟时代发展变化，只有这样打造的文化产品才能经得起时代的考验。

参考文献

郝阳：《中国国际出版新走向——从“走出去”到“走进去”》，《科技与出版》2019 年第 6 期。

李怀亮、佟雪娜：《数字化条件下国际文化贸易的新趋势》，《中国文化研究》2012 年第 3 期。

马述忠、郭继文、张洪胜：《跨境电商的贸易成本降低效应：机理与实证》，《国际经贸探索》2019 年第 35 期。

彭辉：《大数据时代网络新闻聚合平台的版权保护研究》，《中国出版》2019 年第 11 期。

曲如晓、曾燕萍：《文化多样性影响中国文化产品贸易的实证研究——基于面板 VAR 模型的分析》，《首都师范大学学报》（社会科学版）2015 年第 4 期。

肖洋：《我国数字出版产业发展战略研究》，博士学位论文，南京大学，2013。

闫玉刚、骆臻洋：《数字化条件下国际游戏贸易的新变化》，《文化产业研究》2014年第2期。

张阿源：《数字出版的版权运营研究》，博士学位论文，北京印刷学院，2011。

周利荣：《我国数字出版产业链整合模式分析》，《出版发行研究》2010年第10期。

左惠：《移动互联时代国际音乐产业链成长趋势分析》，《音乐传播》2017年第4期。

"Burri M. Cultural Protectionism 2.0: Updating Cultural Policy Tools for the Digital Age," *Social Science Electronic Publishing*, Vol. 18, No. 10, 2012, pp. 1149 - 1159.

"Helman L. Fair Trade Copyright," *Columbia Journal of Law & the Arts*, 2013, pp. 157 -201.

C. Hellmanzik, Schmitz M. "Virtual Proximity and Audiovisual Services Trade," *European Economic Review*, Vol. 77, 2015, pp. 82 -101.

Richard N. Cooper, "Trans-Pacific Partnership: An Assessment," *Foreign Affairs*, Vol. 95, No. 6, 2016.

K. W. Wilbur, "Renovating Architectural Copyright: The Case for Protection of Nonhabitable Structures," *Mcgeorge Law Review*, 2012.

B.14

外商直接投资对中国文化产品出口的影响分析

李嘉珊　王伯港*

摘　要：　本文基于我国外商直接投资以及文化产品出口的发展，对改革开放40多年以来外商直接投资对我国文化产品出口的影响路径进行了分析，并基于我国外商直接投资以及我国文化产品出口的时间序列数据，对相关数据进行ADF单位根检验、Johansen协整检验和最小二乘法（OLS）回归分析等实证检验，从数据的角度来考量外商直接投资对我国文化产品出口带来的影响。实验结果表明：中国实际利用的外商直接投资额（FDI）、中国经济开放程度（ECO）和中国服务业发展水平（FW）对中国文化产品出口额（EXC）会产生正向影响，中国文化领域的外商直接投资额（CFDI）对中国文化产品出口额（EXC）的影响不明显，但中国文化领域的外商直接投资和中国文化产品出口的整体发展态势一致，文化领域的外商直接投资额对我国文化产品出口所带来的影响具有滞后效应并且没有明显的比例影响。

* 李嘉珊，北京第二外国语学院教授，中国服务贸易研究院常务副院长，国家文化发展国际战略研究院常务副院长，首都国际交往中心研究院执行院长，首都对外文化贸易研究基地首席专家，国家文化贸易学术研究平台专家兼秘书长，主要研究方向为国际文化贸易等；王伯港，北京第二外国语学院经济学院交叉学科国际文化贸易专业硕士研究生，国家文化发展国际战略研究院助理。

关键词： 外商直接投资　文化产品出口　文化贸易

改革开放40多年来，中国实现了持续高速的经济增长和对外贸易的迅速成长。随着扩大开放步伐不断加快，中国凭借密集的劳动人口和改革开放形成的制度与政策优势，吸引了来自周边国家和地区以及西方发达国家的投资，出口导向的外资企业大大促进了我国国际贸易的迅速发展。我国以最优惠外资政策吸引外商投资，并承接了大量其他国家的产业转移，我国针对外资企业而设立的一系列优惠政策在吸引外商直接投资中发挥了重要作用。

与此同时，受世界经济低迷的影响，全球贸易增速明显放缓，我国积极应对外需不振、成本竞争激烈、贸易环境不佳等诸多不利因素，在这个阶段，贸易结构的优化调整和寻找持续的贸易增长动力成为外贸工作的重点，而发展对外文化贸易特别是发展文化产品出口成为国际贸易发展中的重中之重。联合国教科文组织发布的《文化贸易全球化：文化消费的转变——2004—2013年文化产品与服务的国际流动》相关数据表明，2010年，我国超越其他国家成为世界文化产品出口第一大国。

一　中国外商直接投资的现状与发展概况

近年来，我国始终坚持改革开放，作为对外开放的重要体现，我国外商直接投资经历了快速的成长。改革开放初期，我国实际吸引外商直接投资额仅为10多亿美元；1984年，我国外商直接投资额仅为12.58亿美元；2018年增长至1349.66亿美元，翻了数百番。

从发展历程来看，我国利用外商直接投资发展大概分为四个阶段：第一阶段，20世纪80年代至90年代初期，外商直接投资额平稳增长；第二阶段，20世纪90年代，外商直接投资额先增后减；第三阶段，21世纪初期中国加入世界贸易组织至2008年金融危机爆发前，外商直接投资额波动增长；第四阶段，2008年金融危机后至今，外商直接投资额稳健发展（见图1）。

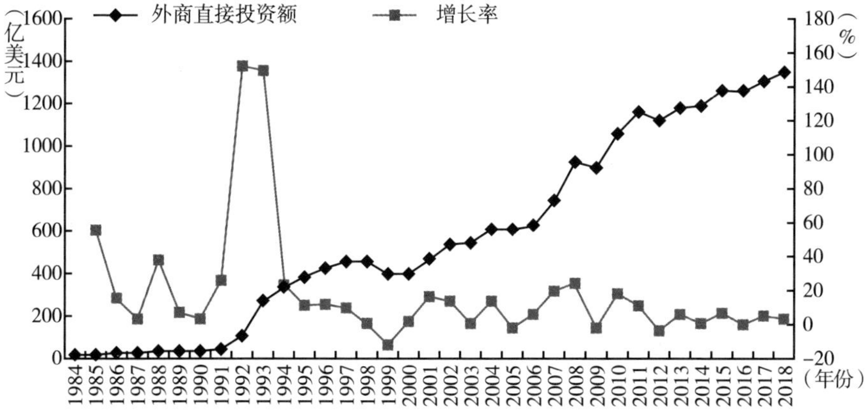

图1　1984～2018年中国实际吸引外商直接投资额及增长率

资料来源：国家统计局网站。

第一阶段，外商直接投资额平稳增长时期。1984～1991年，外商直接投资额从12.58亿美元增长至43.66亿美元，增长247%，多数年份保持两位数增长，尤其是1988年和1991年，增长率分别达到38.03%和25.21%，外商直接投资额分别达到31.94亿美元和43.66亿美元，但我国实际吸引外商直接投资额还未突破100亿美元。

第二阶段，外商直接投资额先增后减时期。1992～2000年，外商直接投资额从110.07美元增长至407.15亿美元。1992年，我国外商直接投资额首次突破100亿美元，从1991年到1996年，随着跨国企业对中国市场的投入逐渐增加，外商直接投资额呈现飞速增长，特别是1992年和1993年外商直接投资额增长超过100%，增长率分别达到了152.11%和149.98%。然而，由于1997年亚洲金融危机的影响，外商直接投资增长速度明显变缓，甚至在1999年出现了首次下降。

第三阶段，外商直接投资额波动增长时期。2001～2008年，外商直接投资额从468.78美元增长至923.95亿美元。这一时期随着我国与世界的联系越来越紧密，我国经济受到世界经济的影响也逐渐加深。2001 年，中国正式成为世界贸易组织新成员，标志着中国更进一步参与到经济全球化进程。随后两年外商直接投资额增量较为明显，2002 年外商直接投资额增长到 527.43 亿美元，而随后几年，外商直接投资额增长不明显，甚至在 2005 年第二次出现了外商直接投资额的下降。

第四阶段，外商直接投资额稳健发展时期。2009 ~ 2018 年，外商直接投资额从 900.33 美元增长至 1349.66 亿美元。在这个阶段我国经济已逐步从高速增长转为中高速增长进而向高质量发展迈进，2009 年，受全球经济危机的影响，我国外商直接投资额出现下降，比 2008 年减少 23 亿美元左右，跌落回 900 亿美元。随着全球经济的复苏以及我国经济实力的不断增强，虽然外商直接投资增长速度不快，但基本保持稳健增长，2010 年，我国外商直接投资额突破 1000 亿美元达到 1057.35 亿美元，2017 年我国外商直接投资达到 1310.35 亿美元，吸引外商直接投资额位列发展中国家第一，也是继美国之后的全球第二大外商直接投资流入国。

二　中国文化产品出口的现状与发展概况

随着我国社会主义市场经济的不断发展，我国文化产业基础逐渐夯实，品类繁多的文化产品在满足我国人民对精神文化产品需求的同时走向了世界市场。联合国教科文组织的相关数据显示，2017 年全球文化产业产值突破 2.25 亿美元。虽然我国文化产业起步较晚，文化产品的核心竞争力有待提升，但近年来，不论是文化产品出口规模还是文化产品出口结构都有了很大的进步。

文化产品贸易一直是我国文化贸易的主要力量。联合国商品贸易统计数据库相关数据表明，1997 年，我国文化产品出口总额仅为 34.98 亿美元，2004 年我国文化产品出口总额突破 100 亿美元，2012 年我国文化产品出口总额超过 500 亿美元。2016 年，我国文化产品出口总额增长至 786.67 亿美元，是2002年的22.49倍，年均增速达到17.80%。

就我国文化产品出口的增长趋势来看，从1997年开始，我国文化产品出口保持着持续增长，除了2009年受全球金融危机以及2015年全球出口大幅度下跌的影响出现了出口负增长的情况，其余绝大部分年份保持了10%以上的增长，其中2002年、2007年以及2011年增长率超过了40%，分别达到51.02%、47.87%和42.57%（见图2）。

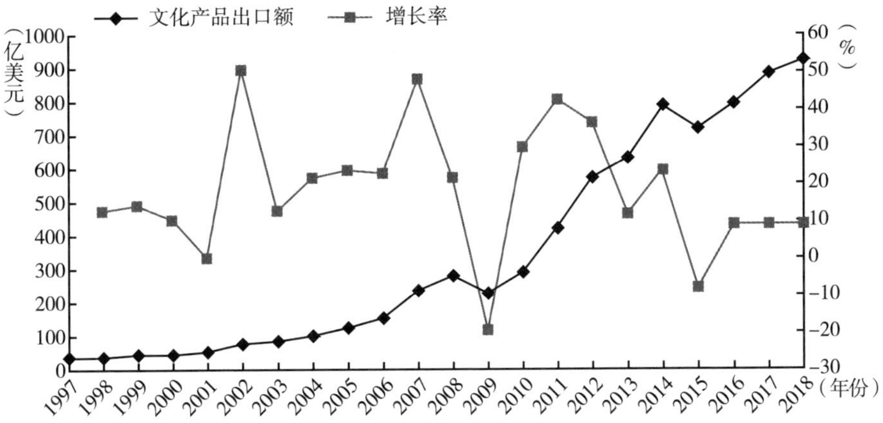

图2　1997～2018年中国文化产品出口额及增长率

资料来源：根据联合国商品贸易统计数据库相关年份数据整理。

虽然受全球经济危机和经济环境复杂等的影响，各个国家文化产品贸易都受到不同程度的波及，但中国文化产品出口正是在全球经济形势严峻、贸易环境复杂的背景之下实现了快速的增长。2010年中国超越美国成为世界最大文化产品出口国，并不断巩固自己的领先地位。2013年我国文化产品出口额突破600亿美元，是第二大文化产品出口国美国（278.68亿美元）的两倍以上。

21世纪以来，我国文化产品出口经历了快速的成长，但就文化产品出口贸易结构而言，呈现极度不平衡的状态。我国文化产品出口中占绝大部分的是视觉艺术和手工艺类产品，视觉艺术和手工艺类产品出口额占总体出口额的60%左右，而排名第二位的音像和交互媒体类产品出口额仅占总出口额的15%～20%。2010年，我国文化产品出口中，排名前三位的分别是视觉艺术和手工艺类产品、音像和交互媒体类产品以及表演和庆祝活动类产品，分别占当年文化产品出口总额的62.75%、19.25%和10.83%，书籍和报刊类产品排名第四位，占出口总额的7.18%，排名后两位的分别是文化和自然遗产类产品（0.03%）与设计和创意服务类产品（0.01%）。

2010年以来，我国文化贸易的迅速成长，但我国文化产品出口结构还有待进一步优化。2015年，我国视觉艺术和手工艺类产品占比不断上升，占当年文化产品出口总额的75.51%，排名第二位的仍然是音像和交互媒体类产品，占当年文化产品出口总额的15.48%。书籍和报刊类产品占比（4.98%）超过表演和庆祝活动类产品（3.65%）成为我国文化产品出口中占比排名第三位的文化产品。排名后两位的仍然是文化和自然遗产类产品（0.36%）与设计和创意服务类产品（0.02%）（见图3）。各类文化产品占比未出现大幅度的变化。即使发展到2015年，我国各类文化产品在出口中的发展仍旧十分不均衡，劳动密集度较高的视觉艺术和手工艺类产品仍然是我国最具比较优势的文化产品，然而附加值和文化内涵较高的设计和创意服务类产品等输出能力还十分有限。

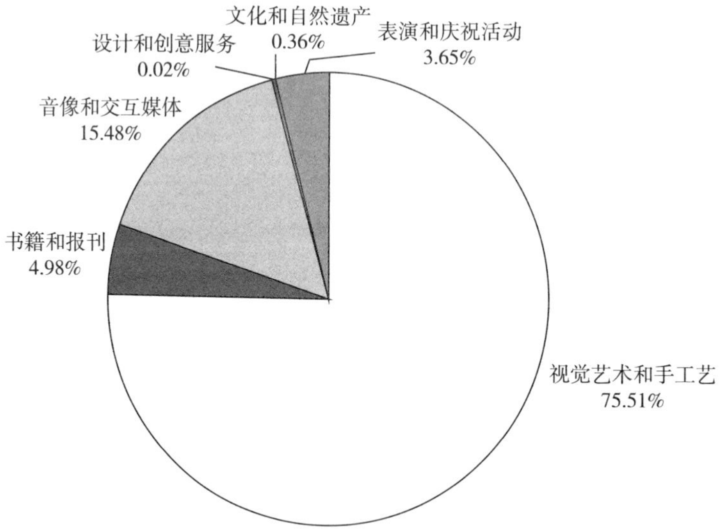

图3　2015年中国各类文化产品出口额占比

资料来源：根据联合国商品贸易统计数据库相关年份数据整理。

三　外商直接投资对中国文化产品出口的影响路径

不论是文化领域的外商直接投资，还是其他领域的外商直接投资，都会对文化产品出口产生直接或间接的影响。直接影响主要包括外商在我国成立的以文化产品出口为主营业务的跨国公司，以及参与文化产品的生产外包业务等产生的促进我国文化产品出口的影响；间接影响是由于外商直接投资的流入会带来我国资本要素、技术发展、人力资本等各类生产要素的改变，从而影响我国文化产品的出口。

（一）外商直接投资对中国文化产品出口的直接影响路径

由于国际分工的深化、全球网络交易的高效以及全球物流运输的便捷，众多产品的生产、包装、销售等由一国完成转向多国完成，各个参与国家主要负责其具有比较优势的环节，最终文化产品以较低的成本被生产出来，并出口至其他国家。

外商直接投资对我国文化产品出口的直接影响路径主要是由外商在投资对象国成立的以文化产品出口为主营业务的跨国公司，以及中外合资经营企业、中外合作经营企业等参与其他与文化产品出口为导向的生产外包、代工生产等相关业务。

举例来说，根据《外商投资产业指导目录》（2017 年修订）以及《鼓励外商投资产业目录》（2019 年版），外方能够对我国“文教、工美、体育和娱乐用品制造业”中“高档地毯、刺绣、抽纱产品生产”以及“通用设备制造业”中“电影机械制造”等进行直接投资，当外国企业和经济组织或个人在我国设立以出口为导向的高档地毯生产公司或电影机械制造公司，我国高档地毯或电影机械等的出口将会直接增长。一方面，进行文化产品生产能够满足外资投入国的市场需求，还会不断拓展其他国家的海外业务，实现我国文化产品出口的增长；另一方面，这些公司制造的文化产品能够满足国内市场需求，从而减少我国文化产品进口。

（二）外商直接投资对我国文化产品出口的间接影响路径

间接影响是非直接的能够起到推动性作用的连锁反应，通常情况是有一定的载体，外商直接投资对我国文化产品出口产生的间接影响是指由于外商直接投资的流入对我国的产业规模、产业结构、技术水平、市场环境等方面产生影响，进而影响我国文化产品出口。

1. 资本效应

外商直接投资能够带来投资乘数效应，减少我国文化产品的资本约束限制，提升我国文化产品的竞争优势，带动我国文化产品的出口。改革开放以来我国经济实现了高速发展，然而与其他发达国家相比，我国丰富的文化资源以及劳动力资源受到资本因素的限制还未被完全有效开发，因此我国文化产业的发展以及文化产品贸易还受到一定的资本限制。在我国《鼓励外商投资产业目录》当中，有关于“电影机械制造：2K、4K数字电影放音机，数字电影摄像机，数字影像制作、编辑设备”的外商投资鼓励项目。由于这一项目属于资本密集型文化产品，受到很大的资本约束，即使我国有丰富的原材料和劳动力，也很难真正充分利用劳动力资源、技术资源等生产要素生产出具有国际竞争力的电影机械设备，而外商直接投资能够减少诸如“2K、4K数字电影放音机，数字电影摄像机”受到的生产资本约束，提升这类文化产品的国际市场竞争力。

2. 技术效应

就外商直接投资对我国文化产品带来的技术效应来看，其一，我国在文化产品的设计、生产、营销等环节的技术相比投资国有较大的差距。外商直接投资由投资国流入我国的同时，自然而然发生了产业技术优势的转移，例如文化资源的产品化能力、文化产品生产技术、文化产品营销能力以及市场管理、销售和宣传等各个方面。其二，国际投资的转移除了带来产业内的相关技术转移，对于经营性的跨国公司，其还将先进的企业管理理念、企业制度和员工激励措施等带入我国的文化企业。举例来说，在我国《鼓励外商投资产业目录》当中，有关于“计算机、通信和其他电子设备制造业”中

“数字音、视频解码设备，数字有线电视系统设备，数字电视上下变换器等”的外商投资鼓励项目。由于我国对该类别文化产品的开发、使用的时间比发达国家晚，因而对于其中所包含的技术掌握度较发达国家低。当外国企业、经济组织或个人设立以该类别文化产品为主的中外合资经营、合作经营企业时，会将外方先进的生产经验带到国内，帮助国内其他厂商提高生产率，同时还将外方先进的企业管理技术等带入我国。

3. 产业效应

外商直接投资对我国文化产品出口的间接影响的产业效应主要体现在，外商直接投资的流入促进我国文化产业产业链的发展以及其他相关性产业的升级发展，从而通过扩散效应带动我国文化产业及文化贸易的发展。就文化领域的外商直接投资而言，国际资本的投入势必会带动文化产业整体的革新发展。不论是对文化服务还是文化产品的投资，都会带动文化产业整个产业链条的发展。就非文化领域的外商直接投资而言，文化产品仍然属于产品概念范畴，文化产品与制造业、批发和零售业等其他行业发展息息相关。其他行业的外商直接投资会为文化产品的研发、生产、运输、营销等带来更高的综合效益。举例而言，外方对我国“批发和零售业”中“一般商品的共同配送”“托盘及集装单元共用系统建设、经营”等进行投资，会为文化产品的物流、运输效率带来极大提升；外方对于“租赁和商业服务业”中“国际经济、物流信息、商务、会计、税务咨询服务”等进行投资，会促使我国出口业务的迅速成长，优化文化产品出口的贸易环境。

4. 渠道效应

外商直接投资对我国文化产品出口带来的渠道效应主要体现在外商直接投资的引入增加了我国国内的文化企业进入国际市场的机会。然而，由于文化产业的特殊性，不少国家通过立法或政策引导，通过有形或无形的贸易壁垒在一定程度上对其他国家文化产品的出口设置障碍，从而保护本国的文化产业。外资进入我国之前，进行外商直接投资的企业和组织会花费一定的时间和精力在双方政府之间进行游说工作，从而使我国一部分有实力的文化企业在文化产品出口时搭上便车，减少政府限制和贸易壁垒等的阻碍。与此同时，大部分外商直接投资的跨国企业具有成熟的企业管理能力和发达的渠道营销网络，我国企业可以采取与外商合作的模式，利用这种无形资源拓宽自己的销售渠道。

5. 就业效应

外商直接投资给我国文化产品出口带来的就业效应，主要体现在两个方面。其一，资本流入会增加我国本土的就业岗位。对于当地文化企业来说，资本的流入会为其创造新的就业岗位和机会，不论资金流入文化产业的哪个环节和发展阶段，都会引发对劳动力的需求，增加我国文化产业的岗位。其二，资本流入会提升当地劳动力的质量。外资的流入不仅会对就业数量有一定的要求，对文化人才质量也会有一定的标准。投资企业会对当地的劳动力水平以及文化就业质量进行考察，利用当地的劳动力优势对员工进行技能培训或者语言培训，提升劳动者的生产率、文化水平，提升我国文化产业人才的质量。对于国内企业来说，投资国或投资企业对于人力资本投入的知识和技术也很容易被其他企业学习，从而促进当地整体劳动力水平提升。由于我国文化产业发展时间不长，服务于文化产业发展和贸易的人才存在较大的缺口，外商直接投资带来的就业效应恰好为我国文化企业发展和文化产品出口奠定了人才基础。

四　外商直接投资对我国文化产品出口影响的实证分析

本部分选取我国 1997 ~2018 年外商直接投资额以及我国文化产品出口额等时间序列数据，结合前面的文献梳理、理论分析以及现状分析等，对外商直接投资对我国文化产品出口的影响进行实证检验，以从数据的角度来考量外商直接投资对我国文化产品出口带来的影响。本部分在对外商直接投资对我国文化产品出口影响进行实证分析时，选取了中国实际利用的外商直接投资额（FDI）和文化领域的外商直接投资额（CFDI）两个解释变量。本部分计量分析均运用 Eviews8. 0 软件完成。

就本文的研究目的、研究方法和数据分析及获取的实际情况，本文变量选取主要分为被解释变量、解释变量和控制变量三个部分。

表 1　变量名称及数据来源

变量类型	变量名称	变量符号	变量意义	资料来源
被解释变量	中国文化产品出口额（亿美元）	EXC	表示我国文化产品的出口情况	联合国商品贸易统计数据库
解释变量	中国实际利用的外商直接投资额（亿美元）	FDI	表示我国实际利用的外商直接投资情况	国家统计局网站及《中华人民共和国统计年鉴》
解释变量	中国文化领域的外商直接投资额（亿美元）	CFDI	表示我国文化领域实际利用的外商直接投资情况	国家统计局网站及《中华人民共和国统计年鉴》
控制变量	中国经济开放程度（%）	ECO	中国货物贸易进出口额/国内生产总值	国家统计局网站及《中华人民共和国统计年鉴》
控制变量	中国服务业发展水平（%）	FW	中国第三产业增加值/国内生产总值	国家统计局网站及《中华人民共和国统计年鉴》

本部分涉及关于中国文化产品出口额（EXC）的数据，受数据数量、数据完整度和实证分析模型的数据要求，数据来源于联合国商品贸易统计数据库。文化产品的相关分类和代码均采用《2009 年联合国教科文组织文化统计框架》第五部分“2007 年协调制度（HS）代码定义的文化产品和服务国际贸易内容”，其中包括 37、39、44 等 15 章共 85 个产品。

本文通过运用我国外商直接投资以及我国文化产品出口的时间序列数据，对相关数据进行 ADF 单位根检验、Johansen 协整检验和最小二乘法（OLS）回归分析等，对外商直接投资对我国文化产品出口的影响进行实证检验，从数据的角度来考量外商直接投资对我国文化产品出口带来的影响，实验结果总结如下。

第一，中国实际利用的外商直接投资额（FDI）对中国文化产品出口额（EXC）产生的影响是正向的，其每增加一个单位，中国文化产品出口额（EXC）将会增长 1.917147 个单位。在我国文化贸易不断发展的进程中，发展文化产品贸易是发挥我国贸易比较优势的重要引擎，当前更应该重视对外商直接投资的吸引和利用，继续深化扩大开发，外商直接投资带来的文化领域的产业效应以及就业发展、经济环境、贸易环境等溢出效应能够有效促进文化产品出口。

第二，中国服务业发展水平（FW）对中国文化产品出口额（EXC）产生的影响是正向的，其每增加一个单位，中国文化产品出口额（EXC）将会增长2.906516个单位。文化产品具有特殊的文化属性和较高的附加价值，文化产业的发展和与其高度相关的设计服务、文化服务等有着极大的关联，服务业的发展水平也直接影响我国文化产品的产品质量、技术含量、文化价值等。

第三，中国经济开放程度（ECO）对中国文化产品出口额（EXC）产生的影响是正向的，其每增加一个单位，中国文化产品出口额（EXC）将会增长1.933038个单位。经济的开放程度不断加深，我国整体外向型经济发展也将不断成熟，贸易环境和相关制度将愈加完善，文化产品虽然具有较强的文化属性，但是其仍然以产品形态为载体进行国际贸易，这也决定了文化产品出口以经济开放程度和贸易环境的发展为基础不断成长。

第四，中国文化领域的外商直接投资额（CFDI）对中国文化产品出口额（EXC）的影响不够明显，在计量分析下数学关系不够明显。但是经过数据和图示摘取分析之后发现，中国文化领域的外商直接投资额（CFDI）和中国文化产品出口额（EXC）发展趋势相似；在同样的趋势下，中国文化领域的外商直接投资额（CFDI）对中国文化产品出口额（EXC）产生的影响具有滞后效应，中国文化领域的外商直接投资额（CFDI）对中国文化产品出口额（EXC）产生的影响不明显。

五　相关政策建议

（一）放宽市场准入条件，扩大外商投资规模

改革开放以来，我国经济迅速发展，而不断放宽各类市场准入要求，扩

大开放，扩大外商投资规模，能够对我国文化产品出口产生明显产业效应、人才效应和技术溢出效应等。其一，扩大外资市场准入，在更广领域实现开放。特别是在金融保险等服务业，实现文化产业的支撑性发展的同时有效淘汰低端和附加价值过低的文化产品，提高文化产品供给的质量和效率。其二，优化投资环境，出台更具吸引力的外商投资政策，吸引更多高质量的外商直接投资，利用外商直接投资带来的溢出效应带动我国文化产业升级、技术提升等。其三，完善各项试点制度，深入推进我国准入前国民待遇加负面清单管理模式的实施、自由贸易试验区的增设和国家文化出口基地的建设等，联通我国外商直接投资和我国文化产品出口的渠道。

（二）遵循文化市场规律，合理有序开放文化市场

就文化领域的外商直接投资对我国文化产品出口的影响的分析结论来看，文化领域的外商直接投资额对文化产品出口产生的影响不明显并具有滞后效应，因而在文化领域的对外开放进程中，需要尊重文化市场的发展规律，理顺开放文化市场的准入顺序和扩大文化服务业的开放思路。由于我国文化产业发展较晚，在不断扩大文化领域市场开放的进程中，要注重对不同文化行业和不同文化产品形态的区别，从而合理有序地开放文化市场。按照国际发展规律，可以对电影院、演出剧场等，国外演艺经纪公司等文化中介服务，印刷业、发行业等行业等顺序合理地开放。与此同时，进一步完善文化开放和文化贸易相关政策。我国政策中对于文化产品和服务贸易关注较少，直至 2014 年 3 月，国务院《关于加快发展对外文化贸易的意见》的印发才真正从国家政策的高度重视对外文化贸易的发展。应合理有序开放文化市场，促进文化产品出口，进一步完善文化领域的引进外资和文化贸易的相关政策。

（三）发展外向型经济，带动文化产品出口贸易

就中国经济开放程度对我国文化产品出口额的数量关系分析来看，我国

文化产品出口是随着我国经济开放程度不断提高而不断发展的，虽然我国文化产品出口在我国货物贸易的占比不高，但是随着我国外向型经济的发展，由一般贸易发展带来的国际分工和国际交换奠定了我国文化贸易发展的基础。外向型经济发展会率先带动部分地区和部分行业的经济发展，沿海地区作为外向型经济发展的试点区域具有发展工业制造等的产业优势，争取到汇率、税制和信用上出口产品生产较多的优惠和支持。扩大出口、增加外汇等为我国文化产品出口营造了一个良好的贸易环境，能够在较大规模上吸引和利用外资，吸引和学习国外先进的制度、技术和经营管理办法，同时增加我国文化产品的附加值，促进我国文化产业经济效益的提高和文化产品出口贸易的发展。

（四）发展现代服务业，升级文化产品，优化出口结构

在当前的经济发展中，服务业的发展有利于促进各个产业结构的优化，虽然近年来我国文化产品出口规模有了明显增长，但我国各类文化产品出口发展仍旧十分不均衡，劳动密集度较高的设计产品仍然是我国最具比较优势的文化产品，发展现代服务业直接促进文化产业升级和文化产品出口结构的优化，一方面，服务业发展能够促进文化产品的研发、设计、营销等，有效提升文化产品的内涵和附加值；另一方面，服务业可以与文化产业等融合，例如，服务业的发展能够促进制造业向生产前期研发，中期管理和后期物流等全过程渗透，服务业的发展也有利于推动文化企业由传统文化制造企业积极发展与文化贸易相关的服务业务。

依托服务业发展，加速文化产业转型升级，对传统文化产业进行改革提升，提升文化产品附加价值，优化文化产品出口结构显得尤为重要。其一，依托服务业发展，提升文化产品质量，打造高附加价值的文化精品。其二，依托服务业发展，进一步挖掘文化特色，打造更具文化内涵的高端产品。其三，鼓励核心文化产品出口，提高附加值和文化内涵较高的文化产品输出能力，鼓励支持部分核心文化领域的出口，推动核心文化产品交易平台建设，提升我国核心文化产品的输出能力。

（五）优化出口市场布局，挖掘新型文化市场潜力

现阶段我国的文化产品出口仍然集中在部分国家和地区，除了美国之外，我国文化产品出口至其他国家的占比相对较小。2015 年，我国出口至美国的文化产品额占比为 62%，我国出口至前 5 大文化产品出口市场的占比达到 71.73%，我国出口至前 15 大文化产品出口市场的占比也保持在 82.59%。[①] 然而，文化产品出口集中将会导致我国文化产品出口风险增加，不利于我国文化产品出口市场的多元化和均衡化发展。随着全球经济的快速发展，许多新兴经济体的发展势头十分迅猛，其对于文化产品的需求将会持续增长，我国应该不断挖掘新兴文化市场潜力，优化出口市场，例如新加坡、马来西亚和巴西等国家。虽然受经济发展水平和文化产品需求的影响，我国文化产品出口至非洲和大洋洲的比例十分有限，但存在巨大的市场潜力，我国应该把握好机会探索更广的市场。

参考文献

蔡伟毅：《中国进出口贸易及其影响因素的结构性变动》，《中国经济问题》2018 年第 4 期。

程凯、杨逢珉：《FDI、OFDI 对出口产品质量的影响研究》，《经济经纬》2019 年第 3 期。

丁一兵、宋畅：《2019 年出口市场份额、FDI 流入与中国制造业出口技术复杂度》，《国际贸易问题》2019 年第 6 期。

戈雪梅：《外商直接投资与进口贸易对科技创新的影响研究——基于知识产权保护视角》，《现代经济信息》2017 年第 16 期。

付华英：《外商直接投资、贸易开放与工业经济增长研究》，《工业技术经济》2019 年第 11 期。

樊娜娜：《外资进入与本土企业出口可持续性研究——水平溢出和产业关联视角的分析》，《财经论丛》2019 年第 1 期。

① 参见《联合国贸易和发展会议创意经济报告》。

韩超、朱鹏洲：《改革开放以来外资准入政策演进及对制造业产品质量的影响》，《管理世界》2018 年第 10 期。

李小平、王紫：《FDI 抑制还是提升了城市的出口国内增加值率？——基于中国 241 个地级市数据研究》，《中国地质大学学报》（社会科学版）2019 年第 3 期。

栾申洲：《对外贸易、外商直接投资与产业结构优化》，《工业技术经济》2018 年第 1 期。

马弘、李小帆：《服务贸易开放与出口附加值》，《国际经济评论》2018 年第 2 期。

罗伟、吕越：《外商直接投资对中国参与全球价值链分工的影响》，《世界经济》2019 年第 5 期。

史恩义、张瀚文：《OFDI 动机、金融发展差异与出口贸易》，《世界经济研究》2018 年第 8 期。

魏景赋、张玉纬：《服务贸易出口、外商直接投资与经济增长——基于东盟十国的实证研究》，《生产力研究》2017 年第 12 期。

张鹏杨、唐宜红：《FDI 如何提高我国出口企业国内附加值？——基于全球价值链升级的视角》，《数量经济技术经济研究》2018 年第 7 期。

周倩：《外商直接投资与对外贸易对经济增长的作用研究——基于中部地区 1992 ~ 2015 年的数据》，《金融经济》2017 年第 14 期。

周海琴、李瑞琴：《新时期提升中国利用外资水平与质量的建议》，《国际经济合作》2018 年第 9 期。

M. Apostolov, "The Impact of FDI on the Performance and Entrepreneurship of Domestic Firms," *Journal of International Entrepreneurship*, 2017, 15 (4).

I. S. Domazet, Darko Milivoj Marjanovic, "Foreign Direct Investment in the Function of Economic Development-Example of Selected Countries in the Western Balkans," *International Letters of Social and Humanistic Sciences*, 2017, 79.

A. Q. Ho, "The Contribution of Foreign Direct Investment to Economic Growth in Vietnam During the Period 1990 – 2013," *SSRN Electronic Jornal*, 2017.

N. Nilofer, A. Qayyum, "Impact of Foreign Direct Investment on Growth in Pakistan: The ARDL Approach," *MPRA Paper*, 2018.

K. Makiela, B. Ouattara, "Foreign Direct Investment and Economic Growth: Exploring the Transmission Channels," *Economic Modelling*, 2018, 72.

B.15 中国纪录片产业国际竞争力分析

程春丽　马 玮*

摘　要： 在社会经济飞速发展、互联网新媒体席卷全球的当下，中国纪录片产业蓬勃发展，并取得了显著成绩，市场价值逐渐凸显。通过梳理中国纪录片产业发展现状，并以迈克尔·波特的钻石理论为依据，对影响中国纪录片产业国际竞争力的因素进行分析得出，我们拥有丰富的文化资源可以挖掘，但在资本投入、市场需求以及相关产业和支持性产业等方面存在不足。纵观世界纪录片产业发展态势，随着互联网经济的发展与大数据技术的成熟，新媒体纪录片领域逐渐成为必争之地，哔哩哔哩弹幕视频网站在纪录片方面的探索为我国新媒体纪录片发展提供了新的出路。

关键词： 纪录片　产业竞争力　新媒体纪录片

一　中国纪录片产业发展现状

改革开放以来，中国纪录片的发展实质上一直紧紧跟随我国传媒业的改革方向。2010 年，广电总局出台《关于加快纪录片产业发展的若干意见》，

* 程春丽，华谊兄弟影业剧集事业部总经理，浙江华谊兄弟影业投资有限公司总经理，国家文化贸易学术研究平台专家，研究员；马玮，北京第二外国语学院国际商务专业硕士研究生。

进一步指明了文化体制改革背景下纪录片产业发展的创新路径，这对国产纪录片走出迷茫与误区，实现可持续发展具有积极意义。

国家从文化产业的政策支持、体制改革等多元视角指导国产纪录片的有序发展，期望以此加快转型国产纪录片的意识形态，提升资本积累能力，凸显我国对外发展的软实力。实际上，虽然国产纪录片也有一定的受众基础，但是与我国更为成熟的电影、电视等文化产业相比，其营利能力还远远不足，在整个产业化改革进程中处于弱势地位。站在国家高度来看，国产纪录片在记录中国历史发展、宣传精神文明建设、展现文化软实力方面具有不可忽视的作用，所以我国对国产纪录片的发展越来越重视。

《关于加快纪录片产业发展的若干意见》的提出，指引中国纪录片尽快步入市场化与产业化变革的快车道。2011 年元旦，中央电视台纪录频道正式开播，这是电视纪录片发展的一次大胆尝试。随后又有越来越多的以纪录片节目为主的电视频道加入，如北京纪实频道、上海纪实频道、重庆科教频道、金鹰纪实频道等，庞大的纪录片播出需求也推动了国产纪录片创作的飞速发展，在需求之下纪录片的交易价格趋于理想化。

随着我国电视节目“制播分离”制度的成功，纪录片也从过去的自产自销转为制播分离模式。电视纪录片的栏目管理摆脱了单一化的制片人模式，实行委托制作、与专门制作团队合作、购进素材并重新招标等多种形式。在纪录片的投资热潮之下，国产纪录片逐步进入了产业化的流水线制作流程，专门的制作机构如中央新闻纪录电影制片厂（简称“中央新影”）应运而生，国产纪录片开始朝规范化、专业化、产业化方向发展。

（一）生产投入与生产总值显著提升

从 2018 年开始，我国在纪录片制作方面的投入有了显著提升，生产投入从 2013 年的 17.10 亿元逐年上涨，到 2018 年已经达到 46.02 亿元，投资的增加也刺激了纪录片生产总值的上涨（见图 1）。2018 年，我国年产纪录

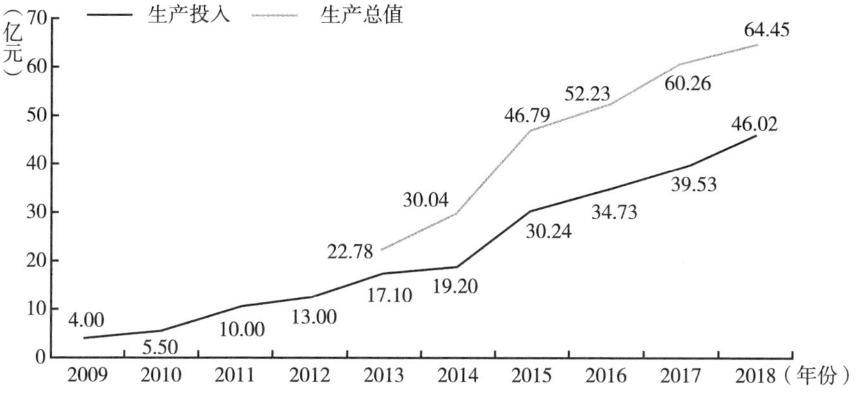

图 1　2009～2018 年中国纪录片生产投入和生产总值

资料来源：中国纪录片研究中心。

片已经超过了 2.4 万小时，相比 2013 年翻了两番。另外，从纪录片制作主体的变化来看，2014 年仅有 4% 左右的新媒体投入纪录片的制作，但是到 2018 年，纪录片制作的投入占比中超过 24% 来自新媒体；而与之对应的就是传统电视台的投入比例大幅下降，相比 2014 年仍有 65% 的投入占比，到 2018 年已经下滑到 48%。国家机构与民营企业在此期间的投入占比变化不大，只在较小的范围内浮动。

（二）进出口总额及进出口量不断增加

在纪录片进口总额方面，从国家统计局数据来看，第一阶段从 2011 年进口总额 3682.96 万元上涨到 2013 年的 9273.32 万元，达到了纪录片进口的高峰期；随后有了明显回落的趋势，甚至从 2015 年的 7488.17 万元下降到 2016 年的 3201.90 万元，直到 2018 年才上升到 6577.00 万元（见表 1）。纪录片进口量浮动较大，总体来看主要受到全球经济环境的影响，并且纪录片的进口总额一直略高于出口总额，出口量偏低实质上从侧面表明中国纪录片在国际市场的占有率偏低，与美国、英国、法国等纪录片出口大国相比，我国还有一定的差距。

表1 2011～2018年中国纪录片进出口总额及进出口量

年份	纪录片进口总额(万元)	纪录片进口量(时)	纪录片出口总额(万元)	纪录片出口量(时)
2011	3682.96	955	1833.89	111
2012	5976.34	1976	3226.00	2369
2013	9273.32	2637	2693.45	3241
2014	5274.54	2133	745.71	1546
2015	7488.17	3722	900.62	1233
2016	3201.90	3863	1799.63	1057
2017	5940.44	4924	—	—
2018	6577.00	1785	—	—

资料来源：国家统计局。

（三）新媒体纪录片发展势头强劲

“互联网+”时代的到来颠覆了传统的传媒发展格局，同时对纪录片市场的影响也很明显，成为我国纪录片产业化、品质化发展的分水岭。2009年，搜狐视频成为中国第一家成立纪录片频道的视频网站载体，打破了电视纪录片的单一传播渠道。随后爱奇艺、腾讯视频、优酷视频等主流视频网站也意识到纪录片的未来发展趋势，纷纷成立纪录片频道，与电视媒体的纪录频道相辅相成。2012年，中国第一个以纪录片为主体的网络交易平台——中国（广州）国际纪录片节网上交易平台正式上线。该平台通过即时交易，创设了快速授权的纪录片运营环境，并实施版税利益分享机制。2013年，广电总局联合CNTV创办“中国纪录片网”，这是我国第一个国家级的以运营纪录片为主的新媒体平台，由此推动更多优秀的国产纪录片进入新媒体市场，增强中国纪录片产业发展的世界影响力。

随着新媒体时代的到来，在线视频网站的发展势头迅猛，甚至有超过传统电视媒体的趋势。现今，几乎每一家主流视频网站都专门开通了纪录片频道，并争相抢夺优质纪录片的独播权，市场需求量大幅上涨，我国纪录片产业也有了更广泛的发展空间，可供选择的传播渠道越来越多。2009年8月，中国第一家网络视频媒体的高清纪录片频道在搜狐网正式上线；次年底，搜狐网联手北京大陆桥文化传媒股份有限公司召开“首届全球华人纪录片互联网盛典”，体现了在线视频网站传播纪录片的影响力。2009 年，中央电视台成立“中国网络电视台”，并专门开辟纪录片频道以播放正版的纪录片节目。2010 年 4 月，爱奇艺视频的纪录片频道开播，并于同年底举办“改变视界”纪录片新媒体发展论坛，以新媒体发展对中国纪录片产业的积极推动作用为主题开展研究。除了在线视频网站以外，新浪、网易、腾讯、搜狐等传统门户网站也陆续开通纪录片频道，以新媒体为载体的纪录片传播新格局初现雏形。

新媒体作为传播纪录片的新平台，其强大的网络宣传力与影响力带动了纪录片的网络点击量大幅上涨，并有继续攀升的趋势。从 2014 年的年度点击量 18 亿次到 2018 年的年度点击量 120.4 亿次，增长量非常可观（见图 2）。而对于纪录片制作方来说，开放的新媒体平台也给他们带来了全新的发展契机，突破了传统电视媒体的种种束缚，纪录片的题材、制作手法、传播形式、在线互动等有了新的尝试。例如，2018 年哔哩哔哩网站联合旗帜传媒出品以“烧烤情结”为主题的纪录片《人生一串》，这是中国人独特的烧烤文化，透过美食挖掘平凡人生的酸甜苦辣，这让受众在纪录片中看到了真实的“自己”，由此获得了良好的口碑，一时间成为整个行业的聚焦

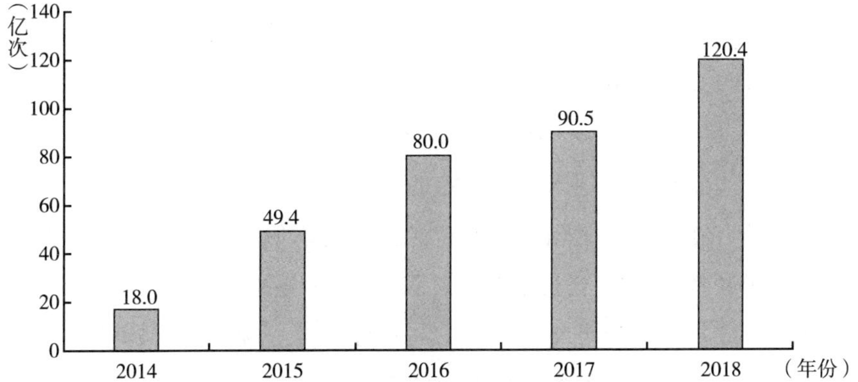

图 2　2014 ~ 2018 年中国新媒体纪录片点击量

资料来源：中国纪录片研究中心。

点。2019 年，企鹅影视联合五洲传播中心出品中国传统节日纪录片《佳节》，弘扬了中国的传统文化，有利于彰显中国文化的世界影响力，该纪录片在海内外得到了一致好评。腾讯视频独家上映的百集美食短纪录片《早餐中国》，每集只用简短的 5 分钟时长展现中国各地的早餐美食，唤起人们对家乡美食的记忆，而“碎片化”“短平快”的短纪录片模式也符合当代受众的观看需求。另外，手机移动终端在纪录片传播中的表现也很突出，由央视纪录频道推出的纪录片《城市 24 小时》，联合网易云音乐、快手等手机移动端 App 开展话题互动，体现了新媒体时代纪录片传播的多样性与交互性。

二　中国纪录片产业国际竞争力影响因素分析

（一）生产要素分析

我国纪录片产业发展拥有十分丰富的自然资源以及人文素材。国土广袤、山川秀美、历史悠久、文明璀璨，为纪录片生产提供取之不尽的素材。《美丽中国》《鸟瞰中国》《极致中国》等纪录片展示了我国绝美的自然风光，《如果国宝会说话》《故宫》《舌尖上的中国》则展示了我国悠久的历史文明、传统的文化符号以及多样的饮食文化。从纪录片类型来看，以宣教型、审美型与工业型为主，其中工业型纪录片的发展代表了我国纪录片产业在工业化运营方面的探索，纪录片的品牌价值逐渐凸显。

随着纪录片市场化的不断提高，各类民间主体纷纷投身于纪录片产业，人才加速流动，涌现出一批优秀的创作团队。各个团队往往由一名纪录片人带领，专注于一个领域，不断深耕，逐渐形成了强大的竞争力。例如，专注于经济领域的李成才导演，致力于中华美食领域的陈晓卿导演，以及聚焦于故宫、敦煌等文化题材的周兵导演等。优秀创作团队的涌现丰富了市场上纪录片作品种类，但专业的产业管理与营销发行人才还存在一定空缺。

从资本投入量来看，2013～2018 年电视台仍然占据半壁江山，远高于其他三类主体，五年来年投入量稳定增加，2018 年总投入达到 22.02 亿元；其次是新媒体，五年来涨幅最大，2018 年以 11.00 亿元的总投入跃居第二，发展势头强劲，未来还将持续发力；民营公司与国家机构则基本保持稳定发展（见图 3）。

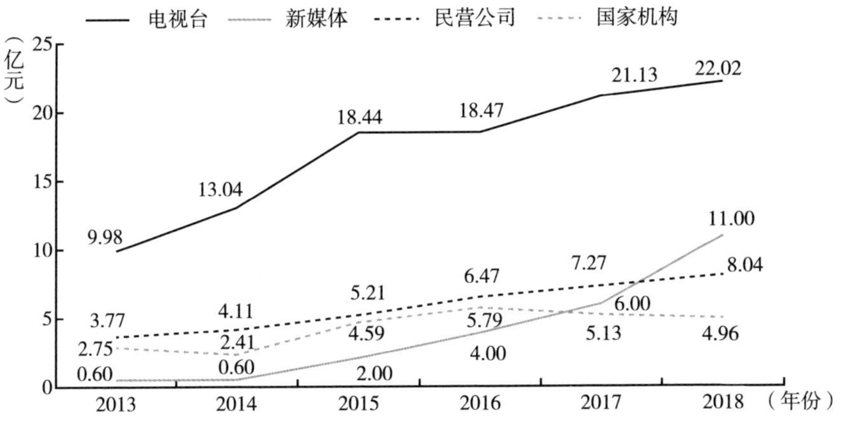

图 3　2013 ~ 2018 年不同产业主体的年投入量

资料来源：《中国纪录片发展研究报告（2019）》。

（二）需求条件分析

随着政策的驱动、观众需求的上升、国内纪录片产业的不断发展、生产投入的增加与生产规模的扩大，纪录片产量迅速增加。目前来看，我国纪录片播放的主要途径仍然是以中国中央电视台为首的各大电视频道，中国中央电视台和一线卫视仍是纪录片主要的需求方，各大视频网站也成为纪录片的需求方。

从表 2 可以看出，2018 年央视纪录频道仍然占据收视首位，用户观看超过 10 亿人次；金鹰纪实频道在 2018 年排名上升明显，在全国排名上升到第 18 位；上海纪实频道与北京纪实频道大致保持 2017 年的水平（见表 2）。整体来看，我国纪录片收视较为稳定，然而与电视剧等电视节目相比仍然有较大的差距，虽然随着观众素质的提升对纪录片的观看需求有所上升，但仍然只是局限于小部分人群。

表 2　2018 年各纪录片频道总体收视对比

频道	市场范围	收视率(%)		收视份额(%)		全台频道中排名		覆盖地区全国排名	
		2017 年	2018 年	2017 年	2018 年	2017 年	2018 年	2017 年	2018 年
央视纪录频道	35 城市	0.08	0.07	0.74	0.74	12	12	31	24
上海纪实频道	上海	0.08	0.07	0.78	0.69	10	10	22	25
金鹰纪实频道	长沙	0.05	0.13	0.48	1.27	10	10	32	18
北京纪实频道	北京	0.02	0.01	0.15	0.14	11	11	55	57

资料来源：《中国纪录片发展研究报告（2019）》。

根据中国广播电影电视节目交易中心披露的数据，2018 年海外纪录片销售较 2017 年有小幅度增长。从海外市场的需求来看，对我国纪录片的题材选择比较集中于中华传统文化、中国美食与中国经济发展，可以看出国外市场对中国题材的纪录片还是有着极大兴趣的，但由于拍摄技巧不足、语言差异，一些纪录片要经过国外重新剪辑配音之后才可以播放，纪录片时长被压缩的情况屡见不鲜。近年来随着国内团队的不断努力，海内外使用同一版本播放的纪录片开始出现。但就目前而言，我国的纪录片产业发展还是与美国、英国等国存在差距，无法完全满足国际市场的需求，这也激励我们走出国门，进一步了解国外市场的需求，打造出题材新颖、视角丰富、拍摄精良的讲述中国故事的优质纪录片。

（三）相关产业与支持性产业分析

我国纪录片产业经过十多年的发展，在政府的大力推动以及社会公众的驱使之下，产业链条逐渐完善。制作主体与传播主体多元化，形成良性互动，共同探索纪录片产业发展新模式。众多科技服务公司为纪录片生产提供了技术及设备支持，如 ARRI、佳能、大疆、索尼、科大讯飞以及商汤科技等，为提供一流的摄影摄像设备以及人工智能服务，将最新的科学技术运用到纪录片生产中，有利于提升品质，与国际接轨。

除此之外，纪录片产业的发展也离不开各类服务组织的支撑。中国（广州）国际纪录片节（GZDOC）成立于 2003 年，引入纪录片制作方案预售机制，扶持培育了一批具有影响力的导演和制作团队。平台致力于帮助我国纪录片走向国际市场，将优秀的纪录片送往各类国际电影节、影展等进行交流，同时每年大会举办期间也会邀请世界各国代表来参加，为我国纪录片创作团队与海外制作人和购买机构提供交流平台，极力促成国际纪录片交易，也帮助中国纪录片创作团队获得国际融资以及播放渠道，让更多的资本涌入中国纪录片市场，可以充分激发市场活力，参与到国际市场中去。此外，纪录中国、四川电影节、中国纪录片网等服务平台也为纪录片提供了广阔的交流空间，并提供最新的国际资讯；腾讯谷雨、华时代全球短片节等也致力于扶持国内年轻团队，寻找具有潜力的新人，为市场提供更多样、更年轻态的产品。

同时，国内对纪录片衍生产品价值的挖掘也开始了逐步探索与尝试。与电影、电视相比，纪录片衍生产品种类较少，但随着纪录片品牌价值逐渐被大家认可，不同类型的纪录片在国内外市场引起热潮，充分挖掘纪录片品牌背后的价值，引起观众的认同感，激发其购买欲，生产具有品牌价值的产品售卖，不仅可以提升纪录片本身的知名度与辨识度，还可以延伸产业链，为其带来潜在的巨大经济价值。

（四）企业战略、结构和同业竞争分析

我国纪录片产业是以电视台为主，由新媒体、民营公司和国家机构①共同组成。由于开始时间晚，发展初期市场经济还不完善，因此长期以来纪录片播放平台都是处于中国电视经营体制之下，占据主要地位的仍是以中国中央电视台为首的各大电视频道，省级一线卫视与专业的纪录片频道与央视一道成为纪录片播放的保障。紧随其后的是近年来迅速发展的新媒体——以优酷视频、腾讯视频、哔哩哔哩等为代表的视频播放平台。从图 4 我们可以看出，2013 ~ 2018 年，在纪录片产业主体年投入占比中，新媒体由

① “国家机构”不包含电视台；“民营公司”特指从事纪录片制作与发行、自身没有传播平台的私营企业，优酷、爱奇艺、腾讯等运营商不包含在内，归于新媒体。

2013 年的 4% 上升至 2018 年的 24%，增加了 20 个百分点，跃居第二，成为不可忽视的新力量。

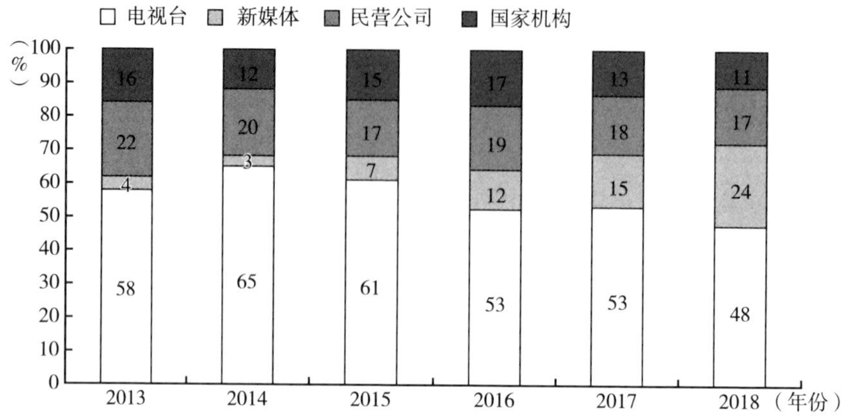

图 4　2013 ~ 2018 年中国纪录片各产业主体年投入占比

资料来源:《中国纪录片发展研究报告（2019)》。

排名第三的为民营企业，以北京五星传奇文化传媒股份有限公司、三多堂传媒股份有限公司、大陆桥文化传媒集团、北京上造影视文化有限公司等为代表的民营公司持续发力，积极探索业务变革新模式，加大自主研发力度，投资拍摄了大量纪录片（见表 3)，同时主动与视频网站合作，探索内容共制新模式，通过深入市场、了解当下受众的需求，来拓宽纪录片产业边界，打造“泛纪录片”市场，使纪实类纪录片产品的外延不断扩大。

表 3　2018 ~ 2019 年民营公司自制纪录片作品

出品单位	片名
三多堂传媒股份有限公司	《我的时代和我》(第一季)
	《中关村》
	《鼓楼西大街》
	《狮子之心》
	《足球之路》
北京上造影视文化有限公司	《历史那些事儿》
	《疯狂的消费时代》

续表

出品单位	片名
北京五星传奇文化传媒股份有限公司	《我们身边的四十个细节》
	《汉中栈道》
	《探思中国·山东》
	《宵夜江湖》
大陆桥文化传媒集团	《穿在身上的中国》
	《古方密语》
	《潮汐》
	《神州北极》

资料来源：根据网上公开资料的不完全统计整理。

（五）政策因素分析

我国的纪录片产业发展受到国家政策的强大驱动，通过各种利好政策鼓励社会各界的参与，激发市场主体活力，吸引优秀的创作团队与企业进入市场，以此推动整个产业链条的不断发展。

2010 年是我国纪录片产业一个重要的时间节点，广电总局出台的《关于加快纪录片产业发展的若干意见》对整个纪录片市场的发展做出了重要的战略指导，明确了产业发展的总体要求，对于主要任务提出了推动生产、健全体系、勇于创新、加快走出去以及建设人才队伍五大举措；同年 11 月，广电总局制定了《广播影视知识产权战略实施意见》，对广播影视知识产权的保护与建设提出要求，落实各项保障措施，营造良好的版权环境。自 2011 年起，设立国产纪录片创作人才扶持项目专项基金，对做出突出贡献的人才进行奖励。2013 年 10 月下发《关于做好 2014 年电视上星综合频道节目编排和备案工作的通知》，对国产纪录片在上星频道中的播放时长做出了具体规定。之后相继出台的“百人百部中国梦短纪录片扶持计划”以及《关于实施“记录新时代”纪录片创作传播工程的通知》，均对我国纪录片产业发展产生了重大影响（见表 4）。

表 4　2010～2018 年中国部分纪录片产业政策措施

年份	发布单位	政策名称
2010 年	广电总局	《关于加快纪录片产业发展的若干意见》
2010 年	广电总局	《广播影视知识产权战略实施意见》
2012 年	广电总局	《2011～2012 年度优秀国产纪录片及创作人才扶持项目》
2013 年	广电总局	《关于做好 2014 年电视上星综合频道节目编排和备案工作的通知》
2015 年	广电总局	“百人百部中国梦短纪录片扶持计划”
2018 年	国家广播电视总局	《关于实施“记录新时代”纪录片创作传播工程的通知》

资料来源：根据政府网站公开资料整理。

各类政策的出台有利于建立规范的有序的市场环境，激发市场活力，鼓励更多的主体参与到市场竞争中。同时政府也要及时把握业态发展新动向，及时规范各类网络平台，维护传播秩序。

（六）机会因素分析

从 2013 年以来，新媒体在纪录片产业持续发力，生产投入持续增加，在 2018 年行业占比达到 23.90%，同时市场份额也提升至 18.93%（见图 5）。与传统媒体的日渐萎缩不同，新媒体在纪录片产业的发展势头强劲，

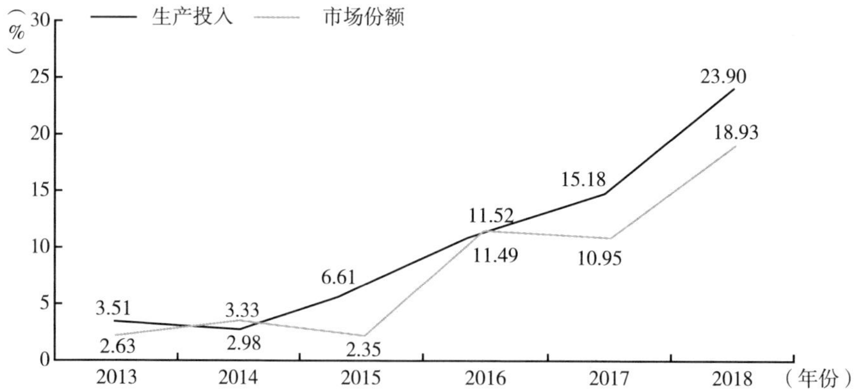

图 5　2013～2018 年新媒体纪录片生产投入及市场份额的行业占比

资料来源：中国纪录片研究中心。

网络大数据时代使内容提供商对观众的节目偏好一目了然，数据获取也更加迅速准确，为现实题材内容的选题、生产、投资、运营等都提供了更加清晰的数据支持，受众面的扩大、筹资模式的多样化、新的利益增长等都为纪录片产业带来新的发展机遇。

三　哔哩哔哩与纪录片的碰撞

作为国内知名的视频弹幕网站，哔哩哔哩（以下简称“B 站”）在 2017 年便开始在纪录片领域探索，近年来表现得十分突出。2017 年推出的“纪录片寻找计划”，致力于寻找市场上优秀的原创纪录片，从而源源不断地提供给观众；2018 年与旗帜传媒联合制作出品的美食纪录片《人生一串》，展示了我国美食文化中的烧烤生活，一上线便引起大众共鸣；2019 年又顺势推出《人生一串 2》延续热度，播放量已达 8000 多万次，成了 B 站纪录片播放量最高的视频。

B 站不断在中国媒体纪录片产业领域探索与耕耘。2018 年媒体融合发展论坛上，其董事长兼 CEO 陈睿表示：“目前 B 站已成为中国最大的纪录片出品方之一。”短短几年间便取得了这样的成就。B 站在纪录片领域有着继续探索的决心，加之 B 站在年轻一代用户中具有相当大的影响力，其发展势头不容小觑。

（一）聚合内容优质、种类丰富的纪录片

2016 年，纪录片《我在故宫修文物》在 B 站爆冷蹿红，紧接着《寻味顺德》《世界遗产在中国》《寻找手艺》等优秀国产纪录片相继上线，开着弹幕看纪录片逐渐成为新风尚，B 站开始在纪录片领域不断深耕。2017 年 10 月，B 站的纪录片频道从科技区分类下独立出来，成为与电影、电视剧并列存在的单独条目，纪录片成为平台发展战略中的重要部分。同年 12 月，在中国（广州）国际纪录片节上宣布推出“纪录片寻找计划”，致力于寻找国内优质纪录片，与国内优秀团队紧密合作，共同进行纪录片创作，并为

其提供“资金”和“平台”渠道，为推动我国纪录片产业和创作者的发展提供支持，打造良好的纪录片口碑效应，提供新的观赏方式和体验，从资金、平台、商业等多方面推动新媒体纪录片产业的健康发展。“纪录片寻找计划”成果显著，自制纪录片《人生一串》获得市场认可，收获良好口碑，被誉为“中国版深夜食堂”。与BBC联合出品的纪录片《神奇的月球》以及参与出品的纪录片《极地》也获得了不俗的成绩，平台播放量与社会关注度双丰收。

B站在2019年初正式成立了纪录片出品部，持续加大对优质纪录片的投入。据不完全统计，仅2019年B站主导出品的纪录片便有16部，涵盖多种类型与题材，涉及不同领域，风格多样化，广受市场认可与好评；同时与海内外知名纪录片制作团队达成合作意向，在选择题材和制作方式上不断探索创新，以期贴合用户喜好，打造带有B站风格的纪录片。

（二）用户忠诚度高，受众年轻化

随着国内新媒体纪录片的不断发展，视频网站纷纷涉足这片蓝海，在所有观看平台之中，B站高居榜首，获得最高人气，超过一半的人选择在B站观看纪录片，腾讯视频、爱奇艺、优酷等视频网站也逐渐成为国内纪录片播放的主阵地。2019年5月，B站副董事长兼COO李旎女士透露，2018年B站活跃的纪录片观众已经超过2000万人，B站纪录片当月日均流量同比增长264%，日均覆盖人数同比增长253%。

在众多纪录片播放平台之中，B站的竞争力首先在于拥有多部优秀纪录片的版权，近年来随着人们版权意识的增强，更多的人会因为平台拥有自己喜欢的纪录片的独家播放权而选择观看；其次，B站没有广告植入也是其吸引受众的重要因素，广告少不仅有利于提升观看体验，也会提高用户对平台的信任；最后，由于B站的用户大多为年轻一代，普遍拥有较高的学历和文化程度，对于纪录片的接受程度较高，较高的用户需求同样助力B站纪录片产业的发展。

在受众逐渐年轻化的趋势下，“B 站 + 纪录片”将持续发力，推动我国纪录片产业发展，重新定义新媒体纪录片的发展模式，与优秀创作者、创作团队合作，打造更加年轻、有影响力的纪录片。

（三）加强海外合作，打造纪录片良性生态圈

随着在纪录片领域的不断探索，B 站开始走出国门，积极探索海外合作新模式，与 BBC、美国国家地理、探索频道等多家平台达成合作意向。B 站将设置探索频道专区，用于播放 145 部美国探索频道出品的纪录片，题材丰富，种类多样，涵盖科技、动物、历史等众多领域，还包含《荒野求生》等探索频道的众多王牌节目。合作还包括长达 200 小时的独家纪录片以及内容共制的计划，B 站成了探索频道在我国共制合拍项目的优先合作者。此次合作不仅为我国纪录片爱好者带来了众多优质纪录片，激励国内创作团队去制作更优秀的作品，还探索了平台与内容提供商之间的更多可能性，进行内容共同制作的新方案。

除此之外，B 站还与美国国家地理频道联合出品纪录片《未至之境》，与央视联合出品纪录片《极地》，与英国 BBC 合作纪录片《神奇的月球》，均取得了不俗的成绩。积极探索，勇于创新，虽然在纪录片产业领域我们与国外还有一定的差距，但面对互联网技术所带来的新媒体纪录片发展的新机遇，我们要勇往直前。

参考文献

樊启鹏、李瑞华、任伯杰：《2018 年中国纪录片产业发展研究报告》，《电影艺术》2019 年第 3 期。

何德民：《IP 时代下我国纪录片产业的发展研究》，《电影文学》2018 年第 21 期。

李宁、林露：《2018 年新媒体纪录片综述》，《中国广播电视学刊》2019 年第 2 期。

张同道：《2018 年中国纪录片发展研究报告》，《现代传播》（中国传媒大学学报）2019 年第 5 期。

比较与借鉴篇

Comparison and Reference Reports

B.16 中加文化服务贸易分类体系研究

郑红 张迪*

摘 要： 在世界经济复苏、全球贸易不断发展的背景下，文化服务贸易的发展迎来了新的机遇，其对文化服务贸易的分类与统计工作也提出了新的要求。本报告主要分析并比较了中国和加拿大文化服务贸易的发展现状、进出口结构，并基于统计口径对比和研究了其分类体系，发现两国的文化服务分类体系存在较大差别，这对比较两国的文化服务贸易结构和数据造成较大困难。而此问题在全球普遍存在，因此兼容中加的文化服务贸易分类体系的提出，为进一步提出对更多国家和地区具有普适性的文化服务贸易分类体系奠定了基础。

* 郑红，北京第二外国语学院旅游科学学院电商系主任，副教授，主要研究方向为旅游市场营销和旅游电子商务；张迪，北京第二外国语学院旅游科学学院硕士研究生，主要研究方向为旅游市场营销和旅游电子商务。

关键词： 加拿大　文化贸易　服务贸易

伴随着全球经济回温，服务贸易市场的需求也逐渐增长，而文化服务贸易在各国贸易发展中占据着越来越重要的地位，成了拉动经济增长的新动力，也成了世界各国提升国际竞争力的重要手段以及发展对外贸易的重点关注领域。此外，经济和文化的全球化进程推动了贸易生产方式的重大变革，从而对现行服务贸易的分类体系提出挑战，因此完善文化服务贸易分类体系和统计制度对研究其发展趋势具有重要的意义。

对于文化贸易的概念国际上还没有形成统一的认识，联合国教科文组织认为文化贸易的内容可以通过产品或者服务的形式表现出来。因此，文化贸易的范围一般包括文化产品贸易和文化服务贸易。[①] 而文化服务是用来满足人们文化兴趣或者多种文化需求的，是一种非物质形态，包括艺术演出和其他文化活动，以及为了存储信息而进行的文化活动（例如图书馆、博物馆、档案馆等机构的活动）。[②] 关于文化服务贸易的概念，各国学者也是众说纷纭，在文化服务贸易的分类和统计口径上各国也存在着差异。

由于统计口径、数据来源、统计标准的不同，各国间获取的文化服务贸易的数据缺乏完整性和可比较性，而且不同的文化服务贸易分类体系会对经济全球化以及文化服务贸易的发展造成一定的阻碍，更具国际可比性的文化服务贸易统计数据和分类体系是世界各国追求的共同目标。本报告在分析和对比中国和加拿大文化服务贸易分类体系的基础上，参照国际统计分类制度，提出具有兼容性的适合中加的文化服务贸易分类体系，为探讨更加具有普适性的分类体系奠定了基础，也使各国的文化服务贸易统计数据具有可比性。

---

① 史永娟：《中韩文化贸易发展比较研究》，硕士学位论文，天津商业大学，2018。

② 朱文静、顾江：《我国文化贸易结构与贸易竞争力的实证分析》，《湖北经济学院学报》2010 年第 2 期，第 56 ~ 62 页。

一 研究和比较中加文化服务贸易分类体系的原因

加拿大以贸易立国，而近几年中国对外文化服务贸易发展十分迅速并一直处于服务贸易排名前列，中国与加拿大一直保持着良好的对外贸易合作伙伴关系，加拿大也是中国核心文化产品出口排名前 15 位的出口市场之一。在 2017 年全球服务贸易进出口总额排名前 20 的国家中，美洲入围两个国家，分别是美国和加拿大。此外，加拿大的市场自由度和透明度较高，在推进新技术领域的服务贸易、构建完善的服务贸易管理系统等方面积累了经验，① 而中国在这方面仍需要加强。在统计数据方面，为了促进文化贸易的出口，加拿大统计局的文化贸易数据也被用来支持加拿大文化遗产部的政策分析，并且联合国教科文组织（UNESCO）将它用于对其文化部门的国际研究。

另外，加拿大的文化服务贸易分类非常详细，基本上包括了所有的文化服务贸易类别，比较中国和加拿大的文化服务贸易分类体系既可以探究中国文化服务贸易分类体系的不足之处，也可以比较其他分类体系和统计制度的优劣之处，并寻求较为完善的文化服务贸易分类体系。而且从统计口径的角度出发，能够推动文化产业统计工作制度的规范化发展，完善统计标准，健全统计制度，提高相关部门的统计监测和分析研判水平，杜绝个别地区自行扩张统计口径的行为，而且可以方便了解各国的数据来源和统计方法，对探讨优化统计制度具有一定的帮助。

“一带一路”倡议的实施，加强了中国与相关国家的文化服务贸易合作，也使中国成了共建“一带一路”国家重要的文化服务贸易出口市场。而且，文化服务贸易具有高环保、低能耗、附加值高的特点，② 对拉动我国

① 汤婧：《发展服务贸易　加拿大如何做》，《理论导报》2017 年第 6 期，第 41 ~ 42 页。

② 罗立彬、孙俊新：《中国文化产品贸易与文化服务贸易竞争力：对比与趋势》，《财贸经济》2013 年第 2 期，第 91 ~ 100 页，第 136 页。

的经济增长发挥着不可替代的作用。[①] 2015 年初，国务院印发《关于加快发展服务贸易的若干意见》，对服务贸易的相关工作做出了指导和说明，强调要建立和完善国际服务贸易的指标体系，加强对外服务贸易的统计工作，创新对外服务贸易的统计方法并定期发布统计数据。然而，中国在文化服务贸易的数据统计和分类方面还存在许多不完善之处，在与其他国家进行文化交流时会因统计口径的差异而产生矛盾，进而在一定程度上影响与其他国家的深度文化合作。因此，从统计口径来探讨和完善文化服务贸易分类体系是非常有必要的。而且分析和比较中加两国的文化服务贸易分类体系能够实现优劣互补，对完善中加两国的文化服务贸易分类体系具有重要的意义，为探讨和比较世界上其他国家和地区的文化服务贸易情况打下了基础。

二　中加两国文化服务贸易的发展现状对比

（一）服务贸易地位与文化服务增长率对比

1. 服务贸易地位对比

近几年来，中国对外贸易发展取得了显著成绩，服务进出口贸易额的全球排名不断提升，2017 年中国超越了德国和英国成为仅次于美国的贸易大国。加拿大服务业发达，其产值占 GDP 的 70% 左右，吸引了大批就业人口。与货物贸易相比，其服务贸易规模比较小，在全球排名中加拿大一直保持在 15 名上下。从图 1 可以看出，2014 年在亚洲的主要服务贸易大国中，中国的服务贸易总额所占比例较大，为 30. 6%；而在北美洲地区，加拿大的服务贸易总额次于美国，所占比例较少，为 14. 4%。虽然加拿大在服务贸易方面仍有一定的发展潜力，但是与美国等发达国家相比其服务业水平还有一定的差距，从而在一定程度上削弱了加拿大的服务贸易比较优势。

---

① 孙佳辉、宫旭东、董鸿飞：《我国对外文化贸易的发展现状及对策建议》，《时代金融》2018 年第 18 期，第 7 ~ 8 页。

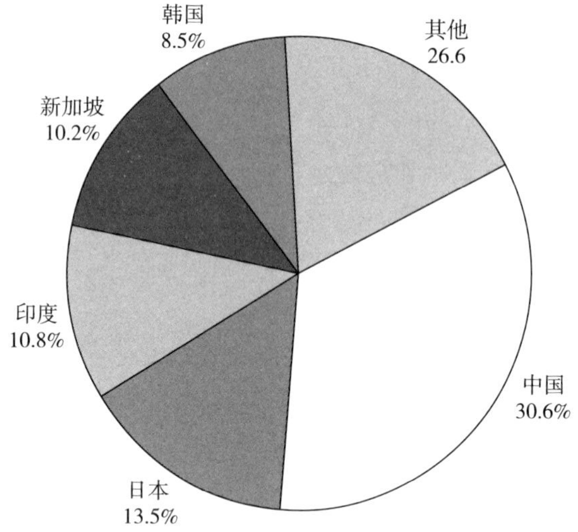

图1　2014年亚洲主要国家服务贸易总额占比

资料来源：世界贸易组织官网，https：//www. wto. org/。

此外，中国和加拿大在各自所在大洲的服务贸易情况还比较乐观。中国在亚洲国家中占据着重要的贸易大国地位，日本、韩国一直是中国重要的贸易伙伴，而且中国已经成了亚洲国家的重要客源国。加拿大服务业发达，是推动其经济增长和综合国力提升的重要力量，在北美洲地区的服务业中具有重要的地位。而美国是加拿大的主要出口和进口贸易国，因此，加拿大应该积极开拓北美洲以外的服务贸易市场，扩大和深化与其他国家进行服务贸易合作的领域。

2. 文化服务贸易总额增长率对比

对外文化贸易在中国的对外贸易中虽然占比较小，但是发展势头强劲，文化产业的发展不断迎来新的红利。从图2中可以看出，2006~2016年中国文化服务贸易总额的增长率波动较大，其中2008年由于受到金融危机的影响增长率大幅下跌，2009年增长率回升。但是从2015年开始国家修改了文化服务贸易统计标准，故2015年的文化服务贸易总额增长率呈现大幅下降的特点，但是在整体上中国文化服务贸易总额在稳健增长。

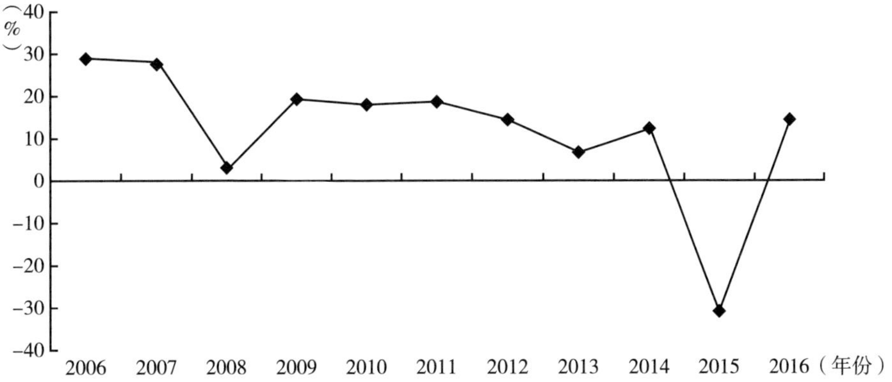

图 2　2006 ~ 2016 年中国文化服务贸易总额增长率

资料来源：http：//tradeinservices. mofcom. gov. cn/article/tongji/guonei/buweitj/swbtj/201601/16964. html. 。

在 2017 年[①]，我国文化产品和服务贸易总额为 1265. 1 亿美元，同比增长 11. 1%。其中，文化服务贸易总额为 293. 9 亿美元，同比增长 14. 4%，[②] 进口额为 232. 2 亿美元，增速达 20. 5%，出口额为 61. 7 亿美元，增速为 −3. 9%。由此可知，文化服务贸易的进口增势较为明显，而出口方面则呈下降趋势，贸易逆差仍然存在。

服务贸易已经成了全球贸易增长的重要引擎，而加拿大是世界上服务贸易自由化发展较早的大国，在发展服务贸易方面积累了一定的经验。[③] 从图 3 可以看出，2008 ~ 2016 年加拿大文化服务贸易总额的增长率波动较大，2014 年的增长率涨幅最为明显，增长率达到了 28. 1%。大多数年份中加拿大文化服务贸易总额增长率处于下降状态，但是最近几年开始回温。而且，加拿大的文化服务贸易也存在逆差现象，原因主要是其国内市场对服务的需求比较大，在国际贸易中还会受到各种因素的制约。[④]

① 因 2015 年与 2016 年国家对文化服务贸易统计的参照标准不同，故无法比较 2015 年与 2016 年数据。

② 《2017 年我国文化产品和服务进出口总额同比增长 11. 1%》，新华网，http：//www. xinhuanet. com/culture/2018 −02/09/c_ 1122390889. htm。

③ 汤婧：《加拿大服务贸易发展态势及启示》，《经济纵横》2016 年第 4 期，第 121 ~128 页。

④ 吴丽华：《加拿大服务贸易国际竞争力研究》，硕士学位论文，广东外语外贸大学，2013。

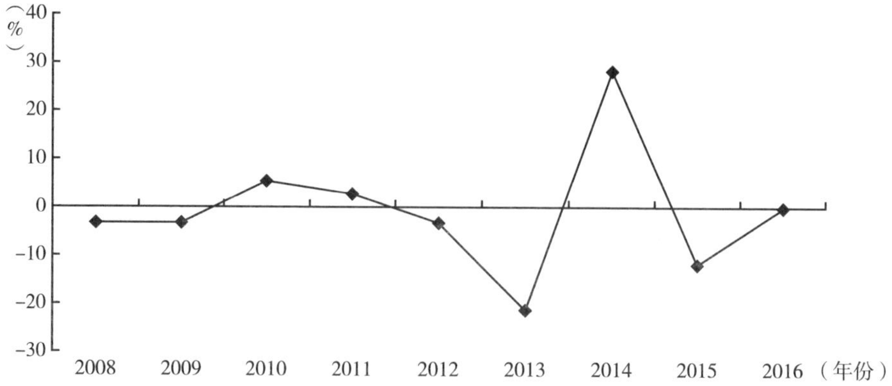

图3　2008～2016年加拿大文化服务贸易总额增长率

资料来源：根据UNCTAD官网数据计算而得，https：//unctad.org/en/Pages/Home.aspx。

对比中国和加拿大的文化服务贸易总额的增长率可知，在早期中国增长率大于零，且增长幅度较大，表明其文化服务贸易的规模增长较快。但是，最近十年中加两国文化服务贸易进出口总额的增长率较低，甚至出现了负增长现象，可见两国都需要重视文化服务贸易尤其是对外文化服务贸易的发展，扩大出口，提升文化服务贸易的国际竞争力，减少贸易逆差。

（二）文化服务贸易的进出口结构对比

1. 中国文化服务贸易进出口结构

根据中国商务部服贸司统计的数据，通过对专有权利使用费和特许费、广告和宣传费、电影和音像费等进行统计可以看出，这11年我国最主要的文化服务贸易额主要包括专有权利使用费和特许费、广告和宣传费以及电影和音像费这三类。在进口额方面，专有权利使用费和特许费所占比重最大，远远超过广告和宣传费、电影和音像费；在出口额方面，广告和宣传费所占比重较大，电影和音像费出口额最低（见图4）。在一些文化核心领域，我国仍然需要依靠进口，存在明显的不足。

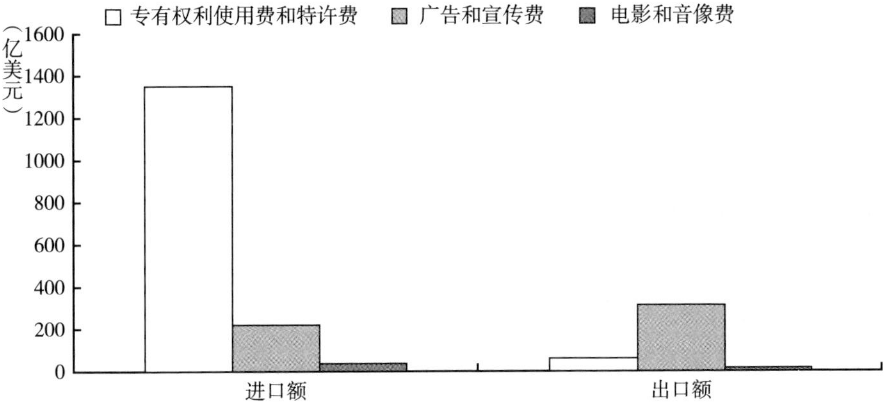

图 4　2004～2014 年中国核心文化服务贸易额分类统计

资料来源：根据《中国服务贸易统计报告 2015》数据计算而得，http：//tradeinservices.mofcom.gov.cn/article/tongji/guonei/buweitj/swbtj/201601/16964.html。

2. 加拿大文化服务贸易进出口结构

由图 5 可知，加拿大的文化服务贸易分类较为详细，种类也比较多。在贸易总额中，电影所占比重最大，信息服务所占比重最小。在进口方面，各类文化服务差别较大，广播排在第二，超过了广告与表演艺术；在出口方面，除了电影外其他几种文化服务出口额比较低，表演艺术与广告及相关服

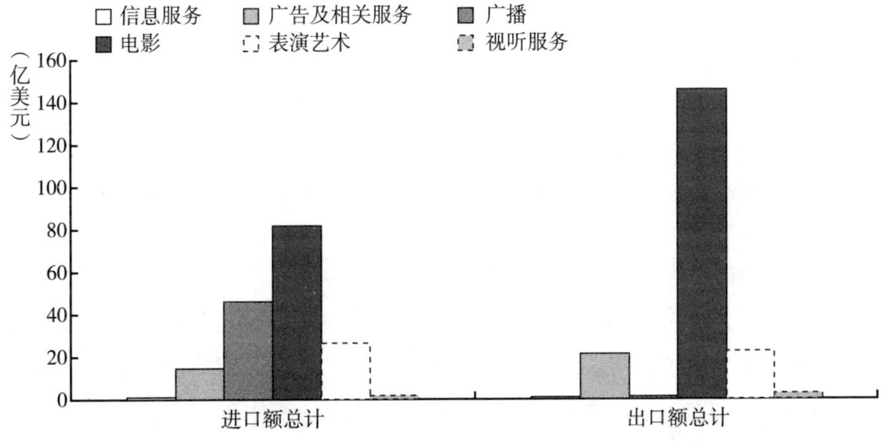

图 5　2007～2015 年加拿大文化服务贸易额分类统计

资料来源：根据“Culture Services Trade：Data Tables 2009”数据计算而得。

务所占比重差不多。因此，加拿大还需要推动其他文化服务贸易的出口，提高相关领域的开放程度，减少贸易逆差。

3. 中加两国文化服务贸易进出口结构对比

通过分析图6 和图7 中国和加拿大文化服务贸易的进出口结构发现：中国的文化服务贸易主要由专有权利使用费和特许费、广告和宣传费、电影和音像费构成；加拿大的文化服务种类较多，分类较为详细。而且在两国的文化服务贸易总额中所占比重最大的部分有所不同，其中在中国专有权利使用费和特许费所占比重最大，而在加拿大电影所占比重最大，可见两国各有所长。

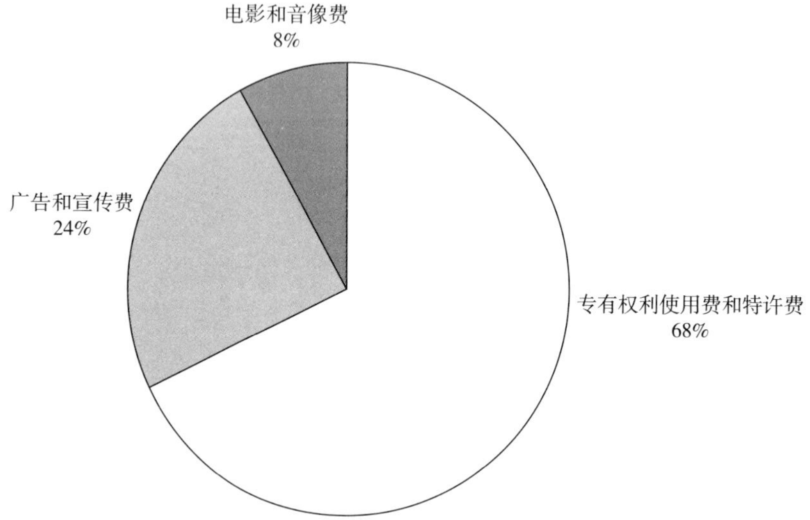

图6　2015 年中国文化服务贸易进出口结构

资料来源：根据《中国服务贸易统计报告 2015》数据计算而得，http://tradeinservices.mofcom.gov.cn/article/tongji/guonei/buweitj/swbtj/201601/16964.html。

综上所述，中国比加拿大的文化服务贸易规模大、增长率高，但是两国都存在贸易逆差，都需要扩大出口、减小逆差，其结构仍需要进一步合理化，推进市场多元化发展。此外，中加两国在文化服务贸易的分类方面还存在较大差别，对统计两个国家文化服务贸易额有较大影响。因此，从统计角度来探讨中国和加拿大的文化服务贸易分类体系能够大大方便对两个国家文化服务贸易情况的比较。

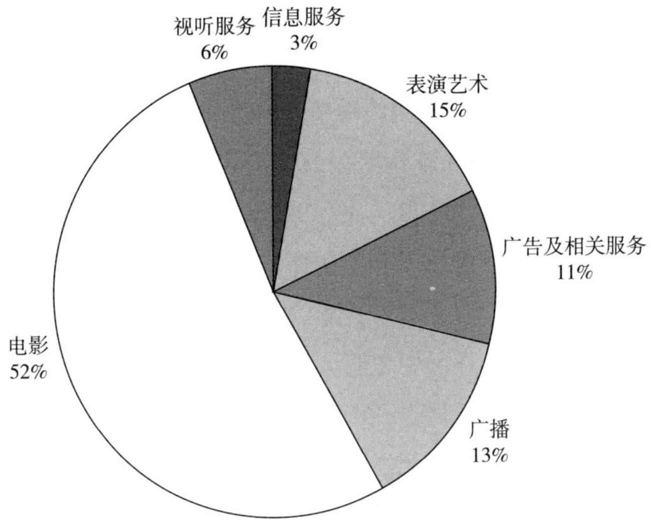

图7　2015年加拿大文化服务贸易进出口结构

资料来源：根据“Cultural Services Trade：Data Tables 2016”数据计算而得。

三　中加两国文化服务贸易分类体系分析

从总体上来看，文化服务贸易要比文化产品贸易的分类统计更复杂。一方面，文化产品的进出口会受到各国政府的监管，而服务贸易通常不受海关限制，难以监管。另一方面，各国在对文化服务贸易进行评估时所使用的数据来源和统计分类方法往往不同，由此使统计口径不一致，使双方服务贸易的数据不对称。因此，本报告首先对比中国和加拿大文化服务贸易的分类体系，再基于统计口径对其进行比较分析。

（一）中国文化服务贸易分类体系

2005年，联合国教科文组织创新性地对文化贸易分类方法进行了改进，根据贸易对象反映文化内容的差异，将文化产品和服务分为核心领域和相关领域，① 而

① 蒋多、王海文：《优化我国对外文化服务贸易统计制度的思路与方法》，《中国海洋大学学报》（社会科学版）2014年第5期，第56～62页。

且文化服务可以通过有偿或者免费的方式提供。

中国国家统计局借鉴了联合国教科文组织《文化统计框架（2009）》的分类方法，符合国际分类标准，在覆盖范围上与其进行衔接。2018 年，统计局以《2017 年国民经济行业分类》（GB/T 4754——2017）为基础，结合文化产业和文化生产活动的特点，充分考虑我国文化贸易分类的操作性与可行性，对文化及相关产业进行了分类统计，这不仅符合我国文化体制改革的实际，而且方便了对文化服务贸易数据的收集与计算。

从表 1 中可以看出，核心文化服务能够直接满足人们的文化兴趣和精神需要，有利于文化产品的传播、利用和普及，主要包括内容创作生产、新闻信息服务、创意设计服务和文化娱乐休闲服务。而相关文化服务能够对文化产品的生产活动起到辅助和中介的作用，涉及印刷复制服务、版权服务、会议展览服务、文化经纪代理服务、文化设备（用品）出租服务和文化科研培训服务。其中，文化娱乐休闲服务以及文化经纪代理服务、文化设备（用品）出租服务和文化科研培训服务比较容易被忽略，而我国在这一方面的统计较为细致，能够适应我国文化新业态不断涌现的新形势，更好地满足文化体制改革和文化发展规划的需要。

这一分类体系的优点在于能够对文化服务贸易中的主要部分进行重点统计，分析其基本的发展趋势，便于了解文化服务贸易的整体情况。并且，考虑到文化与旅游融合的背景，将景区游览服务和休闲观光服务包含在内。此外，以“互联网 +”为依托的文化新业态发展迅速，将“互联网信息服务”纳入文化服务贸易分类体系较为合理。但是这一分类体系的缺点是在相关领域的文化辅助生产和中介服务方面较难统计，数据难以收集。

（二）加拿大文化服务贸易分类体系

在加拿大，文化服务贸易是根据其文化统计框架中的概念和定义来划分的。在这个框架中，文化服务主要包括创意服务、文化产品的知识产权服务、艺术表达服务、内容服务和保存服务，而且该框架还承认两种形式的知识产权——商标权和版权。

2007年，加拿大根据联合国制定的产品总分类系统（CPC—Central Product Classification）对文化服务进行分类。CPC将产品（包括商品和服务）涵盖进一个详尽且各项互斥的类别系统，根据产品的物理性质和内在性质（例如原材料、生产阶段、价格和产品的预期市场或用户）以及原产地原则将产品组合在一起。另一方面，加拿大统计局负责统计文化服务贸易的数据，并根据CPC系统进行编制。

从表1可以看出，加拿大对文化服务贸易的分类与中国不同，它将文化服

表1　加拿大和中国的文化服务贸易分类对比

<table>
<tr><th colspan="2">加拿大文化服务贸易分类</th><th colspan="4">中国文化服务贸易分类</th></tr>
<tr><td rowspan="4">1. 写作和出版作品</td><td>1.1 书籍</td><td colspan="2">核心文化服务</td><td colspan="2">相关文化服务</td></tr>
<tr><td>1.2 报刊</td><td rowspan="5">1. 内容创作生产</td><td>1.1 出版服务</td><td rowspan="14">5. 文化辅助生产和中介服务</td><td rowspan="3">5.1 印刷复制服务</td></tr>
<tr><td>1.3 其他印刷品</td><td>1.2 创作表演服务</td></tr>
<tr><td>1.4 出版服务</td><td>1.3 数字内容服务</td></tr>
<tr><td rowspan="2">2. 电影、视频和广播</td><td>2.1 电影</td><td rowspan="2">1.4 内容保存服务</td><td rowspan="2">5.2 版权服务</td></tr>
<tr><td>2.2 广播</td></tr>
<tr><td rowspan="4">3. 录音和音乐出版</td><td>3.1 录音</td><td rowspan="4">2. 新闻信息服务</td><td>2.1 新闻服务</td><td rowspan="4">5.3 会议展览服务</td></tr>
<tr><td>3.2 印刷音乐</td><td>2.2 报纸信息服务</td></tr>
<tr><td rowspan="2">3.3 表演艺术</td><td>2.3 广播电视信息服务</td></tr>
<tr><td>2.4 互联网信息服务</td></tr>
<tr><td colspan="2">4. 广告和设计服务</td><td rowspan="2">3. 创意设计服务</td><td>3.1 广告服务</td><td rowspan="2">5.4 文化经纪代理服务</td></tr>
<tr><td colspan="2">5. 建筑和遗产</td><td>3.2 设计服务</td></tr>
<tr><td colspan="2">6. 图书馆和档案馆</td><td rowspan="3">4. 文化娱乐休闲服务</td><td>4.1 娱乐服务</td><td>5.5 文化设备(用品)出租服务</td></tr>
<tr><td colspan="2" rowspan="2">7. 摄影</td><td>4.2 景区游览服务</td><td rowspan="2">5.6 文化科研培训服务</td></tr>
<tr><td>4.3 休闲观光服务</td></tr>
</table>

资料来源：根据“Trade in Culture Services：A Handbook of Concepts and Methods”、《中国—加拿大货物和服务贸易统计差异研究报告》和《文化及相关产业分类（2018）》整理而得。

务贸易分成七个分支，这七个分支处于平行的地位，每个分支下面又细分成几个小的分支，类别较为详细。其中建筑和遗产中的与文化有关的部分统计得较为详细。这个分类体系的优点是在统计时能够做到面面俱到，没有交叉部分，不会漏掉某一个不重要的分类。缺点是有的分支只统计与文化有关的部分，可能会由于概念不清而造成数据收集方面的困难，整体上数据统计工作较为庞杂。

（三）中加两国文化服务贸易分类体系对比

通过上文对中国和加拿大文化服务贸易分类的梳理可以发现，中国和加拿大各自的分类体系是较为清晰明确的，但是出于研究的需要，一旦需要将两个国家的相关数据进行对比，就会发现可比性较弱的问题非常突出。

在文化服务贸易分类方面，相比联合国的文化服务统计口径，中国对文化服务贸易的统计口径更宽，而且中国主要是根据“相关领域和核心领域”进行分类。

而加拿大从1972年就启动了文化统计计划，其文化部门的统计分类比联合国教科文组织更加详细，并且对文化产品贸易和文化服务贸易分别进行了详细的分类。[①] 在文化服务分类方面，加拿大主要是根据联合国统计署制定的产品分类国际标准来对文化服务贸易进行分类。加拿大对文化服务贸易的分类非常详细，共分成了七个类别，包括写作和出版作品，电影、视频和广播，录音和音乐出版，广告和设计服务，建筑和遗产，图书馆和档案馆以及摄影。这七个类别下又包括许多小的类别，但是均强调与文化有关的部分，避免了歧义。

从分类方面对两国的文化服务贸易体系进行比较，可以看出，中国和加拿大的文化服务贸易分类体系存在交叉重叠部分，且有的项目重叠较多，在进行相关数据对比时就会出现矛盾，可比性较低。因此，为了

① 蒙英华、李艳丽：《文化货物贸易与文化服务贸易决定因素差异的实证研究》，《经济经纬》2013年第3期，第52~57页。

从统计口径入手分析和比较中加两国的文化服务贸易分类体系，必须在两国分类体系的基础上提出新的具有兼容性的分类体系，使相关数据具有可比性。

另一方面，可以看出，目前中国和加拿大都没有形成全面系统的文化服务贸易专项统计制度，从数据统计入手来进行文化服务贸易研究的还很少，在统计数据的收集方面缺乏全面性，再加上国际文化服务贸易涉及的部门较多，在统计的实践中仍存在较多问题。

四　兼容中加的文化服务贸易分类体系设想

基于上文对中国和加拿大文化服务贸易分类体系的对比，发现两国的文化服务贸易分类体系各有优劣，但为了完善两国的文化服务贸易结构并进行相关的数据对比，需要在两国文化服务贸易分类体系的基础上提出一个新的兼容中加的分类体系，设想时应该遵循以下几个原则并实现总体目标。

（一）兼容分类体系的总体目标和设想原则

1. 总体目标

结合中国和加拿大在文化服务贸易方面的实践，顺应世界文化服务贸易发展的需要，规范文化服务贸易的分类统计制度，本报告提出此兼容分类体系的总体目标是：满足对中加两国文化服务贸易结构进行对比和数据统计的需要，进而为提出适合更多国家的文化服务贸易分类体系起到示范作用。同时，构建具有兼容特点的、与国际接轨的、方便各国间服务贸易统计数据比较的统计体系，统一统计口径、规范统计制度、确保数据的精确性，能够进一步拓展对社会经济理论的研究，[①] 减少贸易壁垒和文化服务贸易的政策冲突，促进各国多元化的文化服务贸易合作，进而推动世界各国之间文化产业

① 王海文：《我国国际文化贸易统计实践探索》，《山西师大学报》（社会科学版）2013 年第 40 期，第 61～64 页。

的深度合作、推进国际文化服务贸易的成长。

2. 设想兼容分类体系遵循的原则

基于统计口径在构建兼容中加的文化服务贸易分类体系时应该遵循以下四个原则。

第一，全面性原则。兼容性的文化服务贸易分类体系不仅包含了中国和加拿大的所有文化服务贸易的类别，还参考了《国际服务贸易统计监测制度》和《国际服务贸易统计手册》里有关服务贸易分类的内容，统计范围全面、广泛，同时为分析其他国家的分类体系奠定了基础。

第二，科学性原则。通过对比中加两国的文化服务贸易分类体系，分析两国文化服务贸易的个性和特色，客观反映出文化服务贸易对象本身的性质特点和关联程度，从而将其归为一类，避免歧义。例如，加拿大文化服务贸易中的写作和出版作品可以与中国核心文化服务中的内容创作生产以及相关文化服务中的印刷复制服务进行归类，合并为同一个类别。

第三，规范性原则。提出兼容中加的文化服务贸易分类体系，是为了便于统计两国文化服务贸易的相关数据、完善文化服务贸易的分类，基于统计口径进行比较需要确保数据可得、数据精确、界定明确和规范，由此才能保证结果的可比性。

第四，实用性原则。此外，兼容的分类体系还应该成为比较和分析统计数据的基础，要具有实用性，以及为提出更具有普适性的分类体系提供示范效应，同时要顺应世界服务贸易的发展趋势，促进文化经济的发展。

（二）兼容中加的文化服务贸易分类体系

根据上文对中国和加拿大文化服务贸易分类体系的分析，发现中国和加拿大文化服务贸易的分类存在较大差别，对分析两国的贸易结构和数据对比造成较大困难，可比性较差。因此，为了构建适合中加的具有兼容性的文化服务贸易分类体系，本报告根据中加两国的分类体系并在参考《国际服务贸易统计监测制度》和《国际服务贸易统计手册》的基础上，基于统计口径提出一个兼容中加的文化服务贸易分类体系，如表 2 所示。

表2　兼容中加的文化服务贸易分类体系

<table>
<tr><th colspan="2">文化服务贸易</th><th>备注(参照表1)</th></tr>
<tr><td rowspan="5">一、新闻出版服务</td><td>新闻服务</td><td rowspan="5">加拿大:1.
中国:1. 1、2. 1、2. 2、5. 1、5. 2</td></tr>
<tr><td>报纸信息服务</td></tr>
<tr><td>出版服务</td></tr>
<tr><td>写作作品服务</td></tr>
<tr><td>印刷服务</td></tr>
<tr><td rowspan="4">二、电影、视频和音像业服务</td><td>电影服务</td><td rowspan="4">加拿大:2. 1、3. 1、3. 2、7.
中国:1. 2、1. 3</td></tr>
<tr><td>视频服务</td></tr>
<tr><td>摄影服务</td></tr>
<tr><td>录音和音乐出版服务</td></tr>
<tr><td rowspan="4">三、文化艺术服务</td><td>文艺创作、表演及演出场所服务</td><td rowspan="4">加拿大:3. 3
中国:5. 5、5. 6</td></tr>
<tr><td>文化保护和文化设施服务</td></tr>
<tr><td>文化研究与文化社团服务</td></tr>
<tr><td>其他文化艺术服务</td></tr>
<tr><td rowspan="3">四、文化信息传输服务</td><td>互联网信息服务</td><td rowspan="3">加拿大:2. 2
中国:2. 3、2. 4</td></tr>
<tr><td>增值电信服务(文化部分)</td></tr>
<tr><td>广播电视传输服务</td></tr>
<tr><td rowspan="2">五、文化创意和设计服务</td><td>广告服务</td><td rowspan="2">加拿大:4.
中国:3.</td></tr>
<tr><td>设计服务</td></tr>
<tr><td rowspan="3">六、其他文化服务</td><td>与图书馆、博物馆、档案馆等有关的服务</td><td rowspan="3">加拿大:5. 、6.
中国:1. 4、5. 3、4. 、5. 4</td></tr>
<tr><td>会议展览服务</td></tr>
<tr><td>其他与文化有关的服务</td></tr>
</table>

表2中的文化服务贸易分类体系将《国际服务贸易统计监测制度》和《国际服务贸易统计手册》中关于文化服务贸易的分类相融合，并兼容了中加两国的分类体系，重点突出、详略得当。第一类的新闻出版服务包括新闻服务、报纸信息服务、出版服务、写作作品服务和印刷服务，将中加两国的新闻信息服务与写作和出版作品相结合。第二类电影、视频和音像业服务的分类较为明确，包括四类：电影服务、视频服务、摄影服务以及录音和音乐出版服务。比较特殊的是文化艺术服务和文化信息传输服务，其中文化艺术服务主要和文艺创作、文化演出和文化设施服务等有关，而文化信息传输

服务主要包括互联网信息服务、增值电信服务（文化部分）和广播电视传输服务三部分，其中广播电视不再和电影、音像业归为同一个类别。第五类文化创意和设计服务仍然划分为广告服务和设计服务两类，而最后一类的其他文化服务所占的比例较小，包括其他与文化有关的服务等。其中新闻出版服务、文化创意和设计服务与电影、视频和音像业服务在两国的文化服务贸易中所占比重较大，属于核心部分，具有更高的附加值。这个分类体系将中加两国分类体系中相同的文化服务贸易归为一类，避免了交叉重叠，同时对新业态的文化服务贸易也进行了分类，包含的内容较为全面。此外，从以下三个方面可以看出这个分类体系的特点。

1. 注重文化的多样性，顺应文化服务贸易的发展趋势

从表 2 中可以看出这个分类体系比较注重文化的多样性，涵盖了传统文化服务贸易与新兴文化服务贸易。其中文化艺术服务注重对传统文化服务贸易的统计分类，这对探究和保护中加两国传统文化具有重要的意义；而文化信息传输服务包括互联网信息服务、增值电信服务（文化部分）和广播电视传输服务，顺应了文化服务贸易的发展趋势。近几年来，世界各国文化经济的快速发展加剧了国际文化市场的竞争，为了在大数据和互联网时代加快文化创新，传统文化行业和新兴文化行业所占的比重将发生变化，而文化信息传输服务的分类顺应了文化服务贸易的发展趋势，促进了中加两国文化贸易结构的持续优化。同时，这一分类体系不仅能够满足目前对中加两国文化服务贸易统计的需求，还能够为探究适合其他国家的、更具有普适性的文化服务贸易分类体系做出示范。

2. 分类全面、清晰明确

两国的文化服务贸易分类体系都将广告服务和设计服务归在一类中，分类较为明确。而其他文化服务在整体的统计体系中所占比例较小，在考虑各国文化资源的历史和现状的前提下，为了反映一国文化服务贸易的特殊性，兼容中加的分类体系将与图书馆、博物馆、档案馆等有关的服务，会议展览服务和其他与文化有关的服务归为一类，全面考虑了各国的文化特性。

3. 为中加两国文化服务贸易的数据统计提供了标准

在数据来源和统计方法方面，中国商务部服贸司负责统计和发布服务贸易数据，中国国家外汇管理局则负责编制和发布中国国际收支统计数据。加拿大统计局的国际收支部负责加拿大国际收支平衡表的编制和发布，而且国际收支部通过对加拿大3000多家公司的国际交易进行全面的年度调查，收集了大部分的服务数据。因此，中国在数据收集与编制方面涉及的部门较多，还需要加强各部门之间的配合与合作，力求数据的精确性和权威性，而加拿大的国际收支部门在数据收集与统计方面的工作安排得较为合理，值得借鉴。同时，表2中的兼容中加两国的文化服务贸易分类体系，能够为两国政府在数据统计方面提供适合两国的统一的统计标准，以及为其他国家进行数据对比提供示范，从而使各国之间的文化服务贸易数据具有完整性和可比性，① 并提升各国文化服务贸易的统计水平。

五 结语

本报告基于统计口径对中国和加拿大的文化服务贸易分类体系进行了对比和研究，由于中国和加拿大是基于不同的统计制度和统计方法，数据的统计来源也不同，所以两国的文化服务贸易分类体系存在较大差异。而且目前在国际上对文化服务贸易的分类也存在多种制度，各个国家也是参照国际标准再根据本国国情制定符合本国实际的文化服务贸易分类体系，在文化服务贸易的统计工作方面还存在较大问题。因此，为了从统计口径出发对比中加文化服务贸易现状，提出一个兼容两国情况的文化服务贸易分类体系是非常有必要的。本报告在结合两国文化服务贸易分类体系的基础上提出新的文化服务贸易分类体系，并参照《国际服务贸易统计监测制度》

① 杨丽琳：《对〈国际服务贸易统计制度〉中服务贸易统计框架的分析与评价》，《统计研究》2012年第3期，第3～9页。

和《国际服务贸易统计手册》中有关文化服务贸易的分类，使其更具有兼容性。同时两国可以参照新的分类体系对本国的统计分类制度进行优化与完善，方便进行数据收集与统计，进而促进文化服务贸易的不断发展。

此外，分析中国和加拿大的文化服务贸易分类体系并提出适合两国的新的分类体系，为提出一个对更多国家和地区有较大普适性的分类体系奠定了基础，也为使各国现有的文化服务贸易指标具有切实的可比性迈出了关键一步，同时对完善我国的文化服务贸易统计制度具有一定的意义，也促进了各国对外文化贸易的交流和发展。

B.17 法国文化影响力建设与国立博物馆的国际作为

朱晓云*

摘　要： 法国的国立博物馆自诞生之初，就肩负着在国际舞台上弘扬法国文化和价值观的使命。伴随着20世纪90年代的体制改革，国立博物馆获得了行政和资金上的自由，这极大地刺激了博物馆通过多种形式走出去的愿望。博物馆日益成为法国文化软实力的重要代表。随着近年来政府对于博物馆补贴的减少，博物馆的国际作为中又增添了获取收益、增加自有收入的任务。本文详细阐述了法国国立博物馆在新形势下国际作为的多种形式，既包括传统做法，也包括全新的实践，并论述了在信息时代，国立博物馆在国际推广中所面临的机遇与挑战。

关键词： 法国　国立博物馆　文化影响力　对外交流

2013年，法国前外交部长洛朗·法比尤斯（Laurent Fabius）在约瑟夫·奈（Joseph Nye）的“软实力”基础之上，提出了“影响力”的概念。他主张“超越硬实力与软实力的对立，重视自身对外行动中政治、经济、

* 朱晓云，中国国家博物馆副研究馆员、经营开发部副主任，主要研究方向为中法文化管理制度比较、中法博物馆比较研究。

生态（环境）及文化等所有构成要素的协同作用”。[1] “影响力”概念旨在为法国的国际局面开辟新的前景，因而要求形形色色的甚至一些非传统角色参与到国家的外交行动中来。

实际上，这并不是文化第一次被上升到法国外交战略的高度。早在1920年法国参议院的报告中就出现过如下文字：“我们的文学、艺术、工业文明以及我们的思想都对其他国家构成强烈的吸引力……法国的思想渗透……无疑是我们对外行动最有效的方式。对于其他民族来说，这是我们对外政策中内容最为丰富也最少引起质疑的部分。”[2] 博物馆，特别是法国大型国立博物馆，作为法国文化王冠上最亮的那颗明珠，在这一潮流中始终扮演着不可或缺的角色。随着时间的推移，全球化背景下的法国大型博物馆也正在以崭新的面貌出现在世界舞台上。

一　法国国立博物馆的国际作为

（一）历史回顾

法国的第一座博物馆是卢森堡博物馆。该馆遵循路易十五的旨意，于1750年设立（1779年关闭）。由于其功能定位于培养艺术家，受众也仅限于艺术家和学习艺术的学生。法国公立博物馆的历史实际上应该从1793年创建的法国中央艺术馆（即稍后的拿破仑博物馆和后来的卢浮宫博物馆）算起。该馆建立的初衷是妥善安置在法国大革命中被没收的王室、教会和贵族的财产。尽管国际作为很晚才出现在某些博物馆的报告中，但与外国的交流是法国博物馆自诞生之日起就与其发展相伴而行的。博物馆国际作为的范围不断扩展，其形式也变得日益多样。但无论如何，博物馆的馆藏始终处于

---

① Armand Collin/Dunot, Entretien avec Laurent Fabius, ministre des affaires étrangères et européennes, *Revue internationale et stratégique*, 2013/1 n°89, p. 53.

② Salon A, «L’action culturelle de la France dans le monde, analyse critique», thèse de doctorat ès lettres, Université Paris 1 Panthéon-Sorbonne, 3 vol.

其国际活动的核心位置。

与文化领域的其他方面相比，博物馆是最早开展国际合作的。热尔曼·巴赞（Germain Bazin）在《博物馆时代》一书中介绍了法国博物馆对外交流初期的情况，这从侧面佐证了这一点："为了充实拿破仑博物馆（即后来的卢浮宫博物馆）优雅的馆藏，时任馆长德侬，于 1813 年用本馆的鲁本斯、范戴克、伦勃朗和约丹斯的 5 幅作品，与布雷拉美术馆交换，获得了包括卡尔帕乔、博尔特拉菲奥、莫雷托等在内的 5 幅意大利画作。"①

19 世纪末 20 世纪初，已经出现了通过临时展览，如世界博览会，与外国交换展品的现象。1873 年维也纳世博会举办之际，卢森堡博物馆和私人收藏家出借了 1527 件艺术品。1893 年，为了芝加哥世博会，共动用了装饰艺术博物馆的 38 件藏品，塞夫勒国家陶瓷厂的 386 件作品，卢浮宫博物馆和巴黎历史博物馆等的 109 件藏品。1908 年，卢森堡博物馆、凡尔赛宫博物馆和枫丹白露宫博物馆向在伦敦举办的法英博览会出借了若干藏品，其中包括勒帕热的《垛草》和罗丹的《女人半身像》。同样，卢森堡博物馆还为 1929 年布鲁塞尔艺术宫举办的图卢兹 - 劳特累克回顾展出借了馆藏艺术家的石版画作品。

为重大文化外交活动提供支持也很快列入了大型博物馆的工作日程。以卢浮宫博物馆为例，1928 年，该馆向在开罗举办的法兰西艺术展贡献了 35 件水彩和速描作品，1948 年，又向在贝鲁特举办的联合国教科文组织大会送去了保险价值达 30 万法郎的艺术品。而法国最具代表性的博物馆外交行动，莫过于 1963 年将《蒙娜丽莎》借给美国华盛顿国家画廊和纽约大都会博物馆展出。这一举动经由时任文化部长的安德烈·马尔罗特殊批准。尽管此次达·芬奇杰作远行大西洋彼岸在法国引起了强烈争议，但在外交和法美友谊的层面，尤其是在两国政治关系紧张的背景下，这次出借无疑是成功的。在展览开幕式上，马尔罗说："有些人细数这幅画作离开

① Germain Bazin, *Le temps des musées*, Liège, Desoer S. A., 1967, pp. 97 - 98.

卢浮宫可能经历的危险。尽管夸张，但危险确实是存在的。然而，那天在诺曼底登陆的小伙子们所冒的危险却比这要大得多。我想向他们中最谦卑的人致敬。总统先生，您今晚向之表达敬意的杰作，就是因为他们冒着生命危险挽救才得以存世。”

（二）新形势下的多样化实践

20 世纪 90 年代，法国的国立博物馆经历了深刻的体制改革，从而成为拥有独立行政权、财务权的公共文化机构。这意味着它们一方面实现了文化行动上的自由，另一方面在资金方面对国家的依赖越来越少，需要自筹的部分大大增加。这些博物馆很快适应了新身份带来的变化，利用自身馆藏优势和在国内外的声誉，积极地投入品牌建设和推广中。借助文化交流全球化趋势，大型博物馆对外交流的范围和力度前所未有地扩大，并逐渐打破传统交流合作的形式，将品牌价值附加在文化行动中，从而实现博物馆专业影响力和经济效益的最大化。根据法国文化部的报告，“国际作为，对于法国文化部所属的大多数公共文化机构而言，已经成为其发展战略和日常活动不容忽视的组成部分，这些机构自觉地将与此相关的组织机构和预算平衡情况列入其重要的文件资料中”。2/3 的公共文化机构的战略性文件或活动报告中，涉及国际交流的比重都在增加，这在博物馆和遗产保护机构方面尤其明显。

大型博物馆的对外交流战略由两方面构成，两者互为补充，相互依赖。一方面为“服务出口”，包括展品出借、展览出口、咨询和培训，以及为新博物馆建设提供所需支持等；另一方面则是以博物馆品牌和藏品为基础的“品牌经营”，包括品牌授权、衍生品开发、图片授权等。

1. 展品出借和合作办展

博物馆之间依对等原则互相免费出借展品，以及本着学术交流、费用分摊的原则进行合作办展、提供咨询和培训在很长一段时间是博物馆交流的主要形式。法国的国立博物馆不允许将展品长期免费出借给一家外国的博物馆，但如果是在临时展览的情况下，这种展品出借可以免费进行。同样，本着对等原则，当法国博物馆有需要时，借展方也应该无偿提供其展品。

自20世纪90年代始，为了吸引观众，取得独立身份的法国国立博物馆开始大量策划临时展览。为了降低举行展览的费用，合作办展成为通行的做法。各参与方提供展品，并分摊费用，同时获得在该地展览时的相关收益。2019年法国审计法院报告的一组数据可以使我们一窥法国主要国家级博物馆的对外合作展览情况（见表1）。

表1 法国国立博物馆对外合作关系一览

博物馆名称	时期	对外合作展览数量	主要合作方
卢浮宫博物馆	2012～2018年	21个	美国(10个),欧盟(5个),俄罗斯、保加利亚、塞浦路斯、乌克兰、墨西哥、摩洛哥各1个
奥赛美术馆	2012～2017年	21个	欧洲博物馆(15个)、美国(8个)、加拿大(2个)、日本(3个)
蓬皮杜国家艺术文化中心	2012～2017年	5个	美国、英国、西班牙、德国、瑞士、丹麦
凯布朗利博物馆	2012～2018年	7个	美国、西班牙、德国、瑞士、荷兰、加拿大
吉美国立亚洲艺术博物馆	2018年	2个	安道尔、新加坡

资料来源：法国审计法院报告，*La valorisation internationale de l'ingenierie et des marques culturelles*，2019。

2. 成熟展览出售

近十几年来，有偿展览在西方大型博物馆对外交流中的比例越来越高。最直接的目的就是增加博物馆的自有资金，以应对国家拨款的逐年降低以及博物馆维修工程等大笔开支的需要。这种展览通常不涉及对等原则，完全绕开了国际博物馆协会关于“公立博物馆之间艺术品出借免费原则”的规定，得到了法国文化部的许可甚至鼓励。有偿展览通常以两种形式出现，其一为在法国展出后的世界巡展，其二为专门为国外某博物馆定制的展览。例如，蓬皮杜国家艺术文化中心就将其儿童画廊的多个展览用于巡展，仅2017年就在伊斯坦布尔、瑞士、墨西哥、阿根廷、巴西等国家展览了13站；凯布朗利博物馆在2012年至2018年，共有10个展览在8个国家的13个文化机构中展出，凯布朗利博物馆此项收入共计95万欧元；而科学城博物馆的绝大部分展览在策展之初就是为巡展而设计的。

也有一些博物馆，例如卢浮宫博物馆和奥赛美术馆，它们更倾向于向外输出定制展览。2012年至2018年，卢浮宫博物馆共向国外出售定制展览36个。2012年至2017年，奥赛美术馆和橘园美术馆出售展览数量为25个，年收益280万欧元，约占其自由资金的8%。相比巡展，定制展览的合作对象更为宽泛，既有博物馆，也有本身没有馆藏的私立展示空间。展览所有的费用都由定制方支付，法方博物馆的收益也往往高于巡展。此类展览能够实现，展览提供方的学术能力和业界名望起到了很大的作用。另外法国一些专门性博物馆在特定领域的垄断地位，也使它们成为相关领域展览策划者的不二之选。特别是在本馆整修期间，它们将大部分馆藏用于对外展览，所得收入极大地补贴了馆舍整修所需。1998年至2002年橘园美术馆整修期间，靠出售展览筹得709万欧元。2010年至2011年奥赛美术馆整修期间，也向外推出了大型展览“印象派的诞生：奥赛美术馆珍藏展”。毕加索博物馆的例子则更为典型。1996年至1997年，毕加索博物馆向东京、圣保罗、墨尔本、休斯敦、伦敦、柏林和中国台湾推出了一系列展览，所得收入不仅填补了其藏品征集预算的50%，而且确保了在巴黎举办展览所需的经费。在法国文化部的支持下，该馆再接再厉，在2008年至2013年闭馆整修期间，利用馆藏向外输出了17个展览，对向全世界推介毕加索的艺术发挥了重要作用。展览所得共计3000万欧元，可以补充其馆舍维修预算的56%。定制展览在社会效益和经济效益方面的双重收获令毕加索博物馆大受鼓舞，也成为其主要的对外交流手段。

出口成熟展览也并非毫无争议。舆论批评毕加索博物馆只顾组织收费展览（每个展览收益100万到350万欧元不等）而拒绝同行如苏黎世美术馆举办“毕加索回顾展”的请求。而奥赛美术馆为营利而过度出借部分知名藏品，如在2001年至2015年，马奈的《执扇女子》外借11次，《吹笛少年》外借15次，也引起强烈争议，被指责为既影响作品健康，又有损法国公众接触相关作品的权益。此外，舆论批评的焦点，更在于此类国际性展览有时质量平平，大师作品的出现只是为了提高谈判的价码。

3. 咨询和培训服务

对于法国国立博物馆来说，对外提供咨询和培训服务往往是在学术和外交合作的框架之下进行。2014 年，卢浮宫向外派遣了 30 余次 50 余人次的技术支持服务，主题集中在文化遗产保护领域，但也涉及安防、宣传、教育、赞助等领域，其合作伙伴主要分布于近东、中东、东欧和中国。此类服务通常是没有经济回报的，为了使此类活动能够长期举行，卢浮宫博物馆还专门成立了一个“卢浮宫咨询部门”。该部门除了组织专家满足外来邀约需求以外，还尽力开拓一些伙伴参与其中，包括使馆、赞助商、非政府组织等。

4. 品牌经营

如果说衍生品开发、图片授权和商业品牌授权，基本还局限于法国本地，对法国国立博物馆的国际影响力和博物馆自有资金的增加贡献有限的话，那么在博物馆品牌经营的框架下，一些新的具有更大持续影响力的操作形式已经出现，尽管目前还仅限于一小部分博物馆。这从 2012～2018 年博物馆通过服务输出和品牌经营所得收入可以看出（见表 2）。

表 2　2012～2018 博物馆通过服务输出和品牌经营所得收入

单位：百万欧元，%

博物馆	咨询和培训服务	图片版权销售	品牌授权	衍生品销售(馆内渠道之外)	藏品外借	出售展览	小计	占自有资金比例
卢浮宫博物馆	0. 185	2. 572	3. 304			5. 898	11. 959	1. 7
凡尔赛宫博物馆		0. 899	0. 605	1. 504		2. 400	5. 408	1. 2
奥赛美术馆		1. 516	0. 865			16. 650	19. 031	9. 0
蓬皮杜国家艺术文化中心	0. 504	1. 309		6. 586	0. 679	16. 679	25. 757	10. 9

续表

博物馆	咨询和培训服务	图片版权销售	品牌授权	衍生品销售(馆内渠道之外)	藏品外借	出售展览	小计	占自有资金比例
罗丹美术馆		0.482		9.356	0.676	2.340	12.854	16.2
毕加索美术馆		0.326			0.875	11.982	13.183	41.2
凯布朗利博物馆		0.301	0.071			3.448	3.820	5.3
吉美国立亚洲艺术博物馆	0.253	0.186				0.168	0.607	2.7
装饰艺术美术馆		0.490	0.061	0.0003	0.516	1.026	2.0933	3.6

资料来源：法国审计法院报告，*La valorisation internationale de l'ingenierie et des marques culturelles*, 2019。

其中，蓬皮杜国家艺术文化中心临时博物馆和阿布扎比卢浮宫是典型代表。

（1）在境外开设分馆："临时蓬皮杜中心"项目

2010年，蓬皮杜国家艺术文化中心（以下简称"蓬皮杜中心"）在法国梅兹的分馆落成，这是法国大型文化机构践行文化民主化政策的重要举措。2011～2013年，蓬皮杜中心创造性地提出"流动的蓬皮杜中心"（Centre Pompidou Mobile）的理念，利用类似大篷车一样的具有高安保级别、恒温恒湿的移动展厅，在2年中将15件蓬皮杜中心的馆藏珍品带到法国6个城市，接待观众24.8万人次。在2013年，蓬皮杜中心更是将这一理念带到阿拉伯联合酋长国（以下简称"阿联酋"），展览为期6周。仅这个项目为蓬皮杜中心就带来了90万欧元的收益。

与阿联酋合作的成功使蓬皮杜中心下决心在国外建立"临时蓬皮杜中心"（Centre Pompidou Provisoire）。这是一个将"有偿展览"和"品牌授权"相结合的综合项目。展览出借在1年以上，合作期间借展方可以使用蓬皮杜中心的品牌。蓬皮杜中心仅负责提供展品和策展、培训等专业服务，不参与博物馆的资金投入和建设。

第一家“临时蓬皮杜中心”于2015年在毕加索家乡——西班牙安达卢西亚的马拉加市对外开放。该市市长希望增加城市的文化“能见度”。在向卢浮宫博物馆求援失败后，与蓬皮杜中心达成了5年合作计划。在位于游艇码头旁一个名为“正方体”的文化设施中，蓬皮杜中心负责组织一个90～100件展品的半常设展览，5年更新1～2次，与此同时，举办2～3个主题或专题展览，以及面向青少年的活动。马拉加市承担与设施相关的一切费用（年预算300万欧元）及展品的运输和保险费用。此外，该市每年还要支付蓬皮杜中心100万～150万欧元的品牌使用费。工作团队主要由马拉加市毕加索博物馆经过培训的馆员和职员组成。至2020年，这个“临时蓬皮杜中心”已经接待了观众22万人次。第二个和第三个“临时蓬皮杜中心”也于2018年和2019年分别落户布鲁塞尔和上海。

“临时蓬皮杜中心”的设立可以实现法国蓬皮杜中心的多重目的：增强蓬皮杜中心的国际知名度；在更大范围内接触到国外观众，因为目前来到法国蓬皮杜中心参观的外国观众仅占38%，与之相比，卢浮宫博物馆和奥赛美术馆这一数字的比例分别是80%和61%；与所在国和地区的文化生态圈保持联系，培育有潜力的艺术家，进而丰富蓬皮杜中心的馆藏。

当然，设立“临时蓬皮杜中心”最直接的目的之一就是增加法国蓬皮杜中心的自有资金。根据法国审计法院报告，蓬皮杜中心主要通过两种方式获得经济收益：一是品牌授权费，每年不低于100万欧元；二是蓬皮杜中心为这一项目所投入的人力成本，包括策划展览、开展讲座、进行人员培训、提供咨询建议等。蓬皮杜中心将预估一个打包价格，如果到年底这些费用没有花完，剩余部分将直接用于法国蓬皮杜中心的建设。目前蓬皮杜中心还在与韩国，以及南美、非洲的一些国家进行洽谈，期待最终在全球建立6个“临时蓬皮杜中心”。

（2）文博与外交协同作战的政府项目：阿布扎比卢浮宫

2017年正式对外开放的阿布扎比卢浮宫，即使到今天依旧是研究博物馆海外影响力时不可不提的案例。

“为了十亿欧元出卖我们的灵魂”，2007 年，针对这一计划的批评充斥着媒体。然而，无人能否认该计划产生的文化、经济和社会效应。尽管卢浮宫博物馆的世界声望是这一庞大复杂计划能够实现的前提条件，但将这一计划简单归结为博物馆品牌的商业化事件也有欠公允。

根据“法国政府与阿拉伯联合酋长国政府关于阿布扎比博物馆的协议”，阿布扎比卢浮宫是法国调整其海湾地区存在的外交背景之下的一项特殊政府间计划。阿联酋出于让合作伙伴关系多样化以平衡美国在该地区影响的考虑，与法国保持着特殊的关系。阿联酋是法国在该地区的第一大贸易伙伴，法国的许多企业，如道达尔，在此立足已久。在经济和能源利益之外，法国的军事存在，即于 2009 年启用的“法国在阿拉伯联合酋长国军事驻扎地”（阿布扎比法国联合军事基地的正式名称），被视为“去殖民化结束以来，法国战略的一个重大进展”，而且“是法国 50 年来第一次，在一个高度敏感且传统上受盎格鲁撒克逊影响的地区，建立自己的战略支撑点”。

当然，阿布扎比卢浮宫并不是法国在这个国家的第一个文化项目。此前已有 4 所法国中学在阿联酋开办。在高等教育方面，巴黎第四大学于 2006 年在阿布扎比开设了分校，著名的商业学校如巴黎高等商业学校和欧洲商业管理学院（INSEAD），以及法国高级时装学院（ESMOD）也都在这里建立了分校。

在名为“一座博物馆的诞生：阿布扎比卢浮宫”展览的开幕式上，奥朗德总统在讲话中确认了这一外交与文化的双重机遇：“对于法国，阿布扎比卢浮宫博物馆是一项非凡的工程，这是我们在国外实施的最大的文化计划，这也是将我们与阿拉伯联合酋长国联结在一起的紧密伙伴关系的最具象征意义的表达。当然，在法国与阿联酋之间，还有政治关系、外交关系、经济关系、军事关系，这我没有忘记。但是，这一计划，却是在以文化为上述一切加冕。”

其实，阿联酋曾于 2005 年向法国提出，由卢浮宫博物馆独立在阿布扎比开设分馆，但被时任卢浮宫博物馆馆长亨利·鲁瓦耶特回绝了。而后才又提出了一个替代方案，即利用法国公共收藏品（来自奥赛、蓬皮杜、吉美、凯布朗利、罗丹及其他博物馆）和法国博物馆在研究、保管、修复、培训和建筑等多方面的知识技能，建立一座综合性的博物馆。然而，任何一家法国博物馆都难以牵头一个如此规模的项目。最后，还是在文化部的强力推动下，于 2007 年成立了法国博物馆局（AFM），才使这一计划得以实施。法国博物馆局是行政上的一个创新举措，虽然是私营公司，但其股东是 12 家公立机构，其中 10 家是国立博物馆。法国博物馆局是该项目的法方运营者，其经费全部由阿联酋政府提供，所承担的任务是“对阿联酋政府负责，妥善实施阿布扎比卢浮宫综合博物馆计划，并构建法国文化机构的知识技能支持体系”。

10 亿欧元，从无先例，或将成为法国历史上的唯一，但比巨大的经济效益更重要的是，阿布扎比卢浮宫让法国文化部重新评估了国际市场，特别是新兴国家市场的需求。这种需求对于法国的遗产保护经验优势来说，无论是从经济还是艺术的角度，都是极具诱惑力的。这一项目还有助于探讨借助集体行动的方式，形成合力，增强文化输出影响力的可能性。

二　法国国立博物馆的优势与挑战

（一）法国国立博物馆的竞争优势

1. 从专业影响力角度来看

法国的博物馆，特别是大型博物馆在国际专业组织中扮演着倡导者和促进者的角色。无论是国际博物馆协会，还是地区性专业组织，例如比佐俱乐部（Bizot Group，大型国际展览的组织机构，由世界最大的 13 家博物馆组成）、亚欧博物馆网络（ASEMUS，凯布朗利博物馆馆长曾于 2008 年担任主席）、欧洲皇家宅邸协会（Association des résidences royales européennes，由凡尔赛宫博物馆馆长发起并担任主席），这些组织不仅为新兴博物馆搭建了进入国际博物馆协会的平台，也为它们与国外同行进行接触、策划展览项目、交流想法和先进手段，甚至共同制定新的专业制度和规范提供了可能。

2. 从学术和硬件条件角度来看

法国博物馆素以馆藏丰富、多样著称，从百科全书式的大型博物馆，如卢浮宫博物馆，到展示远方文明的专门性博物馆，如凯布朗利博物馆、吉美国立亚洲艺术博物馆、巴黎市立塞努奇亚洲艺术博物馆以及尼斯亚洲艺术博物馆等，从为纪念某些艺术家的个人美术馆到以非主流文化为主题的专题博物馆，正如让-米歇尔·多布兰（Jean-Michel Tobelem）所说“没有一个人类活动的产物不被当作主题而设立博物馆”。藏品涉猎之广泛使法国博物馆相较其他国家的博物馆，拥有令人无法抗拒的内在魅力和先天优势。这还不包括那些在国际舞台上并未得到足够重视，却同样拥有令人难以置信的丰富馆藏的上千家地方博物馆，以及拥有先进经验、技术的文化遗产研究中心和培训机构，例如法国博物馆修复与研究中心（C2RMF）、国家古迹中心（CNM）、国家文化遗产学院（INP）和卢浮宫学校等。

3. 从外交资源角度来看

法国坐拥世界第三大外交网络，仅次于美国和中国。据2012年底统计，法国拥有163个驻外使馆、16个常设代表处、92个领馆和总领馆。然而，如果从文化外交的角度来看，则无任何国家可与法国的国际文化网络相比肩：144个文化中心遍布世界，与英国（117个英国文化委员会）和德国（129个歌德学院）不相上下，而远高于西班牙（67个塞万提斯学院）和意大利（90个意大利文化学院）。此外，475个法语联盟更使法国成为对外文化触角最密集的国家，相当于平均在每个国家设有3.9个文化中心或法语联盟。尽管近年来，法国关闭了在某些国家的部分法语联盟和文化中心，但法国的文化外交网络仍然是其文化机构增强对外影响力不可忽视的倚仗。

（二）法国国立博物馆所遇到的挑战

1. 蓬勃发展却竞争激烈的国际市场

在很长一段时间内，国际博物馆市场是相对封闭的领域，藏品、展览在欧洲、美国、加拿大等国家和地区之间往来巡回。近年来，新兴国家的加入正在改变这一格局。尽管“文化产业”的内涵和外延不断扩展，但博物馆始终没有被纳入其中。无论是否同意“博物馆工业”的概念，人们都无法否认各国对博物馆建筑、设施现代化的投资显著增加了。艺术品市场营业额屡破纪录，各国家如中国、巴西、印度、俄罗斯和海湾国家等逐渐意识到国家文化遗产传承和促进文化对话的重要性，都展现了世界博物馆投资热情的持续高涨。

在这个市场中，法国博物馆的竞争对手，除了传统大型博物馆，如大英博物馆、英国国家画廊、泰特美术馆、维多利亚和阿尔伯特博物馆、俄罗斯艾尔米塔什博物馆、荷兰国立博物馆、美国大都会博物馆、美国现代艺术博物馆、华盛顿国家画廊等，也有一些新兴的力量，比如一些拥有丰富个人收藏且愿意将其收藏通过展览渠道与公众分享的超级富豪，或者一些私立展览公司，他们往往在某一特定领域拥有丰富的策展经验和藏品来源渠道。

2. 数字技术环境下文化传播的新手段

近年来，数字技术的普遍应用为博物馆提升对外影响力提供了新的手段和可能性。“意象博物馆”，如安德烈·马尔罗所设想的那样，借助互联网和数字技术使博物馆与公众产生了更为频繁而持久的互动。不必移动博物馆的文物，数字展览就能带领观众遨游文物世界，展览策划、文物运输、保险、修复，整个博物馆产业都在感受着数字技术带来的变化。一些博物馆在这一领域已经走在前列，荷兰梵高美术馆就是很好的例子。

尽管梵高美术馆拥有世界上最丰富的梵高作品（205 幅油画、500 幅素描以及 800 余封书信），但它们中的一些因为过于脆弱而无法展出或长途旅行。鉴于这种困难，梵高美术馆借助数字技术，制作了沉浸式三维展览“遇见梵高”，该展览于 2016 年在北京展出时取得了巨大成功。此外，2017 年，梵高美术馆还与四家博物馆合作，在脸书上推出了 Facebook Live 以梵高五幅《向日葵》为主题的线上直播展览。这五幅《向日葵》分散在三个大洲，因为种种原因，从来没有齐聚在一个展览中。在直播中，五位馆长分别介绍自己的藏品，梵高的侄孙威廉·梵高还在虚拟展厅中做了专门讲解。

此次直播全球共有观众5000万人次，成为现象级的网络事件。

尽管没有梵高美术馆走得远，但法国的博物馆在数字化领域也并非无所作为。2018～2019年展览季，阿拉伯世界文化中心（IMA）斥资130万欧元制作了数字展览“千年之城”，该展览可以用于对外销售，价格约为50万欧元。凡尔赛宫博物馆和枫丹白露宫博物馆的文物有限，且大多与其建筑密不可分，因此两家制作了融合实景虚拟参观的数字展览。卢浮宫博物馆则与法国国家博物馆联合会合作，以濒危文化遗产为主题推出了数字展览“永恒之城”。

参考文献

Bosseboeuf Claire, Les collectivités territoriales et leurs musées, Recherches sur le développement et les modalités de gestion et de gouvernance d'un service public local, Tome 1 et 2, PUAM, 2015.

Lane Philippe, *Présence française dans le monde*, *l'action culturelle et scientifique*, Paris, La documentation française, 2011.

Priollaud François-Xavier et Siritzky David, *Que reste-t-il de l'influence française en Europe*, Paris, La documentation française, 2011.

Tobelem Jean-Michel (dir), *L'arme de la culture*, Paris, Le Harmattan, 2007.

Tobelem Jean-Michel, *Le nouvel âge des musées*, *les institutions culturelles au défi de la gestion*, Paris, Armand Colin, 2010.

B.18
印度文化贸易概况及中印文化贸易合作展望

穆罕默德·萨奇夫　王伯港*

摘　要： 印度，作为南亚次大陆最大的国家和当今世界上成长最快的新兴经济体之一，其文化产业和文化贸易发展得到了印度政府以及其他国家的重视。中国长期是印度第一大贸易伙伴。印度人民对文化产业需求的不断增加刺激了印度文化产业不断发展，印度文化产品与服务的进出口随之发展起来。自2005年以来，印度的文化贸易呈现持续性增长。本报告对印度文化产业发展情况、对外文化贸易发展趋势、文化产业政策与发展导向等进行了深入分析。在此基础上，本报告对印度新闻出版业、广播影视业、动画产业、游戏产业等细分文化产业进行了研究，并对各细分文化市场与中印合作展望展开了探讨。中印两国均为发展中大国，都拥有庞大的国内市场，经济互补性较强，合作潜力巨大。

关键词： 文化市场　文化贸易　文化产业　印度

印度共和国，简称印度。位于南亚，是南亚次大陆最大的国家。印度独立后至20世纪80年代，经济平均增长率只有3.5%，20世纪80年代上升

---

* 穆罕默德·萨奇夫，教授，印度中国经济文化促进会（ICEC）的创始人兼秘书长，曾在印度经济增长研究所、印度国际经济关系研究委员会（ICRIER）、拉吉夫·甘地当代问题研究所等印度知名智库任职；王伯港，北京第二外国语学院经济学院国际文化贸易交叉学科专业硕士研究生，国家文化发展国际战略研究院助理。

为5%～6%，21世纪初进入8%～9%的快速增长阶段。20世纪90年代后，服务业迅速发展，占国内生产总值的比重逐年上升。互联网技术的迅速发展与应用，使其成为全球软件、金融等服务的重要出口国。中印两国均为发展中大国，也是主要的新兴经济体，都拥有庞大的国内市场，经济互补性较强，合作前景十分广阔。2019年，中印贸易额已增长到近1000亿美元，其中中国对印度的出口额约为767.1亿美元。

得益于文化市场的经济红利，全球各国政府和私营领域出台了相关政策并采取了相关措施加强文化产业的推广和发展，印度文化产业和文化贸易也迎来了极大的发展。文化产业在印度经济中占比较大，许多政府机构和私营机构在推动文化产业各个领域的发展中发挥了重要作用。一些关键领域如电影、电视、表演艺术、新闻出版、动画游戏、手工业等的快速发展为印度文化的海外推广助力，并由此吸引了大量的外部投资。

一　印度文化产业发展概况

作为四大文明古国之一的印度有着丰富的文化遗产，也是世界上发展最快的国家之一。在印度的文化产业发展中，经济的重要性越来越凸显。印度文化产业中最大的三个领域分别为电视、出版和电影，贡献了产业总收入的75%，其中电视产业最大，以101.9亿美元占据市场的45%，排在其后的是收入为46.8亿美元的新闻出版业以及收入为24亿美元的电影产业。

印度电影产业就年电影产量而言是世界最大的，印度相关从业人员每年能够拍摄1500～2000部电影，这些电影被译成20多种语言。2018年电影产业收入为24.7亿美元，同比增长11.5%。电影产业74%的票房来自本土市场，其余的则来自海外市场。

电视产业产值在印度文化产业总产值中所占比重最大。技术创新、可支配收入的提高、政府推动数字化等相关措施都将继续促进其增长。

近年来，电视产业的增长和扩张使其覆盖率达到75%。每月3美元的订阅费使电视成为印度娱乐业价格最亲民同时最受青睐的媒体。印度电视台总计达857个，规模为108亿美元（2017年）。娱乐业的高消费使印度文化产业中的广告收入一直以14.4%的年复合增长率（CAGR）稳步成长。

印度新闻出版业要追溯至18世纪。经过长期的发展，产业规模在2017年达到67亿美元。凭借年轻人口的增长和世界第四大高等教育体系的形成，印度逐渐成为世界主要知识经济体。据2015年尼尔森报告，印度是世界上第二大英语印刷书籍市场，超过9000家出版社每年出版90000种书籍，2015年的复合增长率超过20%。据估计，全球94%的内容都会在印刷阶段通过印度市场，全球市场帮助印度创造了更多新闻出版岗位的就业需求。广大的读者群与本土的广告业极大地推动了印度新闻出版业的发展。产业在印度私有化程度高，多数出版社由私营实体拥有。同时，近年来数字化技术的出现也为产业发展带来不小的挑战。

动画和视觉效果相关产业是全球增长最快的领域之一，动画和视觉效果广泛应用于电视、电影、医药、教育、建筑等。据估计，印度动画产业在2017年达到10亿美元，2020年可能达到157亿美元。动画产业对印度推广自身文化发挥了重要作用。在阿里巴巴、Paytm和AGTech的支持下，Gamepind这样的平台帮助印度动画、视觉效果和游戏相关产业吸引了大量的外部投资。2017年印度游戏产业已成为世界五大游戏产业之一。

几百年来，印度致力于保护历史和传统文化。印度具有历史意义的博物馆、纪念碑、艺术廊超过千家。除保存有丰富历史文物资源的博物馆外，印度还有超过1500家画廊和6家拍卖行致力于印度当代艺术的推广。印度的艺术市场正在稳步发展，2017年产值为2亿5千万美元，较2012年增长了15%，其中9800万美元来自当代艺术。近年来，大量的印度年轻人开始收藏当代艺术品，像苏富比这样的国际艺术拍卖行也开始关注印度的艺术市场。

二　印度文化贸易整体发展情况

印度人民对文化产业需求的不断增加促进了印度文化产业的不断发展，印度文化产品与服务的进出口随之发展起来。如图 1 所示，自 2005 年以来，印度的文化贸易呈持续性增长。2015 年，印度的创意产品进出口总额达 219.90 亿美元，比 2005 年的 85.89 亿美元增加了 134.01 亿美元。2015 年印度创意产品出口达 169.37 亿美元，比 2005 年的 74.43 亿美元增加了 94.94 亿美元；2015 年印度创意产品进口达 50.53 亿美元，比 2005 年的 11.46 亿美元增加了 39.07 亿美元（见表 1）。

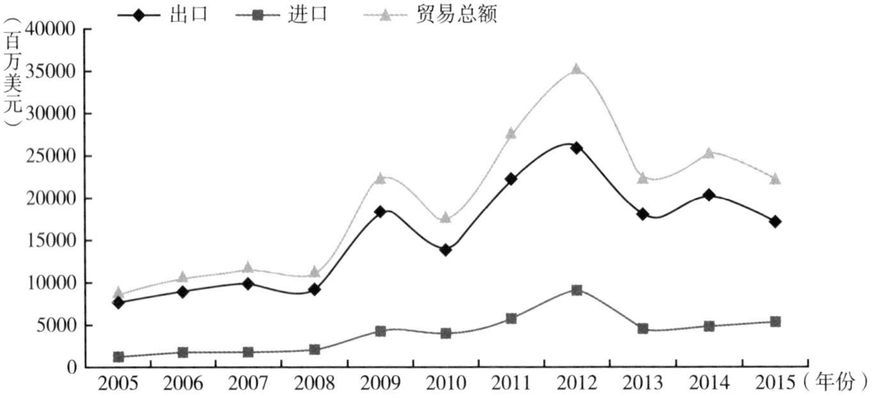

图 1　2005～2015 年印度创意产品进出口情况

资料来源：联合国贸易和发展会议数据中心。

表 1　2005～2015 年印度创意产业进出口情况

单位：百万美元

年份	2005	2006	2007	2008	2009	2010	2011	2012	2013	2014	2015
出口额	7443	8927	9581	9256	18156	13967	22212	25846	18003	20210	16937
进口额	1146	1522	1754	1994	4140	3715	5537	8917	4541	4724	5053
贸易总额	8589	10449	11335	11249	22296	17682	27749	34763	22544	24933	21990

资料来源：联合国贸易和发展会议数据中心。

在印度创意产品出口方面，2015 年设计类产品占创意产品出口的比重最大，出口额为 146.64 亿美元，占创意产品总出口额的 86.58%，其次是出口额为 15.92 亿美元的工艺品，由于印度国内年轻人数量较多，印度的时尚相关产业在未来也将继续增长，出口额排在第三的是出口额为 2.52 亿美元的出版业。在印度创意产品进口方面，设计类产品依旧占有最大优势，2015 年设计类产品进口额为 20.67 亿美元，占整体进口额的 40.9%，出版业仅次于设计类产品进口额达 10.42 亿美元，占整体进口额为 20.62%，视听类产品进口额达 10.40 亿美元，占整体进口额的 20.58%。印度在创意产品出口方面长期保持贸易顺差，2015 年贸易顺差为 118.84 亿美元（见图 2）。

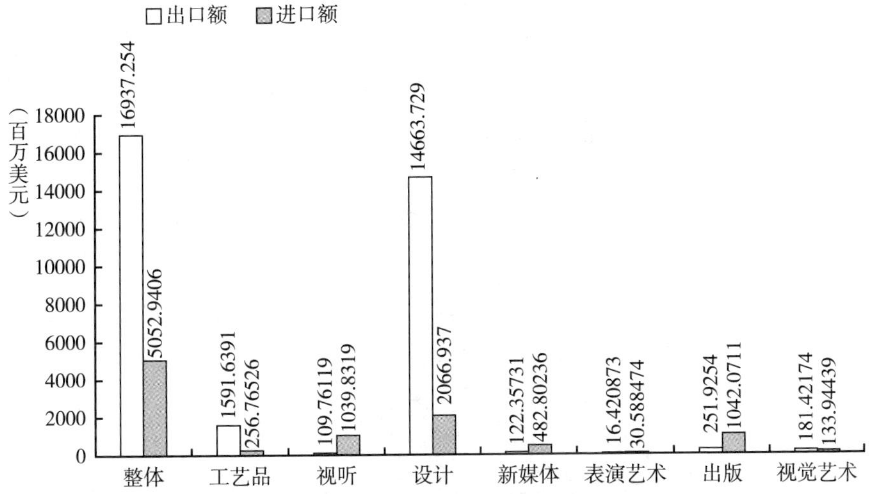

图 2　2015 年印度创意产品进出口分行业情况

资料来源：联合国贸易和发展会议数据中心。

2015 年，印度创意产品出口的主要市场分别是亚洲（52%）、美洲（24%）和欧洲（20%），印度创意产品出口至非洲及大洋洲的较少，均只占 2%（见图 3）。在印度创意产品进口方面，排在前三的依旧是亚洲（62%）、欧洲（24%）和美洲（13%），印度创意产品进口来自大洋洲的仅有 1%（见图 4）。

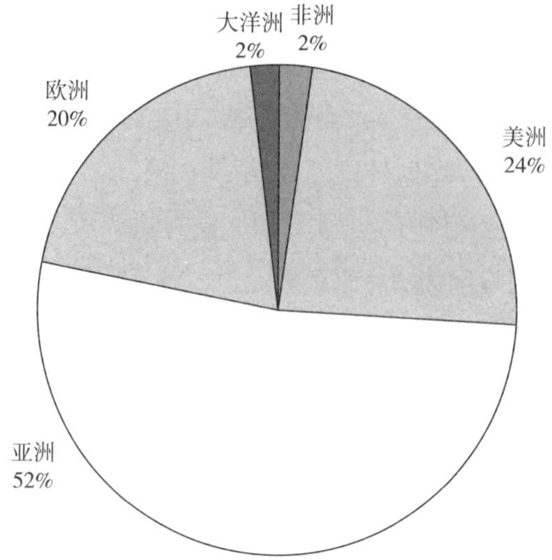

图3　2015年印度创意产品出口主要目的地

资料来源：联合国贸易和发展会议数据中心。

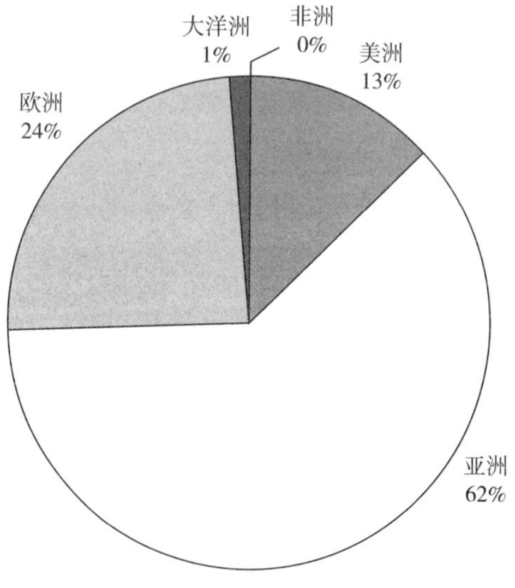

图4　2015年印度创意产品进口主要目的地

资料来源：联合国贸易和发展会议数据中心。

在创意服务方面，印度创意服务贸易的主要对象是电信、计算机和信息服务。增长迅速的印度银行、金融服务、电信和信息技术等行业对计算机有强劲的需求，这些行业将使用计算机实现商务流程自动化，并建立全国范围的 IT 网络。2014 年，印度创意服务出口总额为 540.55 亿美元，其中电信、计算机和信息服务出口额为 523.71 亿美元，占整体出口总额的 96.88%；同年，印度创意服务进口总额为 38 亿美元，其中电信、计算机和信息服务出口额为 32.65 亿美元，占整体进口额的 85.92%（见表 2）。与创意产品贸易相同，印度创意服务出口贸易保持绝对优势，创意服务贸易保持顺差，2015 年，印度创意服务贸易顺差 502.55 亿美元。

表 2　2010～2014 年印度创意服务进出口情况

单位：百万美元

年份		2010	2011	2012	2013	2014
创意服务出口		40128.0	46366.6	48435.3	53149.5	54054.8
知识产权使用费						
其他商业服务	调查与发展	899.7	752.7	953.6	1019.1	1276.1
个人、文化和娱乐服务	视听及相关服务	232.1	140.1	303.4	505.1	406.3
电信、计算机和信息服务	电脑服务	38403.9	45298.8	46994.9	51448.6	52129.5
	信息服务	592.3	175.0	183.4	176.8	241.8
创意服务进口		3008.0	2165.0	2943.0	3074.6	3800.1
知识产权使用费						
其他商业服务	调查与发展	318.6	217.8	258.1	258.9	314.9
个人、文化和娱乐服务	视听及相关服务	157.4	90.8	167.0	167.8	220.4
电信、计算机和信息服务	电脑服务	2175.9	1252.3	2106.5	2280.4	2882.0
	信息服务	356.0	604.1	411.5	367.5	382.8

资料来源：联合国贸易和发展会议数据中心。

三　印度文化产业政策与发展导向

（一）政府的引导和扶持政策

印度政府历来十分重视文化产业的发展。印度宪法中有专门保护民族文化、促进文化发展的条款，政府制定的五年计划对文化的重要性予以充分肯定并制定了相应的发展计划。在印度国家计划委员会编制的第九个五年计划文本中，有专门的段落对文化进行评价，印度从中央到地方政府中的文化部门每年都可以得到经费支持来发展文化产业。

印度政府为文化产业的扶持发展提供良好的政策发展环境，其在政府职能方面更多采取引导、激励的方式，而非直接干预或控制。例如，在经济危机时期，印度政府采取的刺激文化产业发展的措施主要有以下三方面。

其一是增加政府广告支出。为各级政府提供广告服务的印度广告和视觉公关局曾宣布，在特殊时期将支付给各媒体的广告费提高 10%，同时放弃 15% 的佣金。早在 2008 年 10 月，印度政府已宣布将广告支出费用提高 24%。其二是对新闻出版业采取免除新闻用纸的进口关税等刺激措施。其三是采取有效措施吸引动漫和游戏人才。

（二）政府对市场主体的培养

印度的文化产业是按照市场规律发展起来的，印度政府通过给予优惠政策等方式鼓励国内私人企业和财团投资文化产业，这一系列扶持政策都取得了良好的效果。1991 年，印度拉奥政府大胆引入市场经济，实行“自由化、市场化、全球化、私有化”的新经济政策。这一系列改革使有线电视、无线通信、互联网很快进入印度，并为印度社会的发展带来了生机和活力。

印度国家电视政策和管理模式的重大调整，使民营和境外电视节目不断进入印度电视市场，不仅改变了印度传统传媒业的格局，也结束了国家广播电视传媒的市场垄断。印度政府富有主见的、自信的文化开放政策使政府电视台、私营电视公司、合资电视公司和境外电视频道和谐共存，造就了繁荣的印度电视市场。印度的报纸全部为私营，具有独立价值和客观公正的报道是印度报业的主要特点。

（三）政府高度重视人才培养

在人力资源培养的经费投入方面，印度的投入比重始终高于中国。如今印度拥有世界上一流的高等教育体系，在校大学生总人数居世界前列，科技人员的总数仅次于美国，居世界第二位。目前，在美国硅谷和华盛顿地区的信息技术人员中，有40%是印度人或印侨。可见，印度在国内外都有着巨大的人才资源优势。

以相关产业软件业为例，目前，印度有380所大学的工程学院开设了计算机专业，每年可培养12.6万名信息技术人才。同时，在人才培养方面采取了先进的教育理念。

首先以市场为导向，主要采取职业教育培训的形式，学校可以根据市场需求自行决定培养模式和收费标准；

其次淡化证书观念，尤其注重实际技能的掌握和运用，教学中注重工作态度等非智力因素的培训，强调实务教学，学习与实习并重；

最后重视课程开发，课程与实际需求紧密结合，实施全面质量管理。

印度软件业的飞速发展得益其人才政策和培养模式，大大推动了教育培训、动漫游戏、电子出版、互联网、电视传媒等文化产业的发展。

（四）政府对产品国际化的促进作用

为了加强与其他国家和地区的文化交流，印度专门成立了印度文化关系委员会（ICCR），除了进行官方和非营利性的文化活动之外，委员会还十分重视将印度的文化产品向世界推介。例如组织印度艺术团体到国外进行演出，举行民间手工艺品的展销等。由于历史的原因，印度文化对南亚以及东南亚各国一直都有很大的影响力，印度充分利用了这种优势，使有特色的影视作品等在这些地区占有一定的份额，同时也不断努力拓展与其他国家进行文化产品和服务贸易。印度政府从1999年解除了以前有关外国人不能投资印度电影产业的禁令，实行优惠的税收和金融政策，大大促进了国外资金的流入，国际著名电影及音乐公司如华纳兄弟、环球、默多克、索尼、宝丽金、百代纷纷在印度投资，为印度文化产品的国际化提供了资金、管理经验和渠道。

四 印度文化市场与中印合作展望

（一）新闻出版业

印度有着悠久的历史和丰富的文化积淀。18 世纪出版的孟加拉公报是印度第一份本土报纸，当时的印度尚在英国统治下，这家存在时间不长但极具影响力的报纸为印刷媒体以其他报纸、杂志、书籍等为代表的出版业发展奠定了基础。21 世纪以来，印度新闻出版业由 25 万多家企业和出版中心组成，2011～2016 年以 7.8% 的增长率稳定增长。预计到 2020 年，复合年增长率将保持在 7% 左右。印度的新闻出版业是发展中国家一些相关行业迅速发展的典范。随着以数字化、网络化和互动性为代表的新媒体不断带来冲击，印度新闻出版业仍以健康活力的成长态势不断革新发展。

印度出版业根底深厚，种类齐全。印度出版商协会表明，印度的图书出版商约有 2 万多个，其中包括著名的跨国出版公司，每年会使用 24 种语言出版 8 万多种图书。印度通过扩大图书出版业的国际市场份额将图书销售市场不断扩大。印度借助多语言复合的特殊优势，其新闻出版业特别是图书出版业以多种语言图书作为自己的特色，实现了出口销售额的增长。例如，印度最大的出版组织国家图书托拉斯（NBT）出版了 30 种语言的书籍，出口出版物至全球 100 多个国家和地区。《印度印刷商与出版商》杂志公布的数据表明，印度有 1.6 万家图书出版企业，其年营业额约 69 亿美元，其中有 10% 来自非本土市场。儿童类的图书出版增速较为明显，已经占印度图书国内出版市场的近 30%，成为印度图书出版的核心发展领域之一。

印度借助本国英语语言的优势，慢慢成为世界主要的英文书籍出版国之一，书籍出口至英国、美国、澳大利亚、日本等国家以及东南亚、非洲、中东等地区。出版物数量和种类均居世界第三。此外，具有印度特色的图书，例如佛教、瑜伽、泰戈尔、奈保尔，也使印度新闻出版业占据了稳定的国际市场份额。作为全球极其重要的英语出版市场之一，印度新闻出版业吸引了许多的跨国出版商，其中包括培生、阿歇特、企鹅兰登、哈帕·柯林斯、圣智学习、EBSCO 等，它们都在印度设有分公司或子公司。例如，培生在新德里、北方邦、孟买共设有 8 家分支机构，里德·爱思唯尔在新德里、金奈、孟买、加尔各答等设有 5 家分支机构。2001 年，印度成立印度海外出版商协会，其主要目的是推动印度的新闻出版业能够更多地进行国际合作与交流。

近年来，中印两国出版业虽然交流频繁，但深度和广度依然有限。比如，中国出版企业与印度知名的阿难陀出版社、印度图书、莫提拉·班那西达斯公司等还未建立合作往来，中国企业对于印度新闻出版业投资还不明显，这对中国企业来说是机遇也是挑战，中国企业需要采取合理有效的策略深度开发印度新闻出版市场。

（二）电影产业

印度电影产业就年产量而言是世界最大的，年产 1500～2000 部电影，译成 20 余种语言。2015 年印度观影人数以近 21 亿居世界第二，然而印度电影产业总产值 21 亿美元，美国和加拿大（年产约 700 部电影）为 110 亿美元，这一差距主要来自低票价、低覆盖率和严重的盗版现象。2018 年印度电影产业收入为 24.7 亿美元，同比增长 11.5%。电影产业 74% 的票房来自本土市场，其余的则来自海外市场。近年来，印度电影及相关产业中线上、数字部分收入增长明显，这一趋势主要受到电视电影需求量增加和手机覆盖率提高的驱动。另外，家庭视频的收入呈现逐渐降低趋势，其主要原因是由于盗版上升和数字平台的推广，家庭视频被直接到户（DTH）和互联网电视（OTT）上的视频点播取代。

按语言划分的印度电影票房收入，其中印度语电影票房收入最高，占比为 43%，其次分别为泰米尔（19%）、泰卢固（17%）、其他地区性语言（14%）及国际语言（7%）。就地区电影市场来看，泰米尔和泰卢固是印度收入中最大的两个市场，占净票房收入的36%，排在其后的是孟加拉、埃纳德、马拉雅拉姆。目前国际影片的占比虽然不大，但是正在不断增长，其主要得益于增加的英语和其他语言的使用者以及上升的印度上映国际影片数量。

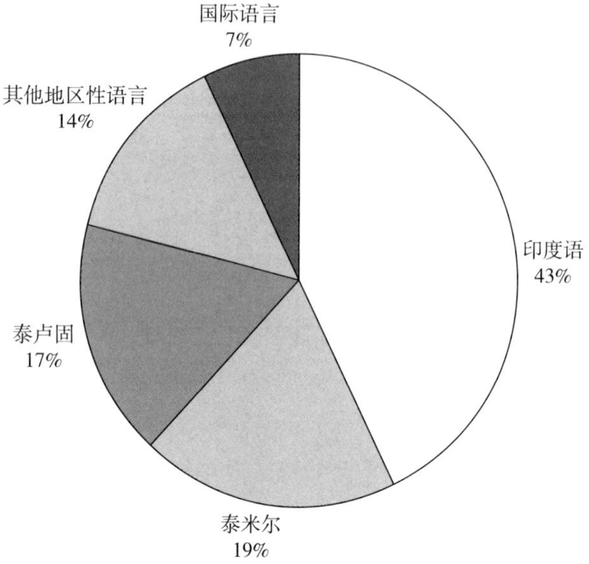

图5　按语言划分的票房收入情况

资料来源：德勤报告《印度电影电视产业经济贡献》。

近年来，国际电影外语片的引入成为电影市场的重要趋势。国际电影在印度电影市场中的占比提升，2018 年票房贡献率已上升至7%，这一趋势产生的主要原因是国际电影使用地区语言、综合性和基础设施的改善，国际工作室通过并购和合作进入印度，如华纳兄弟、迪士尼、福克斯和梦工厂在印度建立了推广办公室，并通过并购、合拍与本土电影制作公司合作。

随着网络技术的成熟，印度电影在中国院线的发展也进入加速期，近几年印度电影越加频繁地出现在中国院线。2014 年阿米尔·汗的《我的个神啊》上映，首周末票房超过3000 万元，最终取得1.18 亿元票房，是印度电影在国内大银幕上的一次爆发。2017 年《摔跤吧！爸爸》在中国电影市场大放异彩，其以近 13 亿元的票房推动了中国和印度电影的合作发展。

2014 年中印两国签署合作协议，中印开展合拍片项目，从批片到分账片，引进、投资、合拍形式多样。2016 年的《大唐玄奘》、2017 年的《功夫瑜伽》和《大闹天竺》均为中印合拍片，2018 年的《神秘巨星》以分账片形式引进，孔雀山影业以中国资方与印度出品方 Zee Studios、Aamir Khan Productions Ltd.（阿米尔·汗制作有限公司）并列于影片海报。中国与印度就影视行业的合作不断深入，形式也逐渐从单纯的引入逐渐转向投资等多种形式。

（三）动画产业

2016 年，印度动画产业收入增长 8%，达 2100 万美元。2011 ~ 2016 年，印度动画知识产权生产正以接近 8% 的复合年增长率快速发展。2016 年，动画知识产权制作同比增长 8.7%。2016 年，来自国际电视（TV）用户的项目流入推动了动画服务的发展，而国际电影的动画服务也出现了健康增长。外包电视和电影项目的总收入约占印度动画服务总营业额的 85%。[①] 印度动画产业的市场规模也将进一步扩大，其增长将主要来自国际委托项目。印度国内的动画市场也表现出强劲的增长，根据 2017 年出版的《FICCI-KPMG 媒体和娱乐报告》，到 2020 年，印度的动画和视频特效产值将达到约 157 亿美元。

2016 年，动画产业收入以外包项目为主，其继续主导动画服务市场。此外，游戏、增强现实（AR）、虚拟现实（VR）、模拟培训等其他类别的业务增长率也将稳步增长。

影响印度动画产业增长的主要驱动因素有以下四个方面。

（1）海外企业外包增加：近年来全球经济放缓迫使国际企业加大了对降低成本的关注，从而让相关领域的公司分配更多外包项目给亚洲国家，包

① https：//assets. kpmg. com/content/dam/kpmg/in/pdf/2017/04/FICCI – Frames – 2017. pdf.

括海外生产商外包的动画娱乐和企业外包的定制内容开发。

（2）印度企业在外包业务领域的竞争力增强。虽然印度企业目前占外包工作的比例很小。但这一数字在持续增加，尤其是随着印度企业的认可度不断提高。印度企业在时间效率、成本效益、语言优势、高质量培训计划和高软件工程技能等方面的优势逐渐显现，国际巨头也不断将外包业务转移到印度，例如沃尔特迪斯尼、华纳兄弟和索尼等已经将动画人物和特效外包给印度公司。

（3）印度从业者的角色演变。印度从业者通过端到端开发动画内容，延伸了产业价值链。此外，参与者越来越多地采用“合作生产”模式（收入分享）。这一趋势为印度企业带来了高收入机会。随着视觉效果在宝莱坞的使用量增加，动画领域的国内需求也不断增加。

（4）印度企业和高等教育机构越来越多地采用电子学习，对动画的需求也不断增加，这给印度动画企业发展带来了更大的市场空间。印度领先的广告和媒体机构提供了大量动画和数字制作的个人培训项目，在孟买、金奈、班加罗尔、海德拉巴和特里凡德拉姆等城市提供“定制内容开发”，实现了行业的快速发展。

2014 年 4 月，贵阳学院、印度 Xplora 设计学院、贵州大魔方文化产业有限公司举办的中印合作创意产业人才培养联合办学项目在贵阳学院正式启动，主要是为贵州大数据战略输送大量的动漫与数字内容制作的人才。这一项目的第一期培训班是动漫专业国际合作班，由 3 名具有丰富经验的动画设计制作的印度教师进行教学，该班级还会不定期地邀请印度、西班牙等国的动漫名家通过“大师工作坊”的形式辅助教学，以提升学员的动漫制作水平。中印在动画产业的合作方面，不论是合作模式或是合作领域都有明显的合作空间，而中印合作创意产业人才培养联合办学项目也为未来中印合作提供了发展契机。

（四）游戏产业

印度电子游戏业正处于兴盛发展的阶段，来自各国的游戏企业对印度的关注推动了印度游戏产业的发展，例如中国香港的 AGTech 控股公司在印度推出了游戏平台 Gamepind。参股了传奇游戏、使命召唤和魔兽世界等游戏的中国互联网企业腾讯也十分看好印度游戏市场。印度游戏产业呈现巨大的市场发展空间，由此赢得了世界各国游戏企业的关注。

印度的移动游戏居世界前五，如今印度早已拥有超过 250 家游戏开发公司，而 2010 年只有 25 家企业，由此来看印度每个月至少有两家新公司成立。[①] 2017 年，印度游戏产业市场就已超过 8.9 亿美元。[②] 据估计，到 2020 年印度的移动游戏市场将达到 11 亿美元，届时用户数预计达到 6.28 亿[③]，游戏普及率的上升得益于更合理的手机价格。

在印度，游戏产业的主要收入来自消费市场和服务市场。印度游戏产业包括四个部分：游戏机游戏、移动端游戏、电脑端游戏和在线游戏。游戏机的份额最高，其次是手机移动端。与动画产业类似，游戏服务业的大部分收入也来自国际外包服务。印度游戏市场的关键发展领域如下。

（1）全球游戏市场的外包需求增加：与动画类似，海外游戏企业越来越注重降低成本，从而产生更大的外包需求。

（2）印度企业的国际竞争力增强：除了外包业务的增加外，由于印度人才储备的增加以及智能手机市场规模的增加，印度游戏企业和游戏领域的专业人才的国际竞争力增强，从而吸引更多的外部投资，该行业目前在国内企业中的外资主要来自中国。

（3）全球和印度国内对游戏的需求增加：在全球范围内，游戏预计将继续增长，特别各种游戏类型的创新将为印度玩家提供更多的开发、测试和移植的相关工作。游戏，尤其是移动手游将持续发展，由于移动和互联网普及率提高以及游戏价格下降。最近，人工智能的包容性和探索性也在年轻人

---

① https://www.forbes.com/sites/suparnadutt/2018/03/09/how-online-gaming-in-india-is-growing-fast-into-a-billion-dollar-market/#6e03ef155b62.

② https://timesofindia.indiatimes.com/business/india-business/indian-gaming-industry-to-grow-in-double-digits-mos-it/articleshow/56959809.cms.

③ https://www.nasscom.in/knowledge-center/publications/mobile-gaming-rise-india.

中创造了更多的需求，他们在在线游戏中体验虚拟现实。

由于印度人民缺乏对网络游戏产业的认识，在近 20 年印度游戏产业的资金来源十分有限。由于近年来智能手机、互联网和娱乐平台需求的激增，印度在线游戏产业出现大量资金投入。现阶段印度游戏产业的主要投资机构还是风险投资组织和机构，如印度融资机构、IIFL 特别机会基金、Piramal 公司、Edelweiss 集团、Kalaari 资本、Reliance 娱乐、外国融资机构、阿里巴巴、腾讯、Zynga。

以中国腾讯为例，据报道，腾讯 2015～2018 年在文娱领域投资 152 次，占比最高的三大行业是游戏、影视和动漫，分别占 27.63%、17.76%、15.13%。2018 年，腾讯对印度手游公司 Dream 11 投资共计约 7 亿元人民币。Dream 11 是一个在线幻想体育（Fantasy Sports）游戏平台，该游戏的玩法是由多名玩家组成一个联盟，然后玩家再挑选球员组成自己幻想中的球队，而这些球员在现实中的表现会影响玩家的积分。

B.19

波兰文化贸易概况及中波文化贸易合作展望

安娜·赛诺娃　张筱聆*

摘　要： 波兰地处中东欧，地理位置得天独厚，吸引了众多投资，也是我国在中东欧的重要合作伙伴。波兰拥有悠久的历史文化底蕴，文化遗产丰富，文化市场高度发展。本报告以波兰文化市场为研究对象，深入分析波兰文化市场运营现状、文化创意产业重点行业发展情况。同时通过对波兰对外贸易相关数据进行分析，总结波兰对外货物、服务贸易及对外文化贸易特征。最后，本报告对中国与波兰文化贸易发展前景做出相应展望，认为中波贸易往来日益频繁，中波文化交流历史悠久，中波文化产业推广政策力度较大，“17+1”合作机制为中波文化贸易发展提供新契机。

关键词： 波兰　文化创意产业　文化贸易

一　波兰文化市场概况

（一）波兰文化底蕴深厚

波兰共和国，简称波兰，一个东欧平原的斯拉夫国家，其历史可追溯到

* 安娜·赛诺娃，波兰文化和民族遗产部国际关系部高级专家；张筱聆，北京第二外国语学院国际文化贸易交叉学科专业硕士研究生，国家文化发展国际战略研究院研究助理。

公元前700年。在16世纪的黄金发展时期，波兰还身兼欧洲大国与世界贸易大国的双重身份，其文化也得以长足发展。波兰经历了众多战争与挑战，历史的复杂多变造就了波兰独特的民族特点和社会体系，同时也使波兰在文学、音乐、艺术、宗教、节庆等各个方面都极具鲜明的特色。

数百年来，波兰文学伴随着波兰历史进程跌宕起伏，丰富了波兰文化的神韵，培育了波兰政治的激情，这使波兰文学对波兰人民而言具有独特的意义。截至2019年，波兰已有显克维奇、弗瓦迪斯瓦夫·莱蒙特、切斯瓦夫·米沃什、维斯瓦娃·辛波丝卡、奥尔加·托卡尔丘克等5位作家获得诺贝尔文学奖。同时，波兰还诞生了以肖邦为代表的一批作曲家，他们创作了一系列世界知名的音乐作品，对世界音乐艺术的发展做出了杰出贡献。同时，波兰的爵士乐和民间音乐也有其鲜明的特色。除此以外，波兰的艺术流派也是丰富多样的。

（二）波兰文化市场经济平稳运行

1. 波兰文化市场主体日益活跃

2018年，波兰共有11.72万家文化创意企业开展活动（见图1），其中，较具代表性的文化领域是：广告（2.89万家）、图书与出版（2.7万家）和

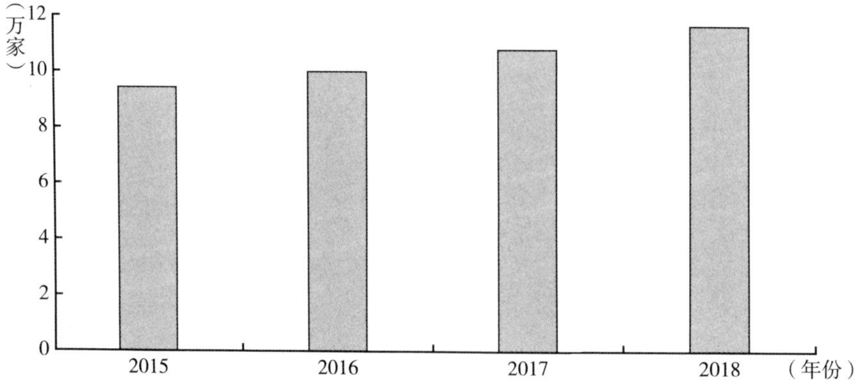

图1　2015～2018年波兰文化创意企业数量

资料来源：波兰统计局网站，https：//stat. gov. pl/。

建筑（1.88 万家）。与往年不同，广告领域（之前是图书与出版领域）在经营企业数量方面排名第一，与2017 年相比，它在所有文化领域中的经营实体数量增长幅度最大（达 17.7%）。2018 年波兰文化创意企业结构见图 2。

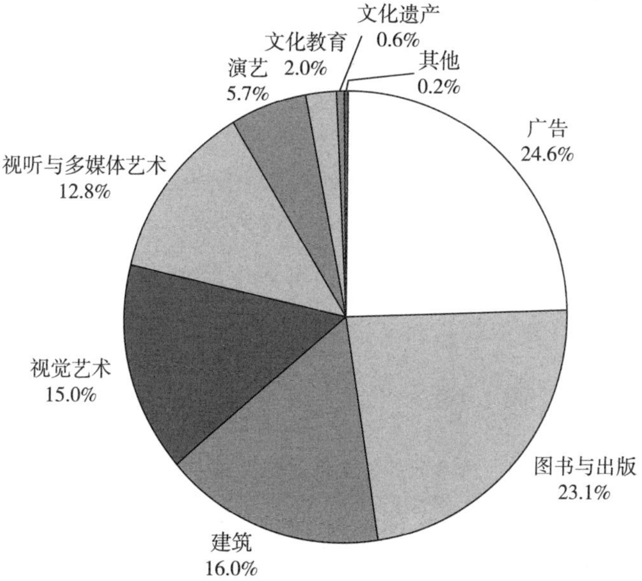

图 2　2018 年波兰文化创意企业结构

资料来源：波兰统计局网站，https：//stat. gov. pl/。

大多数文化创意企业是以微型企业的形式组织的（占文化创意企业的比重为 98.9%），总共有 11.6 万家，占所有微型非金融企业的 5.6%。其他规模的文化创意企业在非金融企业中的份额如下：小型企业占 1.9%，中型企业占 1.3%，大型企业占 1.2%。

2. 波兰文化市场就业前景乐观

总体而言，波兰文化创意产业产值大体上处于增长阶段，但从整个欧洲来看，波兰还仍然是一个发展中国家。因此，相较于其他产业，文化创意部门的劳动力所占份额是相当低的，另外，波兰文化创意产业就业份额比其他发达国家增长得快。

截至2018年12月31日，波兰文化创意企业的就业人员达24.1542万人（相比2017年增加1.25万人），占非金融企业从业人员总数的2.4%。文化创意企业从业人员中有70.5%服务于微型企业，13.4%服务于大型企业，8.1%服务于小型企业，8.0%服务于中型企业。如果分析考虑平均带薪工作，则情况略有不同。微型企业创造了36.233万个工作岗位，微型企业有17.024万人在工作，这表明大多数从业人员兼职或偶尔工作（见表1）。

不论规模大小，文化创意企业的特点是每名雇员的月平均工资会高于所有非金融企业。这种趋势已经持续了好几年。2018年，所有非金融企业员工月平均工资为4816兹罗提，而文化创意企业员工月平均工资为6029兹罗提，接近专业性、科学性和技术性等领域非金融企业员工月工资。

表1　2018年波兰文化创意企业从业情况

	从业人员数量（人）	平均带薪工作创造的岗位数量（个）	工资薪金总额（万兹罗提）	员工月平均工资（兹罗提）
总计	241542	1020220	738121.2	6029
微型企业	170240	362330	155237.0	3570
小型企业	19592	176240	127709.4	6039
中型企业	19435	179130	171832.0	7994
大型企业	32275	302520	283342.8	7805

资料来源：波兰统计局网站，https：//stat. gov. pl/。

2018年，波兰微型文化创意企业员工月平均工资为3570兹罗提，而所有微型非金融企业员工月平均工资为3093兹罗提。其余规模的文化创意企业和对应规模的非金融企业存在类似差异：小型文化创意企业为6039兹罗提，小型非金融企业为4283兹罗提；中型文化创意企业为7994兹罗提，中型非金融企业为5024兹罗提；大型文化创意企业为7805兹罗提，大型非金融企业为5705兹罗提。在文化创意企业中，工资薪金总额在总成本中所占的比例为9.9%（非金融企业为8.8%）。

3. 波兰文化市场收入水平有待提升

2018年，波兰文化创意企业收入总计约为833亿兹罗提，总成本为746亿兹罗提，由此可以看出波兰文化创意企业总收入对总成本的盈余。2018年，波兰文化创意企业的成本水平指标（总成本与总收入的比例）为89.6%（比2017年高2.9个百分点），而所有非金融企业的成本水平指标为92.7%，由此可以看出文化创意企业经营活动成本较低。每个文化创意企业平均成本为63.67万兹罗提（非金融企业为213.66万兹罗提），平均收入为71.1万兹罗提（非金融企业为230.47万兹罗提）。文化创意企业的总收入和总成本在所有非金融企业的总收入和总成本中所占的比例均不到2.0%（分别为1.7%和1.6%）。2015~2018年各类型文化创意企业盈余情况见图3。

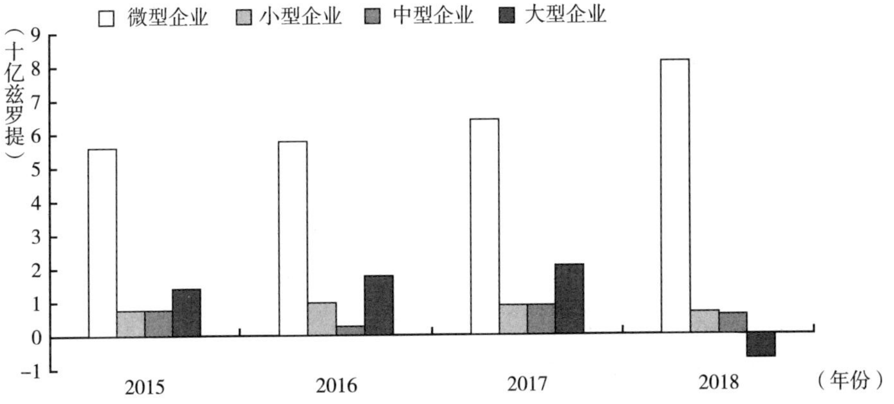

图3　2015~2018年各类型文化创意企业盈余情况

资料来源：波兰统计局网站，https：//stat.gov.pl/。

2018年，波兰文化创意企业创造了246亿兹罗提的增加值，占所有非金融企业的2.1%。按每个企业计算，文化创意企业创造的增加值几乎是非金融企业创造的总增加值的1/4。

二　波兰文化创意产业概况

（一）波兰重点文化行业发展现状

展览艺术行业发展水平显著提升。2018 年，波兰有 948 家博物馆（包括分支机构）。其中 81.6% 位于城市。大多数博物馆及其分支机构位于马佐夫舍省和小波兰省，分别为 136 和 132 个。大波兰省有 93 个博物馆。2009～2018 年，博物馆的数量和参观人数都显著增长。2018 年，波兰博物馆的游客数量达到 3810 万人次，与 2017 年相比增长了 1.7%。通过学校组织的参观人数占所有游客的 13.6%。有 1500 万人次免费参观博物馆。2018 年，在波兰所有博物馆中，较受欢迎的博物馆分别是艺术和历史博物馆，全年共接待 1770 万人次游客。

2018 年，波兰全国共活跃着 325 家美术馆。波兰的美术馆俨然成为一种城市象征，其中 82 家位于华沙和克拉科夫。2007～2016 年，波兰的美术馆以及参观者的数量都显现逐渐增加状态。但 2017 年，美术馆的参观者数量出现下滑，比 2016 年减少了 66.9%。另外，2017 年，波兰的美术馆总共举办了 4200 场展览，同比减少 4.9%。2018 年，参观者达到了 4500 万人次（同比增长了 3.2%），共举办了 3900 场展览（同比下降了 7.1%）。波兰的美术馆分为公共美术馆和私营美术馆，尽管两者在数量上大致相等，但公共美术馆举办的展览、教育活动和出版活动更多，参观者参观公共美术馆的次数也更多。

演艺行业全民参与度提高。2018 年，波兰有 189 家剧院和音乐机构开展了舞台活动。剧院和音乐机构大厅的座位数有 98000 个，同比增长 3.4%。2018 年，剧院和音乐机构组织了 69000 场演出和音乐会，同比增长 5.6%。2018 年，波兰的戏剧、木偶剧和音乐剧首映式有 847 场，同比增长 11.4%。与 2017 年相比，剧院和音乐机构的表演人数为 1490 万人，同比增长 12.3%。2018 年，波兰每 1000 人中观看或者收听演出的有 472 人，平均每 1000 人中的出席人数为 216 人。由专业企业（机构）组织的娱乐活动

（包括户外活动）共计3300次，与2017年相比增长了5.2%，但观众减少了39%，仅为320万人次。

珠宝首饰行业时尚气息浓厚。波兰的琥珀世界知名，其琥珀产品选取纯粹的天然原料，其设计新颖、独特，制作工艺精湛。第26届国际琥珀与珠宝饰品展于2019年3月20日至23日在波兰北部海滨城市格但斯克举行，展会吸引了来自54个国家470家展商以及6000余名行业观众。波罗的海沿岸是世界琥珀的主要产地，格但斯克更有“世界琥珀之都”的美誉，为世界贡献了约70%的琥珀。格但斯克每年在春季以及秋季都会举办大型国际琥珀博览会。就规模以及专业程度而言，波兰的琥珀展览是目前全球范围内规模最大、专业程度最高的琥珀展览之一。随着中国人成为琥珀消费的主力军，波兰琥珀饰品在设计和制作过程中也增加了越来越多的中国元素。

影视业吸引力不断增强。2017年，波兰共运营496家电影院，与2016年基本持平。波兰的电影院主要集中在人口较多和经济发达的地区，其中大部分位于马佐夫舍省和西里西亚省。尽管在很长一段时间内，电影院的数量有所减少，但在此期间进入电影院的人数有所增加。

2018年，波兰电影院数量有所增长，波兰共运营500家电影院。电影院主要位于城市地区（占97.0%），它们是波兰人口较多和经济发达地区的代表。在过去两年中，电影院的观众人数有所增加。2018年，波兰电影院的观众人数为5930万人次，比上年增长4.3%。2018年，波兰新发行384部电影（观众为5730万人次）。在2018年新上映的电影中，票房较高的前十部电影中有四部是在波兰制作的。

广播和电视用户量增加。广播和电视可分为公共性质和私营性质两种。2017年，波兰有17个公共区域广播电台和16个电视中心，而私营广播公司有289个广播电台和23个电视许可证。这些许可证是由国家广播理事会向私营实体颁发的，它们通过地面发射机传送广播和电视节目。与2016年相比，有线电视用户数量增加了1.3%，达4200万人。

在线广告业收入持续攀升。根据Starcom的分析数据，波兰广告市场收入在

2018 年高达 95.4 亿兹罗提，规模较 2017 年增长了 7.8%。在线渠道（互联网及广播）的广告投资增幅大于有线渠道（电视），其中，互联网广告发展迅猛，占广告市场的份额约为 33.7%。与此形成对比的是报纸广告，2018 年的投资额为 1.93 亿兹罗提，同比下降 6.6%，是波兰唯一出现份额下降的广告投放渠道。①

游戏行业潜力巨大。据 Newzoo 预测，2018 年，东欧区域（包括波兰市场）的游戏市场收入将达到 39 亿美元，平均增长率为 9.1%，几乎是西欧市场的两倍。同时据 Newzoo 游戏报告的预测，2018 年，波兰游戏市场收入将达到 5.46 亿美元，波兰游戏开发商的收入将超过 3.3 亿美元，这个水准已经维持了 3 年（2016 年，欧洲游戏开发商联合会预测，所有波兰游戏开发商公共以及私人收入约为 3 亿欧元）。2018 年，在华沙证券交易所上市的所有视频游戏生产商的净收入约为 7.728 亿兹罗提，其中，CD Projekt 游戏公司的收入为 3.629 亿兹罗提。在股票交易所上市的所有 29 家生产商的净利润在 2018 年达到 1.572 亿兹罗提。根据摩根士丹利银行在 2019 年 1 月发布的数据，CD Projekt 游戏公司的价值为 230 亿兹罗提，之后，2019 年 11 月中旬，其价值突破了 250 亿兹罗提。

（二）行业平台助力产业发展

为了进一步推动各文化行业发展，波兰各行业形成了独特的组织，从而为文化市场主体提供相应的交流发展平台。

在电影行业，波兰电影协会（Polish Film Institute）发挥了重要作用。在波兰“电影法案”要求下成立的波兰电影协会是负责实施国家对电影业全方位支持政策的主要机构，也是波兰国家电影基金的管理者。波兰电影协会由波兰文化和民族遗产部管辖，其预算来自波兰全国电影放映商、电影发行商、广播公司、DTH 平台及有线电视台年度收入的 1.5%，每年额度约为 3400 万欧元。

在演艺行业，波兰音乐与舞蹈协会是波兰国家级文化协会。协会的基本

① 《2018 年波兰广告市场规模增加 7.8%》，中华人民共和国驻波兰共和国大使馆经济商务处网站，http://pl.mofcom.gov.cn/article/jmxw/201904/20190402849457.shtml，2019 年 4 月 3 日。

任务是发展波兰的音乐和舞蹈文化。协会拥有自己的艺术家、学院和出版社，向波兰音乐与舞蹈团体发放奖学金，协会还运营几家网站，管辖范围内还包括部级项目。

在图书出版业，波兰图书研究所依托对波兰出版市场中图书形势进行的定期、可靠的评估，研究出版市场和读者市场，形成年度报告，展示波兰出版业的发展方向与趋势及其发展的力度和效果，从而帮助研究人员对图书市场价值进行评估。

游戏业也是波兰的代表性文化行业，波兰独立游戏基金会（由波兰政府进行管理）为独立游戏团队提供技术、市场推广、法律顾问等支持与帮助，协助游戏厂商推广波兰游戏，同时基金会还会与波兰驻外使领馆合作，带领波兰游戏企业参加 ChinaJoy、东京电玩展、核聚变等海外活动，宣传波兰本土游戏。

三　波兰文化贸易概况

（一）波兰对外货物贸易现状

2017 年，据欧盟统计局统计，波兰货物贸易进出口总额为 4616.0 亿美元，相比 2016 年提升了 15.4%。其中，出口额为 2310.1 亿美元，同比增长了 14.1%；进口额为 2306.0 亿美元，同比增长了 16.9%。贸易顺差达 4.1 亿美元，同比减少了 92.2%①。

由表 2、表 3 可知，2017 年，波兰出口额排前五位的国家是德国、捷克、英国、法国和意大利，进口额排前五位的国家是德国、中国、俄罗斯、荷兰和意大利。主要贸易国家为欧盟国家。前五大逆差来源地依次是中国、俄罗斯、荷兰、比利时和韩国。同时，根据 2017 年中波贸易统计数据，中国是波兰第二十一大出口国和第二大进口国。②

---

① 欧盟统计局网站，https：//ec. europa. eu/eurostat。

② 《波兰 2017 年波兰货物进出口额 4616 亿美元》，中华人民共和国驻波兰共和国大使馆经济商务处网站，http：//pl. mofcom. gov. cn/article/jmxw/201808/20180802773565. shtml。

表 2　2017 年波兰贸易出口国相关数据

单位：亿美元，%

国家	金额	同比增长	占比
德国	633.2	14.4	27.4
捷克	147.9	11.3	6.4
英国	146.9	10.1	6.4
法国	129.0	17.7	5.6
意大利	113.1	16.1	4.9
荷兰	101.3	11.9	4.4
俄罗斯	70.3	22.0	3.0
瑞典	64.0	9.3	2.8
西班牙	62.3	13.9	2.7
美国	62.2	29.7	2.7

资料来源：欧盟统计局。

表 3　2017 年波兰贸易进口国相关数据

单位：亿美元，%

国家	金额	同比增长	占比
德国	642.1	15.2	27.8
中国	184.7	18.6	8.0
俄罗斯	146.9	29.2	6.4
荷兰	137.7	17.0	6.0
意大利	122.3	17.8	5.3
法国	96.0	16.3	4.2
捷克	92.7	15.9	4.0
比利时	84.8	17.6	3.7
英国	63.5	11.7	2.8
斯洛伐克	55.3	2.9	2.4

资料来源：欧盟统计局。

（二）波兰对外服务贸易现状

2016 年，波兰服务贸易出口额为 498 亿美元，同比增长了 10.4%；进口额为 342.4 亿美元，同比增长了 3.7%。波兰对中国的服务贸易出口额为 2.4 亿美元，自中国的进口额为 3.3 亿美元。2016 年，波兰服务贸易主要集中在交通运输、旅游以及商业服务方面，文化娱乐服务贸易水平有待提升（见图 4、图 5）。

波兰央行数据显示，2018 年，波兰服务贸易出口额较 2017 年增长了 14%，服务贸易顺差高达 222 亿欧元，同比增长了 18.9%（42 亿欧元）。2015 ~ 2018 年，波兰服务贸易出口额共增长了 45%，高于货物贸易出口额 25% 的增幅。同时，高速增长的服务贸易出口额也使波兰在这方面的增速高于世界平均水平。2018 年世界贸易组织发布的数据显示，2018 年，波兰服务贸易出口额居世界第 25 位，其服务贸易出口额占全球服务贸易出口额的 1.2%。

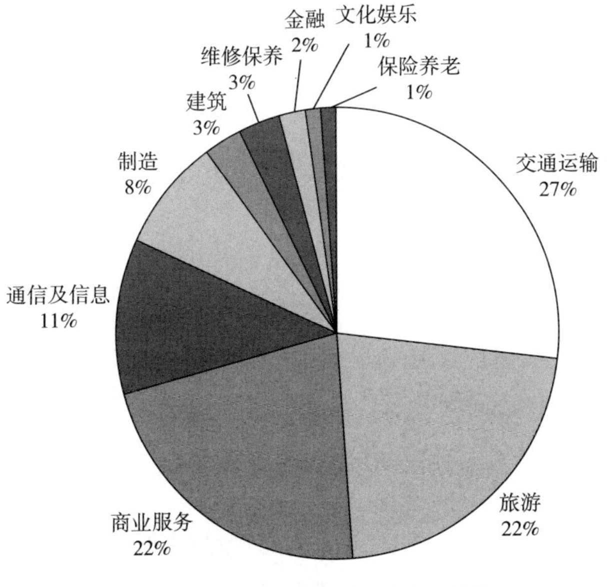

图 4　2016 年波兰服务贸易出口结构

资料来源：《对外投资合作国别（地区）指南——波兰》，"走出去"公共服务平台，http：//fec.mofcom.gov.cn/article/gbdqzn/。

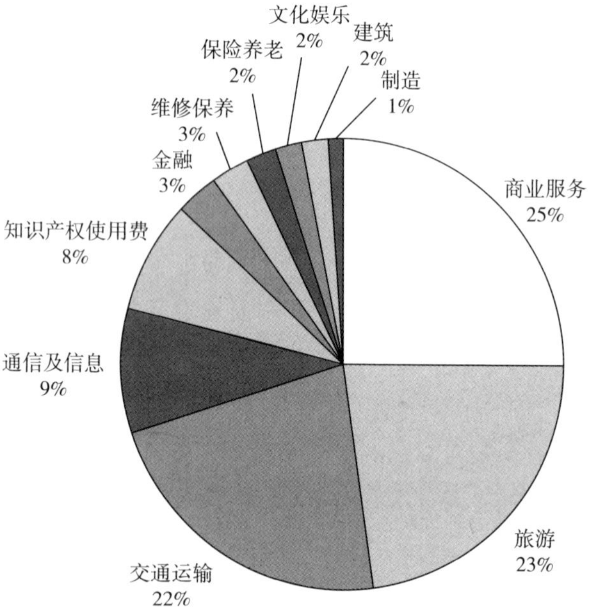

图5　2016年波兰服务贸易进口结构

资料来源：《对外投资合作国别（地区）指南——波兰》，“走出去”公共服务平台，http：//fec. mofcom. gov. cn/article/gbdqzn/。

（三）波兰对外文化贸易现状

2018年，波兰文化创意产品出口额为151.565亿兹罗提，比2017年减少了1.9%。然而，波兰文化创意产品进口额却有所增长。2018年，波兰文化创意产品进口额为106.151亿兹罗提（与2017年相比增加了5.473亿兹罗提）。2018年，波兰文化创意产品贸易顺差为45.414亿兹罗提（2017年为53.741亿兹罗提）（见表4）。这一数据证实了近年来波兰在文化创意产品贸易中日益增长的积极趋势。

就具体产品种类而言，波兰文化创意产品的进出口主要分布在以下领域：视听与多媒体艺术（例如，电影胶片、磁盘和磁带、用于激光阅读系统的光盘和DVD）、图书与出版（包括报纸、书、地图、小册子等）。广告排名第三（包括商业广告、图片、图纸和照片等）。在广告领域，我们观察到最大的贸易顺差（出口额是进口额的5倍以上）。在图书与出版（2.84倍）和视觉艺术（2.36倍）领域也记录了较高的贸易顺差。贸易逆差主要集中在以下领域：视听与多媒体艺术（-1.4亿兹罗提）、演艺（-9400万兹罗提）、文化遗产（-3650万兹罗提）和美术工艺（-10万兹罗提）。

在波兰对外贸易结构中，文化创意产品贸易不是最重要的项目，出口额只占1.6%，进口额只占1.1%。至于文化创意产品的贸易方向，最大出口对象是欧盟国家（出口额占出口总额的93.8%）。与此同时，波兰从欧盟国家进口了较多的文化创意产品（进口额占波兰文化创意产品进口总额的42.0%），而且也从发展中国家（占32.6%）进口了较多的文化创意产品。

表4　2018年波兰文化贸易情况

单位：百万兹罗提

	文化创意产品		文化创意服务	
	出口额	进口额	出口额	进口额
总计	15156.5	10615.1	10961.4	10160.1
文化遗产	12.5	49.0	363.1	149.5
图书与出版	6011.0	2115.9	107.3	492.9
视觉艺术	202.4	85.9	—	—
建筑	2.4	1.3	186.3	157.4
演艺	137.6	231.6	139.1	499.0
视听与多媒体艺术	7810.3	7950.3	681.9	3325.7
广告	979.4	180.2	9483.7	5535.5
美术工艺	0.8	0.9	—	—

资料来源：波兰统计局网站，https://stat.gov.pl/。

2018年，波兰文化创意服务出口额为109.614亿兹罗提，文化创意服务进口额为101.601亿兹罗提。与2017年相比，波兰文化创意服务贸易提升额要高于文化创意产品。波兰文化创意服务进出口额均增长了15.5%，贸易顺差为801.3百万兹罗提。占波兰文化创意服务出口额较大份额的是广告（86.5%）、视听与多媒体艺术（6.2%）。进口额在以下领域更为突出：广告（54.5%）、视听与多媒体艺术（32.7%）。

与文化创意产品相比，文化创意服务在波兰对外贸易中具有较大意义，它们分别占所有服务进出口额的4.4%和6.4%。[①] 波兰此类文化创意服务主要出口到欧盟国家（占69.5%），大部分进口的文化创意服务也来自欧盟国家（占80.2%）。

四　中波文化贸易展望

（一）中波贸易往来日益频繁

为促进波兰与中国合作，两国已经建立相应制度框架。2011年12月，波兰总统布罗尼斯瓦夫·科莫罗夫斯基对中国进行正式访问，这也是中波经济关系发展的一个重要推动因素。此次访问之后，一些中国—波兰联合行动方案已经完成，涉及举办有关经济、投资和科学交流的论坛，比如在格但斯克举办第一次地方合作论坛，在广州举办第二次地方合作论坛，波兰航空公司开通了从华沙至北京的航班。

两国政府的持久决心也体现在战略伙伴关系行动协调部际小组的设立上。在这一小组中，商务理事会充当中国和波兰企业对话的平台。2012年3月12日，旨在促进中国—波兰经济合作的倡议，即所谓的Go China已经启动。作为一项倡议，Go China鼓励波兰企业家发展与中国合作伙伴的业务关系。波兰政府意识到中国充满活力的经济带来的巨大商机，决定采取进一步措施加强波兰和中国的经贸往来。

考虑到中国的经济潜力及发展势头，波兰与中国合作的主要目标是发展经济：增加波兰对中国的出口额，吸引中国企业在波兰投资，并增加波兰在中国的直接投资。开展密集的政治对话以及教育、文化和旅游方面的合作以促进两国共同发展。波兰希望宣传自己的文化遗产，并向波兰企业家提供有关中国的信息。这些努力可以推动波兰企业与中国同行合作，使两国之间的

① 波兰统计局网站，https：//stat. gov. pl/en/topics/culture - tourism - sport/culture/cultural - and - creative - industries - in - 2018，14，1. html。

经济联系更加有效和深入。然而，地理距离、中国的巨大市场规模、内部的多样性，以及波兰和中国之间的其他差异也给两国合作带来挑战。

（二）中波文化交流历史悠久

中国与波兰两国文化交流密切，1950 年 3 月，中国与波兰签订了中波新闻交换合同。1951 年 4 月，两国签订文化合作协定，这也是中国与东欧国家签订的第一个文化类协定。[①] 中国和波兰政府希望向外国观众展示自己国家优质的高雅和流行文化。两国都希望通过向外国观众介绍自己的文学、艺术、教育和流行文化，吸引更多游客。文化交流一直在中波双边关系中发挥重要作用，从而为探索中国和波兰丰富的文化遗产、传统、价值观和理念搭建了一个很好的平台。为此，2011 年发布的《中华人民共和国和波兰共和国关于建立战略伙伴关系的联合声明》第五点指出，要继续互办文化节及其他艺术交流活动。双方也同意在对方国家建立更多文化机构，继续举办文化日以及艺术交流活动。

波中文化合作的领域正在不断扩大，双方都表示愿意向对方观众介绍最好的文化作品。在中国推广波兰多元文化的重大举措是在北京举办波兰文化节，自 2012 年以来每年举办一次。该文化活动也是波兰国家独立日（11 月 11 日）庆祝活动的一部分。

同时，在其他文化领域，中国与波兰的交流日益频繁。例如，中国与波兰在电影、电视领域一直保持良好的交流互动，双方合作密切。2011 年，中国国家广播电影电视总局局长蔡赴朝对波兰进行友好访问，访问期间举办“梅兰芳电影展”。2018 年，中国北京·波兰电影周、波兰电影产业推介会等活动在中国顺利举行。

（三）中波文化产业推广政策力度较大

中波两国为推动文化产业与文化贸易发展，都出台了一系列产业及贸易

---

① 《中国同波兰的关系》，国际在线，http://news.cri.cn/gb/3821/2004/06/08/922@188083.htm。

政策。早在2005年，中国正式颁布的《关于进一步加强和改进文化产品和服务出口工作的意见》明确指出，要促进文化产品和服务出口。2006年，中国制定了《关于鼓励和支持文化产品和服务出口的若干政策》，鼓励并支持各种所有制文化企业积极开展、参与和从事文化产品和服务出口业务。2007年，中国制定了《文化产品和服务出口指导目录》。

同时，波兰每年也投入大量预算资金推动本国文化发展，波兰文化和民族遗产部不断增加对文化领域的经费支持，2018年共提供40亿兹罗提（约合70.5亿元），相比2015年增加20%。财务支持对于贯彻实施文化政策十分关键。除经费投入之外，政府还采取许多财务激励措施鼓励创作者、艺术家以及经济团体在文化领域开展活动。2020年3月2日，波兰文化和民族遗产部宣布了“纪念碑保护计划”的第一次征聘结果。375个项目获得了超过1.04亿兹罗提的共同融资。[①] 在文化产业方面，2017年，波兰电影协会为业务项目框架内的活动拨款1.375亿兹罗提。其中，0.94亿兹罗提被用于电影制作，0.25亿兹罗提被用于电影教育和电影文化宣传，600万兹罗提被用于电影事业发展，800万兹罗提被用于进行电影海外推广。

这些文化政策的实施与推广，为中国—波兰文化贸易的共同发展打下了坚实的基础。

（四）“17+1”合作机制为中波文化贸易发展提供新契机

中国在全球格局中重要性的提高使世界主要国家对中国奉行积极的政策；欧盟也因此构建了许多机制，以加强与中国的合作。中国—中东欧国家合作机制（“17+1”合作机制）是加强和深化中国—波兰、欧盟—中国关系的一个重要平台。波兰是17个中东欧国家中最大的一个，是中国的战略伙伴，是“17+1”合作机制的重要参与者，“17+1”合作机制是加强波兰与中国关系的有效渠道。中国与中东欧国家的合作为中国与波兰合作关系走

---

① “Ponad 100 mln zł na ochronę zabytków!” Ministerstwo Kultury i Dziedzictwa Narodowego, https：//www. gov. pl/web/kultura/ponad－100－mln－zl－na－ochrone－zabytkow.

上快车道、获得全面发展提供了一个新的机会，使两国的务实合作取得更多具体成果。几乎所有在中国和欧洲之间的国际货运列车（目前正日趋活跃）都要经过波兰，使波兰成为中国和中东欧国家越来越重要的物流枢纽。从中国角度来看，波兰是中东欧地区最重要的合作伙伴之一。

由此来看，中国与波兰文化贸易互动日益频繁，推动两国文化产业进行合作与共同发展。

实践创新篇

Practice and Innovation Topics

B.20
短视频为文化对外贸易增添新动能
——以“李子柒短视频”为例

李嘉珊　王慢慢*

摘　要： 近年来，随着互联网技术的应用和高速发展，中国对外文化贸易呈现平稳且快速增长的趋势。在这一过程中，移动社交短视频行业爆发式的发展状态也成功引起了中国文化企业的注意，不少文化企业入驻短视频社交平台以寻求新的发展方向。本文通过对短视频的概念、基本特征、发展现状与“李子柒短视频”出海取得的成功、其盈利模式等几个方面进行

* 李嘉珊，北京第二外国语学院教授，中国服务贸易研究院常务副院长，国家文化发展国际战略研究院常务副院长，首都国际交往中心研究院执行院长，首都对外文化贸易研究基地首席专家，国家文化贸易学术研究平台专家兼秘书长，主要研究方向为国际文化贸易等；王慢慢，北京第二外国语学院英语学院交叉学科国际文化贸易专业硕士研究生，国家文化发展国际战略研究院助理。

探析，提出要生产具有优质内容的短视频以及改善其营销模式，推进中国文化对外贸易的发展；充分利用国外移动短视频社交平台，拓展国际市场，为中国文化贸易积聚力量。

关键词： 短视频 国际文化贸易 文化传播

一 短视频平台的兴起

短视频兴起于美国。最近几年，随着移动互联网技术的升级、智能手机的普及以及人们碎片化时间的增多，传统的文字、图片所承载的内容已经不能满足受众多变的需求。因此，生动有趣的短视频自出现起很快就成为国内人们在碎片化场景下的最佳消费选择，从而推动了短视频行业的迅速发展，也为社会和公众带来了巨大的文化价值和经济效益。《2019 中国网络视听发展研究报告》显示，截至 2018 年底，中国网络视频用户规模达 7.25 亿，占整体网民的 87.5%。其中短视频呈现爆发式增长态势，用户规模达到 6.48 亿，用户使用时长占总上网时长的 11.4%，成为仅次于即时通信的第二大产品类型。①

（一）短视频的概念

短视频于 2016 年开始迅猛发展起来，由于兴起的时间还不长，学术界目前还没有一个公认的概念。腾云等认为“短视频是依靠移动智能终端和网络技术，借用短视频应用来制作出的几秒到几分钟、视频内容丰富广泛、前期投入少、形式灵活性高、公众参与度强的一款移动社交新媒体”。② 易

① 《〈2019 网络视听发展报告〉：网络视频用户达 7.25 亿》，《经济日报》，2019 年 5 月 29 日，https：//baijiahao. baidu. com/s? id = 1634838525571168412&wfr = spider&for = pc。

② 腾云、楼旭东：《移动短视频：融合发展的新路径》，《新闻世界》2016 年第 3 期，第41 ~ 43 页。

观在研究中将短视频定义为“短视频的用户生产者充分地使用移动互联网技术，进行制作拍摄、上传观看、实时互动分享并且时长在20分钟以内的视频”。[①] 总体来说，不同的学者对短视频的定义既有相同点又有不同点。相同点是短视频生产者依赖智能手机等移动智能终端产品以及互联网技术创造出内容丰富、易传播的视频。但是，值得注意的是腾云等和易观就短视频时长这一方面没有达成统一的看法。腾云等认为短视频的时间长度在几秒钟到几分钟这一范围，而易观则认为短视频的时长应该在20分钟以内。因此，由于短视频内容和形式的多样化，其时长目前还没有一个可以统一的标准。短视频的类型主要有短纪录片、创意剪辑、技能分享、情景短剧、网红IP、草根恶搞、街头采访、创意剪辑等。李子柒和PaPi酱的短视频属于网红IP型，陈翔六点半属于情景短剧；一条、二更属于短纪录片。

（二）短视频的基本特征

1. 内容创意性强，短小精悍

4G、5G信息技术的完善，碎片化时代以及各种各样App操作的方便快捷，使受众获取信息和娱乐的方式正由单一的公有媒介向互联网新媒介进行转变，而在新媒体平台上投放的、适合人们在休闲娱乐和移动条件下观看的视频，其时长大约在15秒到15分钟之间。以抖音为例，用户一般拍摄15秒到5分钟的生动有趣的短视频吸引观众围观。在短视频中，用户所展现出来的内容往往前三秒就能吸引观众的注意力，真正地符合观众碎片化的习惯，从而间接地增加观众在短视频上所花费的时间。

2. 制作简单，生产主体去专业化

全民生产内容的时代拉开帷幕后，用户不用接受专业的视频内容制作的训练，只要拥有一部智能手机，就能完成拍摄、剪辑、上传、发布、分享这

① 《中国移动短视频市场专题分析2017》，易观数据咨询，2017年3月20日，https://www.analysys.cn/article/detail/1000646。

一套完整的短视频生产流程。操作简单的意义在于，用户生产者能够很容易地借助微博、快手、秒拍等社交网络平台，发布短视频去记录自己的生活或者展现自己在表演、绘画、吐槽、搞笑等方面的才能，吸引粉丝的关注，甚至很可能成为一个独立的 IP。例如，B 站的美食 UP 主徐大 SAO，他基本上每天更新一个自编自制的视频，时长一般在 5 分钟左右，主要是分享一些他的日常做饭与吃播，记录他与家人其乐融融吃饭的场景。他的视频内容虽然很朴实简单，但是接地气而又有温度，很容易让观众产生精神上的共鸣，从而吸引很多粉丝围观。

（三）国内外短视频行业的发展状况

1. 国外短视频行业的兴起

2011 年，美国公司 Viddy 最先发布了一款短视频社交应用产品，该公司的宗旨是努力把视频做得短小精悍。当用户使用这款社交应用产品时，能够拍摄一个 30 秒的短视频，此外还能在视频里添加特效，也可以实现与粉丝的实时分享互动。之后，Viddy 和像 Facebook 这样的社交媒体平台合作，改变了用户过去只发图文进行交流的方式。2013 年，Twitter 推出了短视频社交平台应用 Vine，用户可以用 Vine 拍摄 6 秒钟的短视频，发布到 Twitter 等社交媒体账号上与朋友分享日常生活。仅仅几个月的时间，Vine 的注册用户数就超过了 4000 万。2013 年 6 月，Instagram 也更新了其应用功能，用户可以直接用手机拍摄、上传、分享一段 15 秒钟的视频。该视频功能受到了用户的高度关注，在发布仅仅一天的时间里，用户就上传了大约 500 万段短视频。2018 年底，美国受众观看短视频的人数增加到了 7200 万，比 2013 年大约增加了 60%。美国在线 AOL 及交互数字内容广告分析机构的数据显示，美国短视频的主要受众是年轻人。总体来说，国外短视频的兴起是早于中国的，并且相继涌现出许多类似的占据了大量市场份额的短视频社交应用。这也说明人们对短视频的使用率和关注度正在逐渐提高。

2. 国内短视频的发展状况

总体来看，国内短视频的发展状况分为两个阶段。第一个阶段是2015年以前，短视频应用像秒拍、快手等涌现出来，逐渐地被用户所接纳、认可。例如，2013年8月，微博手机客户端内置秒拍应用，引起了广大网友的极大兴趣。这款应用具有智能变音、滤镜、个性化水印等各种有趣的功能，用户可以用它拍摄10秒钟的视频，同步分享到微博、微信朋友圈等社交网站上。第二个阶段是2016年至今，以抖音和快手为主要代表的短视频平台迅速占领国内市场。2016年9月上线的抖音专注于做年轻人的音乐短视频社交平台，也为文化的传播、艺术的发扬、文旅扶贫等做出了很多努力。《2019抖音数据报告》显示，截止到2020年1月5日，抖音日活跃用户数超过4亿，是微信之后又一快速发展的移动互联网产品。2017年，海外版抖音“TikTok”进入国际市场，积极融入地方特色，广受欢迎。2020年1月，数据统计公司Sensor Tower公布2019年抖音海外版的下载量已经超过7亿次，仅次于WhatsApp的8.5亿次下载量。从这一数据可以看出，抖音出海取得了巨大的成功，引起了国外用户的关注。

二 “李子柒短视频”国内外盈利模式

（一）“李子柒视频”出海历程

“90”后美食博主李子柒，就是在国内短视频进入爆发期的时候入驻平台的，从2016年至2020年3月27日，在社交平台上共分享了121个视频，其时长一般在4分钟到15分钟。其因精心创作具有古香古色的传统文化、传统工艺、时节性的美食、乡村生活、乡村美景等内容的高质量短视频走入公众的视野，引起了全网的关注与热议，得到了国内外粉丝的认可和喜爱，也打开了国外民众了解中国文化的一个窗口。就其视频作品题材而言，主要是围绕着她和奶奶日常的衣、食、住、行以及中国传统的技艺等方面展开的。比如，静心呈现从一颗蓼蓝种子到两次收割，再到打靛、起缸、染布、做衣的全部过程；用一年的时间拍摄了从播棉花种子到移植秧苗，再到收棉花、弹棉花、做棉被的过程；用了将近两年的时间记录了她制作中国传统的笔、墨、纸、砚的过程。同时，她也经常做一些时令美食以及地方特色美食，例如腊肠、烙锅、马奶酒、黄桃酒、腊八粥、年夜饭等，其唯美的画面、恬淡的生活态度、浓郁的亲情、满满的中国元素让处在繁忙、焦虑状态的国内外的人切身地得到视觉的享受和精神的慰藉，找到一种心灵上的归属感，也完全迎合了人们对美好生活的向往。

截至 2020 年 3 月底，李子柒在抖音的粉丝为 4014.1 万，微博上已经拥有 2370 万粉丝，B 站上有 491 万粉丝。从这些数据可以明显看出，李子柒在国内的影响力以及火爆的程度。2017 年 8 月，李子柒在 YouTube 上开通了自己的账号，开始的时候她只是把 YouTube 作为一个新的发布渠道而已，并没有期望它能吸引很多粉丝，也是在投放第二十个视频的时候，才开始制作中英文对照以及后来的越南语标题和介绍，但是令人没有想到的是，李子柒的视频用了不到一年的时间，粉丝关注量就超过了百万，目前在 YouTube 上有 800 多万粉丝，超过了美国有线新闻网 CNN 和英国广播公司 BBC 的 YouTube 粉丝量，视频总观看量超过 10 亿次，单个视频的播放量也常常突破千万次。中国的传统生活习惯、传统美食、乡村景观通过李子柒的短视频，唯美地呈现在世人的面前，并且使各国人民为之赞叹。从这一点可以看出，中国博大精深的文化是需要多样化传播的。

（二）“李子柒视频”国内外盈利模式

对于自媒体而言，在拥有强大的粉丝群体和极大的影响力之后，盈利的方式会有很多种，比如与一些品牌商合作，在自己的视频里植入广告，即可轻轻松松地获得收益。但是在李子柒的短视频中，我们并没有看到广告。据李子柒回应，也有很多知名的非物质文化遗产等与传统文化相关的企业主动寻求合作，但是她现在不着急把自己的内容变现，主要是想把所有的精力放在视频的内容生产上面，从而能够做成一个让年轻人喜爱的具有传统文化价值的品牌，之后的商业模式也要建立在这一目标之上。

1. “李子柒视频”国内盈利模式探析

第一，与 MCN 公司合作，强化 IP。最近几年，伴随着互联网的飞速发展，短视频行业在国内外逐渐变得成熟起来。国内短视频内容的生产经历了由 UGC（User Generated Content，用户内容生产）到 PGC（Professional Generated Content，用户原创内容生产），再到 PUGC（Professional + User Generated Content，用户原创和专业团队共同生产内容）的过程。① 2017 年，MCN 机构在中国相继涌现出来。如果 PGC 选择与其紧密合作，那么它将会利用自己机构的人脉和资源，为用户内容生产者提供内容生产的资源、内容运营的方式以及流量变现等专业化的服务，从而能够保障用户生产者具有高质量的内容输出，获得盈利。不同的是，美国的 MCN 起着中介的作用，通过为用户内容生产者提供相应的服务，为其进行营销，但是几乎不参与内容的制作，从而获取广告分成。相比较而言，中国的 MCN 机构为内容生产者提供对接资源和管理经验，并且参与到内容生产的实际进程中。

2016 年，李子柒和杭州微念科技有限公司（一家 MCN 公司）合作。该公司给李子柒提供专业的技能培训、内容制作、资金等全方位的支持，并且在对李子柒视频内容的选题、拍摄、剪辑等阶段都有精细的分工。标准化和品牌化制作积聚了很多粉丝，进而强化了李子柒的品牌形象。与此同时，杭州微念科技有限公司拥有李子柒视频的版权。其实，文化产品贸易本质上是其内容和创意的贸易，李子柒短视频的内容质量高，能够吸引粉丝，这才是文化贸易的最基础要求。MCN 把李子柒的作品包装成产品卖出去，是把作品转换为产品再到商品的过程，也就是说李子柒的视频只是其视频的内容，她自己没有途径卖出去获得收益，这时就需要把作品转化为产品，进行工业化的大规模生产，比如李子柒天猫旗舰店的产品就采取了这种转化方式。

---

① 李晗阳：《MCN 模式下中国短视频行业发展研究综述》，硕士学位论文，哈尔滨师范大学，2019，第 3 页。

第二，随着粉丝的增多，“李子柒短视频”走上了电商变现的道路。目前，国内短视频行业已经专业化、规模化，其商业模式和商业价值也在进一步地被阿里巴巴、腾讯等互联网公司进一步挖掘。因此，像抖音、快手、微博等移动短视频社交平台也陆续地探索电商购物和短视频内容生产相结合的新商业模式，实现用户观看短视频和消费的无缝衔接，进一步提高广告和IP的转化率。和传统的图文营销方式不同，短视频和电商的融合更加注重用户的观看体验和情感认同，内容的生产也特意围绕产品进行。李子柒短视频电商变现就是主要依靠吸引关注、有创意的内容为受众营造一种场景化的消费氛围，不仅使观者沉浸在她的故事和唯美的画面里，而且不知不觉地激发观者的消费需求，从而把消费者引入电商平台的入口——李子柒旗舰店。在李子柒的抖音和微博官方账号上，都有其天猫旗舰店的入口，观众可以边观看视频边购买产品。

2018年8月17日，李子柒和各大食品厂商合作，开始在天猫上经营一家“李子柒旗舰店”，李子柒只为这些食品厂商提供外包装设计和广告宣传，并不参与实际的制作过程。在上线6天之后，旗舰店仅凭五款精美的产品，销售量就一举破15万，销售额更是破千万。在2019年，李子柒旗舰店在售21款产品总销量突破130万件，总销售额高达7100万元。[①] 2020年7月底，其店铺粉丝已经达到497万。

2. “李子柒视频”国外盈利模式探析

当国内越来越多的人注意到李子柒的时候，她在海外YouTube上已经非常“火”了。YouTube是世界上著名的视频网站，用户每月登录量达到20亿左右，每天在其平台上观看视频的时长达到大约10亿小时，已经占领了95%的海外互联网用户。李子柒在YouTube上的盈利方式有两种。第一种是依靠粉丝的打赏和来自平台的订阅。平台会抽走30%粉丝打赏的费用及粉丝打赏的50%的订阅金。广告联盟收入是李子柒在YouTube上的第二种收

① 《李子柒被央视点名：所有你羡慕的生活背后，都有你熬不了的苦》，搜狐新闻，2019年12月15日，https：//www. sohu. com/a/360547074_ 166783。

入。据统计，李子柒在 YouTube 上的广告联盟月收入最高可超过 70 万元。依次计算，仅凭广告联盟的收入，单月就有 38.83 万~73.79 万元，如果取其中位数 56 万元，那么其一年的收入大约有 672 万元。李子柒电商变现的盈利模式并没有在国外应用，因为李子柒的旗舰店产品只是在中国进行零售，现在暂时没有开通海外的快递服务。

三 短视频的国内外传播对文化贸易的推动

进入 21 世纪以来，我国的经济实力以及在世界上的文化影响力越来越强，我国文化贸易进出口也在不断地增长。据商务部公布的数据，2019 年，我国文化产品进出口总额为 1114.5 亿美元，同比增长 8.9%，其中，出口为 998.9 亿美元，同比增长 7.9%，进口为 115.7 亿美元，同比增长 17.4%，贸易顺差为 883.2 亿美元，规模扩大了 6.8%。[①] 从这些数据可以看出，我国文化产品贸易进出口增势平稳。最近几年异军突起的移动短视频平台，已经成为中国互联网企业走出国门的又一新兴行业和中国文化与中国故事走出去的重要载体。TikTok（抖音海外版）、Kwai（快手海外版）、Vig Video（火山小视频海外版）在国外尤其是东南亚地区备受关注，得到了广大用户的认可。

（一）优质的短视频内容和营销模式推动对外文化贸易

优质的短视频内容与产品和服务的质量是推动中国文化走出去的核心要素。短视频用户生产者应始终坚持高质量和出口国本土文化相融合的内容产出，力图打造中国短视频精品力作，开发多种形态的超级 IP，让具有中国特色的文化符号不只停留在国外少数人的认知中，而是要在国外大众之间流行开来。与此同时，也要充分地运用国内外社交平台的强大优势，通过市场化、

① 《商务部：我国文化产品进出口总额同比增长 8.9%》，《新浪财经》，2020 年 3 月 17 日，https://baijiahao.baidu.com/s?id=1661396074419716804&wfr=spider&for=pc。

专业化而又商业化的运行思路，创新升级短视频出海的战略营销模式。

短视频出海的数量在不断地增加，类型在逐渐地丰富。例如，与之前的传播方式相比，TikTok 的主要受众群体是对新生事物具有较强接受能力的年轻人，TikTok 不仅在日本、越南、泰国、马来西亚、菲律宾、柬埔寨等国家占据主要的市场，还受到欧美国家用户的喜爱，多次位于 AppStore 下载量排行榜的第一名。TikTok 在海外的推广，让越来越多的海外用户看到了中国的文化以及中国人的生活方式。外国用户打开抖音，不仅能看到与本国人民联系紧密的娱乐短视频，还可以看到中国功夫、中国熊猫以外的各种各样的中国元素，比如李子柒古香古色的生活状态、古风音乐、汉服、刺绣、中国古代的传奇神话人物、传统工艺以及“办公室小野”这样带有都市色彩的美食视频等。大多数情况下，国外用户也会在热门的视频下面相互讨论视频的内容以及观看感受，对让用户产生共鸣的短视频，他们还会模仿其中的行为。短视频这种更有趣的传播方式，可以让外国人全面而立体地了解中国现在的精神风貌，向往和模仿我们有趣的生活方式，进而培育年轻的海外消费群体，为国际文化贸易打下良好的基础。

（二）充分利用国外移动短视频社交平台拓展国际市场

短视频在国内外已经成为主流媒体提高影响力和盈利能力最重要的工具。中国有实力并且代表中国特色的用户生产者不能只局限于国内的市场，而要抓紧世界媒体融合这一重要的机会，充分利用互联网传播以及国外各种社交平台的优势认真做好规划，制定走出去的目标。国外和中国一样，短视频的用户主要集中在 18 ~25 岁，碎片化的休息时间给了他们更多的机会去体验短视频带来的乐趣。其中，加入 YouTube 出海计需要该账号有 4000 小时的观看时间，有 1000 以上的会员，并且还要开通谷歌上的 AdSense 账号，其平台分享机制要大于其他社交平台。[①] 李子柒、“办公室小野”、“滇西小哥”是

---

① 刘旸：《短视频出海：基于海外受众视角的 YouTube 运营解析——从李子柒海外走红说起》，《传媒》2020 年第 4 期，第 42 ~44 页。

YouTube 在中国区排名前三的自媒体，可以称得上中国短视频出海成功的案例，但是这三个自媒体主要都是美食类的。因此，中国的用户生产者还是需要结合自身的优势和特点，完美结合目标地受众的语言风格、生活习惯，持续地拍摄出可使人类产生情感共鸣的好作品，为外国人了解中国打开一扇窗。

就中国和其他国家进行文化贸易而言，在这一过程中，短视频的广泛传播肯定会在很大程度上直接或者间接地帮助中国文化企业培育其在西方或者东南亚等地区的文化市场，大大降低中国文化产品和服务出口到其他国家时的文化折扣，从而对中国文化形象塑造产生积极的影响。

四 总结

（一）短视频对外文化贸易的问题

伴随着网络技术水平的不断升级，短视频行业作为一个新兴的行业进入人们的视野，其发展的时间还比较短暂，在短视频行业和文化贸易企业的结合以及短视频出海的过程中还有很多问题需要解决，并且其商业化、专业化的运作模式仍然还在积极探索中。首先，就短视频内容生产而言，短视频行业从业门槛低直接导致了短视频内容的低俗化以及同质化，同一类型的短视频风格基本上大同小异。然后，用户生产者版权问题在短视频这一行业经常出现，这也成为短视频对外文化贸易中不可忽视的一个问题。例如许多短视频被剪辑后，再拼成长视频发布到社交网站上；一部电影被剪辑成许多短视频，看完所有短视频就会看到一部完整的电影。最后，短视频这一行业在国外也处于激烈的竞争之中，国外知名的移动视频社交平台也在持续地创造更为有趣的作品。因此，中国短视频出海面临着国内外的双重压力。

（二）短视频对外文化贸易展望

中国对外文化出口贸易要想走出所面临的困境，提高增长速度，离不开中国文化的传播与发展，二者是相辅相成的。应该利用在国内外炙手可热的短视频传播中国优秀的文化和令人向往的生活方式，宣传中国的文化精髓以及展现中国的独特魅力，为我国同其他国家进行文化交流以及文化贸易往来营造一种活跃的氛围。同时，面对复杂多变的国内外竞争，中国的短视频企业需要持续不断地生产优质的短视频，注意内容的本土化特征，面对受众多变的需求积极调整营销模式，增强版权意识等。

参考文献

褚俊杰：《国内短视频盈利模式探析》，硕士学位论文，上海师范大学，2018。

杜孝静、谢馨：《移动短视频的国内外研究述评》，《中国市场》2020 年第 9 期。

腾云、楼旭东：《移动短视频：融合发展的新路径》，《新闻世界》2016 年第 3 期。

唐世鼎：《创新发展为影视文化对外贸易增添新动能》，《中国广播电视学刊》2019 年第 9 期。

王沛楠：《中国互联网企业海外短视频平台上的中国形象分析——以短视频平台 TikTok 为例》，《电视研究》2019 年第 4 期。

吴咏芳、吴书棋：《茶文化发展对我国茶叶出口贸易影响研究》，《南方农业》2019 年第 24 期。

姚力文、段峰峰：《网络短视频平台流量变现探析》，《新闻前哨》2019 年第 8 期。

张鸿飞、李宁：《自媒体的六种商业模式》，《编辑之友》2015 年第 12 期。

张梓轩、王海、徐丹：《“移动短视频社交应用”的兴起及趋势》，《中国记者》2014 年第 2 期。

B.21
中华彩灯引领文明交流互鉴
——海天文化构建世界多元文化交流新平台

王 波*

摘 要： 传统彩灯是中国非物质文化遗产项目，多年来，海天文化在海内外组织策划了数百场大型灯会，设计制作了近万组彩灯，它用中国的非物质文化遗产，不遗余力地弘扬中国优秀传统文化，彩灯成为讲述中国故事、促进民心相通的“文化使者”。在国际文化交流舞台上，越发展现出不同凡响的实力、责任与担当。海天文化以彩灯为载体，以灯会为依托，助力海内外文化交流和繁荣，不断打造全球性品牌彩灯活动，创下一个又一个奇迹，备受瞩目。海天文化把以中华彩灯和中国灯会为代表的中国优秀传统文化带到全世界，增强了中国文化的国际影响力，积极搭建新时代集贸易促进、旅游合作、文化交流、展览展示为一体的世界多元文化交流新平台，不断缔造光耀全球的文化饕餮盛宴。

关键词： 非物质文化遗产 “一带一路” 中华彩灯 夜游园

一 中华彩灯行世界 讲好中国故事

（一）以彩灯引领中国风

圣诞节前夕的夜晚，荷兰一个动物园内灯火辉煌，热闹非凡，人们驱车

* 王波，自贡海天文化股份有限公司副总经理，研究员，主要研究方向为非物质文化遗产传承与转化、国际文化贸易。

上百公里，就是为了观看一场别开生面的中国灯会。对于很多游客而言，这是他们人生中第一次看到中华彩灯，而且是如此大规模、造型各异的彩灯群组。

一位50多岁的当地游客站在8米高、15米宽的大型灯组《欢乐中国年》前看得饶有兴致，这组灯以中国经典建筑“天坛”为主体，左右两侧配以“津门故里”的牌坊和独具代表性的城楼，长城和中国传统吉祥纹饰“云纹”错落有致地呈现在建筑前方，天坛、长城脚下的卡通龙凤和京剧人物成了该灯组的点睛之笔。这位游客反复阅读对灯组的介绍，他时而凝神，时而皱眉，还特意寻来工作人员为他介绍龙凤的形象，工作人员向其解释：千百年来，中华民族儿女自称是龙的传人，龙作为一种古老的图腾，一直被赋予极其神秘的色彩。古代天子被认为是真龙的化身，所以历代皇帝都穿龙袍，而皇帝的配偶则被认为是与之匹配的凤凰的化身，身着凤袍。听完龙凤在中国文化中的意义，这位游客非常兴奋，他表示要把灯会推荐给更多的朋友，并竖起大拇指赞叹道：“彩灯设计得很有特色，我可以从彩灯中了解如此多的中国文化，这很有趣。”此次灯会，他足足看了三次。这是2018年海天文化在荷兰欧维汉动物园举办的第一届中国灯会中的一幕。灯会吸引了十几万观众。当时，去动物园看中国灯会成了当地的一股风潮。

（二）以彩灯绘锦绣中华

逢年过节张灯结彩、举灯同庆，是中华传统文化中的重要民俗之一。中华彩灯以四川自贡彩灯为主要代表。自贡彩灯的制作技艺精湛、造型多样，以“形色声光动、高大新奇特”为特色，是中华民族传统文化和民俗艺术的结晶。

新时代，在以自贡海天文化股份有限公司（以下简称“海天文化”）为代表的中华彩灯企业的努力推动下，中华彩灯逐渐成为国际文化交流中重要的文化符号兼文化载体。每个海外灯会都有经典的中国风格灯组，有如龙凤、大熊猫、天坛、秦始皇兵马俑、中国四大神兽等代表性元素的形象，还将《鲤鱼跃龙门》《嫦娥奔月》《后羿射日》《西游记》《八仙过海》《白蛇传》等中国古代的神话故事、古典名著以彩灯的形式展示。通过精良的设计制作，用栩栩如生的彩灯塑造传神生动的故事，传承中国传统文化中的“仁义礼智信”“温良恭俭让”等美德。海天文化在工艺制作和材质选择上趋于多样化，除传统的“丝架造型、分色裱糊”制作工艺外，还运用瓷器捆扎等非遗手工艺，捆扎对象根据灯组造型拓展到药瓶、塑料瓶、光碟等材质。在艺术表达上，海天文化善于从其他民间姊妹艺术中汲取灵感，使彩灯呈现剪纸、皮影等不同的艺术效果。

传统彩灯是中国非物质文化遗产项目。多年来，海天文化在海外组织策划了数百场大型灯会，设计制作了近万组彩灯，作为自贡彩灯行业的代表性龙头企业，该公司用中国的非物质文化遗产，不断弘扬中国传统文化。海天文化是把中国彩灯推向世界舞台的重要推动者和实践者。

彩灯以柔软、温暖的力量引起观者情感的共鸣，它描绘着美好的中国故事，在全世界文化庆典中散发出璀璨光辉。

二　海天文化的国际化探索　彩灯化身“文化使者”

在国际化探索中，海天文化全面把握国际形势，积极研究相关政策法规，依托彩灯文化及贸易资源优势，以弘扬民族文化为己任，开拓多业态的市场格局。

海天文化始终关注国际化战略布局中的重点、热点事件，对国际化业务体系、市场、产品、人才等方面进行梳理，不断探索适合海天文化国际化发展的体制和机制。关于对国际化经营战略的认识，公司高层采取深入找准“着力点”、选好“突破口”、描绘“路线图”、做好“大板块”等点线面融合拓展的思路举措，尤其在“一带一路”上的布局，更是稳扎稳打、步步为营。

（一）开创式发展让海外灯会堪称惊艳

海天文化的开创式发展和不断探索，让彩灯的每一次亮相都堪称惊艳，无不赢得来自四面八方心悦诚服的赞语，引发海外民众对彩灯的极大兴趣和对中国传统文化的喜爱，彩灯的海外“粉丝团”日益壮大。

1. 彩灯多地“首次效应”持续发酵

近年来，海天文化不断推进中华彩灯国际化进程，在世界各地开创“首次效应”，将具有丰富文化内涵的中华彩灯巧妙融入世界各地的文化交流中，并持续发酵，取得良好成效。

2016 年，海天文化将中华彩灯首次带入非洲。

2018 年，海天文化成为首个成功将自贡灯展在美国纽约举办的彩灯企业，首场纽约灯展作为中国驻纽约旅游办事处旗舰项目在斯坦顿岛史纳格港口文化中心和植物园举行，成为纽约历史上开展时间最长的户外文化活动。灯展作为纽约热门圣诞假日活动之一，被纽约旅游局向全球推广。《纽约：Time Out》更是盛赞：“纽约灯展让曼哈顿所有圣诞活动黯然失色。”中国驻纽约总领事黄屏一行到现场指导，给予高度评价。

2019 年，第二届纽约冬季彩灯节继续点亮斯坦顿岛，并提前在纽约世贸中心自由广场公园举办为期半个月的免费特展，极大地提升了活动的影响力，彩灯节引领纽约冬季夜游活动，让当地的圣诞气氛更加热闹。一位美国游客还主动找到工作人员，希望以后可以增加含“长城”等中国元素的彩灯。黄屏总领事再度亲临现场，他赞扬该活动是讲好中国故事的很好载体，鼓励活动持续深入地办下去，并称海外举办的中国灯会是一种积极有效的文化传播方式。因为在纽约冬季彩灯节的精彩表现和体现出的卓越品质，海天文化受邀成为纽约林肯艺术中心春节文化活动的服务商和纽约梅西百货春季特展橱窗的设计服务商。

2018 年 11 月至 2019 年 1 月，海天文化在立陶宛北部著名的帕克鲁奥伊斯庄园举办中国彩灯节。此项目为波罗的海地区首次举办的中国彩灯节，将中华韵味、童话世界、欢乐圣诞和动物乐园等四大主题完美结合。展品中既有秦始皇兵马俑、熊猫和长达 40 米的中国龙等传统灯饰，又有与古老庄园美景相契合的彩灯造型，如孩子们喜爱的童话灯组和极具圣诞气氛的假日灯组。活动吸引了十多万人，当地政府官员及中国驻立陶宛大使馆参赞等参加了开幕式。据悉，灯展于预售期间就在立陶宛及周边国家广受关注，在脸书（Facebook）等平台的宣传视频点击量超过30万次，立陶宛国家广播电视台等各大新闻媒体纷纷对灯展活动进行深度报道。该灯展是迄今为止中立两国举办的最大的文化交流活动。

2019年4月举办了俄罗斯加里宁格勒彩灯节，这是中华彩灯首次进入俄罗斯。彩灯节在一个半月的时间里吸引了观众近25万人次。

2019年6月至7月在沙特阿拉伯美丽的海滨城市吉达举办的沙特海洋灯光节，是中华彩灯首次在沙特阿拉伯亮相。彩灯节以海洋为主题，通过中华传统彩灯向沙拉阿拉伯人民展现海底世界的丰富多彩和海洋文化的博大精深。

2. 东西方文化交流的“狂欢节”在灯会中开启

2019年12月至2020年3月，“神奇的中国彩灯节”在莫斯科市中心拥有百年历史的索科尔尼基公园开幕，恰逢中俄建交70周年，灯展的意义特殊。这也是截至目前，欧洲最大规模的中华彩灯展。

“神奇的中国彩灯节”共展出40余组大中型灯笼，吸引了约8万名莫斯科民众观看。彩灯节除中华传统彩灯外，还添加了带有俄罗斯文化元素的彩灯，如俄罗斯套娃、克里姆林宫、俄罗斯人冰雪季的传统着装等，又从普希金童话中取材，设计和制作了俄罗斯人喜闻乐见的渔夫和金鱼、俄罗斯圣诞老人和雪姑娘等形象。本次灯会还特意将俄罗斯国旗中的蓝色运用到多个灯组中，尤其是大胆而夸张的灯会大门，大门以两件中式长袍为造型，其中的一扇门（中式长袍）就以俄罗斯蓝为主体颜色，辅以翠竹、熊猫、仙鹤、荷花、锦鲤等中国传统吉祥动植物图案相称，整体造型祥和优美，相得益彰，寓意着中俄两国人民和谐发展，友谊长存，深受当地民众喜爱。

俄罗斯国家杜马（议会下院）议员克里沃诺索夫指出，彩灯在中国有悠久历史，是好运与幸福的代表，希望中国彩灯节成为两国人民加深友谊的纽带和契机。

值得一提的是，活动期间海天文化与四川省雅安市文化体育和旅游局合作，将雅安的城市推介会和百年熊猫展带到灯展现场，让当地民众不但可以了解中国最具代表性的文化，还可以深入了解中国不同地域和城市的特色文化。文化和旅游部高度评价该项目，称其是“文旅融合走出去”的创新案例。

2019 年是海天文化连续第 10 年承办新西兰奥克兰元宵灯会，并成功助推该活动发展成为新西兰最大和最具影响力的多元文化节，新西兰总理曾连续 4 年出席该活动。元宵灯会年年举办，成了当地名副其实的“狂欢节”。海天文化把节日赏灯的中国传统习俗延续到了海外，外国人对中国春节的兴趣不断升级，多年累积的“灯迷”们每次都会全家出动参加灯会，感受浓浓的“中国年味儿”和喜庆祥和的节日气氛。彩灯已经成为当地节庆生活不可缺少的一部分。

海外的灯展通常在圣诞节前开始，公司会着力打造丰富的圣诞彩灯体验区来烘托节日的气氛，增加游客与彩灯的互动，为游客准备好圣诞前奏。

以上是海天文化在推进彩灯国际化进程中的几个典型案例，对于每一场海外灯会，海天文化都精心策划，既突出中国文化精神的特点，也入乡随俗，尊重当地人的审美喜好及文化、生活习惯，与当地文化深入结合，运用当地民众喜爱的色彩，结合当地的文化和经典故事，以中华彩灯的形式呈现。中华彩灯所到之处，受到各国人民的喜爱和欢迎，海天文化在传统与现代、东方与西方的对话和理念交融中建构不同国度和民族的彩灯美学风貌。

（二）“欢乐春节”获奖项目，两年全球落地20余场

2017 年海天文化首次与中国文化传媒集团合作，在悉尼推出以“东方·亮”为主题的展览活动，这是文化和旅游部首次将彩灯作为艺术品推出的海外展览，海天文化的品牌得到进一步提升。展览打破了彩灯的单一民俗概念，彩灯独特的艺术性脱颖而出，并得到海内外文艺界人士的高度认可。

2018 年，海天文化联合中国驻外大使馆等海内外机构，共同主办“同一盏灯·点亮全球”暨中华彩灯艺术展、新年系列文化交流活动，将项目与文化和旅游部的“欢乐春节”活动完美结合。公司成功在立陶宛、阿尔巴尼亚、爱沙尼亚、塞尔维亚、乌克兰、白俄罗斯、丹麦等地举办了形式多样的灯光节，其中塞尔维亚总理等各国政要出席了开幕式并讲话。活动期间

配套中国传统文化表演活动，海内外各大主流媒体竞相报道了相关活动，该活动也获得了文化和旅游部“欢乐春节”项目一等奖。海天文化还在日本的东京和名古屋，美国的纽约、迈阿密、旧金山和洛杉矶，荷兰海牙，埃及开罗，澳大利亚悉尼，斯里兰卡科伦坡，新西兰奥克兰，法国里昂，德国柏林等十多个具有历史意义的城市举办了主题灯会。

海天文化在2018年和2019年共计举办了20场主题灯会活动，让中华文化之光在世界多地同时亮起，助推“欢乐春节”成为全球春节中国文化推广的主角。彩灯传达了热情、和平、友善和包容的信号，其与生俱来的特点决定了它是文化交流中最具感染力的载体之一。民众欣赏灯展的同时也在经历一场文化的熏陶，中国文化的种子就此播撒到世界各地人们的心里。

（三）深化文旅融合国际合作　彩灯成为“金钥匙”

2018～2019年，作为全国唯一连续两年入选文化和旅旅部“一带一路”重点投资项目的文化企业，海天文化积极参与和推动中国与共建“一带一路”国家在文化与旅游产业上的融合发展，在文化和旅游部的指导下，公司快速推进灯展在共建“一带一路”国家落地，短短两年间将灯展带到俄罗斯的加里宁格勒、圣彼得堡和莫斯科，乌克兰的敖德萨、哈尔科夫和基辅，罗马尼亚锡比乌，立陶宛的帕克鲁奥伊斯庄园，波兰华沙，阿联酋迪拜，沙特阿拉伯吉达，印度尼西亚雅加达，乌兹别克斯坦的塔什干，阿尔巴尼亚，克罗地亚，塞尔维亚，越南河内，西班牙马德里，荷兰，比利时，美国纽约，爱沙尼亚塔林，马来西亚吉隆坡等30多个国家和城市，开行业先河，打开多地空白市场，成效显著。

2018年，海天海外灯会活动共17场，其中商业运营灯会6场，共建“一带一路”国家（白俄罗斯、乌克兰、立陶宛、爱沙尼亚、塞尔维亚、阿尔巴尼亚）6场，“欢乐春节”项目5场，累计观灯人数达100万人次，实现创汇300余万美元。

2018年11月，由海天文化运营的波罗的海三国历史上首次中国灯会在立陶宛举行，该项目被纳入文化和旅游部中东欧七国建交70周年系列活动以及文化和旅游部“一带一路”重点投资项目，得到了中立两国政府的大力支持和关注。作为东欧立陶宛灯会的延续，海天文化在乌克兰基辅、白俄罗斯明斯克、俄罗斯加里宁格勒继续“一带一路”彩灯项目巡展的步伐，不断突破，打造一个又一个彩灯夜游园。海天文化与当地政府及落地伙伴合作，大力推动中华彩灯丝路夜游园文旅融合项目建设，吸引了上百万人次的当地民众去参观游览。

2019 年 6 月至 8 月，海天文化在罗马尼亚锡比乌举行彩灯节，此次彩灯节为庆祝中东欧七国建交 70 周年，结合共建“一带一路”国家的发展规划，在锡比乌国际戏剧节期间举办以展现中国文化元素为主题的“中国季”活动。

2019 年 10 月，海天文化整合了中国各大流派不同技艺的彩灯，再次亮相柏林国际灯光节。

人之相知，贵在知心。不同文明之间的尊重和认同，可以帮助建立一个彼此关爱、利益共享、文明包容的国际社会，彩灯恰如其分地化身为民心相通的载体，成为促进民心相通的“文化使者”和促进对话的“金钥匙”。

三 模式创新 构建国际文化大平台

《国家“十三五”时期文化发展改革规划纲要》明确提出：“推动中华文化走出去，统筹对外文化交流、传播和贸易，创新方式方法，讲述好中国故事，阐释好中国特色，让全世界都能听到听清听懂中国声音，不断增强中国国际话语权，使当代中国形象在世界上不断树立和闪亮起来。”

海天文化是中国文化产业中真正意义上在国际领域讲好中国故事、有尊严地“走出去”的成功典范，这无疑为中国文化产品与服务对外贸易提供了宝贵的经验和启示。公司以全球化发展思路、开放的眼光，走品牌化、产业化、国际化发展之路，有效推进国际化经营体系的优化升级，促进国际业务高质量增长，积极发挥优秀平台的优势，力求承载更多国内优质文化产品和服务前往海外交流展示，让不同类型的中国文化元素呈现在世界各地的彩灯节中，让彩灯节成为世界了解中国文化的窗口。

（一）构建核心优势　创新彩灯“1 + N”模式

随着灯会的增多，单一性视觉观灯体验已无法满足海外夜游活动的需求，海天文化审时度势，打破传统灯会形式，构建独特的核心发展优势和文化品牌，开拓创新推出彩灯“1 + N”模式，以彩灯为核心，以灯会为依托，将国内各类优秀文化资源集聚在海天文化的大平台上，打造一个多元化的“中国文化聚宝盆”，有效实现文化“走出去”及经济效益的双赢和海天文化与不同文化类型合作伙伴的多赢。搭建新时代集贸易促进、旅游合作、文化交流、展览展示为一体的世界多元文化交流新平台，让彩灯“1 + N”模式不断缔造光耀全球的文化饕餮盛宴。

为此，海天文化已经做出多个成功案例，公司在以中华彩灯为主要媒介的主题灯会中，植入不同形式和类别的如特色表演（杂技、变脸、武术、皮影戏）、书画展览、诗歌吟诵、中国美食、传统新春祈福活动、中国非遗及文创产品等文化方阵。同时还注重将中国传统彩灯工艺与新型多媒体技术结合，进一步打造彩灯传统与现代、东方与西方文化结合的多元发展趋势。海外民众游览灯会时就可以从视觉、听觉、味觉、触觉等多种感觉全方位感受中国文化的魅力。观众的活动体验更加丰富饱满，以往几十分钟就能逛完的灯会，现在逗留2个小时都不会腻烦。灯展所到之处都引起强烈的反响，深受海外民众喜爱。据统计，60%的灯展可以“落地生根”，有后续表现。

（二）五位一体文创平台服务“一带一路”

海天文化将公司发展契合到国家发展乃至世界文化交流的整体趋势中，深入配合国家“一带一路”倡议的整体布局，通过在共建“一带一路”国家重要节点城市举办“中华彩灯 + 世界语言”巡展的形式，为不同民族、国家点亮不同味道的中华彩灯。

海天文化在世界范围内举办彩灯展，全方位构建出讲述中国故事、弘扬民族文化、传播中华文明、增进国际友谊、推动共同发展的“五位一体”的创新创意与文化交流平台。这种综合性文化传播方式，实现了从“文化走出去”到真正“文化走进去”的升华，将中华彩灯打造成展示中国开放形象的重要窗口和促进中外友好关系的桥梁，并最终实现以文化交流促民心相通，可谓春风化雨，润物无声。

中华彩灯可以照得更远，彩灯里很多故事可以细讲，很多内容可以深挖。

四　海天文化“走出去”创新战略　美美与共

海天文化时刻秉持“一带一路”建设中共商、共建、共享的原则，在全球的“朋友圈”不断扩大。民心相通是“一带一路”的人文纽带、社会根基和民意基础，它直接关系到“一带一路”建设的精耕细作与持久发展。海天文化以实际行动践行着文化“走出去”和“走进去”，让彩灯以最亲切、最直观的方式完成了不同国家和民族间的人文交流，彼此增进了解。既展现出了我们的文化自信，也黏合了不同的文化。

海天文化预计在未来3年内滚动投资2亿元，在共建“一带一路”国家的著名旅游城市联办常态性夜游公园，在灯展期间重点突出中国优秀传统文化精髓与现代文化成果，做强做大自贡彩灯产业，展现和增强中国（彩灯）文化国际竞争力，进一步推动中国与共建“一带一路”国家的文化交流与发展。以文明之光照耀“丝路”，不断推进民间交流合作互鉴，提升交流的广度和深度。

“美人之美、美美与共”，全世界人民都有对美好生活的向往。彩灯里蕴含着中国优秀传统文化，承载着中华的千年历史，用它恒久的魅力，唤起不同国家精神与文化层面的共鸣。

海天文化在加大海外拓展步伐的同时，抓住国家大力推进文化产业大发展、大繁荣的机遇，弘扬传承中国传统文化，引领文明交流互鉴，打造“海天彩灯”文化品牌，积极为中国文化“走出去”，中国传统文化企业开拓海外文化市场、引领海外文化投资搭建重要平台。这是新时代赋予彩灯的责任和担当，海天文化必将不负时代，不辱使命，以不断创新引领行业发展，以更加坚定的信心让彩灯明烛四方。

B.22

品牌授权

——让“文化”与“品牌”更好地融合

朱桐雨　张筱聆*

摘　要： 大数据及信息技术的进步，丰富了媒体资源和形式，受众接收到的信息也越来越碎片化。如何在这样的信息时代占据受众心智，成为各行业在品牌管理上都要面临的问题。而文化产业拥有诸多内容产品的知识产权，如何利用这些内容产品获取受众注意力、如何最大限度地开发内容产品的商业价值使企业和创作者获得更多利润、如何让文化产业与其他各行业产生更多联动继而在整体经济运行中占据重要地位，也是我国文化产业从业者未来面临的挑战与发展机会。对于各行业企业主来说，品牌授权或许是解决以上问题的其中一个较为有效的方法。

关键词： 品牌授权　知识产权　内容产品　品牌 IP　商业运营

对于如今身处信息时代的消费者来说，碎片化的媒介环境带来的信息膨胀使得获取有效信息的时间成本日益高企。另外，“富媒介”环境下的消费者也应激性地培养出较强的内容筛选与鉴别能力。在这样的社会环境下，一

* 朱桐雨，中国国际航空市场部品牌策划员，主要研究方向为品牌授权、文化贸易；张筱聆，北京第二外国语学院交叉学科国际文化贸易专业硕士研究生，国家文化发展国际战略研究院研究助理。

次普通的产品营销活动在充斥着海量信息的媒介环境中很难抓住消费者的注意力，而企业或个人产出的碎片化的内容在消费者心中也难以形成品牌记忆点。

为了解决这些问题，许多企业开始积极开拓商业模式，尤其在品牌管理中尝试新的做法。开创知识产权完全属于企业自己的 IP，将品牌进行 IP 化运营，成为许多企业如今的新营销模式。而背后蕴含的商业逻辑，即通过 IP 进行品牌授权、获取权利金并将 IP 持续运营，使其在消费者心中占据牢固地位。

一 概念与现状

（一）品牌 IP 和品牌授权

在品牌传播的语境当中，品牌 IP 是指企业一系列原创、持续、人格化的价值内容，是品牌资产的内容载体。品牌 IP 营销的本质就是利用具有上述三大特征的内容进行营销，其具体运行逻辑主要是：结合品牌特质，针对目标人群设计创作一系列内容来主动吸引受众的关注，以原创的内容和人格化的表述持续打造品牌记忆点，在碎片化的媒介环境中将散布于各媒介平台上的流量转化为“粉丝”，在掌握了这一部分消费者流量后，根据品牌主的需求进行内容再分发，从而实现品牌传播的目的。

这样一来，利用品牌 IP 进行营销不仅能实现高效率、低成本的目标受众引流，还能基于品牌 IP 进行持续性、系列化的营销延展，甚至能进一步实现商业变现。最终，一方面前文所述的困难与挑战都将迎刃而解，另一方面品牌传播还能借品牌 IP 的建立升华到一个更高的境界。

很多好的品牌不能晋级为 IP 的主要原因就是缺乏优质内容。内容形式可以多种多样，如电影、音乐、小说、游戏，甚至是形象或者产品本身。无论哪种形式，其内容都必须有温度、有个性，能够通过情感纽带将消费者的注意力聚集到一起，才可以称之为“好的内容”，这也是建立品牌 IP 最为重要的基础。而品牌 IP 建立起来之后，有了优质内容的加持，背后的品牌形象会变得更为生动具体也更具活力，从而具有更强的感染力与影响力。

因此，品牌 IP 的“载体”可以是一段影片、一段乐曲、一个卡通形象、一部动漫作品、一部游戏等，这些都是典型的文化产品。也就是说，未来不同的企业在进行市场营销和讲述自己的品牌故事时，会大量运用各种类型的文化产品作为其品牌 IP。

品牌授权是指“授权者将自己所拥有或代理的商标或品牌等以合同的形式授予被授权者使用；被授权者按合同规定从事经营活动（通常是生产、销售某种产品或者提供某种服务），并向授权者支付相应的费用——权利金；同时授权者给予人员培训、组织设计、经营管理等方面的指导与协助”。许多企业已经开始利用品牌授权为自己进行更有影响力的品牌管理，或开拓新的商业模式。

在品牌授权产业链中，分为授权方、被授权方、品牌授权代理机构，其关系主要如图 1 所示。

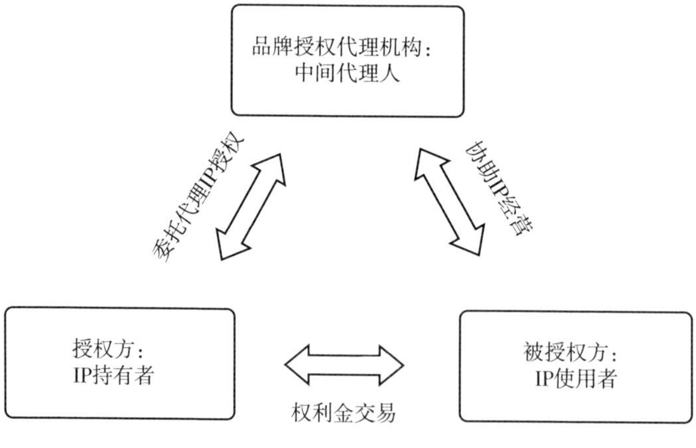

图 1　品牌授权产业链

对于大部分掌握 IP 知识产权的企业或个人来说，他们是这条产业链中的授权方，通过授权他人使用自己所拥有的版权收取权利金；被授权方则是获得了授权方的授权，可以在合同约定的期限内使用授权方所拥有版权的品牌 IP 或内容产品。品牌授权代理机构则是由授权方指定的“全权代理某一地区授权业务的公司”。有些企业会通过与品牌授权代理机构合作获得在品牌授权上更专业的服务，有些企业则不然。至于授权方对于 IP 版权的获取，其来源也分几种：一种是授权方自行原创的 IP，即授权方个人或企业自行创作的具有自主知识产权的产品，例如腾讯天美工作室的游戏《王者荣耀》、网易新闻的品牌 IP 卡通羊驼“王三三”、中国国际航空的品牌 IP 熊猫“胖安达”等；另一种是授权方通过协议购买创作者的作品版权，例如一些网络平台与画手或写手签约，使其作品可以在签约的网站发布，同时也获取其作品全部或部分版权。

（二）中国品牌授权业现状

品牌授权在我国仍处于初步发展阶段，这个概念对于广大消费者和企业来说仍较为陌生。但随着中国对知识产权保护力度的加大，消费者对更优质、多元、个性化的产品需求的增长，品牌授权也必将成为被广泛认可的、融合各产业与文化产业进行跨界合作的商业模式。据中国玩具和婴童用品协会发布的《中国品牌授权行业发展白皮书（2019）》中的统计，2018 年我国年度被授权商品零售额达 856 亿元，同比增长 14.6%。截至 2018 年 12 月，按照企业实际开展授权业务的统计口径，活跃在我国的品牌授权企业总数为 412 家，同比增长 26.0%；已经开展授权业务的 IP 为 1473 项，同比增长 42.7%（见图 2）。

由于近些年文化产业不断发展，而且资本市场对 IP 十分热衷，2016～2018 年参与品牌授权的企业和开展授权业务的 IP 增长迅速，国内的品牌授权市场规模也在逐步扩大。

一般来说，一个地区经济越发达文化产业便发展得越好，其 IP 的开发也越成熟，因此，在国内授权市场上活跃的 IP 并非全部由国内原创，也包含大量其他国家已经形成成熟品牌授权产业链的 IP。《中国品牌授权行业发展白皮书（2019）》的数据显示，2018 年我国授权市场的 IP 涉及 32 个国家

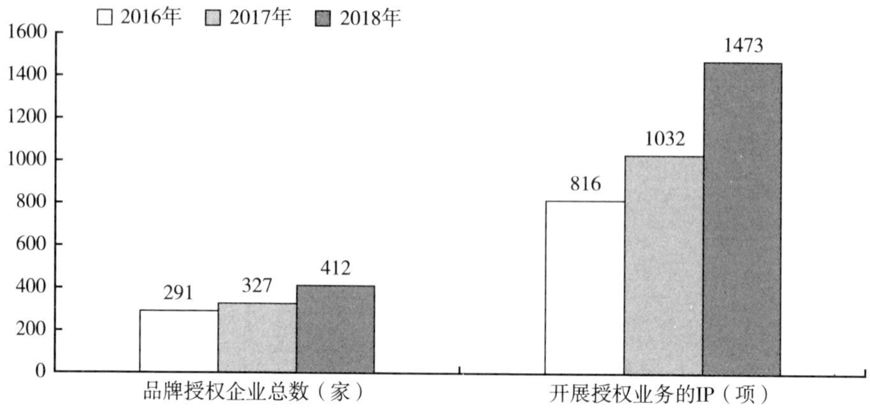

图 2　2016～2018 年中国品牌授权业务情况

资料来源：2017～2019 年《中国品牌授权行业发展白皮书》。

和地区，占据前三位的分别是美国（39%）、中国大陆（28%）、日本（10%），说明来自大众认知的文化产业及文化贸易强国中的美国和日本的 IP 在国内市场依然非常有竞争力。与此同时基于市场消费群体共同的文化背景，中国大陆的 IP 在近几年文化产业中得到较快发展后，也具备了一定的市场竞争力，同时也获得了国内消费者和商家较为普遍的认可。

2018 年品牌授权业 IP 品类分布如图 3 所示，娱乐 IP 授权（例如影视、游戏、卡通动漫作品等娱乐产业的 IP 授权）占据了一多半的份额，达到 59%；第二名是艺术 IP 授权（例如博物馆品牌 IP、剧场品牌 IP、艺术家及艺术作品品牌 IP），达到 16%；第三名是时尚 IP 授权（如各时尚品牌 IP），达到 15%。

近几年境内各艺术机构如博物馆纷纷推出自有的文创产品并积极与其他产业进行跨界合作，同时时尚产业也纷纷推出各时尚品牌的联名款。这些都是品牌授权的典型商业行为，因此，预计未来几年在我国授权市场上依然会保持现有的娱乐 IP 占主要地位、艺术和时尚 IP 紧随其后且有越发崛起的趋势。企业品牌 IP、体育 IP、名人 IP、非营利机构 IP 的授权则分别占 4%、3%、2% 和 1%，未来或许因为品牌授权概念在国内市场的认知度增加，这几项 IP 品类也将纷纷在品牌授权市场占据更重要的地位。

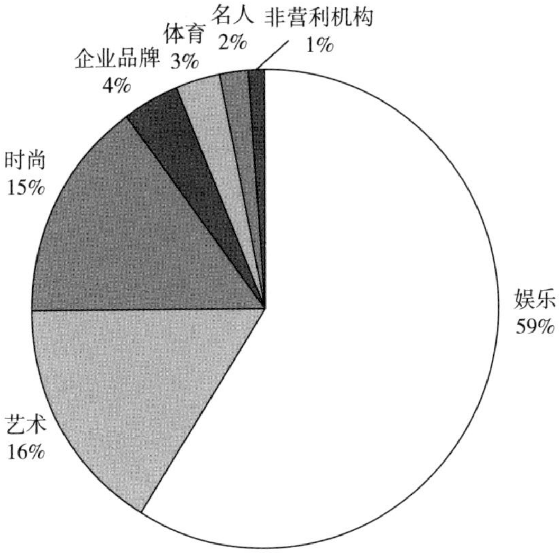

图3　2018 年品牌授权业 IP 品类分布

资料来源：2019 年《中国品牌授权行业发展白皮书》。

二　品牌授权与文化产业

（一）品牌授权让企业形象迅速得到推广和认知

大多数企业在进行品牌管理和推广时需要花费巨额资金制作和投放广告，而广告效果也很难得到保证。但如果将品牌形象进行 IP 化运营，以 IP 形式产出内容，并与潜在消费者进行人性化沟通，那么在消费者心中也能留下更正面且更深刻的印象。文化企业作为文化市场的主体，直接参与文化产品的创作、生产、营销，在企业品牌 IP 化运营中独具优势。开发其特色化 IP，不仅仅有利于品牌推广、树立良好的品牌形象，更能让消费者在市场上优先关注，从而进一步提升企业核心竞争力。

以中国国际航空的品牌 IP 熊猫“胖安达”为例，自 2017 年国航从原有的机上安全须知视频中摘取了一个熊猫形象，为其赋予了人格化的各种元素，例如名字、星座、性格、梦想之类，推出了品牌 IP“胖安达”。其憨态可掬的模样和有趣的性格受到了大众的喜爱。随即国航相应为“胖安达”推出了专属微博，与受众交流的同时进行人格化运营，让一个人格化的 IP 形象在受众心中加深印象；也推出了以“胖安达”为主角的新版机上安全须知视频，所有乘坐国航航班的旅客都会看到这只可爱的熊猫对机上安全知识的讲解，即使不知道它的名字或不了解品牌 IP 的相关知识，但在旅客心中都会留有“国航有只可爱的熊猫吉祥物”这样的印象。久而久之，许多旅客也纷纷表示没想到作为一个国家的航空公司竟也有如此年轻、亲和、与消费者主动沟通的一面，对国航的品牌印象逐渐转向正面，品牌美誉度得到提升。

（二）品牌授权充分联动资源，从“卖产品”到“卖品牌”

品牌授权目前在中国国内主要集中在东部沿海经济较发达的省份和文化产业中较为娱乐化的文化行业，对于其他地区来说它仍是新事物。从本质而言，文化产业的交易一定程度上就是版权的交易，这便涉及品牌授权。一个单独的文化产品，例如一场展览、一台演出、一本图书、一部影视剧，只能以产品形式做交易。一家企业的主营业务当然是提供这些产品并进行交易，但如果能将资源整合，开创有固定品牌的一系列特色 IP，进行品牌授权，收取授权金，则可以让文化企业真正实现从“卖产品”到“卖品牌”。目前，我国许多文化类企业不缺乏优质作品和文化资源，缺乏的是把它们盘活并形成 IP、整合运营再投放到市场获取更大收益的能力。

以北京故宫博物院为例，作为拥有悠久历史的全国重点文物保护单位，2014 年以前，在大多数对文博没有兴趣的普通人印象中它只是个名胜景点，因为对文博没有兴趣，所以也不会特意来看，甚至觉得“自己肯定看不懂”“一定很枯燥”。其主要收入由门票售卖决定，景区内的纪念品在对物品消费要求比较高的人看来属于制作粗糙的一类。然而 2014 ~ 2015 年故宫推出“故宫文创”，其文物展品通过年轻人喜爱的表情包、网络用语等形式在互联网上迅速“走红”，相应地也对其文创产品进行了重新包装，将整个故宫作为一个整体的 IP，推出了制作精美的文创产品，也推出了诸如《我在故宫修文物》这样的影视作品和科普故宫文物的一系列图书，同时作为整体的 IP 故宫也积极进行了品牌授权，与美妆品牌合作推出联名款口红等，不但盘活了其现有的文化资源，也让 IP 的品牌授权为其带来实际的收益。2017 年故宫在 IP 相关的文创中便获得了 15 亿元的收益。正是因为其品牌知名度和美誉度十分高，现在故宫成了全国每一个人心中一定要来游览的地方，它的一举一动也吸引着人们的关注。

（三）品牌授权推动产业融合

社会经济的运行离不开各行业共同合作，如果总是“单打独斗”，在自己的“小世界”里，拒绝与其他行业融合，那么这样的产业不可能走上长远发展的道路。品牌授权中，被授权方往往来自各种行业。《中国品牌授权行业发展白皮书（2019）》的数据显示，2018 年的授权产品品类中，玩具游艺、食品饮料和服装类占比最多，分别是 75%、60% 和 58%。而婴童用品、主题空间、文具办公、家居家纺等品类也是深受授权方欢迎的合作行业。被授权方得到成熟 IP 的授权，能为其产品提供差异性，让其产品迅速在市场上脱颖而出并提升销量。授权方将已开发成熟的 IP 授权给其他行业，一方面不断扩展其 IP 的知名度，另一方面通过收取授权金和保底金获得实际收益。

文化产业掌握大量文化资源且很多公司本身就是大部分 IP 的源头，从品牌授权的历史来看，在 20 世纪 30 年代至 40 年代它也是因多媒体的兴起一度得以发展，例如电影、漫画、电视等，众多媒体品牌形象带动了一系列相关产品的销售以及相关产业的发展。国际授权业协会（International Licensing Industry Merchandiser’s Association，LIMA）报告显示，2019 年全球排名前 10 位的品牌授权方中有一半是文化类企业，例如位居榜首的华特迪士尼公司（The Walt Disney Company）、梅瑞迪斯公司（Meredith Corporation）等。① 文

① https：//www. licenseglobal. com/rankings - and - lists/license - globals - 2019 - top - 150 - leading - licensors.

化企业的核心竞争力就是其创意，因此在品牌授权产业链中一般是作为授权方。文化企业通常会选择其他行业的被授权方，例如大部分被授权方属于制造业，将文化企业的IP与相关产品生产相结合，利用IP影响力带动相关产品消费。选择与文化产业无直接关联的行业合作，有利于文化产业与其他行业在互惠互利中共同占据消费者心智，也能让文化产业真正与其他产业充分融合，共同助推经济增长与产业升级。

三 以“品牌+文化”促进产业链转型升级

（一）“品牌+文化”充分推动文化资源IP化

目前，就全球授权市场格局来看，亚洲地区其实并没有具备太大的优势。《2019年全球授权业市场调查报告》显示，2018年全球授权商品零售额增长至2803亿美元，相较于2017年增长了3.2%。品牌授权中特许权使用费收入增长至150亿美元，同比增长近4.0%。就地域而言，虽然拉丁美洲、北亚、东南亚和太平洋地区授权业务同比增长最为强劲，增长率皆超过了5%，但美国和加拿大仍占据全球授权商品零售额的58.0%（见图4），具有垄断性优势。

国家统计局调查显示，2019年全国规模以上文化及相关文化企业9个行业的营业收入均实现增长。其中内容创作生产高居榜首，实现收入18585亿元，文化消费终端生产位居第二。同时，新闻信息服务、文化投资运营、创意设计服务增速皆明显超过10%。就产业类型而言，2019年中国文化制造业实力强劲，实现营业收入36739亿元；文化服务业发展迅速，同比增长12.4%，实现营业收入35159亿元（见表1）。由此可见，中国文化行业内容性、创意性不断提升的同时，文化产品及服务生产能力也日益提升，结构不断优化。

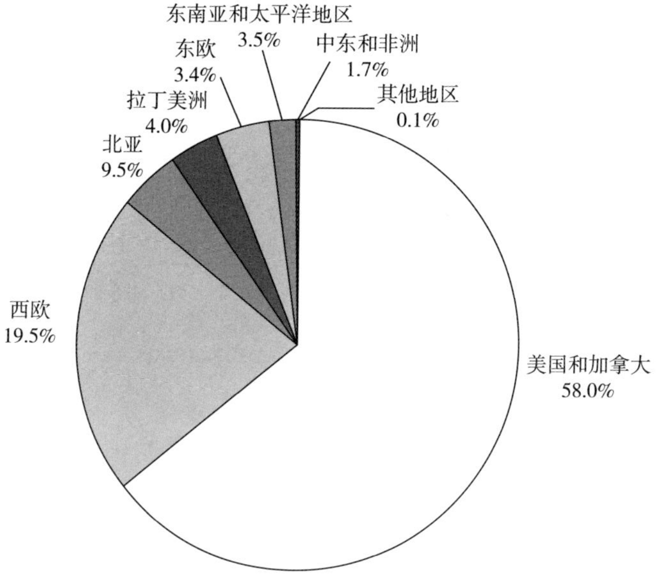

图4　2018年全球授权商品零售额收入分布

说明：图中数据由于四舍五入的原因，总计不等于100%。

资料来源：国际授权业协会《2019年全球授权业市场调查报告》，https://licensinginternational.org/news/global-sales-of-licensed-products-and-services-reach-us-280-3-billion-fifth-straight-year-of-growth-for-the-licensing-industry/。

表1　2019年全国规模以上文化及相关文化企业营业收入情况

	绝对额（亿元）	比上年增长（%）	所占比重（%）
总计	86624	7	100
按行业类别分			
新闻信息服务	6800	23.0	7.9
内容创作生产	18585	6.1	21.5
创意设计服务	12276	11.3	14.2
文化传播渠道	11005	7.9	12.7
文化投资运营	221	13.8	0.3
文化娱乐休闲服务	1583	6.5	1.8
文化辅助生产和中介服务	13899	0.9	16.0
文化装备生产	5722	2.2	6.6
文化消费终端生产	16532	5.5	19.1

续表

	绝对额（亿元）	比上年增长（%）	所占比重（%）
按产业类型分			
文化制造业	36739	3.2	42.4
文化批发和零售业	14726	4.4	17.0
文化服务业	35159	12.4	40.6

注：①表中速度均为扣除价格因素的名义增速。②表中部分数据由于四舍五入的原因，存在总计与分项合计不等的情况。

资料来源：国家统计局，http：//www.gov.cn/xinwen/2020－02/15/content_5479165.htm。

中国是文化资源大国，且地域性特色明显，因此在IP开发与品牌打造方面具有巨大的潜力，例如2018年上海国际品牌授权展就吸引了全球5万多的参展者，同比增长了46.86%，但我国具有中国特色、高国际竞争力、高附加值的产品及服务品牌仍然有所欠缺，因此，亟须潜心开发，将我国优质文化资源打造成具有国际影响力的高水准IP。

（二）“品牌+文化”以优质内容建立情感联结

目前品牌授权向质量高、内涵丰富的方向发展，不断与文化内容及产品相结合，从而实现产品及服务的口碑和销量的双赢。以2019年上半年IP授权案例为例，优衣库与KAWS（插画品牌）进行合作，与消费者建立了情感上的共鸣，线上开售短时间内产品就已经售罄，这不是优衣库的第一次品牌合作，优衣库还曾经推出《周刊少年Jump》、漫威、暴雪、村上隆&哆啦A梦、Futura、Pharrell Williams等联名款，囊括了漫画、影视、游戏等多重文化领域，以创新的内容形式提升了品牌质量的同时，还赢得了消费者的信赖，建立了情感上的联结。

品牌的核心就是其内容及质量，是产品及服务、企业、行业乃至地区和国家经济的品质象征，因此可以说是一种独特的“标签”，而不仅仅是市场营销与推广的有效形式之一。文化产品及服务的价值就在于创作生产者的创造力、灵感、理念及技能，强调的是内容及形式等多方面的创新，从而满足消费者日益增长的精神情感需求，而其品牌的构建则是将其经济效益与社会效益相结合、相统一的过程。因此，要想推动我国品牌授权高质量发展，就要深入探究市场消费需求，不断鼓励优质文化内容的创作，增强品牌的内容核心竞争力。2019 年，李宁（中国国产知名运动品牌）与《人民日报》（中国传统媒体）合作，双方皆是中国品牌的代表，两者将经典的品牌元素相结合，以独特的形式有效传播了中国元素，也是“Made in China”的一次成功的创新实践，实现了从“报款”到“爆款”的飞跃。由此可见，品牌传递的不仅仅是一种形象，更是一种理念，理念中积极正向的价值观念的传达对于品牌经济效益及社会效益的实现至关重要。

（三）“品牌 + 文化”拓展商业渠道

《中国品牌授权行业发展白皮书（2019）》调查显示，对于中国而言，品牌授权及 IP 授权仍处于初步发展阶段，品牌授权业在国内也属于新兴行业，因此，交易模式相较于美国、加拿大等品牌授权发展较为成熟的国家而言相对单一，仍有较大的发展空间，有 87% 的企业授权仍沿用传统模式。而随着经济及相关技术的发展，企业经营模式、消费形式都在不断丰富及创新，电子商务、数字贸易等新型经济形式的兴起对各行业的发展都产生了一定的影响。

在这样的背景之下，品牌授权亟须丰富、升级经营及交易模式，最大限度地实现品牌及 IP 的价值。目前，文化产业不论是在其运营形式多样性抑或是在市场多元化方面都具备一定的优势。当前，我国文化产业涉及新闻出版、广播影视、动漫游戏等多行业，既包括以线上运营为主的高信息技术含量的行业，也囊括以工艺产品线下生产为主的行业，在中端也有处于转型升级线上线下融合运行的文化行业。然而不论选择何种经营方式及运营模式，其内容与创意品牌授权形式极为广泛，即使是线下依赖程度较高的博物馆亦是如此，其授权形式包括图像、形象、出版等，通过品牌授权又可以开发文物仿制品、礼品级文创产品、旅游纪念品、出版品等形式的衍生产品。从品牌授权对象来看，目前我国品牌授权对象主要是美国、日本等发达国家，从我国对外文化贸易来看，2008～2019年，中国与共建“一带一路”国家及地区的文化产品贸易规模不断扩大并持续稳定发展，势头向好。2019年，从中国国际文化贸易国家和地区看，中国对东盟、欧盟出口增长较快，分别增长47.4%、18.9%；对共建“一带一路”国家及地区出口增长24.9%，市场多元化日益凸显。

因此，以“品牌+文化”的形式拓展商业渠道，规范厂商和被授权方对于IP的使用，实现品牌授权方和被授权方进行资源互换及联合推广，不仅能够实现产品及服务的知名度和销售量的提升，对进一步推动产业的转型升级也具有极大的意义。

（四）“品牌+文化”建设国际化交流服务平台

自2007年起，我国就开始举办中国授权展（China Licensing Expo，CLE），展会每年在上海举办，是唯一获得官方批准的“中国”授权展。目前CLE已经成为亚洲规模最大、最具影响力的品牌授权展。经过13年的发展其规模与影响力仍在不断提升，CLE 2019年展会报告显示，2019年共有377家展商参展（见图5），其中国际展团8个；观众数量约7万人，同比增长21%；IP数量超过1800项，其类别涵盖了卡通动漫、流行时尚、企业品牌、网络游戏、文化艺术授权品牌、影视娱乐、运动休闲等。北京故宫博物院也于2019年首次亮相CLE，除此以外众多国内外知名授权公司也参与其中，例如环球影视、华纳媒体等。从授权方来看，它们大多为文化企业，而观众则涉及了玩具/游艺、健康/美容/保养/洗护日化、文化/文具/办公用品、媒体渠道/互联网、食品/饮料等多个被授权行业，展后观众满意度达到了91%。①

作为国际知名的品牌授权展，CLE汇集了多方资源，是推广中国优质品牌IP的绝佳平台，也是接触国际品牌IP的有效平台，既能推动中国特色IP国际化发展，也能引入优质品牌IP带动国内相关产业发展。CLE的长期发

---

① http：//www.chinalicensingexpo.com/cms_ upload/20191118/20191118103946_ 525.pdf.

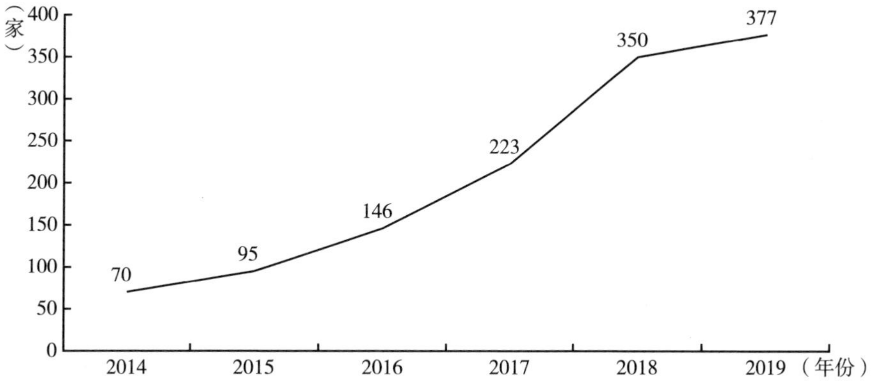

图5　2014～2019年CLE参展商数量变化

资料来源：CLE 2019年展会报告。

展，自身也是一种品牌IP的体现，是整个品牌授权行业性平台的品牌IP，而要想这个平台长期健康发展，则需要不断引入优质文化企业资源，推动品牌授权行业国际化、可持续发展。

（五）“品牌+文化”获取信息优化IP

IP创作是企业或个人创意和思想集合及转化的过程，代表了企业或个人理念的传达，而在真正投入市场商业化运营时，则会面临众多不确定因素，因此需要及时、多方面、全方位地了解消费者反馈及需求，充分地收集、整理、归纳、分析、总结市场反馈信息，不断优化升级品牌IP。

以国航为例，在调整品牌IP之前，国航开展了一项面对广大消费者的定性调查——“品牌画像”，国航被普遍描述为沉稳、专业同时又传统保守、刻板内向、亲切感不足的“中年人”，一个缺乏活力、缺乏与消费者情感沟通的功能型航空公司的品牌形象跃然纸上。其内部调查及访谈也显示国航品牌急需年轻化元素的提议得到了几乎所有被调查者的支持与认同，可见国航自身对于品牌现状的认识度较高。综上，国航品牌自身存在的问题已经给广大受众对品牌的认知带来了负面影响。因此，在收集到反馈信息之后国航对品牌经营策略进行了调整，升级调整企业品牌形象，打破了消费者对国航的传统印象，进一步赢得了商机。由此可见，反馈信息的获取及整合对企业发展策略的制定至关重要。

目前我国文化产业存在文化产品及服务供给不能有效满足市场需求，高质量产品及服务（精品）匮乏，融资困难，外向性、创新性不足等问题。我国虽然是文化产品出口大国，但仍未形成高国际竞争力的文化产业代表性品牌，这也是我国文化产业高质量发展进程中的瓶颈之一，且目前我国文化市场主体多为中小微企业和民营企业，想要实现跨越式发展仍面临困境。因此，我国需要建立高效的市场反馈机制，树立品牌意识，开发创造高质量品牌 IP，从“以量取胜”向“以质取胜”进行转变。

Abstract

In the face of the complex situation of rising risks and challenges at home and abroad, China's foreign cultural trade has maintained a steady growth trend. The structure of cultural trade has been gradually optimized, the quality of cultural services and international competitiveness have been continuously improved. China's total volume of import and export of cultural products in 2019 was US $ 111.45 billion, up 8.9% year on year. More specifically, the export volume was US $ 99.89 billion, up 7.9%, and the import volume was US $ 11.57 billion, up 17.4%.

In the study of China's foreign cultural trade in 2019, the book of *Report on the Development of China's International Cultural Trade* (2020) not only focuses on the overall research, but also deeply analyses from nine key areas, including performing arts, radio, film and television, film, book copyright, animation, games, cultural tourism, works of arts and creative design, and also carries on special deliberations on hot spots and issues in 2019, development and innovation practices, International Comparison and Reference, etc. The report comprehensively uses the integrated approaches of qualitative and quantitative analysis, combination methods of individualism and holism, empirical research and evaluation to explore the problems existing in China's foreign cultural trade, such as unbalanced import and export structure of cultural trade, unbalanced development of target countries and regions, lack of new technology integration and innovation, insufficient risk response capacity, and insufficient reserve of compound talents.

The report combines the wisdom of experts and scholars, and takes the advantages of industrial practice. Under the background of China's deep participation in economic globalization and continuous promotion of trade liberalization, it puts forward countermeasures and suggestions for foreign cultural trade by summarizing experience, analyzing problems, and making comparison and reference to add new fresh impetus, expand new space and implement new layout.

Keywords: International Cultural Trade; International Service Trade; Digital Cultural Trade

Contents

Ⅰ General Report

Abstract: Facing the increasingly severe international environment and world economic situation, the growth of China's foreign cultural trade will continue to be stable in 2019, the structure of cultural trade commodities will be gradually optimized, the quality of cultural services and international competitiveness will continue to improve, which is better for Chinese culture to going abroad in the future and providing an important foundation for sustainable development of international cultural trade. But at the same time, China's cultural trade still suffers from unbalanced development of import and export structure, region and country, insufficient integration with digital technology and insufficient risk response capabilities. To this end, this article proposes corresponding countermeasures and suggestions for the high-quality development of China's foreign cultural trade from the aspects of trade structure optimization, digital trade development, risk response capability enhancement, and market vitality enhancement.

Keywords: Cultural Goods; Cultural Services; Cultural Trade

Ⅱ Industry Reports

B. 2 China Performing Arts International Trade Development Report (2020)

Zhang Wei / 022

Abstract: 2019 is a special year since it is the 70th anniversary of the founding of the people's Republic of China when the performing arts industry is still booming and its international trade is developing orderly. However, a sudden epidemic of COVID-19 at the end of 2019 has cast a shadow on China's performing arts trade. Although China's performing arts industry has not been directly affected in 2019, the huge losses suffered by the performing arts enterprises have gradually emerged in 2020. Faced with the continuing epidemic, it is particularly important for us to summarize and reflect on the international trade of performing arts in 2019. This report summarizes the development characteristics in the prosperity of the performing arts market in 2019, and focuses on combing the new development trend of the industry. Based on the features of the domestic performing arts market, it analyzes the characteristics of China's international trade in performing arts from different dimensions such as trade target, industry boundary, industrial chain integrity, and the value of the performance trade platform, and tries to find optimization from the perspective of policies, models, channels, etc. Hopefully the solution could provide some feasible references for China's performing arts industry and international trade to overcome the impact of the epidemic and find new growth points in 2020 and beyond.

Keywords: Performing Arts Market; Foreign Cultural Trade; Performing Arts Industry

B. 3 Report on the Development of China's Foreign Trade in Radio, Film and Television (2020)

Li Jidong, Pan Qian / 050

Abstract: In 2019, China's foreign trade in radio, film and television will continue to develop, in line with national diplomacy, science and technology will become an important driving force, and the foreign trade mechanism will be diversified. In the future, the development of foreign trade of radio, film and television should continue to rely on the national diplomatic platform and cooperate with the national diplomatic activities; based on the highlands of science and technology, speed up scientific and technological innovation; break trade barriers and promote cross field cooperation; at the same time, create industrial zones and give full play to the effect of industrial clusters to provide policy and entity regional convenience for cross industry cooperation and development of high and new technology; finally, cultivate innovative international Talents, participate in international competition.

Keywords: Radio, Film and Television; Foreign Cultural Trade; Ultra High Definition Video

B. 4 Report on China's Film Trade Development (2020)

Luo Libin, Liao Linyu and Song Jinji / 062

Abstract: In 2019, the number of imported films in China increased, the box office and proportion of which decreased, and the buyout films led to the simultaneous increase in the box office and diversity of imported films. Introduction of copyright and remake of films were successful. Overseas personnel continued to take part in domestic films; some domestic films won awards overseas, enhancing the international influence. At the same time, the North American box office of domestic films has achieved a new height within recent years. The "local market effect" has initially appeared, and Chinese capital has deeply involved in the global film industry. Chinese film market continues to be in a typically featured high-quality development stage. Domestic films adopt multiple methods to improve quality, presenting an advantage in competing with imported films, and leading the exportation of Chinese film into an opportunity period.

Keywords: Chinese Film; Imported Film; Film Trade

B. 5 Report on the Development of Foreign Trade of Book Copyright in China (2020) *Sun Junxin*, *Zhang Shaojie* / 075

Abstract: This report collects import and export data of Chinese book publications and copyrights from 2008 to 2018, conducts qualitative and quantitative analysis, and finds that the development trend of Chinese book and copyright trade grows steadily, with considerable increment but slow speed. Copyright import differs greatly with copyright export. The ratio of import to the export of electronic publications is decreasing year by year, which shows great future potential. The "Belt and Road" construction has effectively promoted the development of copyright trade. Outstanding achievements have been made by leading enterprises in the industry. International exhibitions have broadened the trade channels. There are also certain difficulties and challenges in the development, including the urgent need to increase the influence of the overseas market for exported books, the lack of talents for book copyright trade, and new challenges in digitalization and cultural investment. It is suggested that efforts should be made to promote digital communication, build a digital platform for copyright trade, establish long-term and comprehensive assessment mechanisms, and expand the regional coverage of publishing cooperation in various countries.

Keywords: Book Trade; Copyright Trade; Digitilization

Abstract: As the core to promote China's national "soft power" and cultural influence, animation industry plays an important part of Chinese culture trade, thus attract China's high attention and support. At present the foreign trade of China animation industry has the following characteristics such as industrial foundation continuously strengthened, imports continued to expand and so on. But at the same time, the foreign trade development of China animation industry is faced with some problems and challenges, such as the infantilization of animation products, the lack of creative talent, the relatively single profit model, the quality of the product needs to be improved and so on. In order to promote the further development of foreign trade in China animation industry, this paper provides some suggestions from the aspects of market segmentation, talents cultivation, derivatives development, the quality of the product improvement and so on.

Keywords: Animation Industry; Market Segmentation; Creative Talent; Derivatives Development

Abstract: The year of 2019 has witnessed a steady increasc on Chinese game revenue in overseas market, during which the industrial chain of Chinese game overseas trade, owing to the collective efforts from publishers and distributors, has been constructed much more maturely. This report, based on the context of global game industry, provides a panoramic analysis on Chinese overseas trade of video game culture, pointing out major challenges in current Chinese game industry, and finally providing effective suggestions in the fields of academic research, production innovation and international cooperation.

Keywords: Game Culture; Foreigh Cultural Trade; Game Industry; Game Literacy

Abstract: At present, China's cultural tourism service trade is performing well in terms of policy assistance, consumer market demand, cultural tourism service supply, and "The Belt and Road" cultural tourism development. The structure of cultural tourism service trade has been continuously optimized and upgraded. However, it is urgent to strengthen and enhance the comprehensive and in-depth integration of culture and tourism, the balanced development of cultural tourism service trade, the virtuous circle of cultural and tourism industry chain, and the international competitiveness of cultural tourism service trade. Therefore, it is necessary to deepen the integration of culture and tourism, develop regional cooperation, enhance the value chain of cultural tourism service trade, and continue to expand the opening space of cultural tourism service trade for promoting the prosperity and development of China's cultural tourism service trade.

Keywords: Cultural and Tourism Intergration; Service Trade; "The Belt and Road"

Abstract: In 2018, art trade, as an important part of cultural trade, played a vital role in enhancing the international influence of Chinese culture. China's auction market is in the stage of increasing quality and decreasing volume with a certain decline in transaction value. The total volume of China's international trade in art has increased for the first time in five years, showing signs of recovery. At present, the secondary market accounts for the majority of the total. The structure of art categories has gradually improved, while the amount of foreign trade of art has increased. At the same time, some problems have emerged in the development of China's art industry. The main problems are as follows: the negative impact of the high import tax rate of domestic art on the competitiveness of China's art market, the lack of evaluation system and professional talents for the financialization of art, the imperfection of laws and regulations hindering the development of China's art market, and the dislocation of the primary and secondary trading markets.

Keywords: Art Market; Auction Market; International Trade in Art

Abstract: Along with the growing scale of China's cultural trade, creative design, as the most active element in cultural trade, has gradually developed into an important engine for the transformation and upgrading of China's cultural industry structure and sustained socio-economic growth. At present, China's international trade in creative design is dominated by surplus, and the overall trade volume shows a trend of increasing year by year. Among them, import and export trade of creative design are concentrated in two major categories. They are fashion design and interior design products. At the same time, China's creative design trade development is facing problems and challenges in terms of unbalanced trade structure, low export competitiveness, and lack of internationally renowned design brands. Therefore, in order to further promote the high-quality development of China's creative design trade, this paper proposes corresponding countermeasures and suggestions in terms of digital technology integration, export channel expansion, creative resource gathering, international brand building, and professional talent training.

Keywords: Creative Design; Foreign Cultural Trade; Fashion Design; Interior Design

Ⅲ Specical Topics

Abstract: This paper firstly summarizes the main determinants of cultural trade in the theory of cultural trade, and on this basis analyzes the unique advantages of China's "The GDP per capita is medium, and the total is the second, obvious cultural characteristics, developed network". Then it summarizes the three important characteristics of the film and television market of the countries along the "One Belt And One Road". Finally, the paper puts forward the path for China to carry out film and television cultural trade with countries along the belt and road.

Keywords: Film and Television Culture Trade; Film and Televison Cultural Products; "The Belt and Road"

Abstract: "The Belt and Road" has improved our international communication and trade activities more frequent, and the demand for multilingual language services has been increased. It is more difficult to construct a multilingual corpus, and it can provide more language resources and data services. The business value mining of corpus can draw lessons from the digital database trade mode, digital copyright trade, information consulting service, and other business cooperation in the field of information technology. At the same time, the commercial value mining can also promote the further improvement of corpus construction.

Keywords: Multilingual Corpus; Commercial Value; Data Mining

Abstract: Digitalization has always been an important topic all over the world. Living in the era of knowledge economy, demand for spiritual consumption, cultural products and services is gradually on the high side. Digital technology combines copyright works to form digital copyright products and services, so that the copyright industry can catch the high-speed train of digital development. With the development of the fourth revolution in science and technology; the relationship between digitalization and copyright trade is becoming more and more close. In this special period of 2020, the current economic society highlights the advantages of digital development. This paper analyzes the development trend of copyright trade in the digital era, explores the key points to promote the development of copyright trade by tracing its causes, and puts forward some suggestions on how to make good use of the dividends brought by digitalization in the future.

Keywords: Digital Technology; Copyright Trade; Digital Rights; Industrial Value Chain

B. 14 Analysis on the Impact of Foreign Direct Investment on China's Cultural Products Export *Li Jiashan*, *Wang Bogang* / 231

Abstract: Over the past 40 years of China's reform and opening up, China has been integrated into the world economic integration and realized the rapid development of China's economy, foreign trade and cultural products and services through internal reform and opening up. Based on the development of foreign direct investment and cultural products export of China, this paper analyzes the development of Chinese foreign direct investment and cultural products export. This paper analyzes the influence path of foreign direct investment on China's cultural products export. Based on the time series data of China's foreign direct investment and China's cultural products export, this paper conducts empirical tests on the relevant data through ADF unit root test, Johansen co-integration test and Least square method analysis, etc. The experimental results are as follows: China's actual foreign direct investment (FDI), the openness of China's economy (ECO) and the development level of China's service industry (FW) all have a positive impact on Export value of cultural products (EXC). The mathematical relationship between the foreign direct investment in China's cultural sector (CFDI) and Export value of cultural products (EXC) is not obvious. However, the development trend of foreign direct investment in China's cultural sector is similar to the trend of China's cultural product export, and the impact of foreign direct investment in the cultural sector on the export of cultural products does not show a significant proportion and has a lag effect.

Keywords: Foreign Direct Investment; Cultural Products Export; Cultural Trade

Abstract: With the rapid economic and social development and the new Internet media sweeping the globe, China's documentary industry has achieved remarkable results, and its market value has gradually become prominent. By sorting out the status of the development of China's documentary industry and analyzing the factors affecting the international competitiveness of China's documentary industry based on Michael Porter's diamond theory, it can be concluded that we have rich cultural resources to tap, we are investing in capital. , Market demand, and related and supporting industries, there are still many deficiencies. Throughout the world's documentary situation, with the development of the Internet economy and the maturity of big data technology, new media documentaries have gradually become a battleground for military soldiers. The exploration of documentaries on the Bilibili video website for the development of new media documentaries in China A new way out.

Keywords: Documentary; Industrial Competitiveness; New Media Documentary

V Comparison and Reference Reports

Abstract: As the world economy recovers and global trade constantly expands, new opportunities have arisen to develop the trade in cultural services, and new requirements have been identified as to how it should be classified and statistically measured. This paper analyzes and compares the cultural services trade of China and Canada with regard to their development status, import and export structure, and classification system based on statistical caliber. Large differences between the two countries' classification systems were found, making it difficult for comparisons to be made in the areas in question, a widespread problem. This paper proposes a new statistical classification system, applicable to both China and Canada, which lays the foundation for a universal system suited to the cultural services trade of other countries and regions.

Keywords: Canada; Cultural Trade; Service Trade

Abstract: Since its inception, the French national museums have undertaken the mission of promoting French culture and values on the international stage. With the institutional reforms in the 1990s, the National museums gained administrative and financial freedom. This greatly stimulated the desire of the museum to go abroad in various forms. The museum has increasingly become an important representative of the soft power of French culture. With the reduction of government subsidies for museums in recent years, the international actions of museums have increased the purpose of gaining benefice and increasing their own income. This article elaborated on the various forms of the French national museums' international actions in the new situation, including both traditional practices and new practices, as well as the opportunities and challenges faced by the international promotion of the National Museum in the information age.

Keywords: French; National Museum; Cultural Influence; Foregin Exchange

Abstract: As the largest country in the south Asian subcontinent and the most important emerging economy in the world, the development of cultural industry and the growth of cultural trade in India have received much attention from the Indian government and other countries. China is India's largest trading partner. The increasing demand of Indian people for cultural industry stimulates the continuous development of Indian cultural industry, and the import and export of Indian cultural products and services develops accordingly. Since 2005, India's cultural trade has grown rapidly. This paper makes an in-depth analysis of the development of Indian cultural industry, the development trend of foreign cultural trade and the policy of cultural industry. On this basis, this paper studies the subdivision of cultural industries such as press and publication industry, radio and television industry, animation industry and game industry in India, and discusses the prospect of cooperation between China and India in each subdivision of cultural market. Both China and India are major developing countries with huge domestic markets, strong economic complementarities and huge potential for cooperation.

Keywords: Cultural Market; Cultural Trade; Culture Industry; India

Abstract: Poland is the country that attracts the most foreign direct investment in Central and Eastern Europe and also an important partner of China in Central and Eastern Europe. Poland has profound cultural background, rich cultural heritage, and a highly developed cultural market. The article takes the Polish cultural market as the research object, analyzing the current situation of Polish cultural market operation, and the key industries of the cultural creative industry. Through data analysis, the characteristics of Polish foreign trade and foreign cultural trade shall be explored. Finally, the corresponding prospects for the development of cultural trade between China and Poland will be made.

Keywords: Poland; Cultural and Creative Industry; Cultural Trade

Ⅵ Practice and Innovation Topics

Abstract: In recent years, China's international cultural trade has shown a steady and rapid growth trend with the rapid development and application of Internet technology. In this process, the explosive development of the mobile social short video industry has also successfully attracted the attention of Chinese cultural enterprises. Many cultural enterprises have settled in the short video social platform to seek new development directions. The article discusses the concept, basic characteristics, development of short video, the success of Li Ziqi's short video, its profit model and so on. We need to produce high-quality short video content, improve marketing models, and promote the development of Chinese cultural trade. At the same time, we must make full use of foreign social platforms to expand the development of international markets and build strength for China's cultural trade.

Keywords: Short Video; International Cultural Trade; Cultural Communication

Abstract: Traditional Chinese lanterns, as a Chinese intangible cultural heritage, have been organized and planned hundreds of large-scale lantern shows at home and abroad by Haitian Culture which designed and produced nearly 10000 sets of lantern over the years. Chinese lanterns have become envoys of culture to tell Chinese stories and strengthened people-to-people ties. Haitian Culture has been sparing no effort to carry forward China's excellent traditional culture through using China's intangible cultural heritage, and has increasingly demonstrated its extraordinary strength and impressive sense of social responsibility on the stage of international cultural exchange. Haitian culture, which is getting much attention for continuously building the global brand of lantern activities and creating one miracle after another, based on Chinese lanterns and lantern shows to help the cultural exchange and achieve prosperity all over the world. It has brought the excellent traditional Chinese culture represented by Chinese lantern and Chinese lantern shows to the whole world, enhanced the international influence of Chinese culture, actively built a world multicultural exchange and integration platform in the new era, which is integrated trade promotion, tourism cooperation, cultural exchange as well as exhibition, and constantly created a global cultural feast.

Keywords: Intangible Cultural Heritage; "The Belt and Road"; Chinese Lantern; Night Park

B. 22 Brand Licensing

—Better Integration of Culture and Brand

Abstract: The development of big data and information technology has greatly enriched media resources and forms. The information received by audiences has become increasingly fragmented. How to occupy the demand of the audience in such an era of information has become a problem faced by all industries in case of brand management. Cultural industry owns the intellectual property rights of many content products, thus how to use these products to attract the attention of the consumers, how to maximize the commercial value of the content products so that enterprises and creators can gain more profits and how to create more connections between cultural industry and other industries to make it more important in the overall economic operation are the challenges and development opportunities for all entities of China's cultural industry in the future. For business owners in various industries, brand authorization may be one of the more effective ways to solve the above problems.

Keywords: Brand Licensing; Intellectual Property; Content Products; IP Brand; Commercial Operation

S 基本子库
UB DATABASE

中国社会发展数据库（下设 12 个子库）

整合国内外中国社会发展研究成果，汇聚独家统计数据、深度分析报告，涉及社会、人口、政治、教育、法律等 12 个领域，为了解中国社会发展动态、跟踪社会核心热点、分析社会发展趋势提供一站式资源搜索和数据服务。

中国经济发展数据库（下设 12 个子库）

围绕国内外中国经济发展主题研究报告、学术资讯、基础数据等资料构建，内容涵盖宏观经济、农业经济、工业经济、产业经济等 12 个重点经济领域，为实时掌控经济运行态势、把握经济发展规律、洞察经济形势、进行经济决策提供参考和依据。

中国行业发展数据库（下设 17 个子库）

以中国国民经济行业分类为依据，覆盖金融业、旅游、医疗卫生、交通运输、能源矿产等 100 多个行业，跟踪分析国民经济相关行业市场运行状况和政策导向，汇集行业发展前沿资讯，为投资、从业及各种经济决策提供理论基础和实践指导。

中国区域发展数据库（下设 6 个子库）

对中国特定区域内的经济、社会、文化等领域现状与发展情况进行深度分析和预测，研究层级至县及县以下行政区，涉及地区、区域经济体、城市、农村等不同维度，为地方经济社会宏观态势研究、发展经验研究、案例分析提供数据服务。

中国文化传媒数据库（下设 18 个子库）

汇聚文化传媒领域专家观点、热点资讯，梳理国内外中国文化发展相关学术研究成果、一手统计数据，涵盖文化产业、新闻传播、电影娱乐、文学艺术、群众文化等 18 个重点研究领域。为文化传媒研究提供相关数据、研究报告和综合分析服务。

世界经济与国际关系数据库（下设 6 个子库）

立足"皮书系列"世界经济、国际关系相关学术资源，整合世界经济、国际政治、世界文化与科技、全球性问题、国际组织与国际法、区域研究 6 大领域研究成果，为世界经济与国际关系研究提供全方位数据分析，为决策和形势研判提供参考。

法律声明